U0135395

荣获全国优秀畅销书奖

世界
地图册

星球地图出版社　编制

星球地图出版社
STAR MAP PRESS
国家一级出版社
全国百佳图书出版单位

图书在版编目（CIP）数据

世界地图册/星球地图出版社编.—3版.—北京：星球地图出版社，2008.2
ISBN 978-7-80212-320-5

Ⅰ.世… Ⅱ.星… Ⅲ.世界地图—地图集 Ⅳ.K991

中国版本图书馆CIP数据核字（2008）第010350号

世界地图册

作　　者	星球地图出版社
责任编辑	张晖芳
封面设计	弓　洁
出版发行	星球地图出版社
地址邮编	北京北三环中路69号　100088
网　　址	http://www.starmap.com.cn
印　　刷	廊坊一二〇六印刷厂
经　　销	新华书店
开　　本	890毫米×1240毫米　1/32
印　　张	8
版次印次	2023年修订 第3版　2023年5月第27次印刷
印　　数	150001—154000
定　　价	48.00元
审 图 号	JS(2009)01－028

如有残损 随时调换（发行部电话：010－82028269）

目录

CONTENTS

总图 分洲图

首都、首府

主要城市

分国图

居民地

人口400万以上

人口100—400万

人口30—100万

人口10—30万

人口10万以下

北京 首都、首府

南京 一级行政中心
人口100万以上城市

深圳 中国地级市
人口10—100万城市

清云 城镇

行政中心

境界

国界 未定国界

一级行政区界

特种地区界

军事分界线

洲界 专题图洲界

专题图国界(未定国界) 地区界

交通

铁路 建筑中铁路

高速、高等级公路

主要公路

其他公路

隧道

架空索道

汽车及火车轮渡线

山隘

输油(气、水)管道

至上海580(1070)
海里(千米) 航海线

机场 港口

长城

水系、地形和其他

常水河及时令河

水库及坝

运河及沟渠

地下河 瀑布 流向

淡水湖 咸水湖

沼泽 盐沼泽

海岸线 岸滩 防坡堤

海洋浮冰界

海洋永冰界

大陆冰

珊瑚礁

井及泉

灯塔

航标

干河 干湖

雪山

沙漠

3654 火山及高程(米)

3654 山峰及高程(米)

-154.31 低于海平面的陆地高程

3654 高程点及高程(米)

-132 低于海平面的水面高程

3654 海深(米)

世界文化和自然遗产

名胜及古迹

国家公园及自然保护区

海上禁区

油井及气井

地磁极

科学考察站

城市图

街区 主要街道 次要街道

高速公路

铁路及车站

立交桥

隧道

桥 坝

体育场

单位、景点及重要建筑物

渡口

西经 0° 东经
30°
60°
90°
120°
北极圈 66° 30′
北回归线 23° 27′
赤道 0°
南回归线 23° 27′
南极圈 66° 30′
北美洲
欧洲
亚洲
2020年北磁极
格陵兰
格陵兰海
斯瓦尔巴群岛 (挪)
法兰士约瑟夫地群岛
白岛 (挪)
巴伦支海
扬马延岛 (挪)
冰岛
雷克雅未克
法罗群岛 (丹)
托尔斯港
挪威
瑞典
芬兰
奥斯陆
斯德哥尔摩
赫尔辛基
塔林
里加
维尔纽斯
明斯克
莫斯科
圣彼得堡
摩尔曼斯克
阿尔汉格尔斯克
都柏林
阿姆斯特丹
伦敦
布鲁塞尔
巴黎
柏林
华沙
布拉格
维也纳
伯尔尼
基辅
布加勒斯特
索菲亚
罗马
马德里
里斯本
安卡拉
雅典
第比利斯
巴库
埃里温
德黑兰
巴格达
大马士革
贝鲁特
耶路撒冷
安曼
开罗
利雅得
科威特城
马斯喀特
阿布扎比
萨那
亚的斯亚贝巴
喀土穆
阿斯马拉
吉布提
摩加迪沙
内罗毕
坎帕拉
基加利
多多马
卢萨卡
哈拉雷
温得和克
哈博罗内
比勒陀利亚
马普托
姆巴巴内
马塞卢
开普敦
伊丽莎白港
阿克拉
拉巴特
阿尔及尔
突尼斯
的黎波里
努瓦克肖特
达喀尔
班珠尔
比绍
科纳克里
弗里敦
蒙罗维亚
亚穆苏克罗
阿比让
洛美
波多诺伏
阿布贾
尼亚美
瓦加杜古
巴马科
恩贾梅纳
班吉
雅温得
马拉博
利伯维尔
布拉柴维尔
金沙萨
罗安达
圣多美
大西洋
西
洋
北冰洋
俄罗斯
哈萨克斯坦
阿斯塔纳
塔什干
比什凯克
杜尚别
阿什哈巴德
喀布尔
伊斯兰堡
新德里
加德满都
廷布
达卡
加尔各答
孟买
科伦坡
斯里兰卡
马累
马尔代夫
乌兰巴托
蒙古
中华人民共和国
北京
天津
沈阳
平壤
首尔
西安
兰州
成都
重庆
武汉
上海
广州
香港
澳门
台北
昆明
内比都
仰光
河内
万象
曼谷
金边
吉隆坡
新加坡
雅加达
马尼拉
印度
印度洋
阿拉伯海
孟加拉湾
南海
日本海
鄂霍次克海
黄岩岛
东沙群岛
西沙群岛
中沙群岛
南沙群岛
阿拉伯
沙特阿拉伯
伊朗
伊拉克
也门
阿曼
埃及
利比亚
阿尔及利亚
毛里塔尼亚
马里
尼日尔
乍得
苏丹
南苏丹
埃塞俄比亚
索马里
肯尼亚
坦桑尼亚
刚果民主共和国
安哥拉
纳米比亚
博茨瓦纳
南非
赞比亚
马达加斯加
莫罗尼
塔那那利佛
路易港
圣但尼
留尼汪 (法)
非洲
维多利亚
塞舌尔
查戈斯群岛 (英)
阿加莱加群岛 (毛)
科科斯群岛 (澳)
圣诞岛 (澳)
阿什莫尔和卡捷群岛
达尔文
珀斯
澳大利亚
阿拉弗拉海
帝汶海
印度尼西亚
北马里亚纳群岛
阿加尼亚
梅莱凯奥克
帕劳
菲律宾
马德拉群岛 (葡)
加那利群岛 (西)
亚速尔群岛 (葡)
直布罗陀 (英占)
佛得角
普拉亚
圣赫勒拿 (英)
詹姆斯敦
阿森松岛 (英)
马丁瓦斯群岛 (巴西)
圣佩德罗－圣保罗岩 (巴西)
特里斯坦－达库尼亚群岛 (英)
戈夫岛 (英)
布韦岛
爱德华王子群岛 (南非)
克罗泽群岛 (法)
凯尔盖朗群岛 (法)
赫德岛 (澳)
阿姆斯特丹岛 (法)
塔斯马尼亚岛
南桑威奇群岛
克洛斯角
恩德比地
毛德皇后地
挪威角
威尔克斯地
南极洲
2020年南磁极
① 克什米尔
② 不丹
③ 阿拉伯区
④ 以色列
⑤ 黎巴嫩
⑥ 塔吉克斯坦
⑦ 吉尔吉斯斯坦
⑧ 阿塞拜疆
⑨ 亚美尼亚
⑩ 格鲁吉亚
⑪ 塞尔维亚
⑫ 阿尔巴尼亚
⑬ 列支敦士登
⑭ 奥地利
⑮ 捷克
⑯ 斯洛伐克
⑰ 匈牙利
⑱ 斯洛文尼亚
⑲ 波斯尼亚和黑塞哥维那

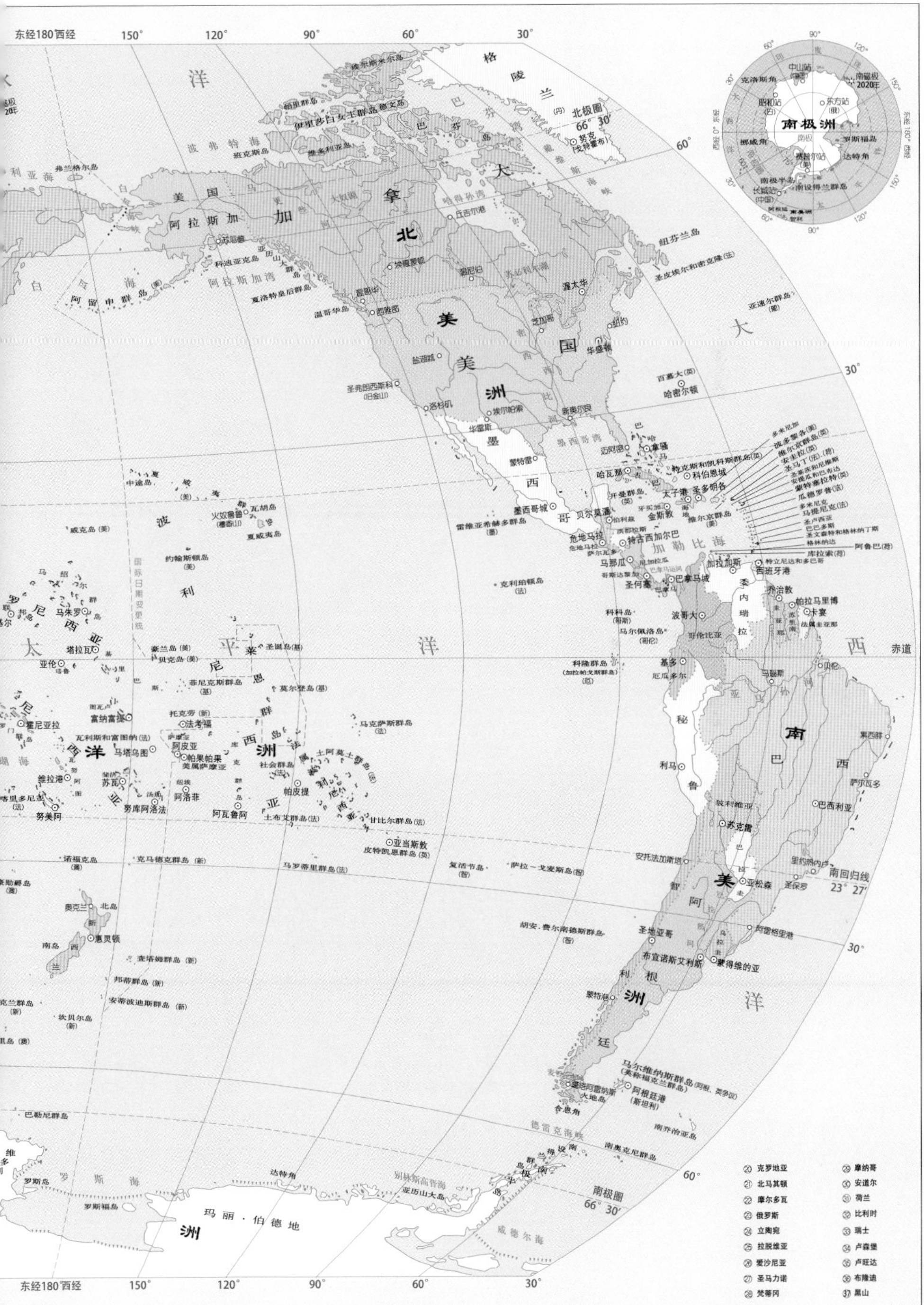

比例尺 1:120 100 000

0 1201 2402 3603 4804千米

东经180°西经 150° 120° 90° 60° 30°

南极洲

⑳ 克罗地亚
㉑ 北马其顿
㉒ 摩尔多瓦
㉓ 俄罗斯
㉔ 立陶宛
㉕ 拉脱维亚
㉖ 爱沙尼亚
㉗ 圣马力诺
㉘ 梵蒂冈
㉙ 摩纳哥
㉚ 安道尔
㉛ 荷兰
㉜ 比利时
㉝ 瑞士
㉞ 卢森堡
㉟ 卢旺达
㊱ 布隆迪
㊲ 黑山

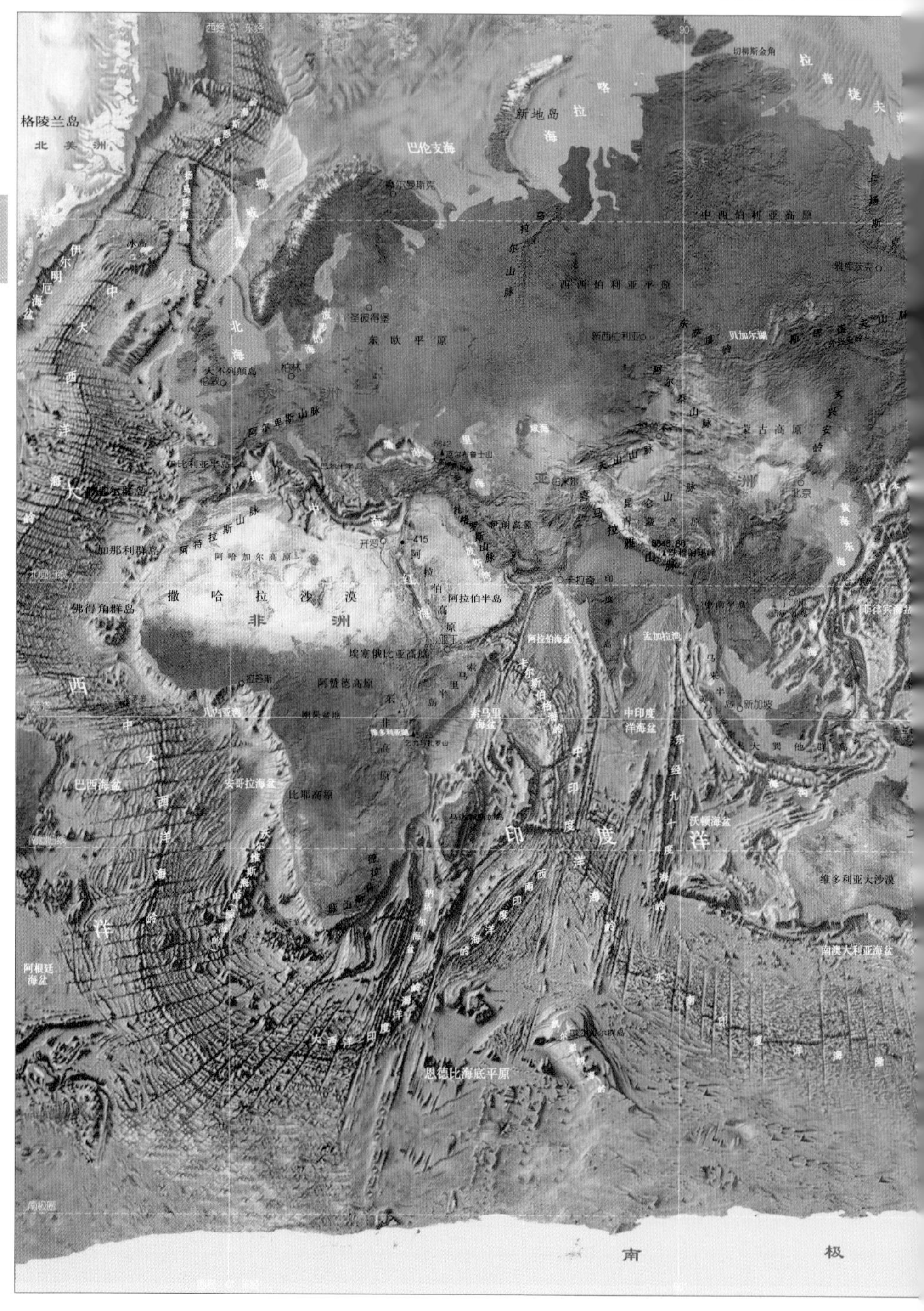
格陵兰岛
北美洲
巴伦支海
新地岛
喀拉海
切柳斯金角
拉普捷夫海
摩尔曼斯克
中西伯利亚高原
乌拉尔山脉
西西伯利亚平原
雅库茨克
冰岛
圣彼得堡
东欧平原
新西伯利亚
贝加尔湖
北海
大不列颠岛
伦敦
柏林
阿尔卑斯山脉
伊比利亚半岛
蒙古高原
天山山脉
北京
黄海
东海
昆仑山脉
青藏高原
喜马拉雅山脉
8848.86
阿特拉斯山脉
加那利群岛
阿哈加尔高原
开罗
-415
阿拉伯半岛
卡拉奇
撒哈拉沙漠
非洲
佛得角群岛
红海
亚丁
埃塞俄比亚高原
阿拉伯海盆
孟加拉湾
广州
菲律宾海盆
拉各斯
阿赞德高原
刚果盆地
索马里海盆
中印度洋海盆
新加坡
巴西海盆
安哥拉海盆
比耶高原
沃顿海盆
印度洋
维多利亚大沙漠
南澳大利亚海盆
阿根廷海盆
恩德比海底平原
南极

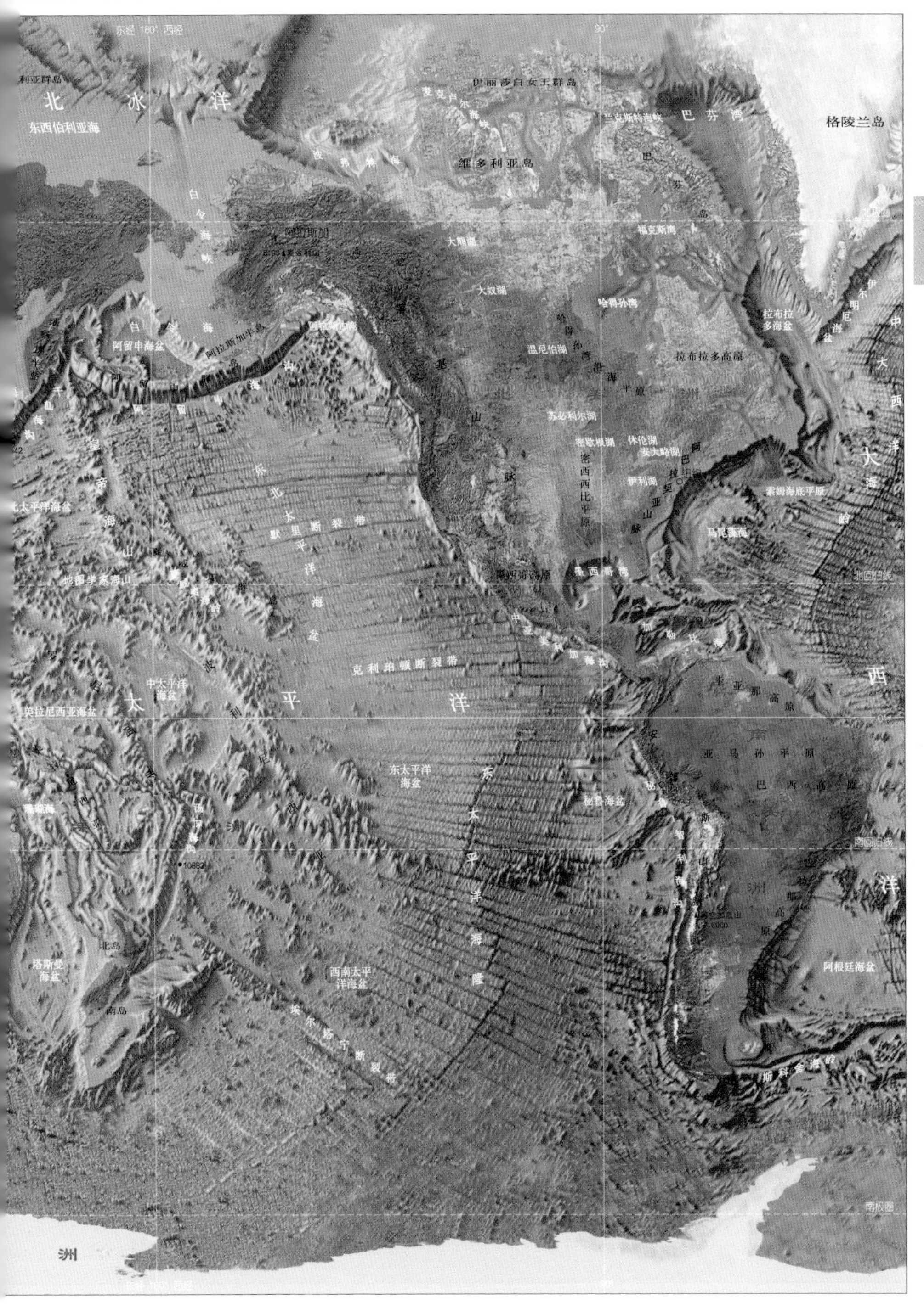

东经 180° 西经
90°
利亚群岛
北冰洋
东西伯利亚海
伊丽莎白女王群岛
格陵兰岛
兰克斯特海峡
巴芬湾
维多利亚岛
巴芬岛
白令海峡
阿拉斯加
大熊湖
福克斯湾
大奴湖
哈得孙湾
白令海
阿留申海盆
阿拉斯加半岛
拉布拉多海盆
温尼伯湖
哈得孙湾沿海平原
拉布拉多高原
苏必利尔湖
密歇根湖
休伦湖
安大略湖
伊利湖
密西西比平原
阿巴拉契亚山脉
落基山脉
东北太平洋海盆
默里断裂带
马尾藻海
墨西哥高原
墨西哥湾
中美海沟
克利珀顿断裂带
中太平洋海盆
美拉尼西亚海盆
太平洋
圭亚那高原
亚马孙平原
巴西高原
东太平洋海盆
东太平洋海隆
秘鲁海盆
10882
北岛
南岛
塔斯曼海盆
西南太平洋洋海盆
埃尔塔宁断裂带
阿根廷海盆
斯科舍海岭
北回归线
南回归线
南极圈
洲

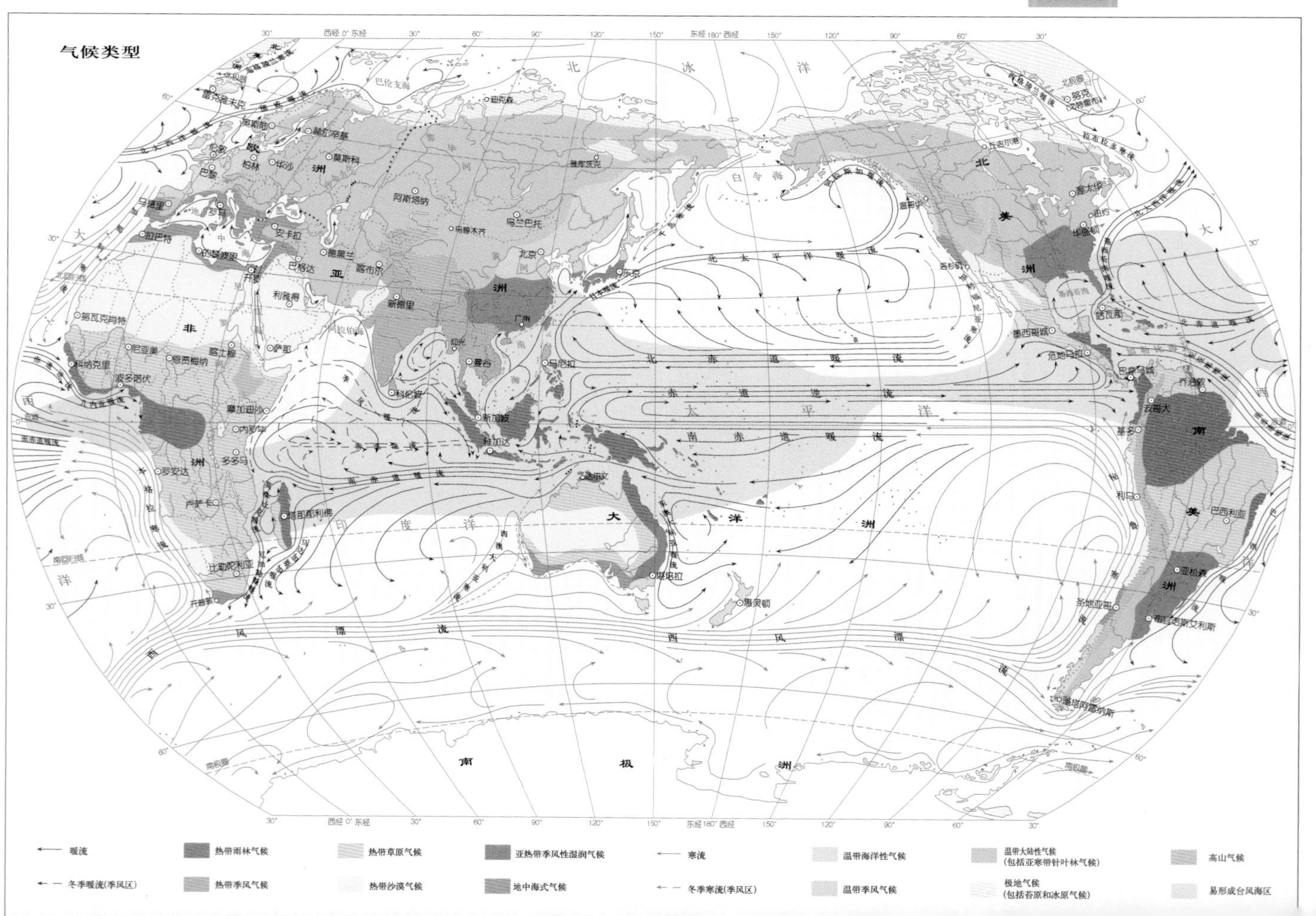
气候类型
北冰洋
太平洋
印度洋
大西洋
亚洲
欧洲
非洲
北美洲
南美洲
大洋洲
南极洲
巴伦支海
白令海
阿拉伯海
北京
东京
广州
新德里
曼谷
马尼拉
新加坡
雅加达
科伦坡
乌兰巴托
阿斯塔纳
乌鲁木齐
雅库茨克
迪克森
德黑兰
巴格达
喀布尔
利雅得
萨那
安卡拉
莫斯科
圣彼得堡
奥斯陆
雷克雅未克
伦敦
柏林
华沙
巴黎
马德里
罗马
拉巴特
的黎波里
开罗
努瓦克肖特
尼亚美
喀土穆
恩贾梅纳
科纳克里
波多诺伏
摩加迪沙
内罗毕
多多马
罗安达
卢萨卡
塔那那利佛
比勒陀利亚
开普敦
达尔文
悉尼
惠灵顿
渥太华
纽约
华盛顿
洛杉矶
墨西哥城
哈瓦那
危地马拉
巴拿马城
诺姆
丘吉尔港
努克
基多
马瑙斯
利马
巴西利亚
亚松森
圣地亚哥
布宜诺斯艾利斯
蓬塔阿雷纳斯
北赤道暖流
赤道逆流
南赤道暖流
北太平洋暖流
西风漂流
本格拉寒流
秘鲁寒流
加利福尼亚寒流
北大西洋暖流
日本暖流
千岛寒流
拉布拉多寒流
墨西哥湾流
西格陵兰暖流
几内亚暖流
西澳大利亚寒流
东澳大利亚暖流
巴西暖流
北回归线
南回归线
北极圈
南极圈
西经 0° 东经
东经 180° 西经
暖流
冬季暖流(季风区)
热带雨林气候
热带季风气候
热带草原气候
热带沙漠气候
亚热带季风性湿润气候
地中海式气候
寒流
冬季寒流(季风区)
温带海洋性气候
温带季风气候
温带大陆性气候
(包括亚寒带针叶林气候)
极地气候
(包括苔原和冰原气候)
高山气候
易形成台风海区

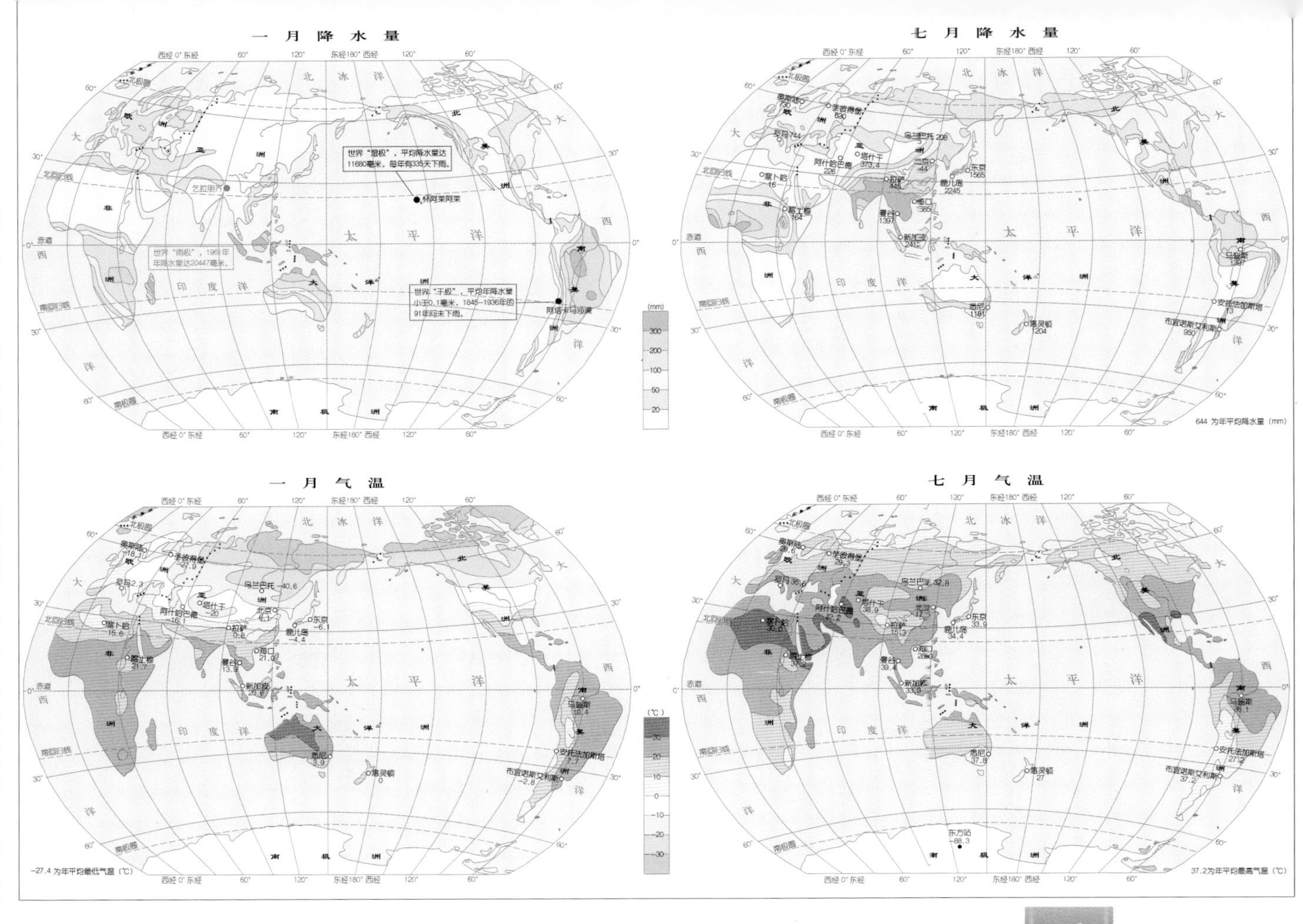
一月降水量
世界"湿极"，平均降水量达11680毫米，每年有335天下雨。
怀阿莱阿莱
世界"雨极"，1961年年降水量达20447毫米。
乞拉朋齐
世界"干极"，平均年降水量小于0.1毫米，1845-1936年的91年间未下雨。
阿塔卡马沙漠
(mm)
300
200
100
50
20
七月降水量
雷克雅未克 730
圣彼得堡 630
罗马 744
乌兰巴托 208
塔什干 373.4
阿什哈巴德 226
北京 44
东京 1565
鹿儿岛 2245
拉萨 445
塞卜哈 16
香港 385
曼谷 1397
新加坡 2411
亚的斯亚贝巴 164
马瑙斯 1397
悉尼 1181
惠灵顿 1204
安托法加斯塔 13
布宜诺斯艾利斯 950
644 为年平均降水量（mm）
一月气温
雷克雅未克 -18.1
圣彼得堡 -27.9
罗马 2.3
乌兰巴托 -40.6
塔什干 -20
阿什哈巴德 -16.1
北京 6.1
东京 -6.1
塞卜哈 15.6
拉萨 0.8
鹿儿岛 -4.4
海口 21.0
亚的斯亚贝巴 21.7
曼谷 13.9
新加坡 20.6
马瑙斯 10.4
悉尼 3.9
惠灵顿 0
安托法加斯塔 7.7
布宜诺斯艾利斯 -2.8
-27.4 为年平均最低气温（℃）
(℃)
30
20
10
0
-10
-20
-30
七月气温
雷克雅未克 29.6
圣彼得堡 29.3
罗马 35.6
乌兰巴托 32.8
塔什干 38.9
阿什哈巴德 42.2
北京 17.2
东京 33.9
塞卜哈 39.0
拉萨 15.3
鹿儿岛 34.4
海口 28.0
亚的斯亚贝巴 37.2
曼谷 39.4
新加坡 33.9
马瑙斯 36.1
悉尼 37.8
惠灵顿 27
安托法加斯塔 27.2
布宜诺斯艾利斯 37.2
东方站 -88.3
37.2为年平均最高气温（℃）
7

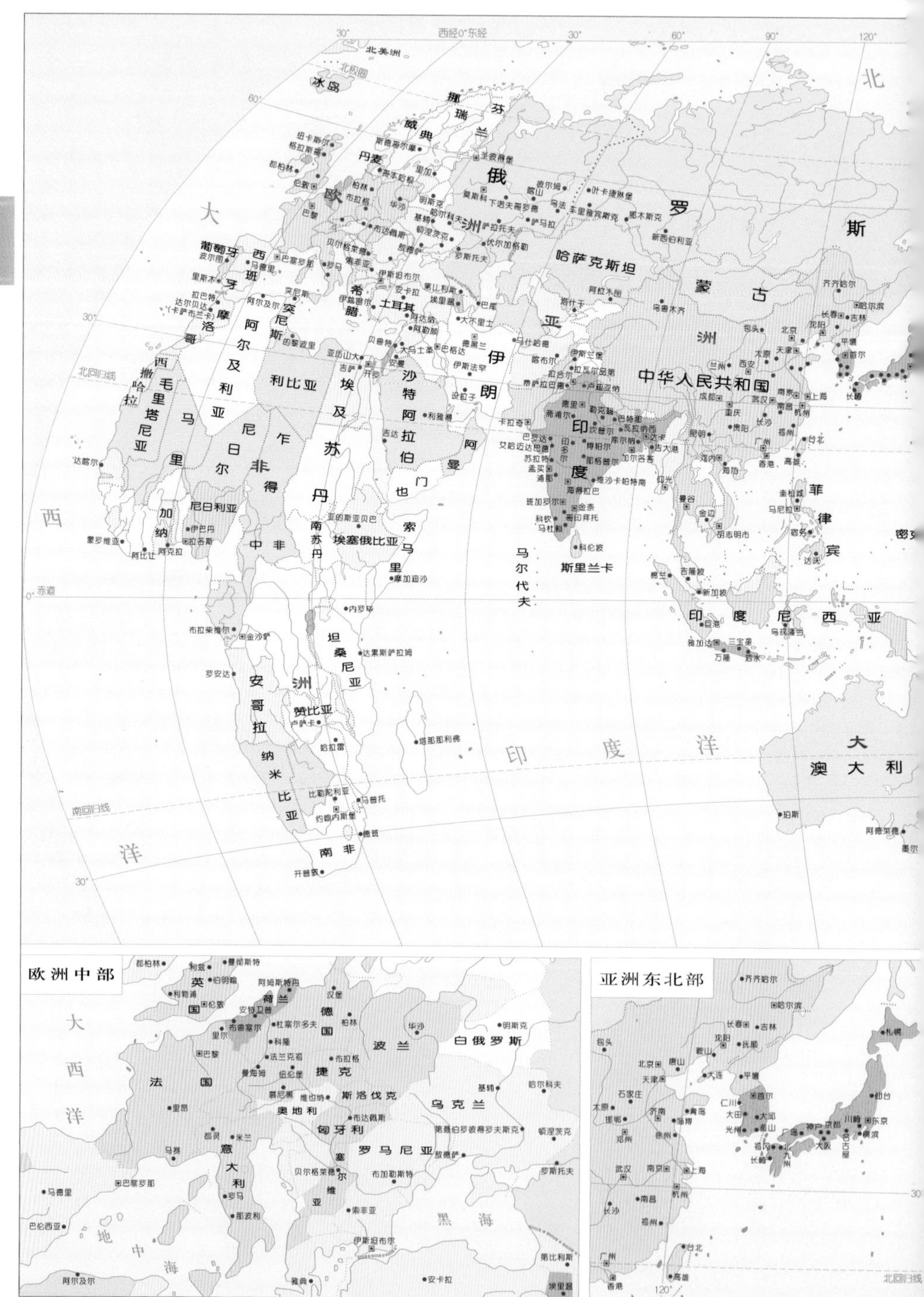
欧洲中部
亚洲东北部
中华人民共和国
俄罗斯
印度
印度洋
大西洋
印度尼西亚
哈萨克斯坦
蒙古
伊朗
沙特阿拉伯
埃及
苏丹
利比亚
阿尔及利亚
尼日尔
乍得
马里
尼日利亚
埃塞俄比亚
南非
斯里兰卡
菲律宾

比例尺　1:121 300 000

0　1213　2426　3639　4852千米

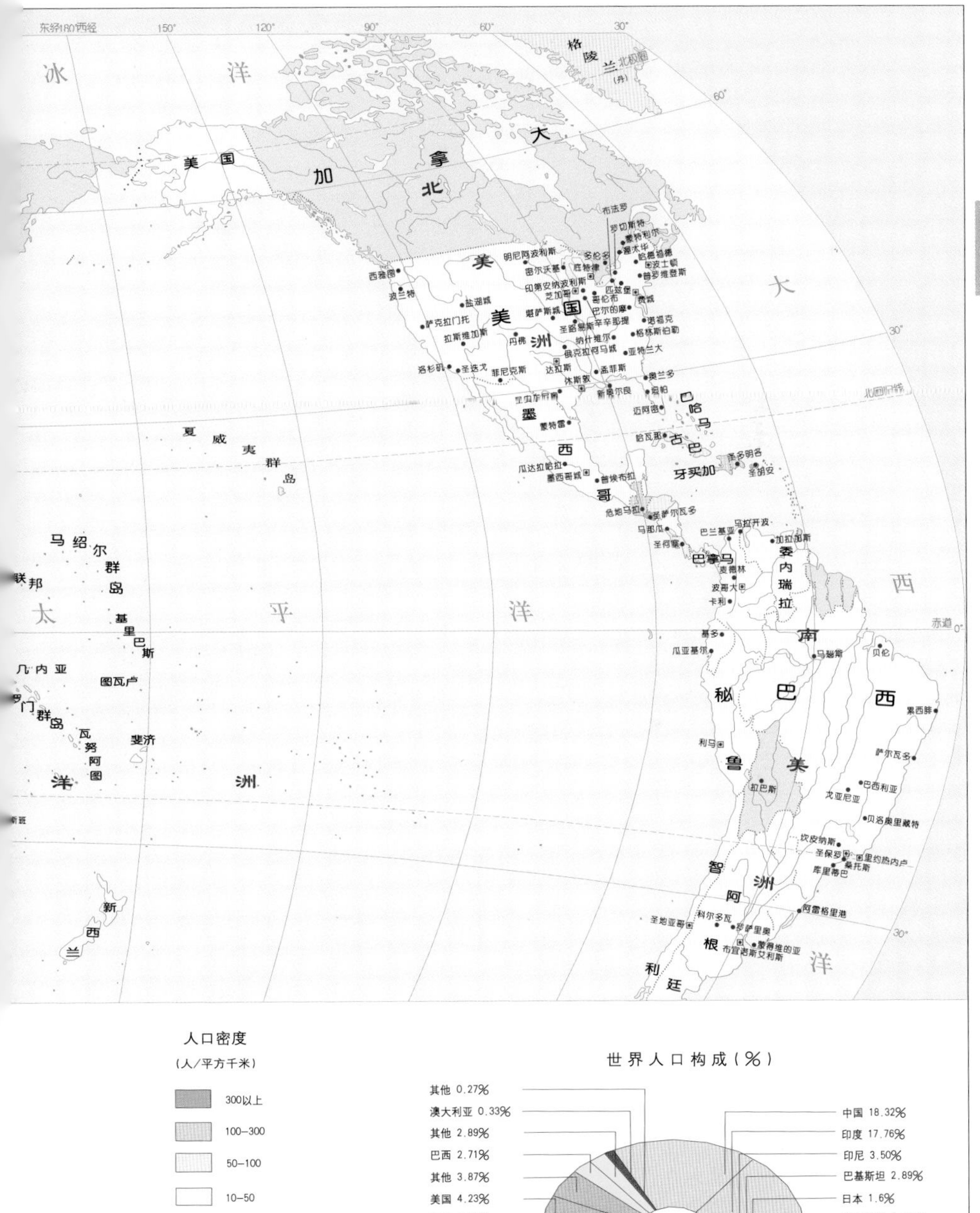

人口密度

（人/平方千米）

- 300以上
- 100–300
- 50–100
- 10–50
- 1–10
- 0–1

城市人口

（不包括郊区人口）

- ▣ 400万以上
- • 100–400万

世界人口构成（%）

78.98亿

其他 0.27%

澳大利亚 0.33%

其他 2.89%

巴西 2.71%

其他 3.87%

美国 4.23%

其他 9.6%

尼日利亚 2.7%

其他 11.55%

俄罗斯 1.85%

中国 18.32%

印度 17.76%

印尼 3.50%

巴基斯坦 2.89%

日本 1.6%

孟加拉国 2.11%

其他 13.82%

亚洲　欧洲　非洲　大洋洲　南美洲　北美洲

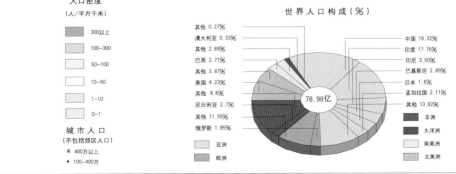

地球不停地从西向东自转，形成太阳每天东升西落的现象。在日常生活中人们习惯根据太阳在天空中的位置来确定时间，把当地所看到的当天太阳位置最高时定作“中午”，以此为标准的时间叫“地方时间”。为了国际间的交往便利，自1884年以后，大多数国家共同商定采用以时区为单位的标准时间。

时区的划分是以经过英国伦敦格林尼治天文台原址的本初子午线（即零度经线）为标准，从西经七度半至东经七度半划为中时区（又称零时区）。在这个时区内，以零度经线的“地方时”为标准时间，这就是格林尼治时间，又称世界时。从中时区的边界分别向东、西每隔经度十五度划一个时区，东、西各划出十二个时区，东十二区和西十二区重合，全球共划分成二十四个时区。各时区都以本区中央经线的“地方时”为本区共同的标准时间。

实际上，时区的界线不完全按照经线，往往是参照各国的行政区界或自然界线来分。也有一些国家不采用以时区为单位的标时间，常以该国的某特殊地点所在经线的“方时”为该国的统一时间。如中国北京的“方时”为中国的统一时间，通常称为“北京间”。

比例尺 1:153 500 000

0 1535 3070 4605 6140千米

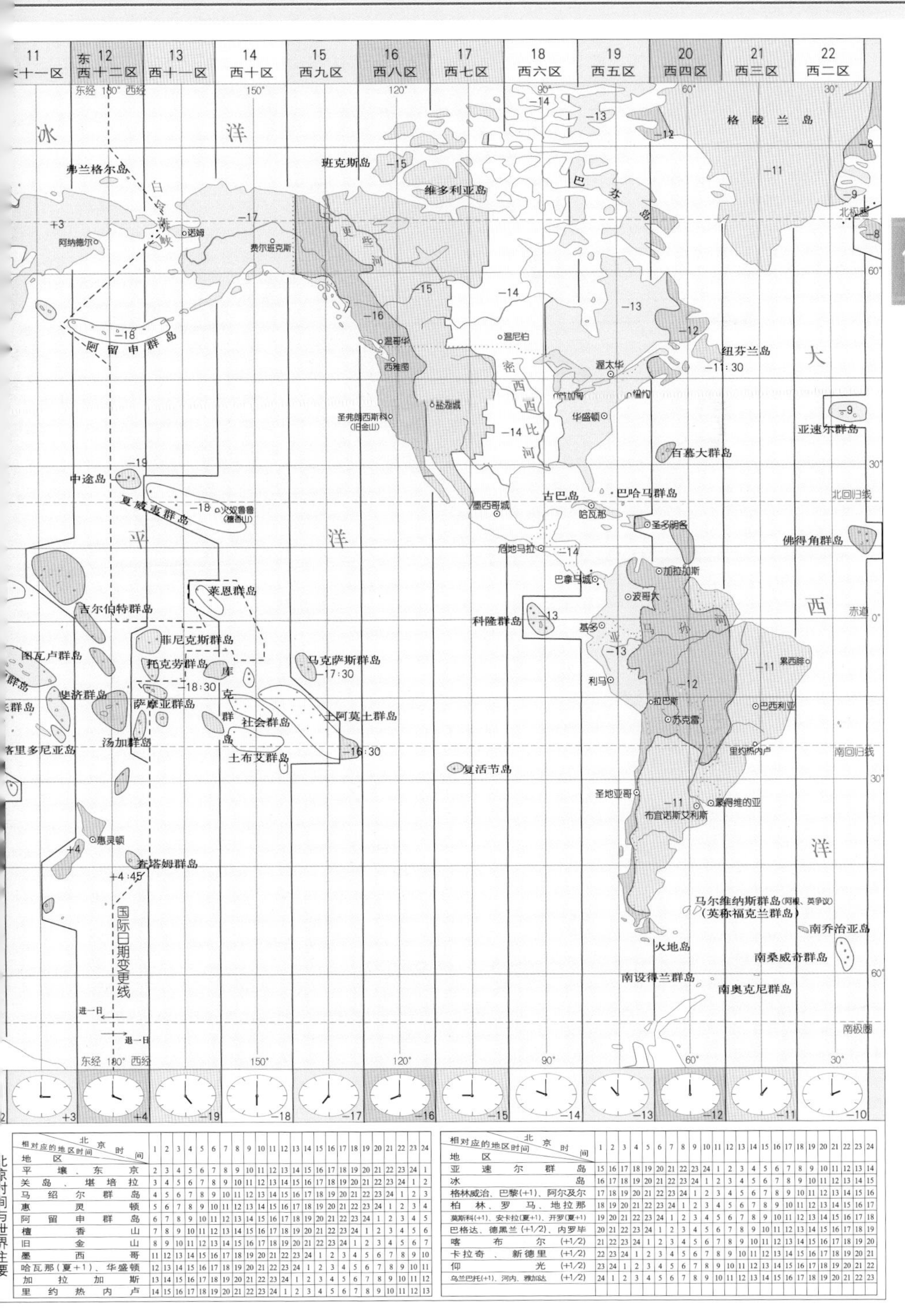

相对应的地区时间 \ 北京时间 地区	1	2	3	4	5	6	7	8	9	10	11	12	13	14	15	16	17	18	19	20	21	22	23	24
平壤、东京	2	3	4	5	6	7	8	9	10	11	12	13	14	15	16	17	18	19	20	21	22	23	24	1
关岛、堪培拉	3	4	5	6	7	8	9	10	11	12	13	14	15	16	17	18	19	20	21	22	23	24	1	2
马绍尔群岛	4	5	6	7	8	9	10	11	12	13	14	15	16	17	18	19	20	21	22	23	24	1	2	3
惠灵顿	5	6	7	8	9	10	11	12	13	14	15	16	17	18	19	20	21	22	23	24	1	2	3	4
阿留申群岛	6	7	8	9	10	11	12	13	14	15	16	17	18	19	20	21	22	23	24	1	2	3	4	5
檀香山	7	8	9	10	11	12	13	14	15	16	17	18	19	20	21	22	23	24	1	2	3	4	5	6
旧金山	8	9	10	11	12	13	14	15	16	17	18	19	20	21	22	23	24	1	2	3	4	5	6	7
墨西哥	11	12	13	14	15	16	17	18	19	20	21	22	23	24	1	2	3	4	5	6	7	8	9	10
哈瓦那(夏+1)、华盛顿	12	13	14	15	16	17	18	19	20	21	22	23	24	1	2	3	4	5	6	7	8	9	10	11
加拉加斯	13	14	15	16	17	18	19	20	21	22	23	24	1	2	3	4	5	6	7	8	9	10	11	12
里约热内卢	14	15	16	17	18	19	20	21	22	23	24	1	2	3	4	5	6	7	8	9	10	11	12	13

相对应的地区时间 \ 北京时间 地区	1	2	3	4	5	6	7	8	9	10	11	12	13	14	15	16	17	18	19	20	21	22	23	24
亚速尔群岛	15	16	17	18	19	20	21	22	23	24	1	2	3	4	5	6	7	8	9	10	11	12	13	14
冰岛	16	17	18	19	20	21	22	23	24	1	2	3	4	5	6	7	8	9	10	11	12	13	14	15
格林威治、巴黎(+1)、阿尔及尔	17	18	19	20	21	22	23	24	1	2	3	4	5	6	7	8	9	10	11	12	13	14	15	16
柏林、罗马、地拉那	18	19	20	21	22	23	24	1	2	3	4	5	6	7	8	9	10	11	12	13	14	15	16	17
莫斯科(+1)、安卡拉(夏+1)、开罗(夏+1)	19	20	21	22	23	24	1	2	3	4	5	6	7	8	9	10	11	12	13	14	15	16	17	18
巴格达、德黑兰(+1/2)、内罗毕	20	21	22	23	24	1	2	3	4	5	6	7	8	9	10	11	12	13	14	15	16	17	18	19
喀布尔 (+1/2)	21	22	23	24	1	2	3	4	5	6	7	8	9	10	11	12	13	14	15	16	17	18	19	20
卡拉奇、新德里 (+1/2)	22	23	24	1	2	3	4	5	6	7	8	9	10	11	12	13	14	15	16	17	18	19	20	21
仰光 (+1/2)	23	24	1	2	3	4	5	6	7	8	9	10	11	12	13	14	15	16	17	18	19	20	21	22
乌兰巴托(+1)、河内、雅加达 (+1/2)	24	1	2	3	4	5	6	7	8	9	10	11	12	13	14	15	16	17	18	19	20	21	22	23

11

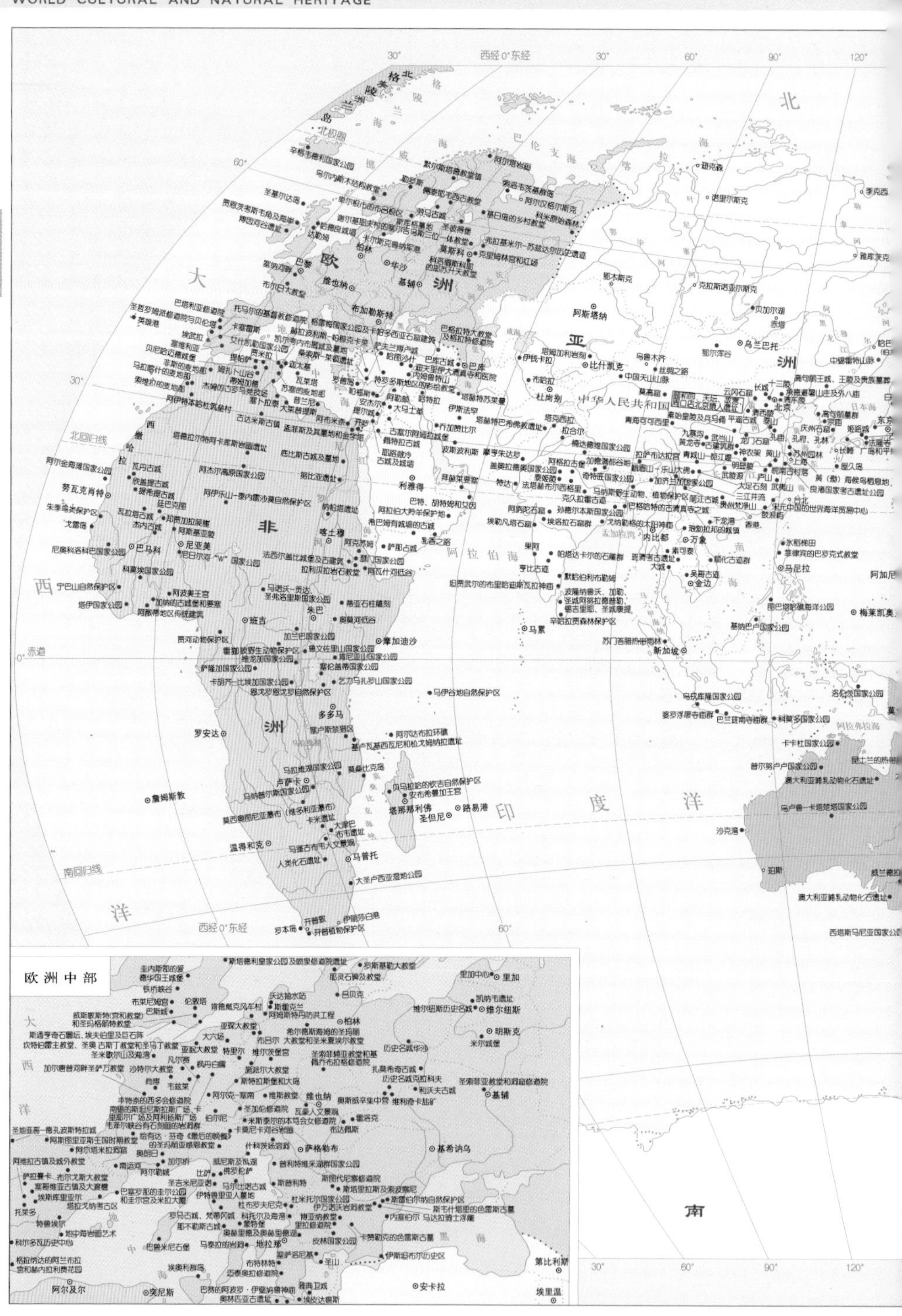
西经 0° 东经
北极圈
北回归线
赤道
南回归线
格陵兰岛
挪威海
巴伦支海
欧洲
亚洲
非洲
大西洋
印度洋
阿拉伯海
中华人民共和国
斯瓦尔巴群岛
维也纳
华沙
莫斯科
巴黎
基辅
布加勒斯特
阿斯塔纳
马尼拉
新加坡
万象
金边
吉隆坡
内比都
阿克拉
班吉
罗安达
喀土穆
马普托
塔那那利佛
圣但尼
路易港
詹姆斯敦
努瓦克肖特
戈雷岛
巴马科
尼亚美
利雅得
温得和克
北京
长城
泰山
黄山
苏州园林
丽江古城
平遥古城
秦始皇陵及兵马俑
九寨沟
黄龙寺
武当山
云冈石窟
莫高窟
布达拉宫
石林
澳门历史城区
三江并流
汉尼拔孔
撒哈拉
开普敦
罗本岛
马达加斯加
吴哥古迹
婆罗浮屠寺庙群
普兰巴南寺庙群
科莫多国家公园
乌卢鲁－卡塔丘塔国家公园
卡卡杜国家公园
大堡礁
沙克湾
珀斯
欧洲中部
斯塔德利皇家公园及喷泉修道院
罗斯基勒大教堂
耶灵石碑及教堂
里加
维尔纽斯
明斯克
柏林
布拉格历史中心
维也纳
基希讷乌
萨格勒布
圣索菲亚教堂
安卡拉
第比利斯
埃里温
突尼斯
阿尔及尔
奥林匹亚古遗址
雅典卫城
马拉松
马耳他
布达佩斯
佛罗伦萨历史中心
锡耶纳
威尼斯及潟湖
罗马古城

比例尺 1:120 100 000

0 1201 2402 3603 4804千米

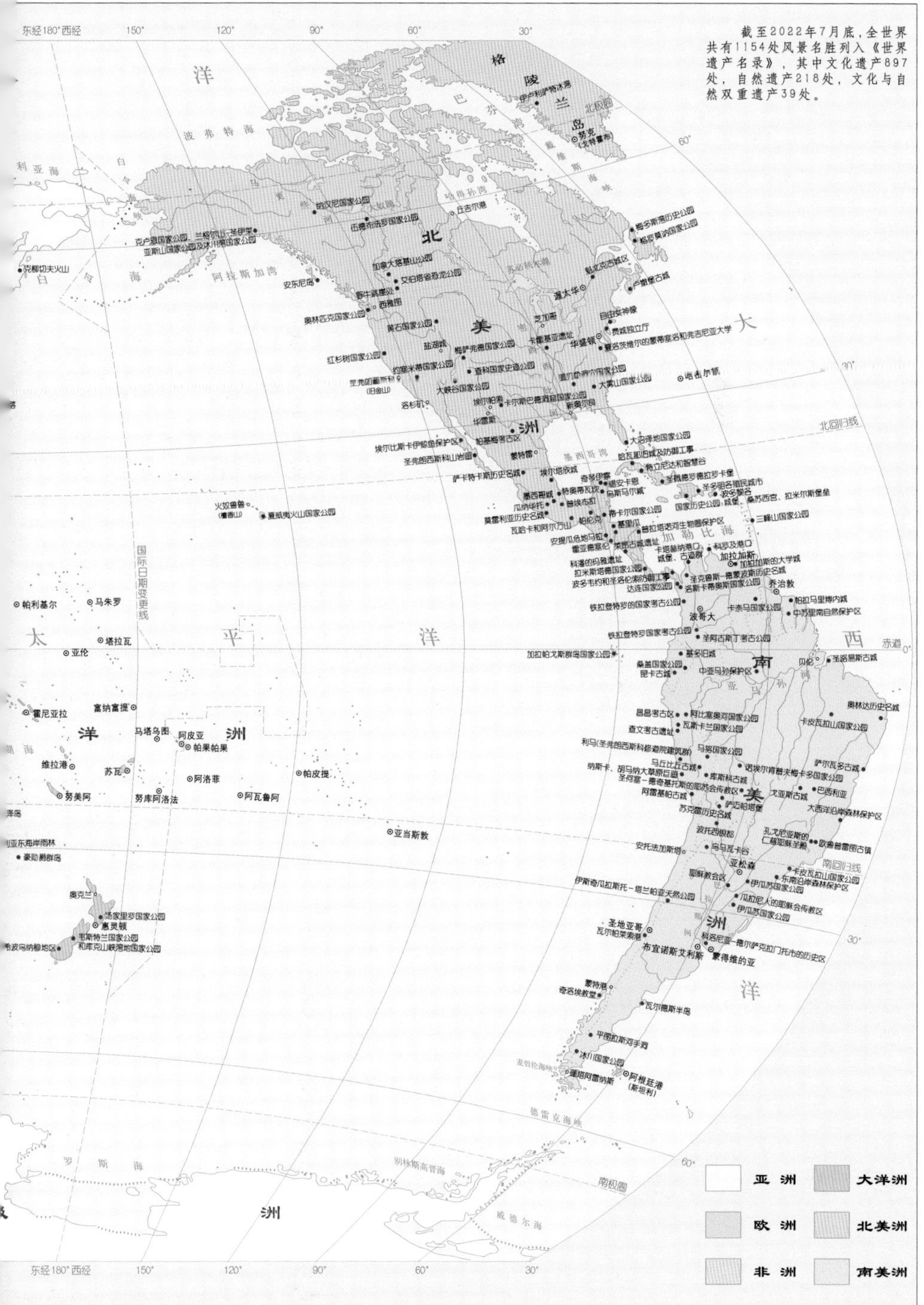

世界主要国际机构与区域性组织

THE WORLD MAIN INTERNATIONAL INSTITUTES AND THE REGIONAL ORGANIZATIONS

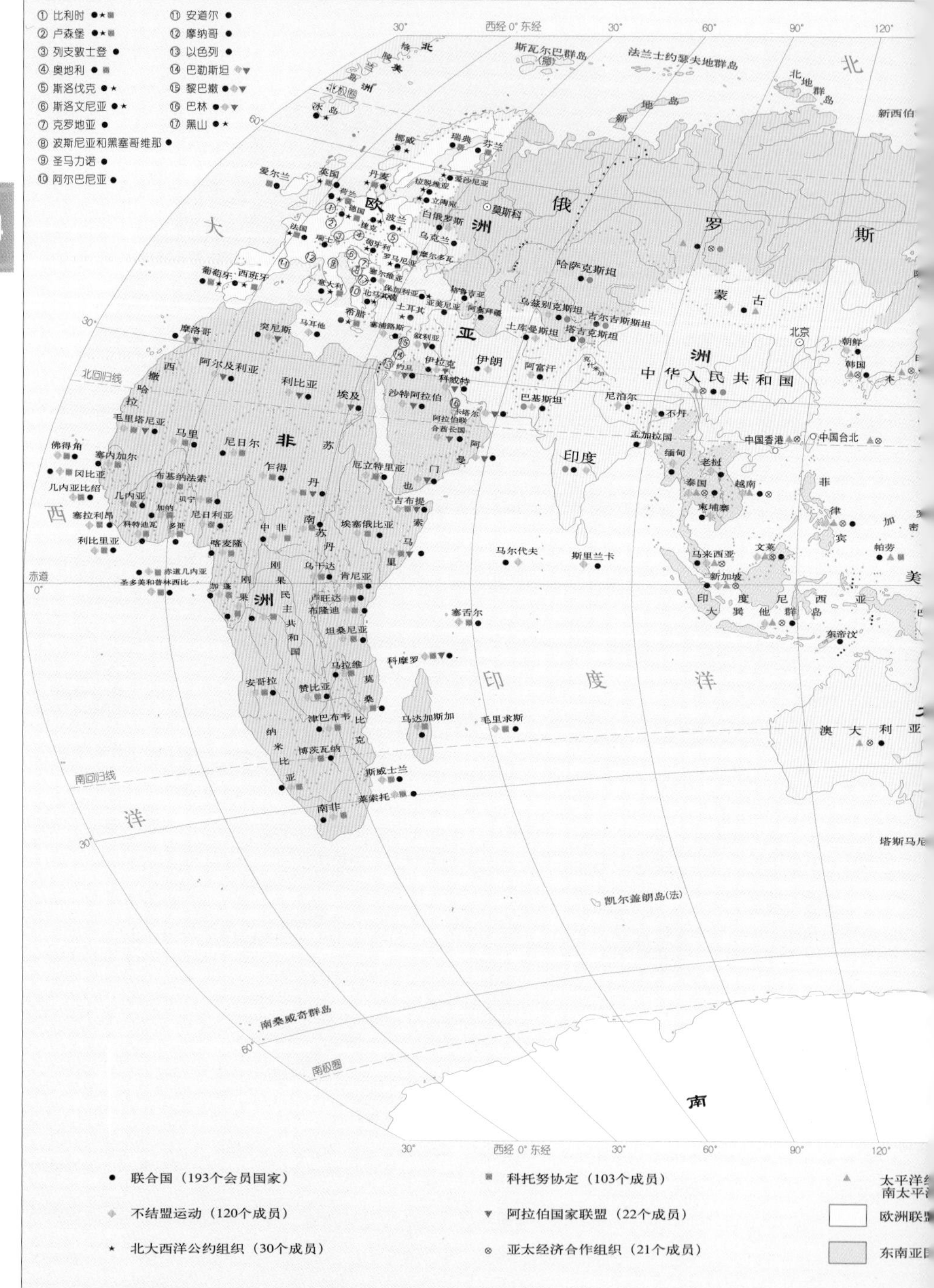

- ● 联合国（193个会员国家）
- ◆ 不结盟运动（120个成员）
- ★ 北大西洋公约组织（30个成员）
- ■ 科托努协定（103个成员）
- ▼ 阿拉伯国家联盟（22个成员）
- ⊗ 亚太经济合作组织（21个成员）
- ▲ 太平洋 南太平
- 欧洲联盟
- 东南亚

比例尺 1:119 200 000

0 1192 2384 3576 4768千米

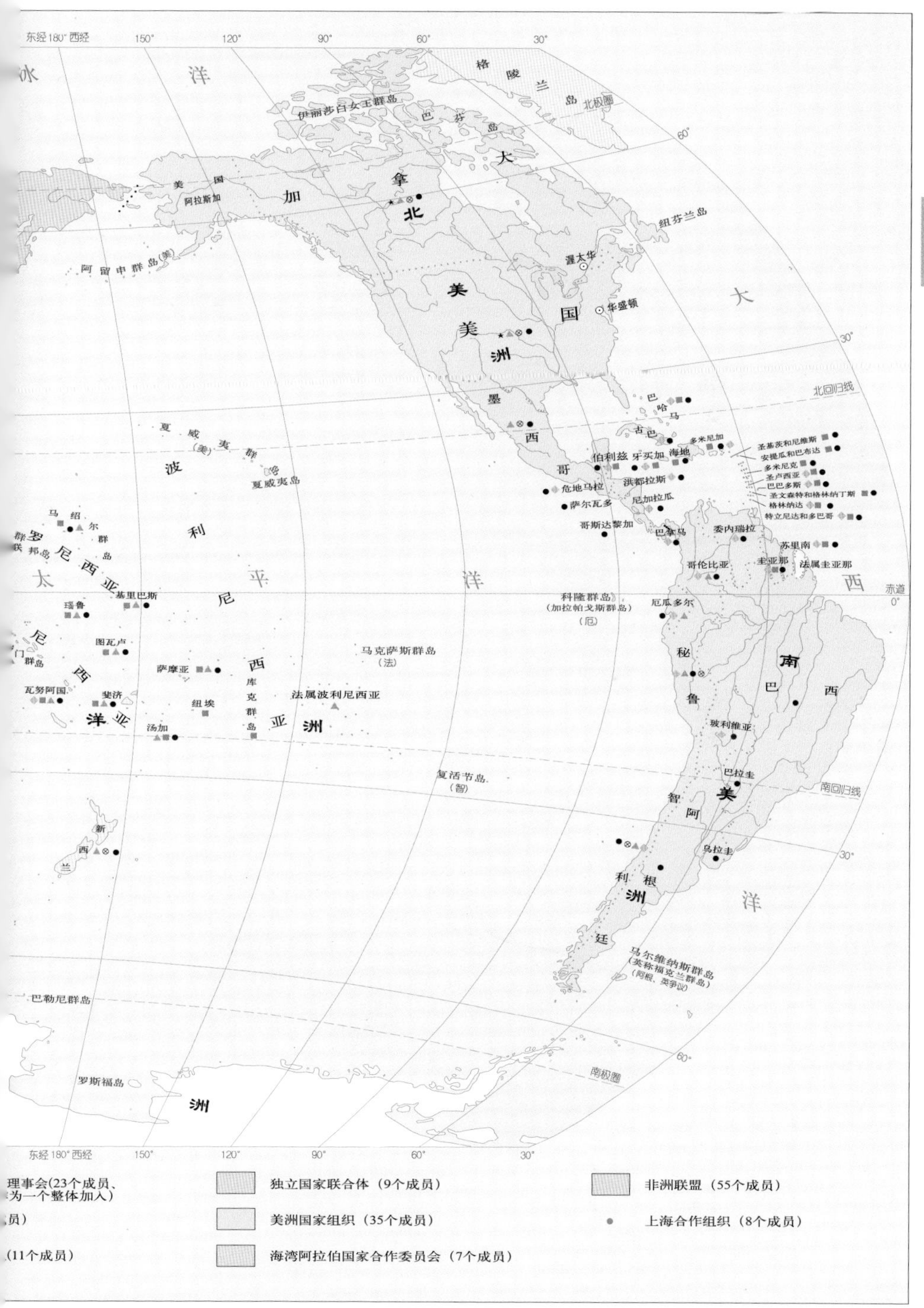

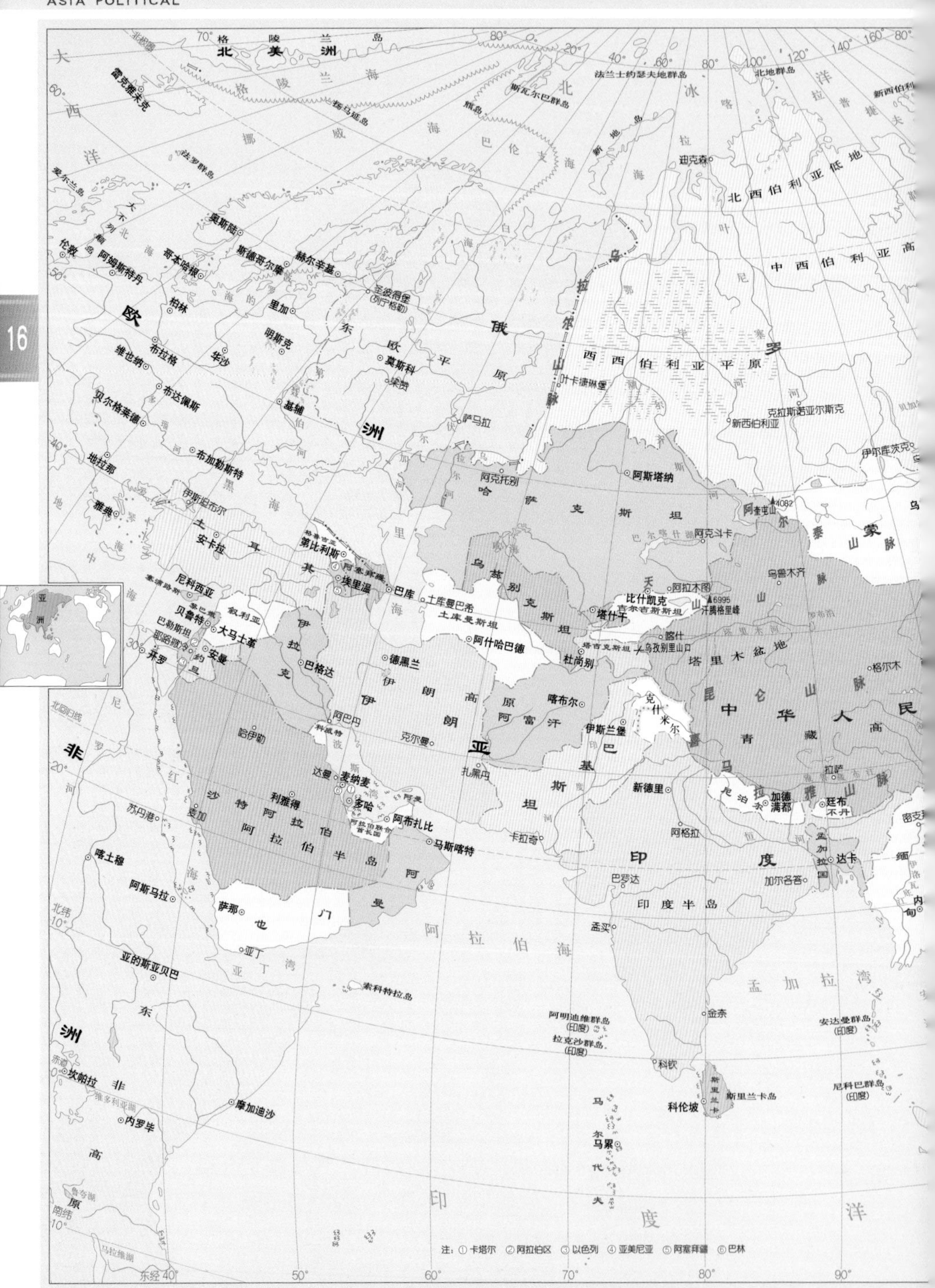
北冰洋
格陵兰岛
北美洲
格陵兰海
挪威海
巴伦支海
喀拉海
大西洋
欧洲
亚洲
非洲
俄罗斯
东欧平原
西西伯利亚平原
北西伯利亚低地
中西伯利亚高原
乌拉尔山脉
哈萨克斯坦
乌兹别克斯坦
土库曼斯坦
伊朗高原
伊朗
伊拉克
叙利亚
土耳其
沙特阿拉伯
阿拉伯半岛
也门
阿曼
阿富汗
巴基斯坦
印度
印度半岛
中华人民共和国
青藏高原
塔里木盆地
喜马拉雅山脉
昆仑山脉
天山
阿尔泰山脉
尼泊尔
不丹
孟加拉国
斯里兰卡
马尔代夫
阿拉伯海
孟加拉湾
印度洋
红海
亚丁湾
黑海
里海
莫斯科
圣彼得堡
(列宁格勒)
阿斯塔纳
塔什干
比什凯克
杜尚别
喀布尔
伊斯兰堡
新德里
加德满都
廷布
达卡
科伦坡
德黑兰
巴格达
利雅得
巴库
第比利斯
埃里温
阿什哈巴德
安卡拉
大马士革
贝鲁特
安曼
开罗
萨那
马斯喀特
阿布扎比
多哈
麦纳麦
科威特
汗腾格里峰
▲6995
▲4082
注：①卡塔尔 ②阿拉伯区 ③以色列 ④亚美尼亚 ⑤阿塞拜疆 ⑥巴林

比例尺　1:53 500 000

0　535　1070　1605　2140千米

亚洲国家和地区概况表

国家和地区	面积（平方千米）	人口（万）	首都（首府）
中华人民共和国	9600000	141175	北京
蒙古	1566500	340	乌兰巴托
朝鲜	122762	2500	平壤
韩国	103290	5126	首尔
日本	377800	12505	东京
越南	329600	9620	河内
老挝	236800	734	万象
柬埔寨	181035	1600	金边
缅甸	676581	5458	内比都
泰国	513115	6617	曼谷
马来西亚	329733	3270	吉隆坡
新加坡	733.1	约545	新加坡
印度尼西亚	1913578.66	27100	雅加达
东帝汶	15007	132	帝力
文莱	5765	43	斯里巴加湾市
菲律宾	299700	11000	马尼拉
尼泊尔	147181	3000	加德满都
不丹	38000	75.6	廷布
孟加拉国	147570	17000	达卡
印度	约2980000	139000	新德里
马尔代夫	298	55.7	马累
斯里兰卡	65610	2167	科伦坡
巴基斯坦	796095	20800	伊斯兰堡
阿富汗	467500	3220	喀布尔
伊朗	1645000	8502	德黑兰
土耳其	783600	8468	安卡拉
塞浦路斯	9251	91.8	尼科西亚
叙利亚	185200	1929	大马士革
黎巴嫩	10500	607	贝鲁特
巴勒斯坦地区	分别建立以色列国和巴勒斯坦国，目前其疆界尚未确定。耶路撒冷国际化，由联合国管理，目前被以色列实际控制。		
约旦	89000	1105	安曼
伊拉克	438300	4225	巴格达
科威特	17818	446.4	科威特城
沙特阿拉伯	2250000	3617	利雅得
也门	528000	2980	萨那
阿曼	310000	449	马斯喀特
阿拉伯联合酋长国	83600	930	阿布扎比
卡塔尔	11500	266	多哈
巴林	780	150	麦纳麦
格鲁吉亚	69700	389.66	第比利斯
亚美尼亚	29700	306.3	埃里温
阿塞拜疆	86600	1016.7	巴库
哈萨克斯坦	2724900	1912.5	阿斯塔纳
吉尔吉斯斯坦	199900	670	比什凯克
塔吉克斯坦	143100	1000	杜尚别
乌兹别克斯坦	448900	3560	塔什干
土库曼斯坦	491200	572	阿什哈巴德

格陵兰岛
北美洲
北冰洋
大西洋
冰岛
雷克雅未克
扬马延岛
法兰士约瑟夫地群岛
北地群岛
斯瓦尔巴群岛
切柳斯金角
新西伯利
法罗群岛
设得兰群岛
巴伦支海
新地岛
喀拉海
泰梅尔半岛
北西伯利亚低地
爱尔兰岛
都柏林
大不列颠岛
伦敦
阿姆斯特丹
哥本哈根
奥斯陆
斯德哥尔摩
赫尔辛基
芬兰冰碛岭
斯堪的纳维亚山脉
科拉半岛
科尔古耶夫岛
大地苔原
普托拉纳高原
中西伯利亚高原
中通古斯高原
乌拉尔山脉
1895
萨列哈尔德
巴黎
柏林
里加
欧
明斯克
白俄罗斯丘岗
莫斯科
北部丘岗
东欧平原
平原
西西伯利亚平原
阿尔卑斯山脉
维也纳
喀尔巴阡山脉
华沙
基辅
中俄罗斯高地
伏尔加河沿岸丘陵
洲
1640
亚曼套山
鄂木斯克
伊希姆草原
巴拉巴草原
东萨彦岭
西萨彦岭
亚平宁半岛
罗马
布达佩斯
贝尔格莱德
布加勒斯特
巴尔干半岛
黑海沿岸低地
图尔盖高原
图尔盖洼地
阿斯塔纳
地拉那
雅典
黑海
哈萨克丘陵
4374
西阿尔泰山脉
杭爱山
安卡拉
小亚细亚半岛
安纳托利亚高原
厄尔布鲁士山
5642
大高加索山脉
里海沿岸低地
里海
-132
第比利斯
准噶尔盆地
乌鲁木齐
塞浦路斯岛
托罗斯山脉
巴库
图兰低地
克孜勒库姆沙漠
天山
6995
-155
吐鲁番盆地
塔什干
大马士革
安曼
扎格罗斯山脉
厄尔布尔士山脉
科佩特山脉
喀什
7495
塔里木盆地
塔克拉玛干沙漠
阿尔金山
祁连山
开罗
美索不达米亚平原
巴格达
德黑兰
卡维尔盐漠
伊朗高原
帕米尔高原
兴都库什山脉
8611
昆仑山脉
北回归线
内夫得沙漠
喀布尔
苏莱曼山脉
伊斯兰堡
喜马拉雅山脉
冈底斯山脉
唐古拉山
青藏高原
非
阿拉伯高原
波斯湾
亚
7816
南迦帕尔巴特峰
利雅得
印度河平原
新德里
塔尔沙漠
恒河平原
马斯喀特
卡拉奇
阿拉伯半岛
马尔瓦高原
温迪亚山脉
焦达纳格布尔高原
达卡
喀土穆
鲁卜哈利沙漠
马西拉岛
汉志山
3760
达善峰
4620
埃塞俄比亚高原
阿拉伯海
孟买
西高止山脉
德干高原
东高止山脉
海得拉巴
孟加拉湾
亚的斯亚贝巴
尼罗河上游盆地
索科特拉岛
索马里半岛
阿赛尔角
索马里高原
阿明迪维群岛
金奈
安达曼群岛
洲
阿拉伯海盆
拉克沙群岛
卡尔斯伯格海岭
斯里兰卡岛
科伦坡
尼科巴群岛
赤道
摩加迪沙
马尔代夫群岛
马累
内罗毕
乞力马扎罗山
5895
东非大裂谷
东非高原
温古贾岛
印度洋
阿杜环礁
阿米兰特群岛
塞舌尔群岛
查戈斯群岛
东经40°
30°
50°
60°
70°
80°
90°

亚细亚洲 简称亚洲。世界第一大洲。位于东半球的东北部。东濒太平洋，南临印度洋，北靠北冰洋，西临大西洋的属海地中海和黑海。大陆东至楚科奇半岛的杰日尼奥夫角(西经169°40′，北纬60°05′)，南至马来半岛的皮艾角（东经103°30′，北纬1°17′），西至小亚细亚半岛的巴巴角（东经26°03′，北纬39°27′），北至泰梅尔半岛的切柳斯金角（东经104°18′，北纬77°43′）。东南有一系列的弧形群岛环绕大陆，并与大洋洲相邻，西北以乌拉尔山脉、乌拉尔河、里海、大高加索山脉、伊斯坦布尔海峡（博斯普鲁斯海峡）、恰纳卡莱海峡（达达尼尔海峡）与欧洲分界，东北以隔86千米宽的白令海峡与北美洲相望。大陆与岛屿面积约4400万平方千米，占世界陆地总面积的29.4%。亚洲在地理习惯上分为东亚、东南亚、南亚、西南亚、中亚和北亚。现有48个国家和地区。人口约45.5亿，约占世界人口的60.2%。亚洲地形特点是地表起伏大，中部高，四周低。山地、高原、丘陵约占全洲面积的3/4。平均海拔950米，是世界上除南极洲外地势最高的洲。多高大山脉，如阿尔泰山山脉、天山山脉、昆仑山脉、祁连山脉、喜马拉雅山脉、兴都库什山脉等。有世界著名高原，如有“世界屋脊”之称的青藏高原及蒙古高原、伊朗高原等。高原间有塔里木盆地、准噶尔盆地、柴达木盆地等。在山地、高原外侧分布着面积广大的平原，如东北平原、华北平原、印度河平原、恒河平原、美索不达米亚平原、西西伯利亚平原等。世界14座海拔8000米以上的山峰全部分布在喀喇昆仑山和喜马拉雅山脉地带，其中有世界最高的珠穆朗玛峰，海拔8848.86米。多火山，堪察加半岛上的克柳切夫火山海拔4750米，是亚洲最高的火山。多地震，以太平洋沿岸地区最频繁。亚洲大陆海岸线长6.99万千米。多半岛和岛屿，有世界最大半岛——阿拉伯半岛，半岛总面积约322万平方千米，居各洲之首。巨川大河广布，主要有长江、黄河、黑龙江、湄公河、印度河、鄂毕河、叶尼塞河等。欧亚交界处的里海是世界最大的咸水湖，贝加尔湖是世界最深、亚洲最大的淡水湖，面积3.15万平方千米，水深1620米。死海是全球陆地最低的洼地和湖泊，湖面低于地中海海面415米。全境从南到北跨热、温、寒三个气候带。最北部终年寒冷，降水稀少。东部是温带季风气候，夏季高温多雨，冬季寒冷干燥。中西部属温带大陆性气候，多沙漠，少雨水，昼夜温差大。南部终年炎热。亚洲矿藏资源丰富，主要有煤、石油、铜、铁、钨、锡、锰、锑、铝土、菱镁矿、金、云母、石墨等。其中石油、锡、菱镁矿等储量居世界之首。水力资源占世界可开发水力资源的27%。每年可发电约2.6万亿千瓦小时。富森林，盛产杉木、柏木、松木、楠木、柚木、樟木、檀木等名贵木材。渔业发达，沿海渔场面积占世界沿海渔场总面积的40%。以中国沿海渔场为最大，占世界沿海渔场总面积的1/4。盛产鲑、鲭、鳟、大小黄鱼、沙丁鱼、金枪鱼等几十种鱼类。

中华人民共和国
北京
天津
上海
重庆
石家庄
太原
呼和浩特
沈阳
长春
哈尔滨
济南
郑州
南京
合肥
杭州
南昌
福州
台北
武汉
长沙
广州
南宁
香港
澳门
海口
成都
贵阳
昆明
拉萨
西安
兰州
西宁
银川
乌鲁木齐
新疆维吾尔自治区
西藏自治区
青海省
内蒙古
黑龙江
蒙古
乌兰巴托
平壤
首尔
东沙群岛
东经70°

比例尺 1:29 400 000

0 294 588 882 1176千米

注：①乌兹别克斯坦

中华人民共和国 简称中国。位于亚洲东部，太平洋西岸。陆地上与蒙古、朝鲜、俄罗斯、哈萨克斯坦、吉尔吉斯斯坦、塔吉克斯坦、阿富汗、巴基斯坦、印度、尼泊尔、不丹、缅甸、老挝和越南为邻，隔海与韩国、日本、菲律宾、马来西亚、文莱、印度尼西亚等国相望。大陆海岸线总长约1.8万多千米。陆地面积960万平方千米。人口14.1亿，居世界首位。居民有汉族、满族、蒙古族、回族、藏族、朝鲜族、维吾尔族、哈萨克族、彝族、苗族、瑶族等56个民族。其中汉族占总人口的92%。通用汉语。首都北京。中国是世界四大文明古国之一，对世界文化、经济、人类进步和社会发展有着重大的贡献。有文字记载的历史近4000年，经历了原始社会、奴隶社会，从公元前475年战国时期开始进入封建社会。1840年鸦片战争后逐渐沦为半封建半殖民地国家。1911年孙中山领导的辛亥革命，一举推翻了封建帝制。1919年"五四"运动标志着新民主主义革命阶段的开始。1921年中国共产党成立后，领导中国人民经历了北伐战争、土地革命战争、抗日战争和解放战争，于1949年10月1日建立了中华人民共和国。奉行独立自主的外交政策，反对霸权主义和强权政治，维护世界和平，发展与各国友好合作关系，促进共同繁荣。截至2023年3月，已同世界182个国家建立了外交关系。**环境** 全境山地、高原占59%，平原、盆地占31%，丘陵地占10%。地势西高东低，分为三级阶梯。第一级为西南部青藏高原，平均海拔4000余米，人称"世界屋脊"，世界第一高峰珠穆朗玛峰海拔8848.86米，位于中尼边境。青藏高原西北端的帕米尔高原向东延伸出阿尔泰山山脉、天山山脉、昆仑山脉、喜马拉雅山脉、横断山脉、祁连山脉等一系列高大山脉。第二级为青藏高原以北、以东，云贵高原、黄土高原、内蒙古高原和四川盆地、塔里木盆地、准噶尔盆地，一般海拔1000～2000米。第三级为大兴安岭、太行山、巫山及云贵高原东缘一线以东，海拔多在500米以下，自北向南有东北平原、华北平原、长江中下游平原及江南丘陵。河流多自西向东流，主要有黑龙江、黄河、长江等。其中长江最长，长约6300千米，为中国第一大河，世界第三大河。湖泊众多，面积在1平方千米以上的天然湖泊达2800多个，总面积约8万平方千米。较大的淡水湖有鄱阳湖、洞庭湖、太湖等，最大的咸水湖为青海湖。全国气候复杂多样，从西、北至东南，跨寒、温、热等不同气候带。大部分地区属温带、亚热带季风气候，南北温差悬殊，大部地区四季分明，冬寒夏热。年平均降水量东南沿海多在1500毫米以上，西北部则多在500毫米以下。中国资源较为丰富。已探明储量的矿藏资源有100余种，其中煤、石油、锡、钼、铀、钨、稀土、钛、锑、汞、铅、铁、金、银、硫、磷、石墨、萤石、菱镁、铜、铝、锰、硼、滑石、高岭土等储量均居世界重要地位。水力资源居世界首位，总蕴藏量约7亿千瓦。森林覆盖率为18.2%。天然草原42亿亩。**经济** 工农业发展迅速。历经70余年的建设，现已是一个拥有独立的比较完整的工业体系和国民经济体系的初步繁荣富强的社会主义国家。工业门类齐全，体系完整，拥有各种现代化的工业。主要部门有采矿、冶金、电力、电子、机械制造、家用电器、化工、汽车、纺织、轻工等。原煤、钢铁、布匹等产量居世界前列。传统手工艺制品雕刻、刺绣、泥塑、瓷器等世界闻名。农业作物有小麦、水稻、玉米、大豆、杂粮、棉花、麻类、甘蔗、油菜籽、烟草等，其中谷物、棉花、水果、油菜籽、蔬菜、蚕茧、食用菌等10多种产品产量位于世界之首。饲养牛、马、羊、骡、驴、猪及多种家畜。猪、牛、羊肉及禽蛋产量位居世界第一。淡水养鱼及海洋捕鱼量均居世界前列。对外贸易发展迅速，主要出口商品有石油、煤炭、茶叶、粮食、植物油、禽、蛋、肉类、干鲜果品、土特产品、呢绒、棉纱、棉布、服装、五金和各种工业制品等。进口产品主要有机械运输设备、钢材、化肥、橡胶、纸张、化工产品、涤纶、砂糖等。交通通讯发展很快。有铁路营运里程15.5万千米，其中高铁4.2万千米。公路通车里程535万千米，其中高速17.7万千米。民航航程689.78万千米。海运港口年货物吞吐量155.5亿吨。县以上城市全部实现电话交换程控化。电话网规模居世界第二。国内生产总值121万亿美元。对外贸易持续发展。年进出口总额42万亿美元，其中出口总额23.9万亿美元，进口总额18.1万亿美元。进出口贸易总额居世界第一位。**国防** 现在实行以义务兵役制为主体的义务兵与志愿兵相结合、民兵与预备役相结合的兵役制。

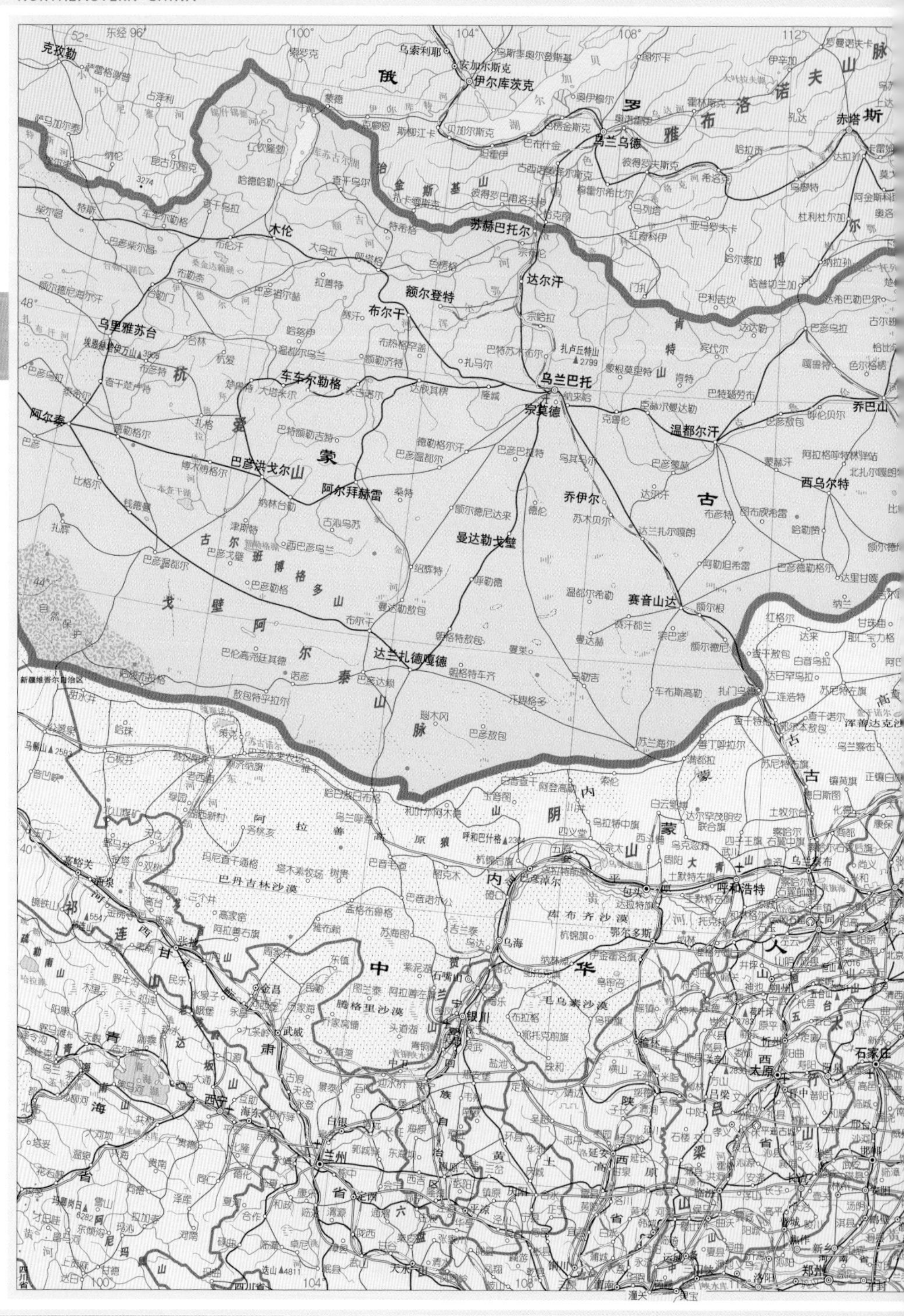

比例尺 1:11 400 000

0 114 228 342 456千米

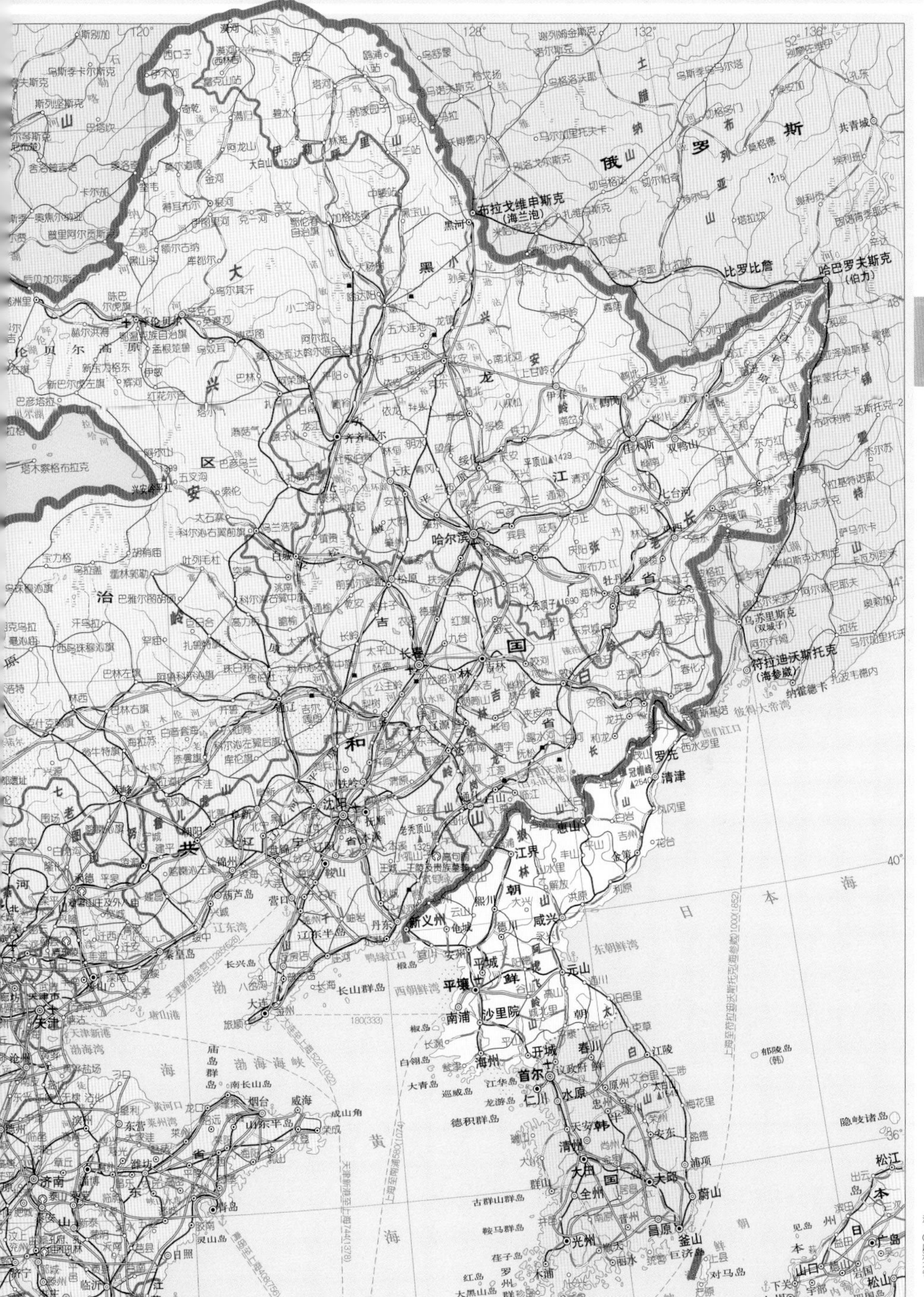

23

注：①属河北省

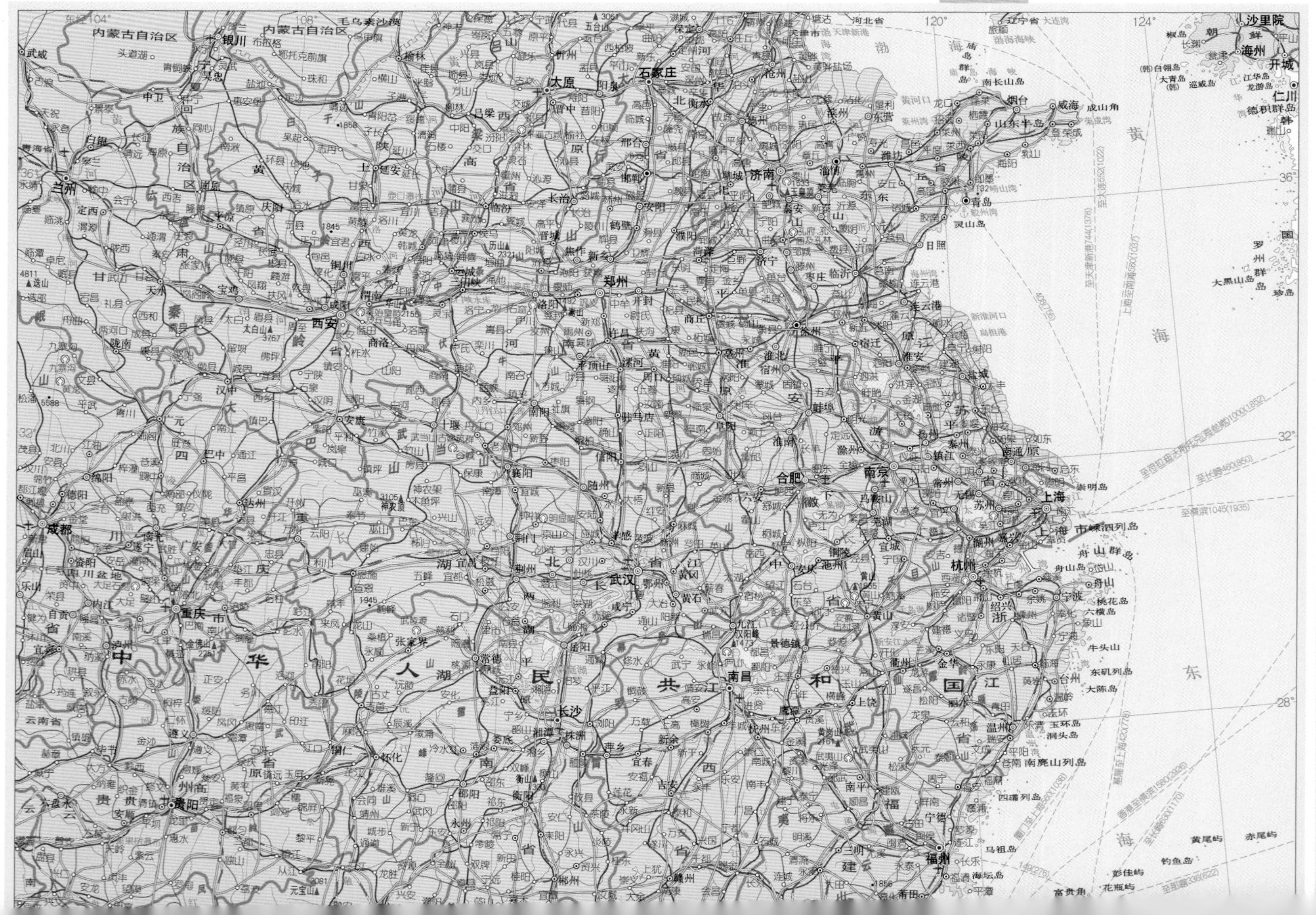

黄海
东海
上海
南京
杭州
合肥
南昌
福州
武汉
长沙
郑州
济南
石家庄
太原
西安
重庆
成都
贵阳
兰州
银川

比例尺 1:11 400 000

0 114 228 342 456千米

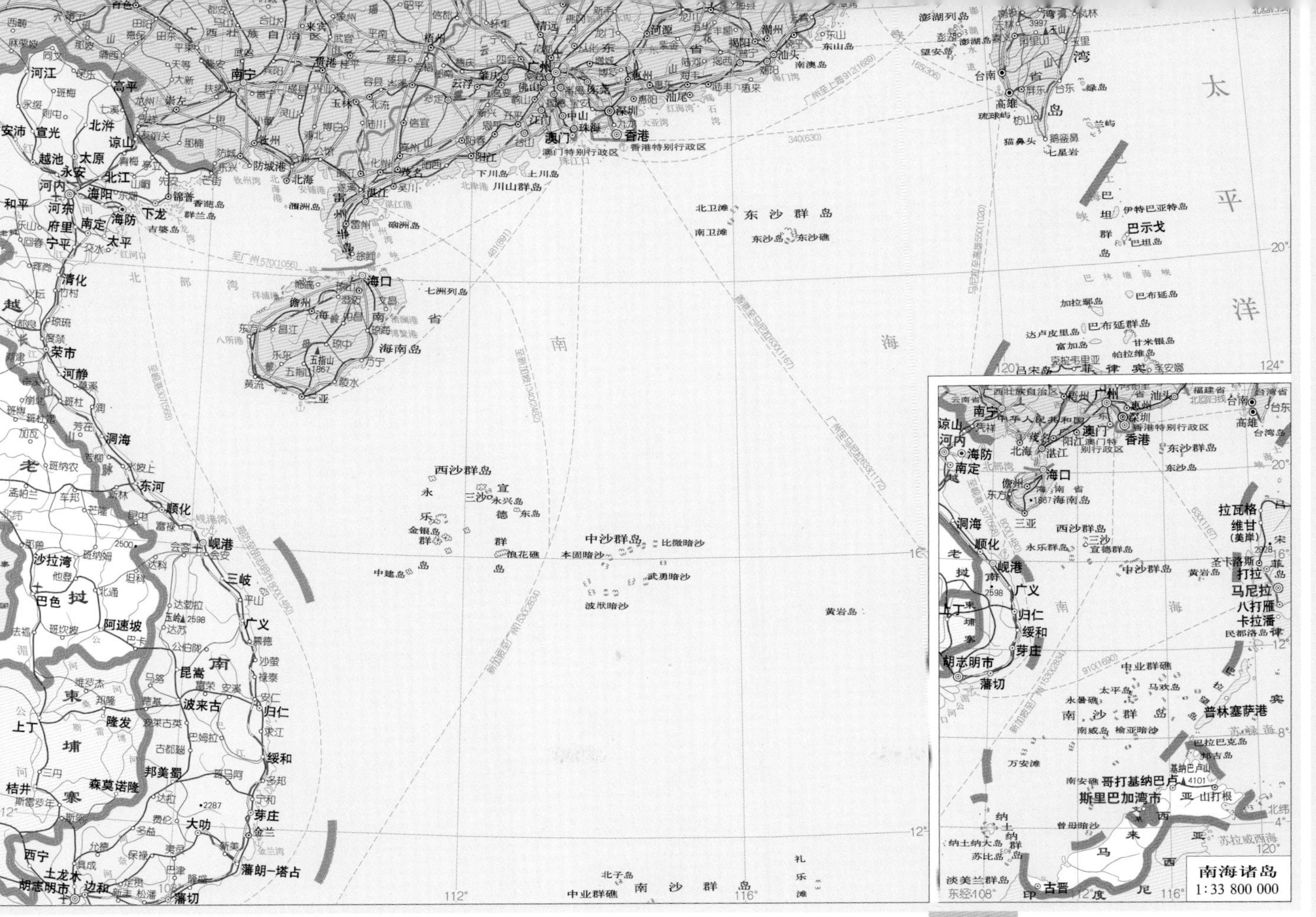

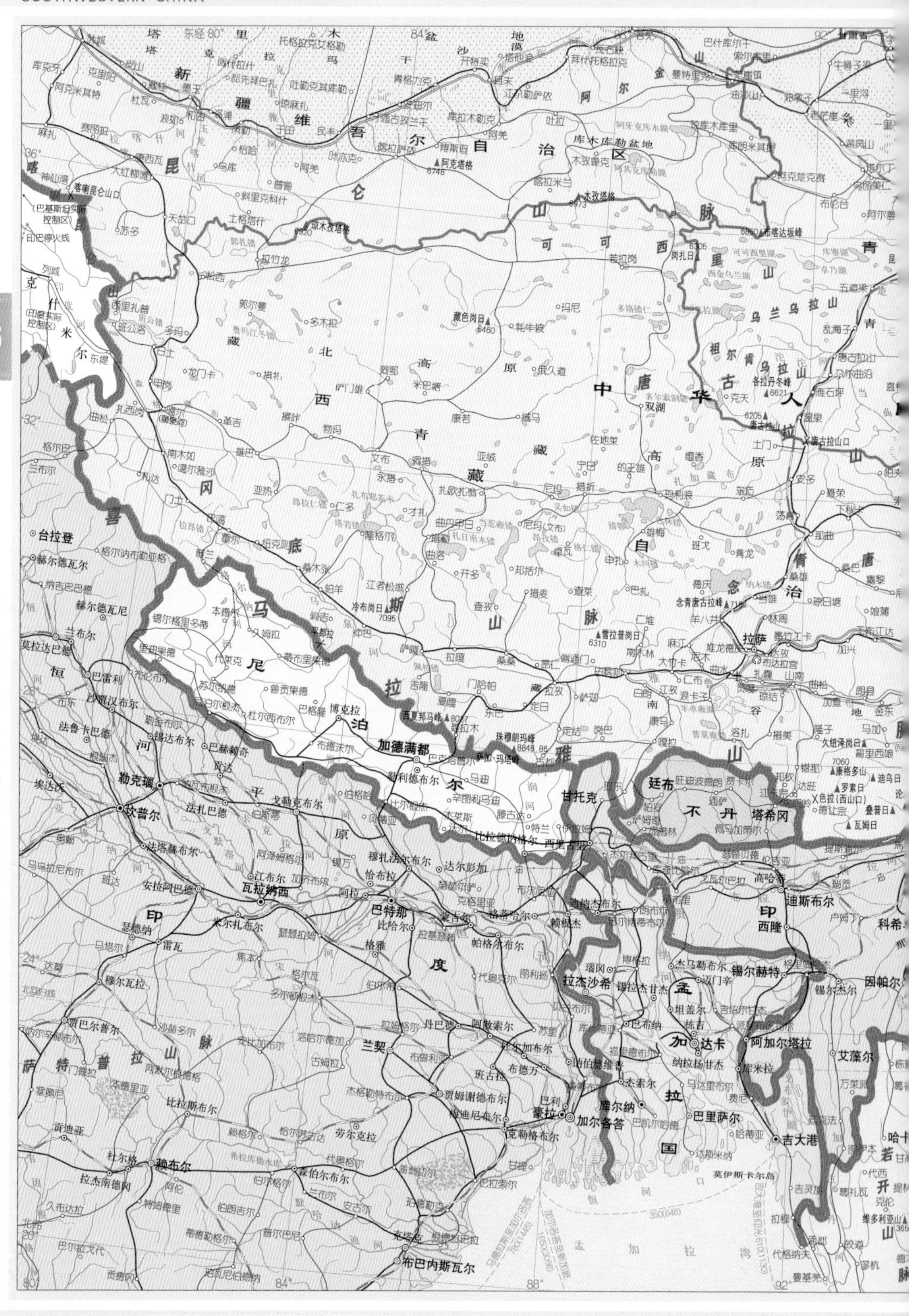
新疆维吾尔自治区
塔克拉玛干沙漠
阿尔金山
昆仑山脉
可可西里山
乌兰乌拉山
祖尔肯乌拉山
唐古拉山
冈底斯山脉
念青唐古拉山
喜马拉雅山
羌塘高原
藏北高原
西藏自治区
青藏高原
库木库勒盆地
阿克塔格
木孜塔格
布喀达坂峰
藏色岗日
各拉丹冬峰
念青唐古拉峰
冷布岗日
雪拉普岗日
珠穆朗玛峰 8848.86
西夏邦马峰
拉萨
布达拉宫
日喀则
江孜
亚东
噶尔(狮泉河)
双湖
改则
尼玛
班戈
那曲
安多
加德满都
博克拉
尼泊尔
不丹
廷布
塔希冈
甘托克
印度
恒河
瓦拉纳西
巴特那
勒克瑙
坎普尔
阿拉哈巴德
加尔各答
孟加拉国
达卡
吉大港
锡尔赫特
孟加拉湾
库尔纳
比哈尔
兰契
布巴内斯瓦尔
萨特普拉山脉
印度河
喀喇昆仑山口
克什米尔
(印度实际控制区)
(巴基斯坦实际控制区)
印巴停火线
红其拉甫
和田
于田
民丰
且末
若羌
塔什库尔干
叶城
皮山
墨玉
策勒
阿里
日土
札达
普兰
仲巴
萨嘎
吉隆
聂拉木
定日
定结
岗巴
萨迦
拉孜
昂仁
南木林
白朗
康马
浪卡子
曲水
堆龙德庆
当雄
林周
墨竹工卡
达孜
尼木
仁布
乃东
山南
措美
错那
隆子
洛扎
扎囊
贡嘎
琼结
加查
桑日
曲松
朗县
米林
东经80°
84°
88°
92°
36°
32°
28°
24°
20°
莫伊斯卡尔岛

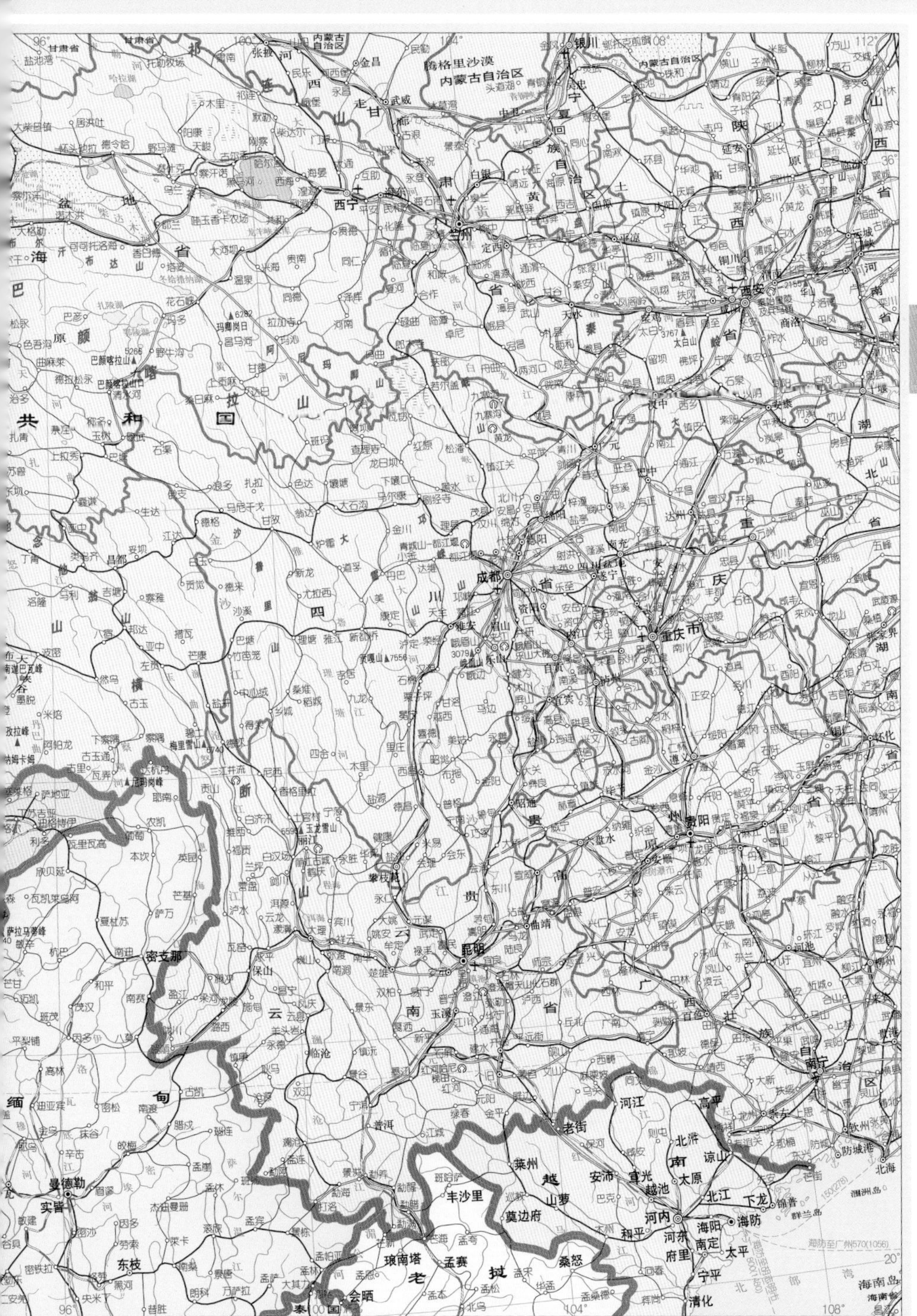

乌兰巴托 宗莫德 乔伊尔 曼达勒戈壁 赛音山达 温都尔汗 西乌尔特 乔巴山 木伦 布尔干 额尔登特 车车尔勒格 阿尔拜赫雷 巴彦洪戈尔 乌里雅苏台 阿尔泰 达兰扎德嘎德

蒙 古

戈 壁 阿 尔 泰 山

自 然 保 护 区

阿 拉 善 高 原

巴 丹 吉 林 沙 漠

腾格里沙漠

库布齐沙漠

鄂 尔 多 斯 高 原

内 蒙 古 自 治 区

呼和浩特 包头 乌海 银川 吴忠 中卫 白银 兰州 西宁 定西 天水 宝鸡 西安 咸阳 铜川 延安 榆林 汉中 安康 商洛 广元 巴中 达州 绵阳 德阳 成都 遂宁 南充 广安 重庆 内江 自贡 泸州 宜宾 乐山 眉山 资阳 雅安 遵义

玉门 嘉峪关 酒泉 张掖 金昌 武威 敦煌 格尔木 德令哈 都兰 共和 海晏 平凉 庆阳 固原 石嘴山

甘 肃 省

宁 夏

陕 西

青 海 省

柴 达 木 盆 地

巴 颜 喀 拉 山

阿 尼 玛 卿 山

祁 连 山

四 川 省

大 巴 山

秦 岭

黄 土 高 原

陇南 甘南 合作 临夏 阿坝 马尔康 玉树 甘孜 康定 理县

昆仑山口 玛卿岗日 6282 巴颜喀拉山 5266 布喀达坂峰 阿尔金山 5798 祁连山 5547 岗则吾结 5808 太白山 3767 峨眉山 3079 贡嘎山 7556 华山 2155 南迦巴瓦峰 7782 阿拉格山 3738 埃恩赫塔伊万山 3905 扎卢丘特山 2799

西 藏 自 治 区

云 南 省

贵 州 省

湖 北 省

96° 100° 104° 108° 112° 40° 44°

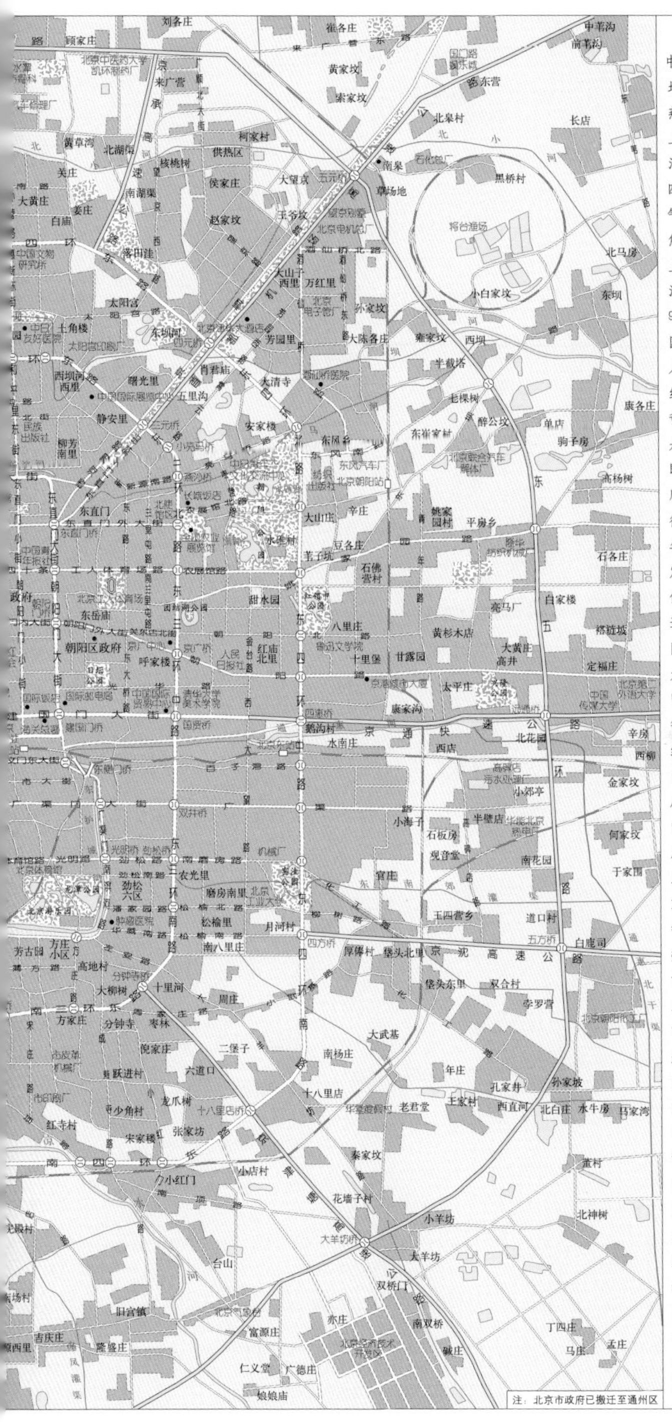

北京市 简称"京"。是中华人民共和国首都，中央直辖市，全国政治、经济、交通和科学文化中心。地处华北平原西北边缘，西北部和北部属太行山、燕山山脉。市区位于两山山麓向东南倾斜的冲积平原上。郊区有拒马河、北运河、潮白河、永定河、泃河等河流。属典型的温带半湿润大陆性季风气候，四季分明，冬季寒冷干燥，夏季高温多雨。年平均气温11℃。年平均降水量626毫米。北京是一座历史悠久的著名的文化古城，中国七大古都之一。历史上春秋战国为燕都，后为辽代陪都，金、元、明、清各代均作为都城，民国初时亦在此建都。1949年9月，中国人民政治协商会议第一届全体会议定为国都。现辖16区，总面积约1.7万平方千米。市辖区人口1374万，其中市区人口924万。北京老市区的结构与建筑，成于明初永乐年间。分为宫城、内城和外城。宫城即今天故宫的范围。内、外城大致是今天东城、西城两个城区范围。内城有九门，即前门、崇文门（俗称哈达门）宣武门（俗称顺治门）、朝阳门（俗称文化门）、东直门、安定门、德胜门、西直门、阜成门（俗称平则门），建成于1418年，大致呈方形，周长24千米。外城有七门，即永定门、左安门、右安门、广渠门（俗称沙锅门）、东便门、西便门、广安门（俗称彰仪门）。棋盘式的街道、胡同多属东西、南北走向，相互正交，组成格网，是文化古城的一大特点。为了发展城市交通，高大的内、外城墙，现已建成宽阔快速的二环路，仅留有德胜门、东便门、西便门及内外城以外的天安门等门楼标志。古老的北京城，历史上为一消费城市，经过50余年的建设，城市规模、功能迅速扩大，现已成为全国最大的现代工业城市之一。工业基础雄厚、门类较为齐全。有治金、采煤、机械、化工、电力、电子、仪表、纺织、建材、造纸、印刷、日用化工、服装等部门。传统手工工业景泰蓝、牙雕、玉雕、绢花等驰名世界。交通运输发达，有京哈、京通、京秦、京包、京广、京沪、京原、京承、京九等铁路和国家级公路干线，通往全国各地。高速公路数条，总长1174千米。各级公路网密度，居全国之首。首都国际机场，是全国最大的航运中心，民航班机可直达国内多个城市和亚、欧、非、美等各洲主要大城市。大兴国际机场已于2019年9月投入运营。北京是全国最大的科学文化中心，有北京大学、清华大学等80余所高等院校和中国科学院、中国社会科学院等500多所科研机构。有规模宏大的故宫博物院、中国历史博物馆、中国革命博物馆、中国革命军事博物馆等各类博物馆多处。名胜古迹众多，长城、故宫、周口店北京猿人遗址、天坛、颐和园、"十三陵"被联合国列入世界遗产名录。八达岭属国家重点风景名胜区。还有天安门广场、北海、香山、雍和宫、大钟寺、卢沟桥、龙庆峡、云居寺、圆明园遗址、世界公园、大观园、中华民族园、北京植物园、中央电视塔、人民大会堂、毛主席纪念堂、亚运村、王府井步行街、中华世纪坛等著名景点。每年有大批国内外游客前来观光游览，是中国和世界的旅游名城。

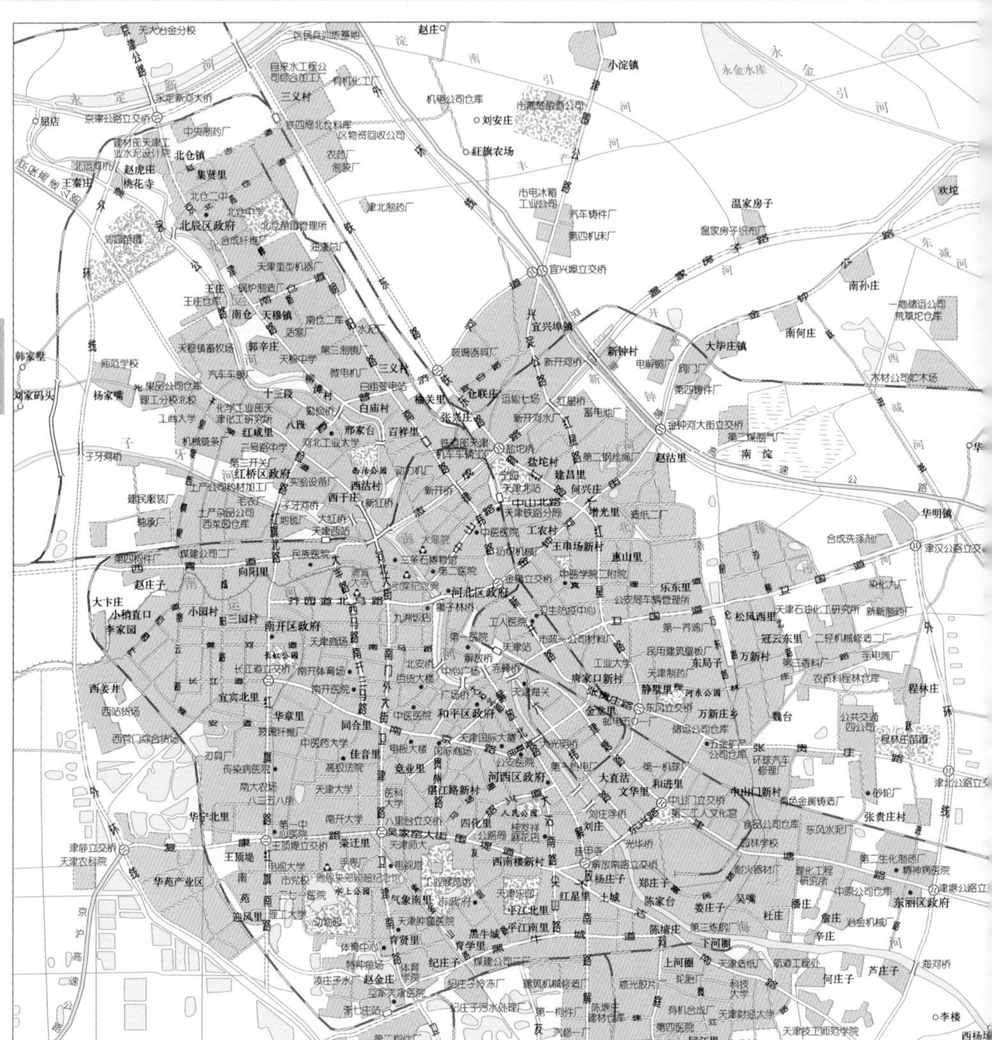

天津市 简称“津”。是中国北方重要港市，中央直辖市，也是全国第三大城市。位于华北平原东北部，跨海河两岸，东临渤海，距首都北京120千米，素有“首都门户”之称。地处坦荡的海河冲积平原上，北有燕山南麓的低山丘陵。河流主要有海河、永定河、大清河、子牙河及南、北运河。海河干流境内长69千米，自西北向东南穿贯城区，河道弯曲，排水欠畅，历史上经常泛滥成灾。近年经全面治理， 已变害为利。属暖温带半湿润大陆性季风气候，年平均气温12.2℃。年平均降水量600毫米。元时称“海津镇”，明永乐二年（1404年）置天津卫，清雍正年间设天津县，1928年设特别市。1949年天津解放后定为中央直辖市。1958年改属河北省，为河北省会。1967年初复改中央直辖市。现辖16个区。面积约1.2万平方千米，人口1050万，其中城区人口684万。天津是全国经济中心和综合性工业基地之一。轻、重工业均发达，门类齐全，已建成以钢铁、机械、化工、电子和轻纺为支柱的较完整的工业体系。机械工业是最大工业部门。主要生产机床、锻压设备、汽车等。电视机、录音机、电子设备等产品在全国占有重要地位。也是以棉、毛纺织为主的全国纺织工业中心之一。化学工业历史悠久。沿海是全国主要海盐产区，重要的制碱和石油化工基地之一。文教事业发达，有南开大学、天津大学等高等院校约40所。是北方陆、海交通枢纽，华北地区最大的外贸港口和商业中心。京哈、京沪等干线铁路交会于此。天津新港是华北地区最大的现代化的深水港。风景名胜有盘山、黄崖关长城、独乐寺、水上公园、宁园、大悲院等秀丽园林和古建筑。

上海市　简称"沪""申"。是中国最大的城市，中央直辖市，也是世界特大城市之一。位于长江出海口南岸，濒临东海。地处长江三角洲冲积平原上，地势低平。黄浦江自南向北从市区东部流入长江。属亚热带季风气候，温和湿润，四季分明。年平均气温15.7℃，年平均降水量1100毫米。元代设上海县。1927年设市。1949年上海解放后定为中央直辖市。现辖16个区，面积6340平方千米。人口2418万，其中市区为2418万。轻、重工业均较发达，基础雄厚，门类齐全，是全国最大的现代化综合工业城市。钢铁、造船、汽车、机械、电子、仪表、化工、纺织、医药、服装等工业在全国占重要地位。还有高分子材料、海洋工程、光纤通信、生物技术等新兴工业。产品销往全国各地，许多产品远销海外。商品花色品种齐全，内外贸易额均居全国首位。陆、海、空交通发达，是全国重要交通枢纽和运输中心。有京沪、沪杭铁路干线。是长江内航线的起点。公路四通八达。 上海港远洋航线连通世界各大洲，年货物吞吐量超过亿吨，为世界著名大港。是中国三大国际航空港之一，有60多条航线与国内外各大城市相联。科技文化教育发达，有复旦大学、上海交通大学等60余所大学和800多所科研机构。是中国最大的金融和证券交易中心。为国家历史文化名城，有豫园、龙华寺、玉佛寺等古迹，还有中共一大会址、孙中山故居、宋庆龄墓等纪念地，以及淀山湖、外滩、人民广场、杨浦大桥、南浦大桥、金茂大厦、东方明珠电视塔、东海影视乐园、大世界游乐中心、南京路商业街等著名旅游景点。

重庆市 简称“渝”。是中国西南地区最大的工商业城市和水陆交通的枢纽，中央直辖市，也是长江上游的经济中心和重要的内河外贸港口。位于长江和嘉陵江汇合处。现辖26区、8县和4个自治县。全市面积8.2万平方千米。人口2490万，其中市区人口1122万。重庆历史悠久，3000多年前就为周代巴国都城，后称江州、渝州、恭州，至南宋改恭州为重庆府。迄今已近800年。元、明、清为重庆路、重庆府。1927年置重庆特别市，1929年为四川省辖市，1939年为中华民国政府陪都。1949年重庆解放，改为中央直辖市，1954年改为四川省辖市，1997年3月14日复改为中央直辖市。重庆城市建筑依山傍水，风貌独特，故有“山城”之美誉。属亚热带季风气候。冬季短暂、霜雪甚少，多迷雾笼罩，故有“雾重庆”之称。夏季炎热，故又有“火炉”之称。年平均气温18℃，年平均降水量1100毫米。经济发达，工业门类齐全，轻重并举，且技术先进，装备较精良。主要有冶金、机械、化工、纺织、电力、电子、军工、汽车、船泊制造、建材、卷烟、食品等。交通发达。有成渝、川黔、襄渝3条干线铁路。另有成渝高速公路和多条干线公路。民航班机直达北京、上海、广州、香港等国内重要城市。全市有重庆大学、重庆交通大学等35所高等院校。重庆是国家历史文化名城，旅游资源十分丰富。市域内巴山绵延，渝水纵横，风景名胜荟萃。大足石刻列入《世界遗产名录》，国家重点风景名胜区有长江三峡、缙云山、四面山、金佛山、芙蓉江；还有大宁河小三峡、钓鱼古城、丰都名山（鬼城）、北温泉、南温泉等著名景点。市区主要文化古迹和名胜有鹅岭公园、南山公园、红岩村革命纪念馆、歌乐山革命烈士纪念馆等。

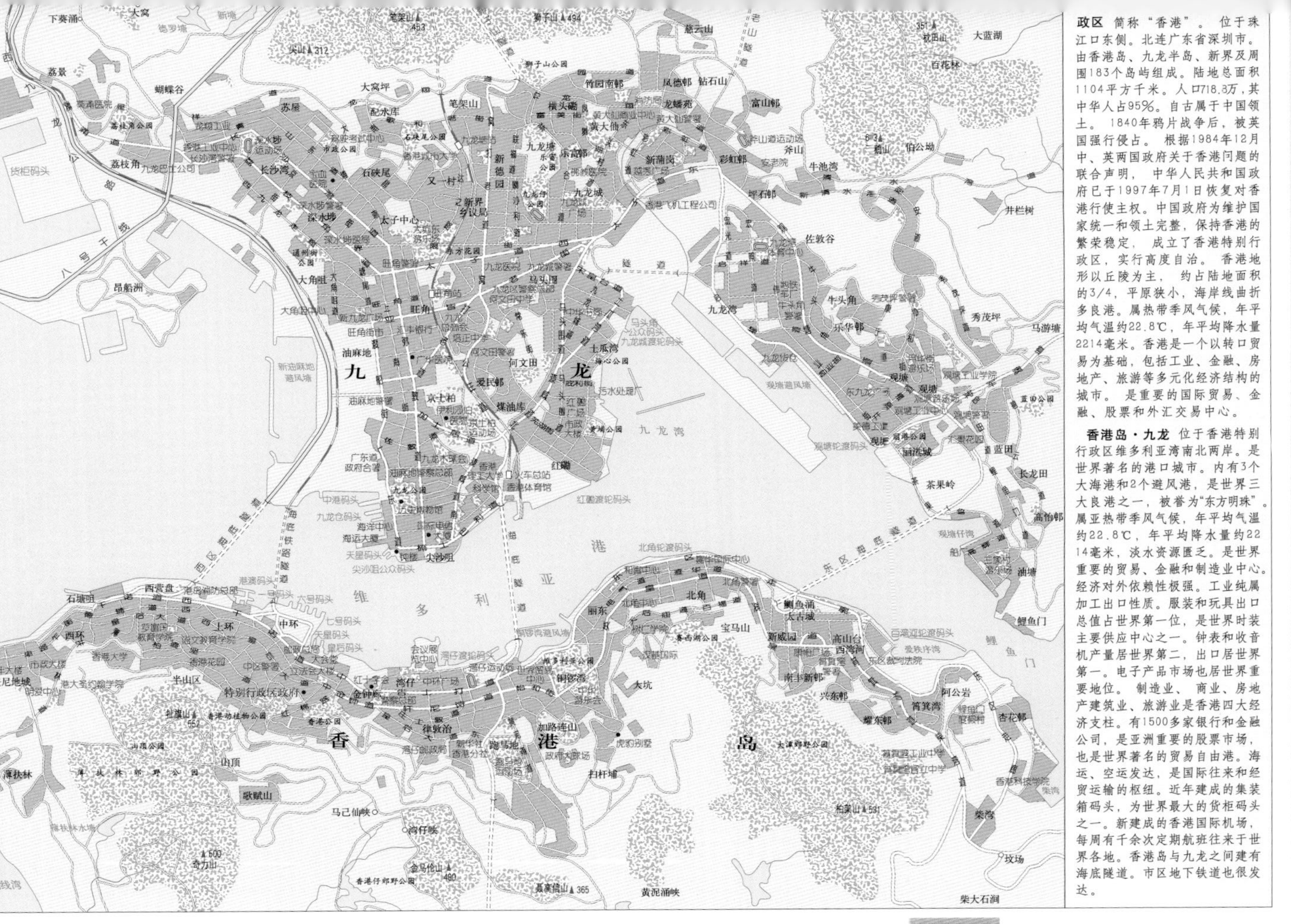

政区 简称"香港"。位于珠江口东侧。北连广东省深圳市。由香港岛、九龙半岛、新界及周围183个岛屿组成。陆地总面积1104平方千米。人口718.3万，其中华人占95%。自古属于中国领土。1840年鸦片战争后，被英国强行侵占。根据1984年12月中、英两国政府关于香港问题的联合声明，中华人民共和国政府已于1997年7月1日恢复对香港行使主权。中国政府为维护国家统一和领土完整，保持香港的繁荣稳定，成立了香港特别行政区，实行高度自治。香港地形以丘陵为主，约占陆地面积的3/4，平原狭小，海岸线曲折多良港。属热带季风气候，年平均气温约22.8℃，年平均降水量2214毫米。香港是一个以转口贸易为基础，包括工业、金融、房地产、旅游等多元化经济结构的城市。是重要的国际贸易、金融、股票和外汇交易中心。

香港岛·九龙 位于香港特别行政区维多利亚湾南北两岸。是世界著名的港口城市。内有3个大海港和2个避风港，是世界三大良港之一，被誉为"东方明珠"。属亚热带季风气候，年平均气温约22.8℃，年平均降水量约2214毫米，淡水资源匮乏。是世界重要的贸易、金融和制造业中心。经济对外依赖性极强。工业纯属加工出口性质。服装和玩具出口总值占世界第一位，是世界时装主要供应中心之一。钟表和收音机产量居世界第二，出口居世界第一。电子产品市场也居世界重要地位。制造业、商业、房地产建筑业、旅游业是香港四大经济支柱。有1500多家银行和金融公司，是亚洲重要的股票市场，也是世界著名的贸易自由港。海运、空运发达，是国际往来和经贸运输的枢纽。近年建成的集装箱码头，为世界最大的货柜码头之一。新建成的香港国际机场，每周有千余次定期航班往来于世界各地。香港岛与九龙之间建有海底隧道。市区地下铁道也很发达。

中华人民共和国澳门特别行政区　位于珠江口西侧。北邻珠海市，东与香港特别行政区隔海相望，由澳门半岛、氹仔岛、路环岛组成。总面积23.5平方千米。人口59.2万。澳门自古属中国领土。1553－1557年葡萄牙人贿赂广东地方官吏，先取得在码头停靠船舶和进行贸易的权利，以后进而上岸定居，鸦片战争后，逐步扩大在澳门岛的地盘。1851年和1864年葡萄牙人先后侵占了氹仔岛和路环岛。根据1987年中葡两国政府关于澳门问题的联合声明，中华人民共和国政府已于1999年12月20日对澳门恢复行使主权，设立了澳门特别行政区。澳门地形多为低丘陵，沿海有少量平原。路环岛地势较高，主峰塔石塘山海拔172米，为全区最高峰。**澳门半岛**　位于澳门特别行政区北部，三面环海，北连广东省珠海市。面积9.1平方千米。半岛西侧是内港、沿岸排列着30多个码头，东侧是外港，面向珠江口，大型的新港澳码头就在其岸边，南部的西湾、南湾海滨，风光优美，景色怡人。半岛地势较低，最高处东望洋山仅海拔91米。半岛地区是全澳政治、经济和文化中心，也是澳门主要建筑和民居集中区域。属亚热带季风气候，年平均气温22.3℃，年平均降水量约为2031毫米。澳门曾以“赌城”著称于世。自70年代以来，经济已向多元化发展，出口制造业发展迅速，目前已基本形成了一个以外贸、旅游、加工工业、建筑业、金融业等为主体的经济体系。本地区内生产总值492亿澳门元。澳门为自由贸易港，年贸易额339亿澳门元。三岛现由填海公路和大桥联为一体。澳门国际机场建在氹仔岛，内外交通方便。

比例尺 1:13 400 000
0 134 268 402 536千米

蒙古国 简称蒙古。位于亚洲东部。面积156.65万平方千米，为世界上第二大内陆国家。人口约340万，是世界上人口密度最低的国家之一。喀尔喀蒙古族占全国人口80%，还有哈萨克等民族。主要语言为喀尔喀蒙古语。居民主要信奉喇嘛教。首都乌兰巴托。历史上称外蒙古（或喀尔喀蒙古），原为中国领土的一部分。1911年12月在沙俄支持下宣布"独立"，1921年7月成立君主立宪政府，1924年11月26日建立蒙古人民共和国。1992年改称蒙古国。1946年1月5日当时的中国政府承认外蒙古独立。1949年10月16日同中国建交。**环境** 地处蒙古高原北部，地势高亢，平均海拔1580米。西、北部多高山，中蒙界山主峰友谊峰海拔4374米，为全国最高峰。群山之间多盆地、谷地。东部为地势平缓的高平原，多低丘、浅盆地。南部为戈壁，地势平坦，为沙漠覆盖。主要山脉有阿尔泰山脉、杭爱山脉和肯特山脉。主要河流有色楞格河、鄂嫩河、科布多河。最大湖泊为乌布苏湖。属典型的大陆性高寒气候。南北温差大1月平均气温－35～－15℃，7月平均气温18～26℃。极端最低和最高气温分别为－50℃和40℃。夏季短而干热，冬季长而严寒，并多暴风雪，为东亚"寒潮"发源地之一。年平均降水量约200毫米。矿藏资源较丰富。煤、铜、钨、萤石、磷等储量很大。**经济** 畜牧业是国民经济的基础。牧场占国土面积的79%，以饲养羊、牛、马和骆驼为主。粮食基本自给。工业以采矿和畜产品加工为主。企业规模小，现代化水平低。交通运输以铁路、公路为主。铁路总长1811多千米。公路总长约5.1万千米。出口以矿产品、畜产品为主，进口机械设备、燃料、原料和生活日用品等，进出口总额129亿美元。主要贸易对象为俄罗斯。国内生产总值131亿美元。**国防** 有现役总兵力约1.4万人。实行义务兵役制。年军费约2424万美元。

平壤
中华人民共和国
清津
罗津
咸兴
元山
惠山
江界
新义州
平城
南浦
沙里院
海州
开城
春川
江陵
东朝鲜湾
西朝鲜湾
黄
日
本

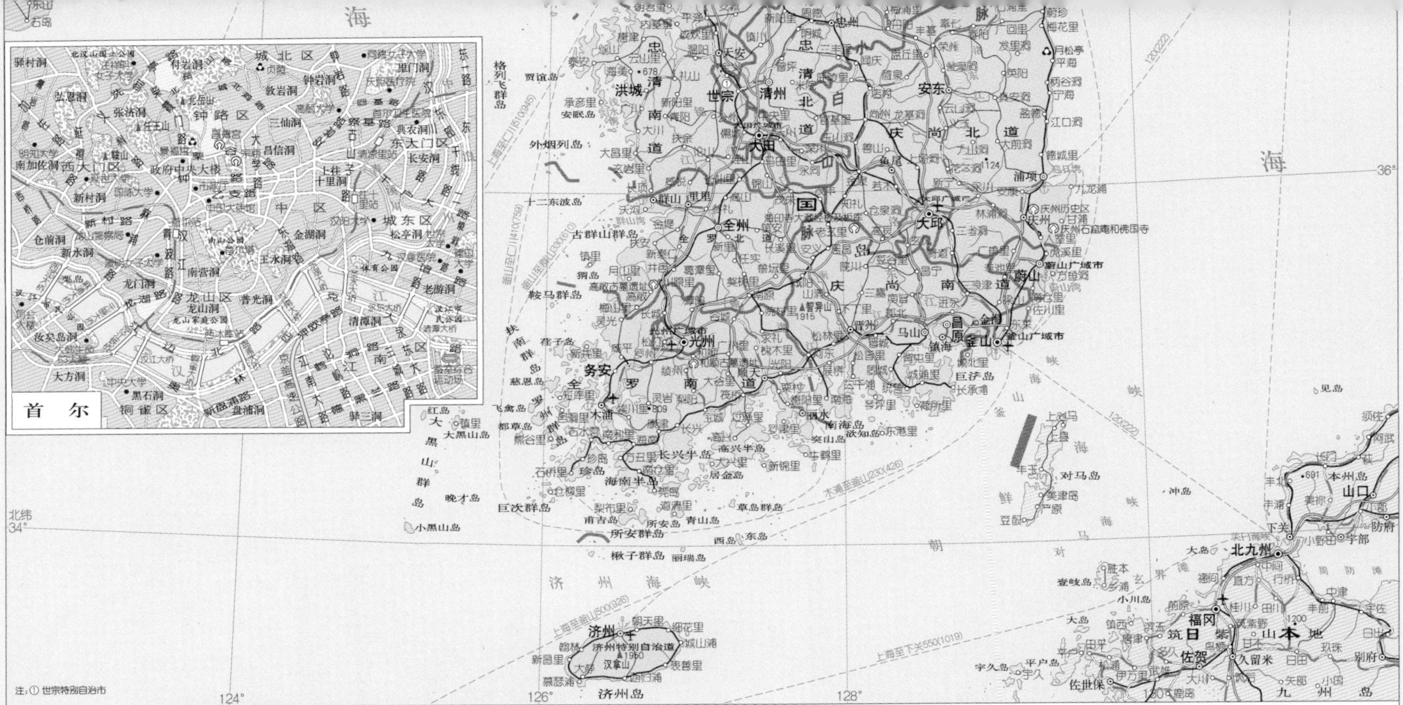

注：① 世宗特别自治市

朝鲜民主主义人民共和国 简称朝鲜。位于东亚朝鲜半岛的北半部。面积12.3万平方千米。人口2500万。为单一朝鲜族。部分人信仰佛教。通用朝鲜语。首都平壤。原与韩国为一个国家。1910年沦为日本殖民地。1945年8月15日获得解放，苏、美军队以北纬38°线为界，分别进驻朝鲜半岛北半部和南半部。1946年2月，北半部成立北朝鲜临时人民委员会，1948年9月9日建立朝鲜民主主义人民共和国。1949年10月6日同中国建交。**环境** 全境以盖马高原为主体的山地、高原占国土面积的80%，北部、东部地势高亢。平原低地多分布在西部和南部。河流多短小流急，富水力资源。属温带季风气候。年平均气温8～12℃。年平均降水量1120毫米。矿藏资源丰富，已探明矿藏300多种。主要有煤、铁、金、铜、铅等。石墨、菱镁矿储量居世界前列。森林覆盖率达74%。**经济** 属工农业国。国内生产总值约合208亿美元。工业以采矿、有色冶金、机械制造、电力、化工、纺织等为主。农业主要生产稻谷、玉米、麦类、棉花、烟草、水果等。沿海盛产海鱼、贝类和海盐。朝鲜特产人参，驰名世界。交通运输以铁路为主。铁路总长8800多千米。电气化铁路总长2000多千米。公路总长7.75万千米。对外贸易总额为28.6亿美元。**国防** 有现役总兵力约112.8万人。实行普遍义务兵役制。年军费约22亿美元。

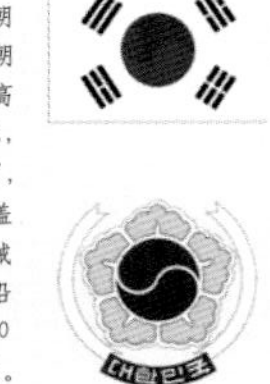

大韩民国 简称韩国。位于东亚朝鲜半岛的南半部。面积10.329万平方千米。人口约5162万。居民为单一的朝鲜族。50%以上的人信奉佛教和基督教。首都首尔。原与朝鲜为一个国家。1910年沦为日本殖民地。1945年8月15日获得解放。苏、美军队以北纬38°线为界，分别进驻北半部和南半部。1948年8月15日南半部宣布成立大韩民国。1992年8月24日同中国建交。**环境** 山地、高原和丘陵占国土面积的70%。东部太白山脉纵贯南北，西、南部沿海为丘陵平原。属温带季风气候。冬季最低气温为－12℃，夏季最高气温为37℃。河流短小流急，水力资源丰富。6～8月为雨季，年平均降水量1500毫米左右。矿藏资源不多，有经济价值的仅50多种，主要有煤、铁、铝、锌、石墨、钨等。森林覆盖率为50%。**经济** 属新兴工业国家。国内生产总值约合1.79万亿美元。造船工业发达，居世界第二位。此外还有钢铁、汽车、电子、化学、电器、纺织等。农业生产稻谷、小麦、棉花为主。2021年对外贸易总额1.26万亿美元。主要出口纺织品、机械、钢材、船舶、汽车等，主要进口石油、煤炭、小麦等。交通运输业发达。铁路总长约4128.6千米。公路总长11.34万千米，其中高速公路4866千米。有大小海港50个，船舶总载重量1276万吨。有国际约4128.6千航线115条。**国防** 有现役总兵力55.5万人。实行义务兵役制。年军费约55.2万亿韩元。同美国签有共同防御条约，驻有美军。

北海道
札幌
青森
秋田
仙台
山形
盛冈
新潟
本州
佐渡岛
萨哈林岛（库页岛）
南萨哈林斯克
宗谷海峡
津轻海峡
日本海
太平洋
鄂霍次克海
择捉岛（俄占）
国后岛（俄占）
符拉迪沃斯托克（海参崴）
乌苏里斯克（双城子）
哈尔滨
中华人民共和国
俄罗斯
朝鲜
清津
罗津
咸兴
元山
韩国
春川
江陵
安东

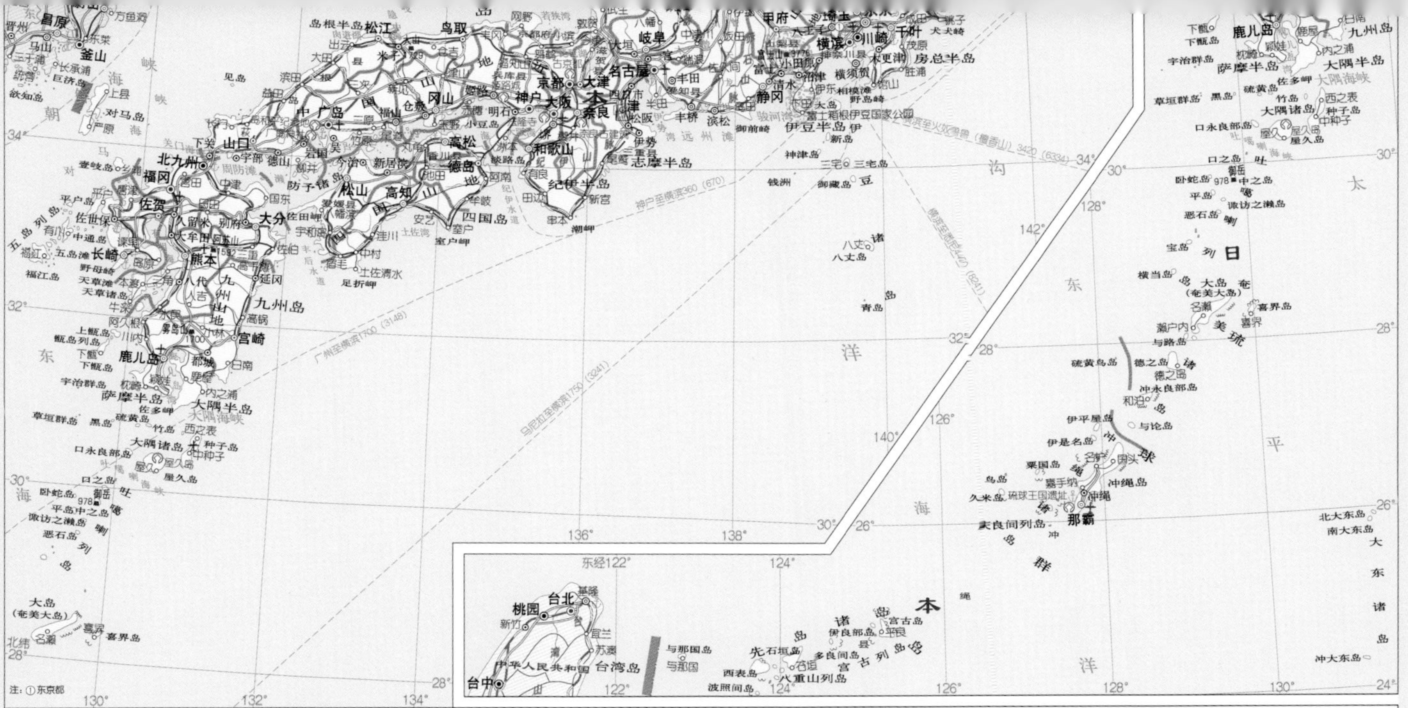

比例尺 1:9 300 000

0 93 186 279 372千米

注：①东京都

日本国 简称日本。是东亚太平洋西北部的群岛国家，由北海道、本州、四国和九州4个大岛和周围3900多个小岛组成。陆地面积37.78万平方千米。人口1.25亿，居民主要是大和族，多信奉神道和佛教。通用日语。首都东京。公元4世纪下半叶形成统一国家，7世纪中叶建立以天皇为绝对君主的封建的中央集权国家。1868年明治维新后，资本主义迅速发展，并逐步走上对外侵略扩张的道路。1931年侵占中国东北，1937年发动全面侵华战争，1941年进而发动太平洋战争，直至1945年8月15日战败投降。战后初期，美军单独占领。1947年实行新宪制，由绝对天皇制变为以天皇为国家象征的资本主义议会内阁制国家。1972年9月29日同中国建交。**环境** 日本地形崎岖、海岸曲折。山地和丘陵地约占国土面积的3/4，山脉多与岛屿走向一致。富士山是一座世界闻名的活火山，海拔3776米，为全国最高峰。平原狭小，多分布在沿海、河流下游和山地之间。河流短促，水力资源较丰富。地处太平洋西岸火山地震带上，全境有火山200余座，地震频繁。属温带海洋性季风气候。1月平均气温北部－10℃，南部10℃；7月北部18℃，南部26℃。年平均降水量1800毫米。海岸曲折，岸线总长3万多千米，多海湾和良港。矿藏资源贫乏，工业原料、燃料严重依赖进口。**经济** 第二次世界大战后，经济高速发展，日本是第三经济大国。2021年国内生产总值约合约541.9万亿日元。工业高度发达，是国民经济的主要支柱，工业产值约占国内生产总值的40%。主要部门有钢铁、汽车、电机、造船、石油化工、电子电器和纺织等。年钢产量居世界第二位，汽车产量占世界1/4强，造船吨位占世界1/2。农作物以水稻为主。粮食及多种农副产品不能自给。渔业发达，年捕鱼量居世界首位。对外贸易在国民经济中占重要地位。2021年对外贸易总额为177.2万亿日元。主要出口钢材、机械、汽车、船舶、电子电器和精密仪器等。出口额约85.9万亿日元。主要进口工业原料、燃料、部分粮食和农副产品，进口约91.3万亿日元。主要贸易对象为美国和亚洲各国。交通运输高度发达。以海运为主，形成海、陆、空相结合的现代化交通运输体系。有大小港口约997个，其中年吞吐量亿吨以上的大港有神户、横滨、大阪、东京、名古屋、千叶等。铁路总长约2.64万千米。公路总长127万千米，其中高速公路9100千米。汽车保有量仅次于美国，居世界第二位。有成田、羽田、关西、福冈等大型国际机场和数十个一般国际机场，年运送国内乘客7905万人次，国际乘客1259万人次。**国防** 1954年建立自卫队，有现役总兵力24.6万人。实行志愿兵役制。年军费约5.4万亿日元 连续10年增加。同美国签有《日美共同合作与安全保障条约》，驻有美军约5万人。

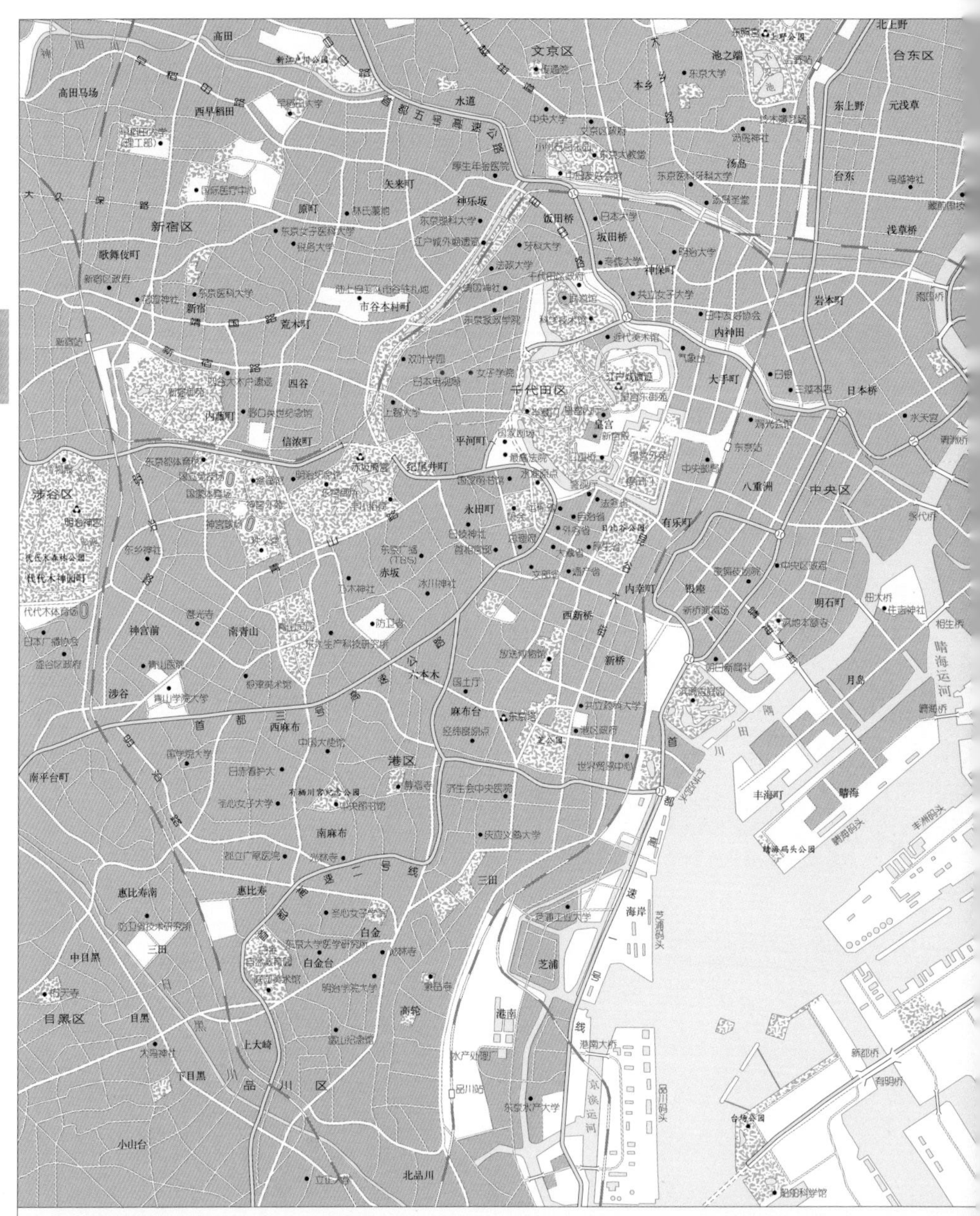

东京都 日本国首都，第一大都市，世界特大城市之一。位于日本本州岛关东平原南端，东京湾西岸。面积2194平方千米。人口约1399万。始建于1457年，称江户。1868年明治天皇迁都江户，改称东京。1943年颁布法令，改称东京都。第二次世界大战期间，部分市区遭美军轰炸。后重建和扩建，成为全国政治、经济、文化和交通中心。1979年3月14日同中国北京市结为友好城市。地势西高东低，多坡地和河川。夏季高温多雨，冬季寒冷干燥。年平均气温15.3℃。年平均降水量约1500毫米。东京都是日本最大的工业城市，许多大公司集中于此。多种工业产品产量居全国首位。交通运输十分发达，为全国陆路交通枢纽和航运中心。成田、羽田两大国际机场年客运输均居全国首位。东京港是全国第四大港。商业、金融业兴盛，有许多一流的商贸大厦和多条商贸大街，有金融机构约2700余家，银行存款余额和贷款额均占全国第一位。文化教育、旅游事业发达，有大学100余所。旅游景点众多，设施十分完善，有不同档次的旅游饭店、旅社2700余家，客房37217套，并专设有导游、咨询、交通服务机构。

大阪市　日本第二大都市，大阪府首府。位于日本本州西南部，大阪湾东北岸。面积225平方千米。人口约272万。地势东高西低，有淀川、大和川等河流流贯，运河网发达，水域面积占市区总面积的10%以上，有“水都”和“桥都”之称。气候温和，年平均气温约15℃，年降水量在1300～1800毫米之间。古称“浪速”，又名“难波”。明治初年改今名。长期来与中国在经济、文化方面往来密切。1974年4月18日同中国上海市结为友好城市。从19世纪末起，一直是日本工业、商贸、交通要地，经济地位仅次于东京都。大阪地处阪神工业区之内，轻、重工业均很发达，主要有机械、电机、化工、钢铁、金属加工、仪器、纺织等部门。沿大阪湾是著名的临海工业区，多数大企业集中于此。蔬菜、果树、花卉、园艺业和奶牛、肉猪、家禽等饲养业也很发达。作为西日本的交通中心，有现代化的铁路新干线和高速公路通过，并有多条铁路和公路呈辐射状通往各地。市内建有大阪国际机场、高架道路和地下铁道。大阪港是外贸重要港口之一。大阪市历史悠久，文化教育发达，名胜古迹众多。饮食业最具日本特色。以祈求商业繁荣的民间祭礼颇为盛行。

宗谷海峡和津轻海峡
1:6 600 000
宗谷海峡 又名拉彼鲁兹海峡。位于日本北海道岛与俄罗斯萨哈林岛
页岛）之间，扼日本海与鄂霍次克海水道的要冲。海峡南北最窄处宽约43
一般水深50米，最深处为118米，是日本海通向太平洋的最北方出口，战
位十分重要。北岸地势崎岖，沿岸陡峻，阿尼瓦湾北岸的科尔萨科夫是俄
的海、空军基地；南岸地势低平，岸线平直，宗谷湾内的稚内为日本北部
港，可泊巨型舰船。冬季多暴风雪和流冰，夏季常有浓雾。
津轻海峡 日本北部重要海峡之一。位于日本本州岛与北海道岛之
是沟通日本海与太平洋的第二条重要水道。东西长约100多千米，南北
18.5～55千米。进出口狭窄，中部宽阔，一般水深200米，最深处449
岸线曲折，多岬角和港湾。峡底地形复杂，多海盆和海谷。因对马暖流的
部分由此通过，故为日本北部重要的不冻海峡。建有青森至函馆的海底铁
隧道，全长53.85千米，是世界上已竣工的最长的海底隧道。南岸陆奥湾
有大凑军港和青森港，附近有三泽空军基地，战略地位十分重要。
朝鲜海峡 位于朝鲜半岛东南部与日本九州岛、本州岛之间，是沟通日本海与黄海、东海的重要水道。长约300千米，宽约180千米。对马岛将海峡分为西、东两条水道：西水道仍称为朝鲜海峡（狭意上的朝鲜海峡），平均水深90米，东水道又被壹岐岛分为对马海峡和壹岐海峡，平均水深约50米。由于地处东北亚海上交通要冲，历史上曾是日、朝、俄战争之地。两岸多良港、海湾。主要港口有韩国的釜山、马山、丽水，日本的下关、北九州、福冈、佐世保等。釜山港和北九州港之间有定期航线往来。
朝鲜海峡
1:3 900 000

巴士海峡　位于中国台湾岛和菲律宾巴坦群岛之间，南濒巴林塘海峡，是连接南海与太平洋的重要水道，为日本、美国从东南亚、中东和非洲进口战略物资的主要通道。呈东西走向，南北平均宽185千米，巴坦群岛最北的亚米岛与台湾兰屿之间最窄，宽仅95.4千米。大部分水深2000～5000米，可通航各类舰船。属热带海洋性气候，高温多雨，雷暴频繁。7～9月常有强台风经过。巴坦群岛东北端和西南端海域岛屿及浅滩附近常有涡流。海峡北岸多为沙岸、珊瑚岸。台湾岛的鹅銮鼻上设有东亚著名灯塔。南岸多为火山岛，岸陡水深。巴坦岛北部山高1008米，西侧的巴示戈市为岛上重要的港口和商业中心，并建有机场。

巴林塘海峡　位于菲律宾北部巴坦群岛与巴布延群岛之间，是连接南海与太平洋的重要水道。北濒巴士海峡。为新加坡和日本横滨间来往船只的常用水道。宽约82千米。大部分水深700～2000米，可通航各类舰船。东部有巴林塘群岛。中间有两处浅滩，水深小于200米。西部有加拉鄢浅滩，最浅处水深仅10.9米。属热带海洋性气候，高温多雨，7～9月有强台风经过。海峡两岸多为火山岛，岸陡水深。巴布延岛与加拉鄢岛设有锚地。

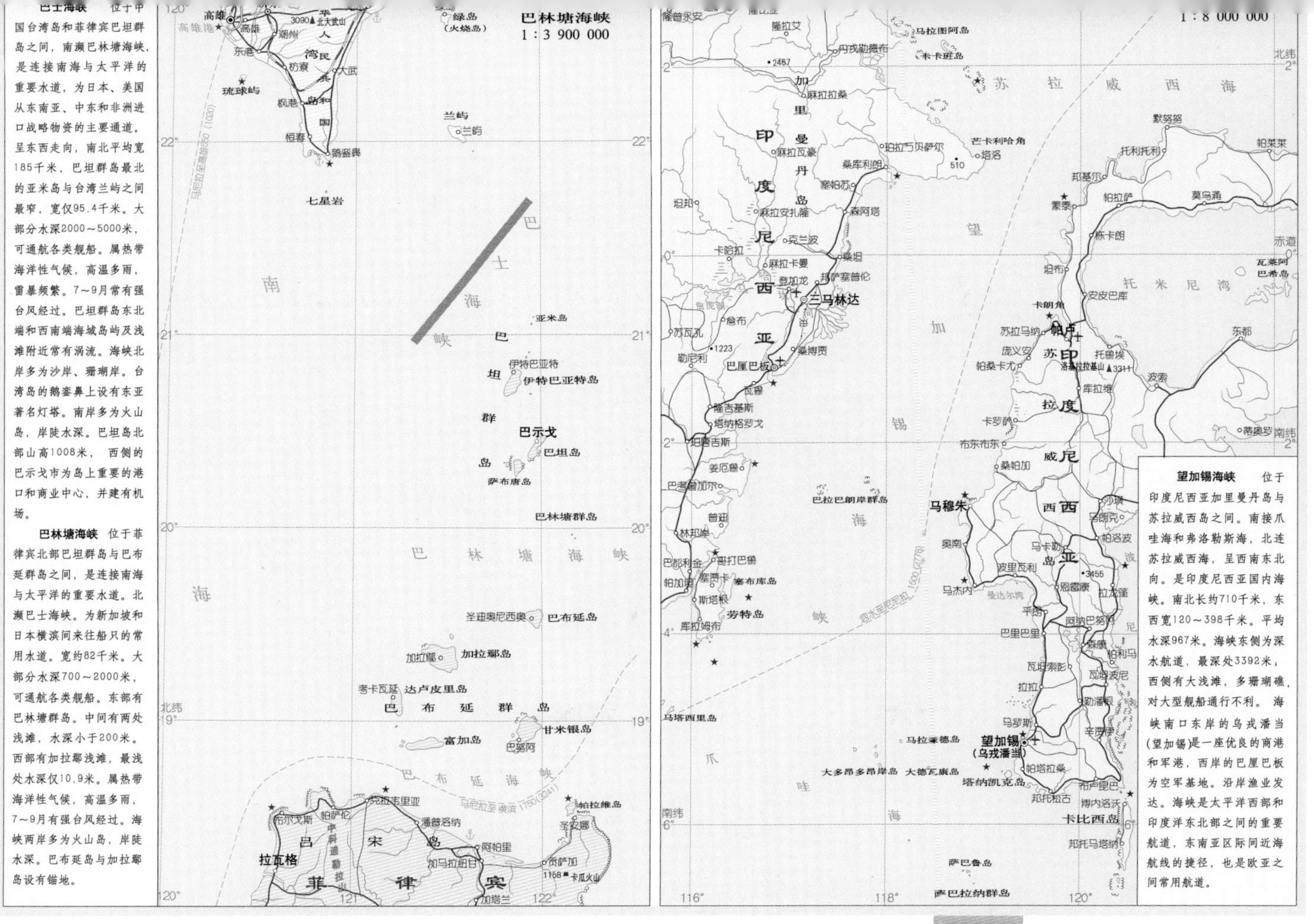

望加锡海峡　位于印度尼西亚加里曼丹岛与苏拉威西岛之间。南接爪哇海和弗洛勒斯海，北连苏拉威西海，呈西南东北向。是印度尼西亚国内海峡。南北长约710千米，东西宽120～398千米。平均水深967米。海峡东侧为深水航道，最深处3392米，西侧有大浅滩，多珊瑚礁，对大型舰船通行不利。海峡南口东岸的乌戎潘当(望加锡)是一座优良的商港和军港，西岸的巴厘巴板为空军基地。沿岸渔业发达。海峡是太平洋西部和印度洋东北部之间的重要航道，东南亚区际间近海航线的捷径，也是欧亚之间常用航道。

中华人民共和国
缅甸
老挝
越
柬埔寨
泰国
马来西亚
印度尼西亚
菲律宾
印度
不丹
孟加拉国
南海
南沙群岛
西沙群岛
中沙群岛
东沙群岛
黄岩岛
北部湾
暹罗湾
安达曼海
孟加拉湾
印度洋
爪哇海
苏拉威西
加里曼丹岛
苏门答腊
爪哇岛
巴厘岛
龙目岛
小巽他群岛
海南岛
安达曼群岛
尼科巴群岛
圣诞岛（澳）
科科斯群岛（澳）
马六甲海峡
新加坡海峡
十度海峡
昆明
贵阳
南宁
广州
长沙
南昌
福州
厦门
香港
澳门
海口
三亚
河内
海防
顺化
岘港
胡志明市
金边
万象
琅勃拉邦
曼谷
清迈
仰光
内比都
曼德勒
达卡
吉大港
吉隆坡
新加坡
斯里巴加湾市
雅加达
巨港
棉兰
古晋
坤甸
马辰
泗水
登巴萨
马尼拉
90°
100°
110°
120°
赤道
0°
北纬10°
20°
南纬10°

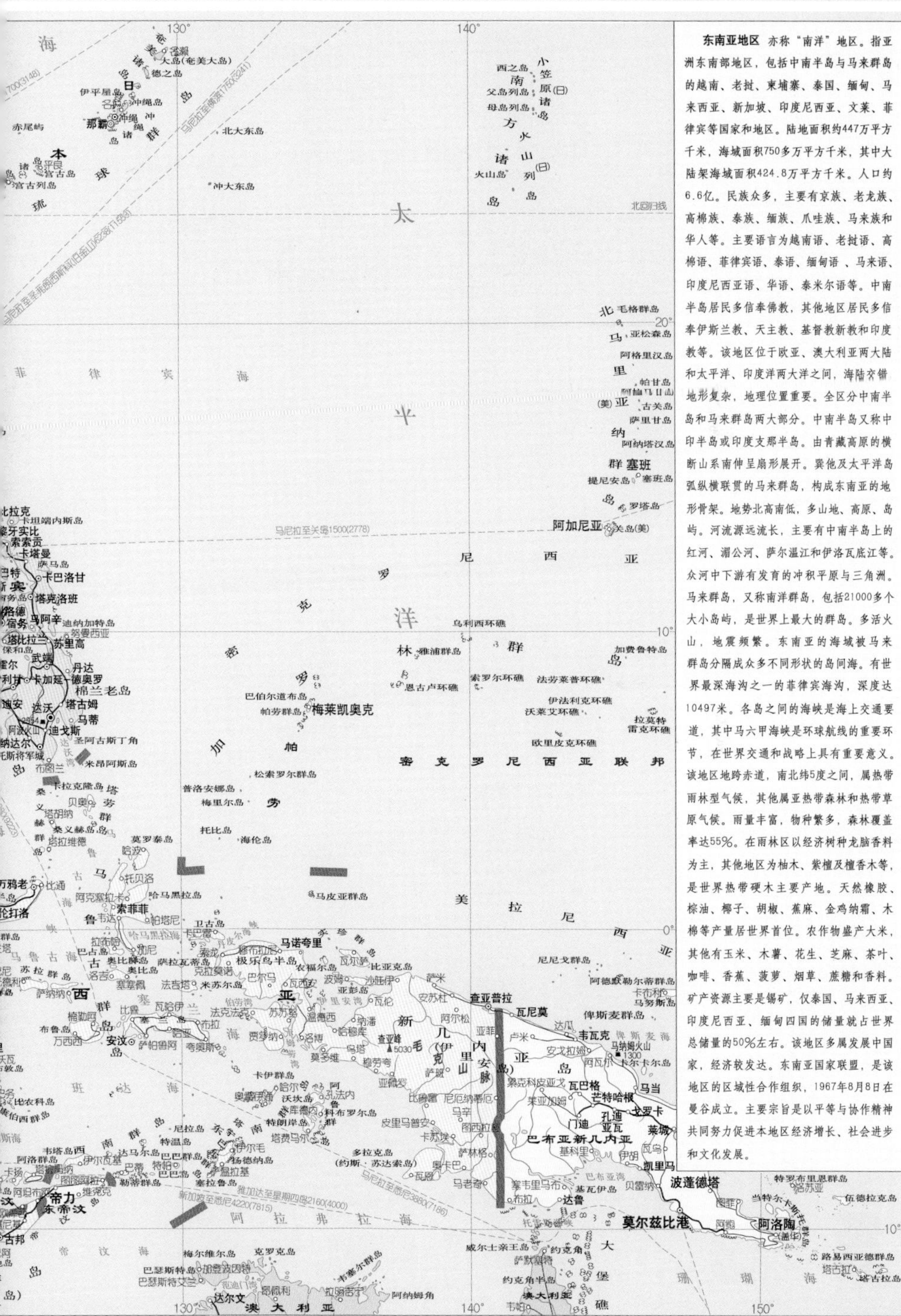

东南亚地区 亦称"南洋"地区。指亚洲东南部地区，包括中南半岛与马来群岛的越南、老挝、柬埔寨、泰国、缅甸、马来西亚、新加坡、印度尼西亚、文莱、菲律宾等国家和地区。陆地面积约447万平方千米，海域面积750多万平方千米，其中大陆架海域面积424.8万平方千米。人口约6.6亿。民族众多，主要有京族、老龙族、高棉族、泰族、缅族、爪哇族、马来族和华人等。主要语言为越南语、老挝语、高棉语、菲律宾语、泰语、缅甸语 、马来语、印度尼西亚语、华语、泰米尔语等。中南半岛居民多信奉佛教，其他地区居民多信奉伊斯兰教、天主教、基督教新教和印度教等。该地区位于欧亚、澳大利亚两大陆和太平洋、印度洋两大洋之间，海陆交错地形复杂，地理位置重要。全区分中南半岛和马来群岛两大部分。中南半岛又称中印半岛或印度支那半岛。由青藏高原的横断山系南伸呈扇形展开。巽他及太平洋岛弧纵横联贯的马来群岛，构成东南亚的地形骨架。地势北高南低，多山地、高原、岛屿。河流源远流长，主要有中南半岛上的红河、湄公河、萨尔温江和伊洛瓦底江等。众河中下游有发育的冲积平原与三角洲。马来群岛，又称南洋群岛，包括21000多个大小岛屿，是世界上最大的群岛。多活火山，地震频繁。东南亚的海域被马来群岛分隔成众多不同形状的岛间海。有世界最深海沟之一的菲律宾海沟，深度达10497米。各岛之间的海峡是海上交通要道，其中马六甲海峡是环球航线的重要环节，在世界交通和战略上具有重要意义。该地区地跨赤道，南北纬5度之间，属热带雨林型气候，其他属亚热带森林和热带草原气候。雨量丰富，物种繁多，森林覆盖率达55%。在雨林区以经济树种龙脑香料为主，其他地区为柚木、紫檀及檀香木等，是世界热带硬木主要产地。天然橡胶、棕油、椰子、胡椒、蕉麻、金鸡纳霜、木棉等产量居世界首位。农作物盛产大米，其他有玉米、木薯、花生、芝麻、茶叶、咖啡、香蕉、菠萝、烟草、蔗糖和香料。矿产资源主要是锡矿，仅泰国、马来西亚、印度尼西亚、缅甸四国的储量就占世界总储量的50%左右。该地区多属发展中国家，经济较发达。东南亚国家联盟，是该地区的区域性合作组织，1967年8月8日在曼谷成立。主要宗旨是以平等与协作精神共同努力促进本地区经济增长、社会进步和文化发展。

菲律宾共和国 简称菲律宾。位于东南亚菲律宾群岛上。共有大小岛屿7107个。陆地面积29.97万平方千米，其中吕宋岛、棉兰老岛、萨马岛等11个主要岛屿约占全国陆地总面积的96%。人口约1.1亿，主要是马来裔人，约占总人数的85%，其中包括他加禄人、伊洛戈人、比萨亚人和比科尔人等。少数民族中有华人、印尼人、阿拉伯人、印度人、西班牙人和美国人。共有70多种语言。以他加禄语为基础的菲律宾语为国语，通用英语。首都马尼拉。1521年麦哲伦率西班牙舰队到达该岛。1565年被西班牙侵占，统治长达300多年，终于1898年6月12日独立。后又相继被美国、日本占领，直至1946年7月4日再次宣告独立。1975年6月9日同中国建交。**环境** 国土全部由岛屿组成，海岸线曲折且长，总长约1.85万千米，多良港。岛屿间多海峡。大部岛屿多山，山地占全国面积3/4以上。地处太平洋西岸岛弧和火山带，多火山和地震。棉兰老岛东南部的阿波火山海拔2954米，为全国最高峰。属海洋性热带季风气候，全年高温多雨。年平均气温约27℃，年平均降水量在2000～3000毫米之间。每年6～10月多台风。矿藏丰富，主要有金、铜、银、铁、铬、镍、铀等20余种。巴拉望岛西北海域石油储量约3.5亿桶。森林覆盖率达41%。出产乌木、檀木等名贵木材。地热资源亦较丰富。**经济** 以农业为主。出口导向型经济对外部市场依赖较大。80年代初起，农业产值在国内生产总值中的比重已退居工业产值之后。农产品有水稻、玉米、木薯、豆类、橡胶、椰子、甘蔗、菠萝、马尼拉麻、烟草等。椰子产量居世界第一位。工业以采矿和农产品加工为主，还有纺织、炼油、化工、水泥等企业。出口糖、椰干、椰油、铜矿石、木材和蕉麻等，进口机器、燃料、汽车、电器设备等。交通运输以公路和海运为主。铁路总长1200千米，公路总长21.6万千米。水运总长3219千米，大小港口数百个，商船1000余艘。2021年国内生产总值约合3919亿美元。2021年对外贸易总额1614亿美元。出口556亿美元，进口1058亿美元。**国防** 有现役总兵力12.7万人。实行志愿兵役制。

比例尺 1：7 000 000
0 70 140 210 280千米
朗布隆
马斯巴特
卡塔曼
卡巴洛甘
纳瓦尔
博龙岸
卡利博
罗哈斯
塔克洛班
圣何塞－德布埃纳维斯塔
伊洛伊洛
(怡朗)
巴科洛德
(描戈律)
宿务
马阿辛
圣何塞
苏里高
塔比拉兰
普林塞萨港（公主港）
南沙群岛
(中国)
巴拉望
杜马格特
锡基霍尔
曼巴豪
丹达
武端
普罗斯佩里达
第波罗
奥罗基耶塔
卡加延－德奥罗
马来巴来
马拉维
图博
伊皮尔
帕加迪安
塔古姆
纳本图兰
达沃
基达帕万
迪戈斯
布卢安
伊苏兰
科罗纳达尔
马利塔
阿拉贝尔
马蒂
拉米坦
霍洛(和乐)
邦奥
苏禄海
苏拉威西海
潘古塔兰群岛
卡加延苏禄岛
图巴塔哈群礁
哥打基纳巴卢
基纳巴卢山
4101
山打根
马来西亚
加里曼丹岛
印度尼西亚
北纬
12°
10°
8°
6°
116°
118°
120°
122°
124°
126°

印度尼西亚 马来西亚 东帝汶

INDONESIA MALAYSIA TIMOR-LESTE

印度尼西亚共和国 简称印尼。位于东南亚最南部，地跨
世界上最大的群岛国家。由分布在太平洋和印度洋之间的1750
岛屿组成，其中有人居住的岛屿约6000个。陆地面积190多万平
人口2.71亿，世界第四人口大国。居民中爪哇族占45%，巽他族占
他还有马都拉等共100多个民族。87%的居民信奉国教伊斯兰教，
最大的伊斯兰教国家。印尼语为国语，广泛使用英语。首都雅加达
初起先后遭葡、西、荷等国入侵。1602年成立荷属东印度公司，对
亚进行了长达300多年的殖民统治。第二次世界大战期间于1942年
领。1945年8月17日宣告独立。1950年4月13日同中国建交。
境多山地、丘陵，间有高原、盆地和平原。伊里安岛上查亚峰
米，为全境最高峰。有火山400余座，地震频繁。海岸线长
千米。大部分地区属热带雨林气候。年平均气温25～27℃。年
量2000～4000毫米。矿藏资源丰富，有石油、天然气、煤、锡、铝矾土、镍、铜、金
其中石油和锡矿在世界占有重要地位。森林覆盖率达74%，产铁木、檀木、乌木
等名贵木材。**经济** 以农业、工业、服务业为主，石油是经济支柱。盛产天然橡胶、
子、胡椒、木棉、金鸡纳霜、咖啡等热带经济作物。粮食作物有稻谷、玉米、木薯等。
有石油开采、钢铁、石油、化工、水泥、汽车、电力、纺织。对外贸易总额为5276.4
国内生产总值约合1.19万亿美元。**国防** 有现役总兵力约38.8万人。实行义务兵和
相结合的兵役制。

东帝汶民主共和国 简称东帝汶。位于东南亚努沙登加拉群岛最东端。包括帝汶岛东部和西部北海岸的欧库西地区以及附近的阿陶罗岛等。面积约1.50万平方千米。人口约132万人。首都帝力。1975年11月28日宣告独立。2002年5月20日东帝汶民主共和国正式成立，同日与中国建交。国内生产总值19亿美元，对外贸易总额14.9亿美元。

注：①联邦直辖区 ②玻璃市州 ③槟榔屿州 ④吉兰丹州 ⑤森美兰州 ⑥马六甲州 ⑦日惹特别自治区 ⑧大雅加达都市区

马来西亚　东南亚国家。地处亚洲大陆与马来群岛衔接部。由马来半岛南部的马来亚（西马）和加里曼丹岛北部的沙捞越、沙巴（东马）三部分组成。陆地总面积33万平方千米。人口3270万，马来族人和其他土著人占60%，华人占25.38%，还有印度人、巴基斯坦人等。伊斯兰教为国教，此外还信奉佛教、印度教和基督教等。马来语为国语，通用英语。首都吉隆坡。曾遭葡、荷、英等国侵略。20世纪初完全沦为英国殖民地。二战期间被日本占领。战后复受英国殖民统治。1948年2月组成马来亚联合邦，1957年8月31日独立。1974年5月31日同中国建交。**环境**　西马地区地势北高南低，以山地、丘陵为主，东西两岸为冲积平原。最高峰大汉山海拔2185米。东马地区内地高，沿海低。沙捞越东南边境为山地，西部为平原。沙巴中、西部为山地，东部为平原。沙巴的基纳巴卢山海拔4101米，全国最高峰。属热带雨林气候。终年炎热，年平均气温29℃。多暴雨，年降水量2000～[illegible]毫米。锡、铁、铝矾土、天然气、石油资源丰富。森林覆盖率为60%左右，盛产硬[illegible]**经济**　属工农业国。电子、制造、建筑和服务业发展迅速。工业主要部门有电子产品、石[illegible]钢铁、汽车加工、锡矿开采、木材加工、纺织等。农产品有橡胶、棕油、可可、胡椒、椰[illegible]稻米等。其中天然橡胶、锡和棕油的产量和出口量均居世界首位。交通运输发达，铁路长2267千米，公路总长75893千米，国际航线68条。对外贸易总额47260林吉特。国内生产[illegible]值约合15454亿林吉特。**国防**　有现役总兵力12.95万人。实行志愿兵役制。

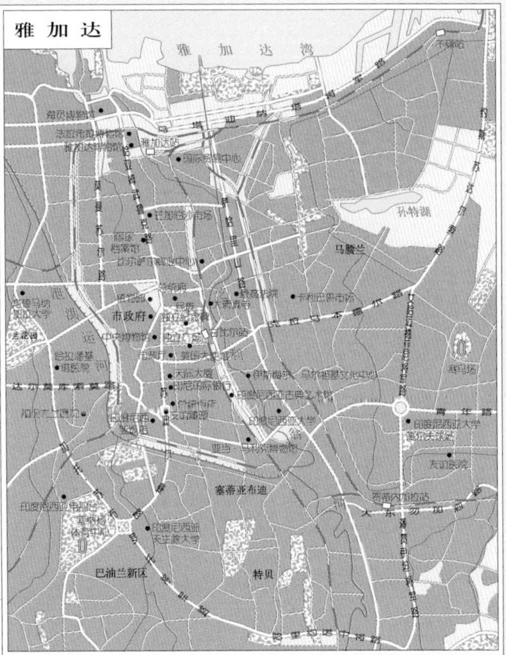

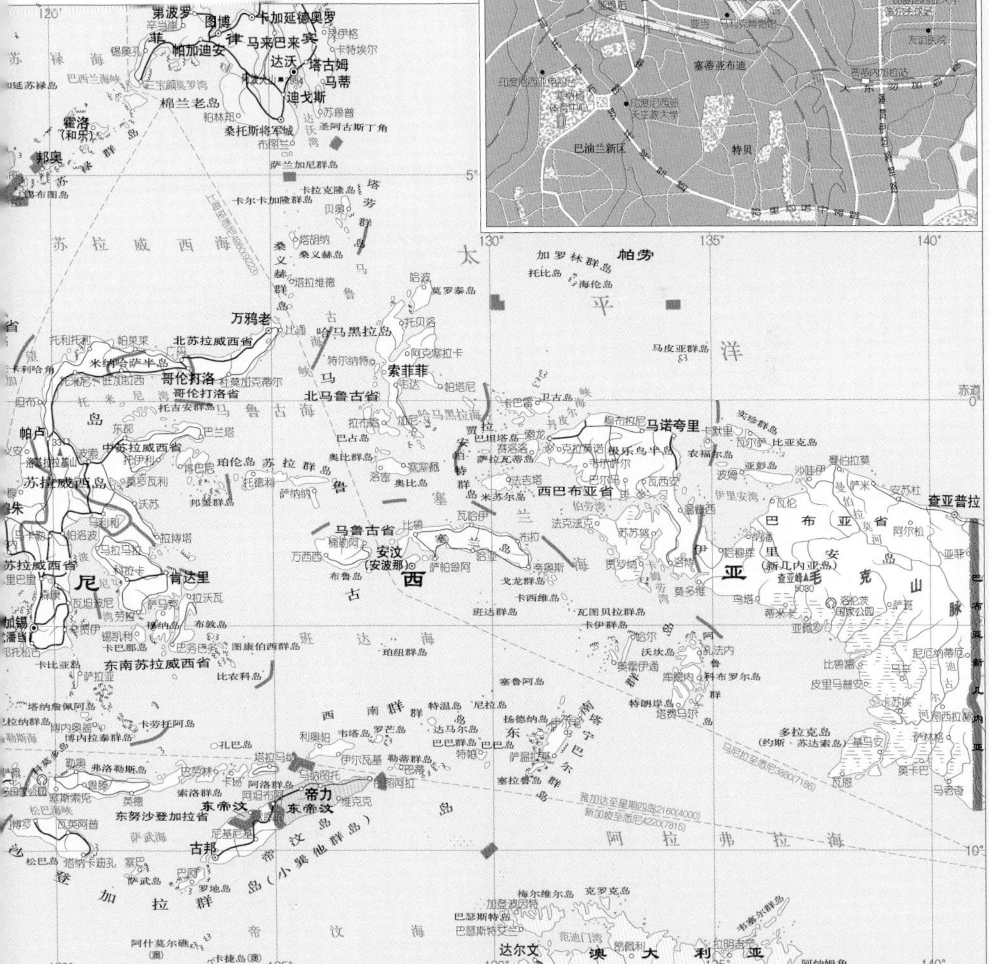

雅加达

马来半岛和马六甲海峡

MALAY PEN. AND STR. OF MALACCA

比例尺 1:6 200 000

0 62 124 186 248

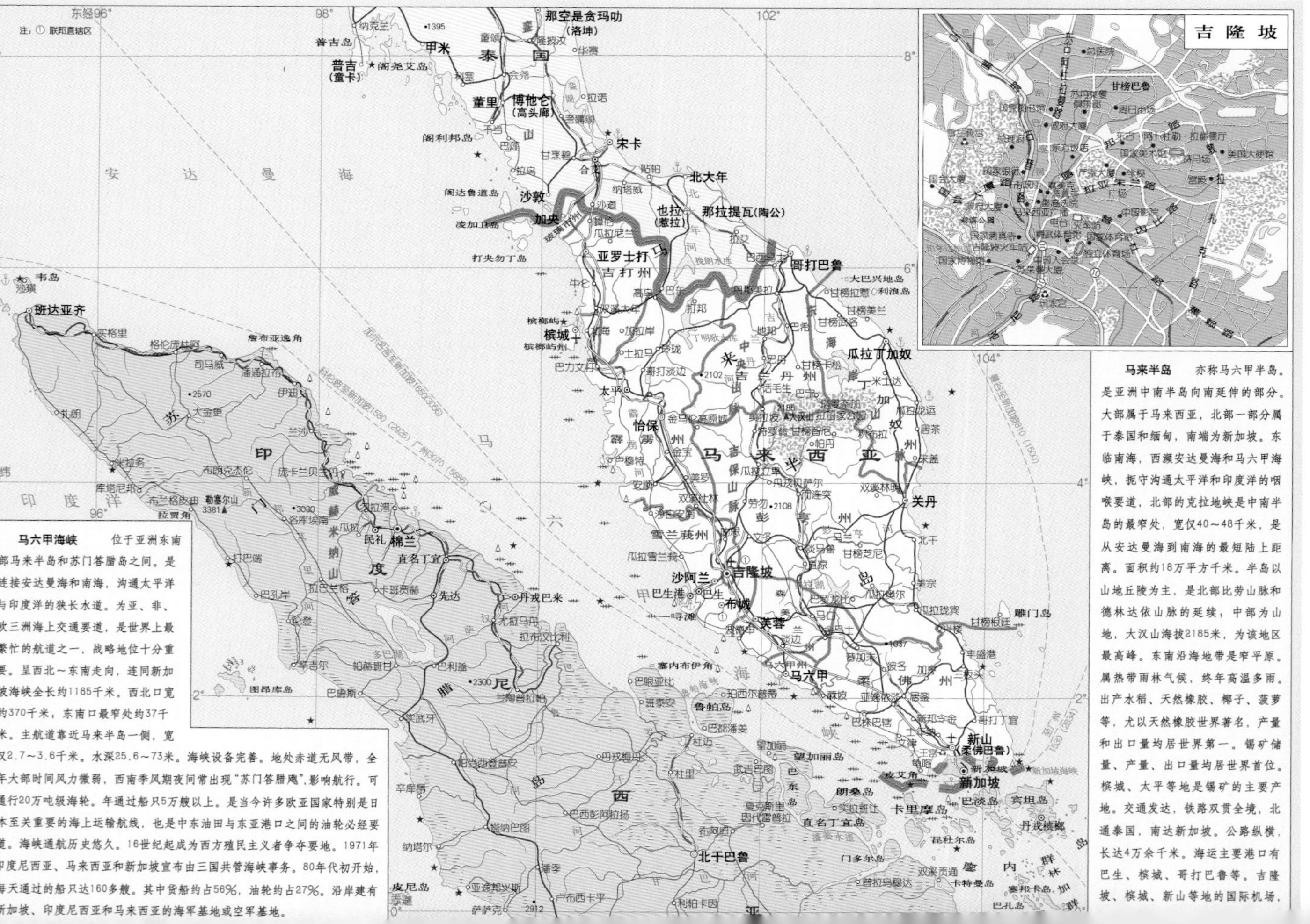

马来半岛 亦称马六甲半岛。是亚洲中南半岛向南延伸的部分。大部属于马来西亚，北部一部分属于泰国和缅甸，南端为新加坡。东临南海，西濒安达曼海和马六甲海峡，扼守沟通太平洋和印度洋的咽喉要道，北部的克拉地峡是中南半岛的最窄处，宽仅40～48千米，是从安达曼海到南海的最短陆上距离。面积约18万平方千米。半岛以山地丘陵为主，是北部比劳山脉和德林达依山脉的延续，中部为山地，大汉山海拔2185米，为该地区最高峰。东南沿海地带是窄平原。属热带雨林气候，终年高温多雨。出产水稻、天然橡胶、椰子、菠萝等，尤以天然橡胶世界著名，产量和出口量均居世界第一。锡矿储量、产量、出口量均居世界首位。槟城、太平等地是锡矿的主要产地。交通发达，铁路贯全境，北通泰国，南达新加坡。公路纵横，长达4万余千米。海运主要港口有巴生、槟城、哥打巴鲁等。吉隆坡、槟城、新山等地的国际机场，

马六甲海峡 位于亚洲东南部马来半岛和苏门答腊岛之间。是连接安达曼海和南海，沟通太平洋与印度洋的狭长水道。为亚、非、欧三洲海上交通要道，是世界上最繁忙的航道之一，战略地位十分重要。呈西北～东南走向，连同新加坡海峡全长约1185千米。西北口宽约370千米，东南口最窄处约37千米。主航道靠近马来半岛一侧，宽仅2.7～3.6千米。水深25.6～73米。海峡设备完善。地处赤道无风带，全年大部时间风力微弱，西南季风期夜间常出现"苏门答腊飑"，影响航行。可通行20万吨级海轮。年通过船只5万艘以上。是当今许多欧亚国家特别是日本至关重要的海上运输航线，也是中东油田与东亚港口之间的油轮必经要道。海峡通航历史悠久。16世纪起成为西方殖民主义者争夺要地。1971年印度尼西亚、马来西亚和新加坡宣布由三国共管海峡事务。80年代初开始，每天通过的船只达160多艘。其中货船约占56%，油轮约占27%。沿岸建有新加坡、印度尼西亚和马来西亚的海军基地或空军基地。

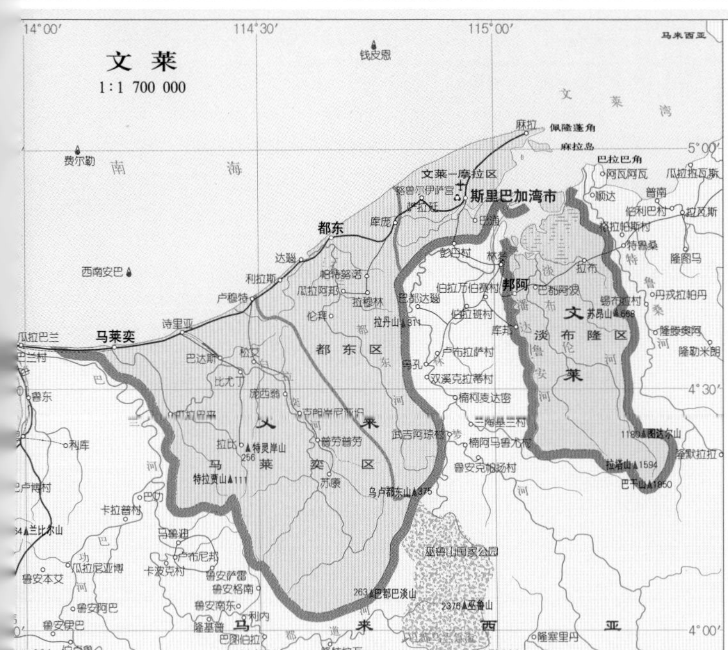

文莱达鲁萨兰国

简称文莱。位于东南亚加里曼丹岛北部。北濒南海，东、南、西三面与马来西亚的沙捞越州接壤。国土分隔为东、西不相连的两部分。国土面积5765平方千米。海岸线长约161千米。人口43万，马来人约占69.3%，华人约占10.8%，余为达雅克人、印度人等占19.9%。伊斯兰教为国教。马来语为国语，通用英语、华语。首都斯里巴加湾市。1888年沦为英国保护国，1941年被日本占领。1946年复被英国控制。1984年1月1日独立，实行君主立宪制。1991年9月30日与中国建交。**环境** 地势南高北低。东部地区多山丘，西部地区较平坦，沿海多沼泽。属热带雨林气候，终年炎热多雨，年平均气温28℃。年降水量多为2800～3800毫米。石油、天然气、森林等资源丰富。**经济** 石油和天然气工业是国民经济的支柱，其他工业薄弱。农作物有天然橡胶、水稻、椰子。粮食不能自给。出口原油、木材、天然橡胶，进口机器、粮食和日用品。外贸总额137亿美元，国内生产总值约合138.4亿美元。对外贸易总额191.26亿美元。**国防** 有现役兵力6000人。实行志愿兵役制。

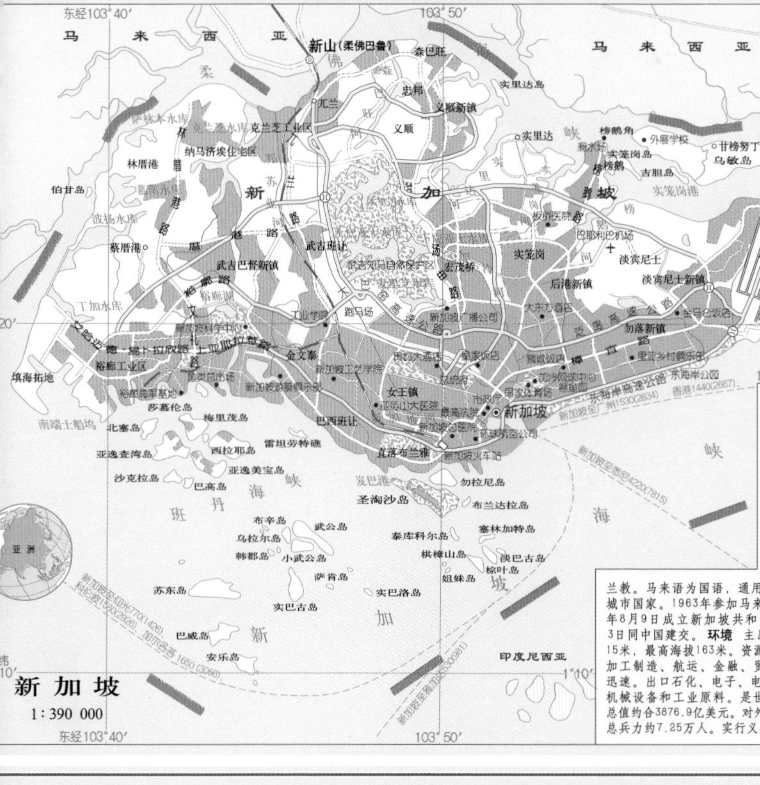

新加坡
1:390 000

东经103°40′
103°50′
104°00′
1°20′
1°10′

马来西亚
新山(柔佛巴鲁)
柔佛海峡
新加坡
新加坡海峡
印度尼西亚
圣淘沙岛
乌敏岛
德光岛
樟宜国际机场
裕廊工业区
女王镇
宏茂桥
实里达
丹戎兰色
亚洲

新加坡共和国

简称新加坡。位于东南亚马来半岛南端。扼马六甲海峡东口。面积733.1平方千米。人口约545万，居民中华人占47%，此外还有马来人、印度人等。居民多信奉佛教和伊斯兰教。马来语为国语，通用华语和英语。属城市国家。1963年参加马来西亚联邦，1965年8月9日成立新加坡共和国。1990年10月3日同中国建交。**环境** 主岛地势低平，2/3面积平均海拔不到15米，最高海拔163米。资源匮乏。**经济** 为新兴工业国家，以加工制造、航运、金融、贸易为主。高技术产业、旅游业发展迅速。出口石化、电子、电器和纺织产品等，进口原油、粮食、机械设备和工业原料。是世界著名商港和航空中心。国内生产总值约合3876.9亿美元。对外贸易总额8431.8亿美元。**国防** 有现役总兵力约7.25万人。实行义务兵役制。年军费约119亿美元。

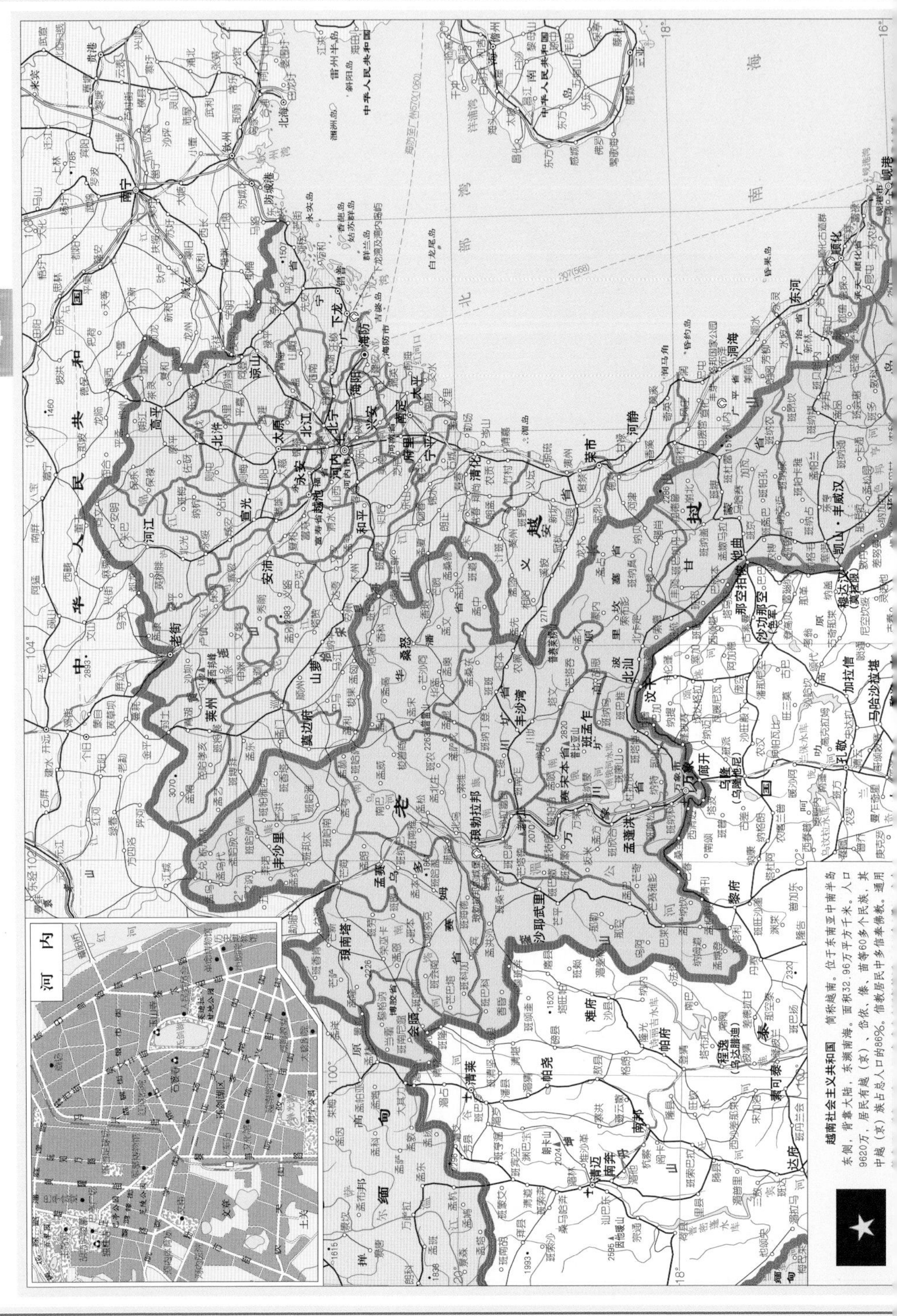
越南社会主义共和国 简称越南。位于东南亚中南半岛东侧，背靠大陆，东濒南海。面积32.96万平方千米。人口9620万，居民有越（京）、岱依、傣、苗等60多个民族，其中越（京）族占总人口的88%。信教居民中多信奉佛教。通用
河内
老挝
越南
中华人民共和国
缅甸
泰国
北部湾
南海
海南岛
河内
万象
琅勃拉邦
海防
南宁

黄连山主峰番西邦峰海拔3142米，为全国最高点。长山山脉南北纵贯，长1200千米，是越南与老挝、柬埔寨的天然国界。平原主要分布在大河下游及东南沿海，北部有红河三角洲，南部有湄公河三角洲，地势低平，河网纵横，土地肥沃，是全国两大农耕区。红河、湄公河水力资源丰富。海岸线长3260千米，沿岸多天然良港。属热带季风气候，年平均气温达24℃，湿度大。年平均降水量平原1500毫米，高原2300毫米，山区迎风坡达3000毫米，降水多集中在5～10月。矿藏资源丰富，主要有煤、钛、铬、铁、锡、磷灰石等。森林覆盖率约30%，产柚木、铁杉、樟木等珍贵木材。**经济** 以农业为主，盛产稻谷，其次是玉米、薯类及经济作物天然橡胶、黄麻、甘蔗、烟草、咖啡、茶叶、香蕉、椰子、柑橘、菠萝等。江河及沿海捕鱼业发达。工业基础薄弱，主要部门有采矿、冶金、电力、机械制造、化工、建材、纺织和食品加工。对外贸易总额约6685亿美元。国内生产总值约合3500亿美元。**国防** 有现役总兵力约45万人。实行义务兵役制。年军费约33亿美元。

老挝人民民主共和国

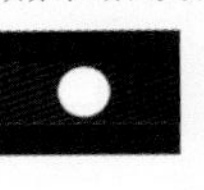

老挝人民民主共和国 简称老挝。位于东南亚中南半岛东北部，属内陆国家。面积23.68万平方千米。人口733.8万，分为50个民族，分属老泰语族系、孟—高棉语族系、苗—瑶语族系、汉—藏语族系，统称为老挝民族。老挝语为官方语言。居民多信奉佛教。首都万象。1893年沦为法国保护国。1940年9月被日本占领。1945年9月15日宣布独立。1946年法国再次侵入。1954年法国撤军后又被美国势力取代。1975年12月2日废除君主制，成立老挝人民民主共和国。1961年4月25日同中国建交。**环境** 地势北高南低，从东向西倾斜。山地、高原占国土面积的80%。自北向南分为上寮、中寮、下寮三部分。上寮地势较高，有“印度支那屋脊”之称，川圹高原平均海拔1200～1400米，普比亚山海拔2820米，为全境最高峰。中寮是上寮山地的延续，大部海拔1000米左右。下寮地势较低，是主要的农耕区。湄公河在境内长1900千米，富航运灌溉之利。属热带和亚热带季风气候，全年气温较高，年平均气温26℃。降水集中在5～10月，年降水量约1250～3750毫米。矿藏资源有锡、铅、煤和岩盐等。水力资源丰富。森林覆盖率为58%，出产柚木、紫檀、红木等名贵木材。**经济** 以农业为主，主要农作物有水稻、玉米、咖啡、烟草等。粮食基本自给。特产安息香，产量占世界的70%。工业基础薄弱，仅有发电、锯木、碾米、卷烟、纺织等小型工业。纺织、铸铁、陶瓷、造纸等手工作坊较普遍。国内生产总值约合179亿美元。对外贸易总额约112亿美元。**国防** 有现役总兵力6万人。实行义务兵役制。年军费1亿多美元。

柬埔寨王国

柬埔寨王国 简称柬埔寨。位于东南亚中南半岛南部。面积约18万平方千米。人口1600万，居民分属20多个民族，高棉族人占80%，余为占、老、普、农泰、斯丁等民族。居民多信奉佛教。高棉语为国语，同英语、法语均为官方语言。首都金边。9～14世纪吴哥王朝时期，国力强盛，文化发达，创造了举世闻名的吴哥文明。1863年后，沦为法国的保护国。1940年被日本占领，1945年重遭法占。1953年11月9日宣布独立。尔后遭外国入侵，内战连年，直至1993年11月柬王国政府正式成立，才进入和平建设时期。1958年7月19日同中国建交。**环境** 全境以平原为主。中部洞里萨湖周围为冲积平原，南部为湄公河三角洲的一部分，地势低平，河网纵横。平原的东、北、西三面为山地和高原环绕。东部为长山山脉西坡。北部为扁担山地。西部与西南部为豆蔻山脉，奥拉山海拔1813米，为全境最高峰。湄公河境内长约500千米，部分河段可全年通航。属热带季风气候，年平均气温24℃。年平均降水量2000毫米。矿藏资源较丰富，有金、铁、宝石、磷酸盐等。森林覆盖率达41%，盛产紫檀、黑檀、铁木等名贵木材。洞里萨湖及沿海水产品丰富。**经济** 以农业为主，主要农作物有稻谷、玉米、木薯、天然橡胶、棉花、椰子、胡椒、咖啡、甘蔗等。工业基础薄弱，主要是轻工业和食品加工。国内生产总值约合276.8亿美元。对外贸易总额约524亿美元。**国防** 实行义务兵役制。

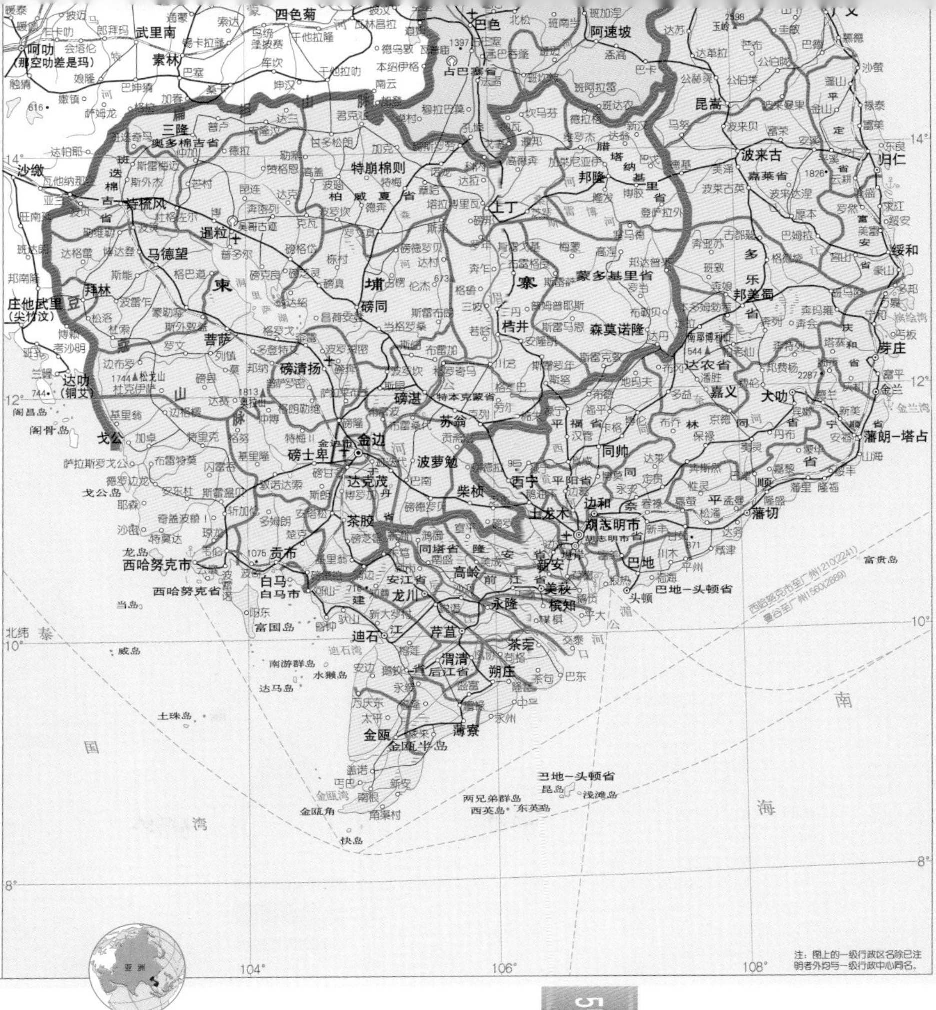

比例尺 1:6 600 000

0 66 132 198 264千米

注：图上的一级行政区名除已注明者外均与一级行政中心同名。

注：图内一级行政区名未标注的均与一级行政中心同名

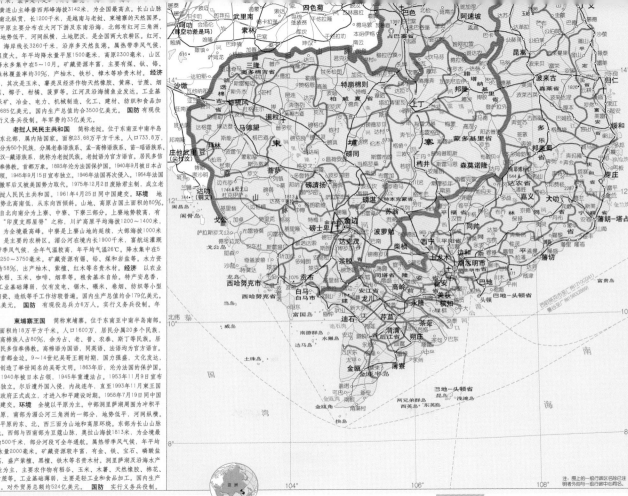

泰王国　简称泰国。位于东南亚中南半岛中部。面积51.3万平方千米。人口6617万，居民中泰族占40%，老族占35%，华人占12.1%，此外还有马来、高棉等共30多个民族。90%的居民信奉国教佛教。泰语为国语。实行君主立宪制。首都曼谷。1238年开始形成较为统一的国家，1350年称为暹罗。历经了素可泰、大城、吞武里和曼谷王朝。16世纪后遭葡、荷、英、法等国入侵。1896年成为英属缅甸和法属印度支那之间的缓冲国。是东南亚唯一没有沦为殖民地的国家。1932年改君主制为君主立宪制。1939年改国名为泰王国。1945年恢复暹罗国名。1949年复称现名。1975年7月1日同中国建交。**环境**　地势北高南低，全境以平原为主。中部为河渠纵横的昭披耶河冲积平原。西、西北部为他念他翁山脉为主的山地。因他暖山海拔2595米，为全国最高峰。东部为呵叻盆地。昭披耶河（湄南河）境内长1200千米，富灌溉和舟楫之利。海岸线总长约2600千米。大部地区属热带季风气候，年平均气温24～30℃。雨量丰沛且集中在6～10月，年平均降水量为1000～2000毫米，山区可达3000毫米。矿藏资源丰富，主要有钾盐、锡、褐煤、油页岩、天然气等。此外还有重晶石、宝石和石油等。钾盐储量居世界第一，锡储量居世界第三。森林覆盖率为27.6%，主产柚木。**经济**　实行自由经济政策。是亚洲新兴工业国家之一，国内生产总值约合5189亿美元。工业主要有采矿、钢铁、建材、石油、化工、纺织、食品加工等。农业以种植业为主，盛产大米，素有东南亚"米仓"之称，是世界上著名的大米出口国，年出口量529万吨。木薯产量居世界第一。天然橡胶产量占世界产量1/3。旅游业发展迅速，年入境游客达858万人次，创汇约93亿美元。交通运输发达，公路总长16万千米。铁路总长4451千米。廊曼、清迈、普吉、合艾等地建有国际机场。对外贸易，主要出口汽车、电脑及零配件、集成电路板、锡矿、大米、天然橡胶、木材、珠宝、纺织品等，进口机电产品及零配件、燃料、机器、汽车、钢材等。对外贸易总额为5390亿美元。**国防**　有现役总兵力约37万人。实行义务兵役制。年军费约60亿美元。

注：泰国境内一级行政区名均与一级行政中心同名

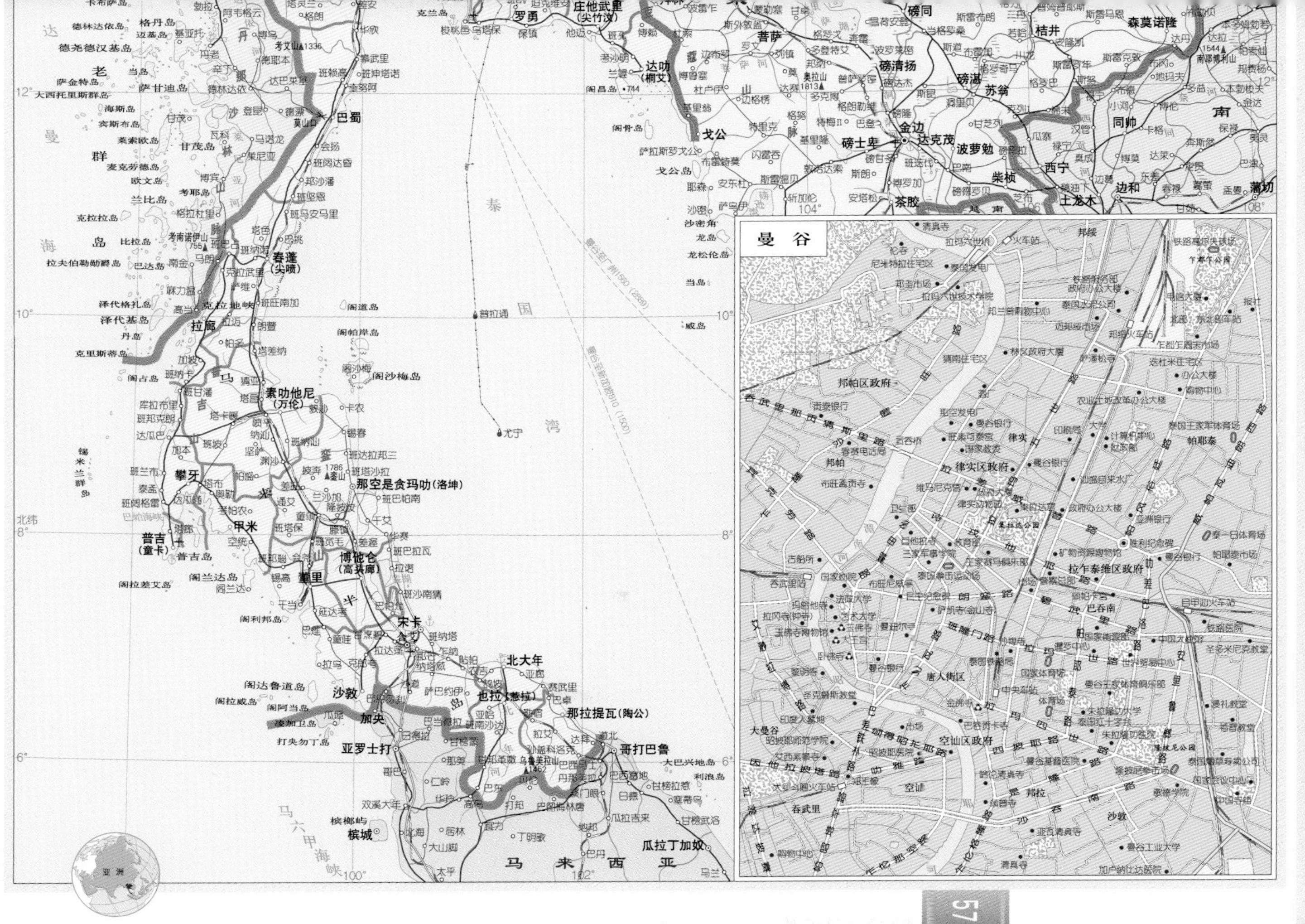

比例尺 1:6 600 000

0 66 132 198 264千米

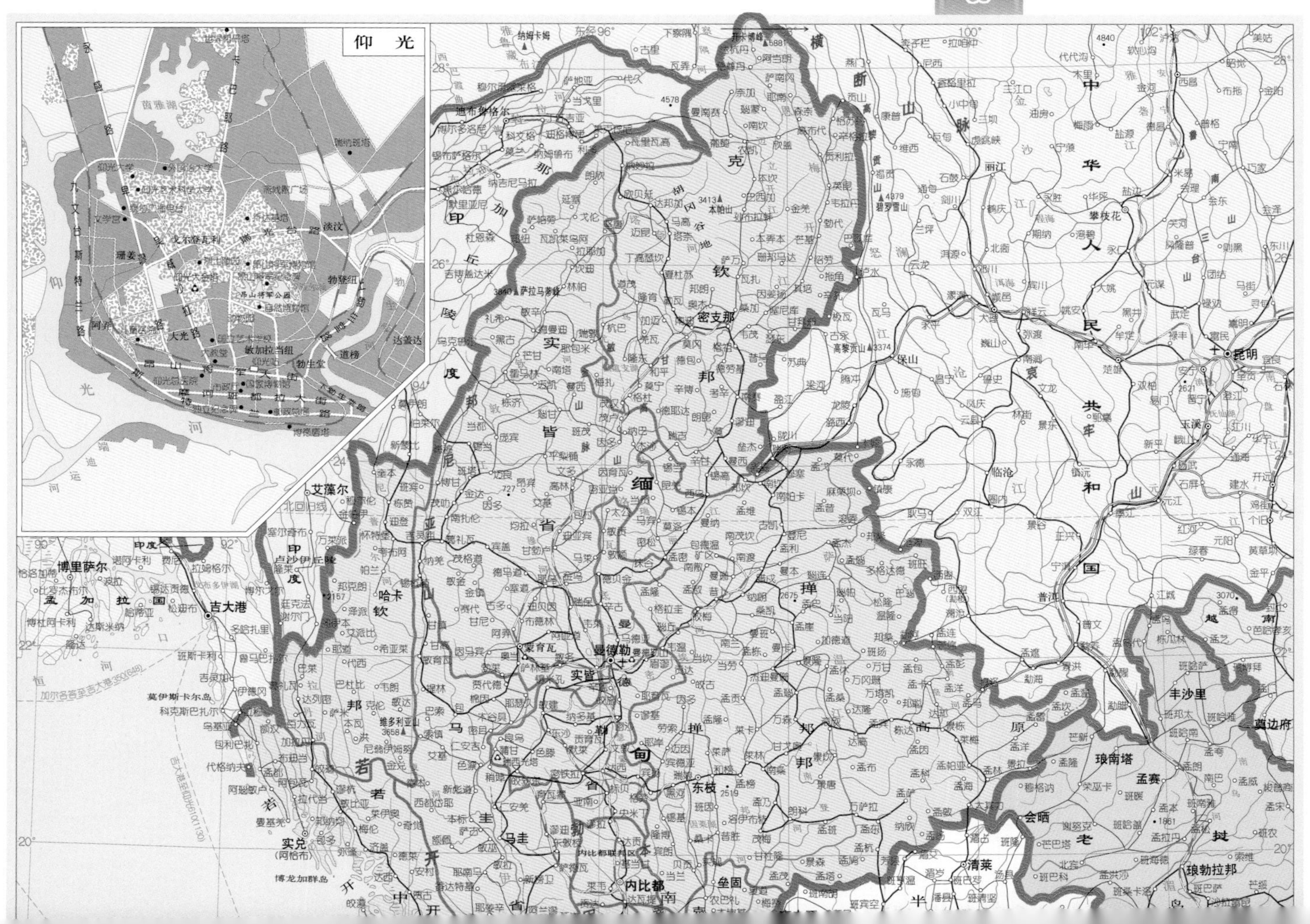

仰光
缅甸
曼德勒
内比都
密支那
东枝
实皆
吉大港
艾藻尔
实兑
(阿恰布)
昆明
丽江
大理
保山
临沧
普洱
景洪
清莱
琅勃拉邦
丰沙里
琅南塔
孟赛
会晒
莫边府
博里萨尔
博龙加群岛
中华人民共和国
印度
孟加拉国
老挝

比例尺　1：7 600 000

0　76　152　228　304千米

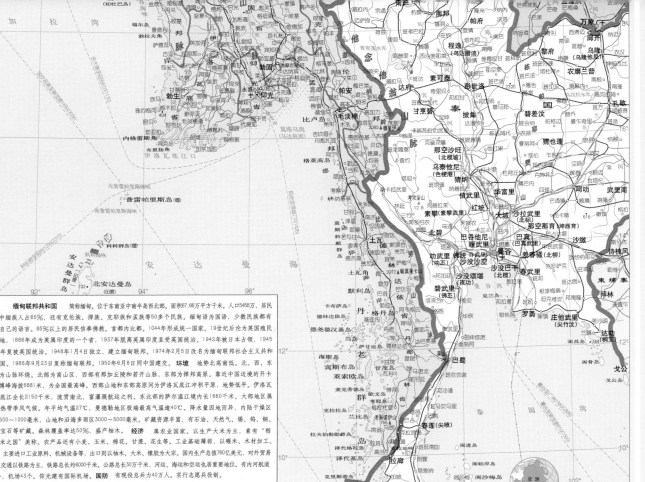

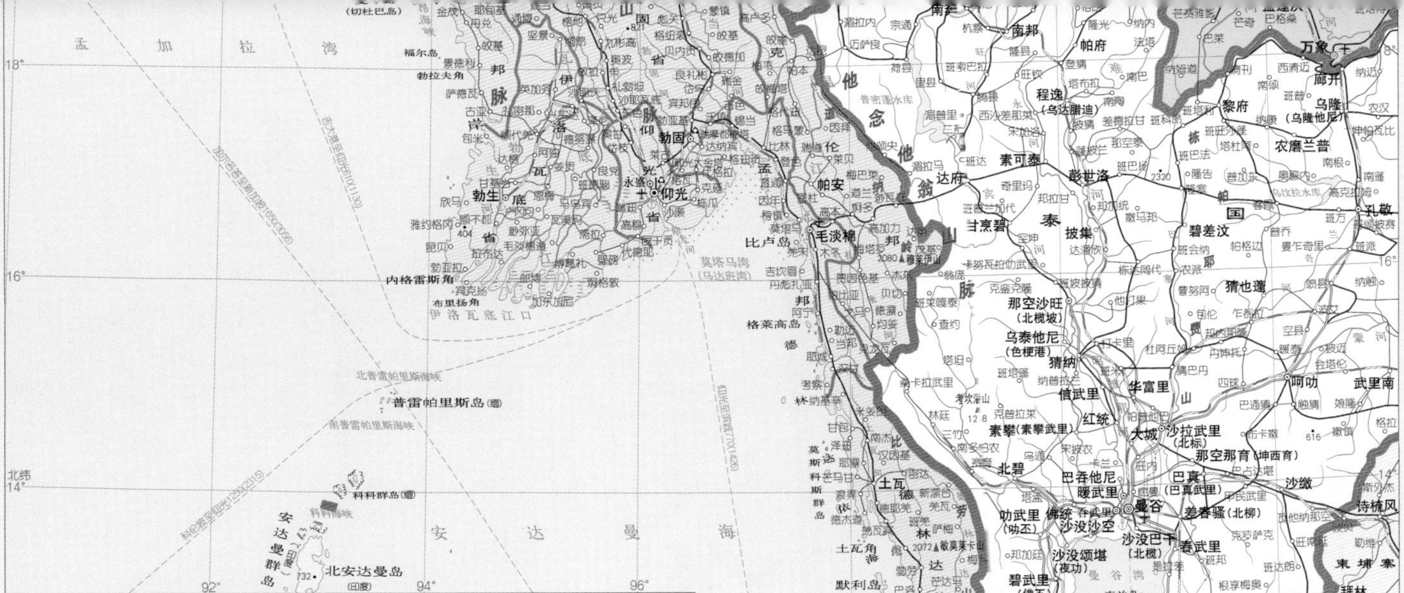

缅甸联邦共和国　简称缅甸。位于东南亚中南半岛西北部。面积67.66万平方千米。人口5458万，居民中缅族人占65%，还有克伦族、掸族、克耶族和孟族等50多个民族。缅甸语为国语，少数民族都有自己的语言。85%以上的居民信奉佛教。首都内比都。1044年形成统一国家。19世纪后沦为英国殖民地，1886年成为英属印度的一个省，1937年脱离英属印度直受英国统治。1942年被日本占领，1945年复被英国统治。1948年1月4日独立，建立缅甸联邦。1974年2月5日改名为缅甸联邦社会主义共和国。1988年9月23日复称缅甸联邦。1950年6月8日同中国建交。**环境**　地势北高南低。北、西、东为山脉环绕。北部为高山区，西部有那加丘陵和若开山脉，东部为掸邦高原。靠近中国边境的开卡博峰海拔5881米，为全国最高峰。西部山地和东部高原间为伊洛瓦底江冲积平原，地势低平。伊洛瓦底江全长2150千米，流贯南北，富灌溉航运之利。东北部的萨尔温江境内长1660千米。大部地区属热带季风气候。年平均气温27℃，曼德勒地区极端最高气温逾40℃。降水量因地而异，内陆干燥区500～1000毫米，山地和沿海多雨区3000～5000毫米。矿藏资源丰富，有石油、天然气、锡、钨、铜、宝石等矿藏。森林覆盖率达50%，盛产柚木。**经济**　属农业国家。以生产大米为主，素有“稻米之国”美称。农产品还有小麦、玉米、棉花、甘蔗、花生等。工业基础薄弱，以碾米、木材加工、纺织、采油和采矿为主。主要进口工业原料、机械设备等，出口则以柚木、大米、橡胶为大宗。国内生产总值760亿美元，对外贸易总额351.47亿美元。陆上交通以铁路为主，铁路总长约6000千米。公路总长30万千米，河运、海运和空运也居重要地位。有内河航道1.49万千米，海港15个，机场43个。仰光建有国际机场。**国防**　有现役总兵力40万人。实行志愿兵役制。

尼泊尔 不丹

NEPAL BHUTAN

比例尺 1:6 600 000

0 66 132 198

注：图内未标注一级行政区名的均与一级行政中心同名

不丹王国 简称不丹。位于喜马拉雅山脉东段南麓，是南亚内陆国家。面积3.8万平方千米。人口75.6万，居民中不丹族人占50%，还有尼泊尔族等民族，多信奉喇嘛教。不丹族多操宗卡语，尼泊尔族操尼泊尔语，宗卡语和英语同为官方语言。首都廷布。9世纪形成独立部落。1907年建立不丹王国。实行君主立宪制。1949年与印度签订《永久和平友好条约》，规定对外关系接受印度"指导"。1961年后，不丹多次要求保持主权独立，并于1971年加入联合国。中不尚未建交，但两国关系友好。**环境** 境内多高山。地势北高南低。高山多冰川雪峰。中部河谷宽阔，是主要的农耕区。不丹和印度之间有狭小平原。属典型山地气候。年降水量1500～3000毫米，南部局部地区高达5000毫米。矿藏资源有煤、铜、铁、白云石、云母等。水力资源丰富。森林覆盖率达71%。**经济** 以农牧业为主，农产品有稻谷、玉米、麦类。粮食不能自给。工业以传统小型手工业为主，近些年发展了水泥、化工、电力等工业。1986年建成的楚卡水电站，电力输往印度，是外汇的重要来源。饲养牛、猪、羊等牲畜。出口农产品、木材、工艺品，进口汽车、石油和日用品。国内生产总值22.10亿美元，贸易总额11.23亿美元。**国防** 有皇家陆军约1.6万人。实行义务兵制。另有印度驻不丹"军事训练团"约4000人。

尼泊尔 简称尼泊尔。位于喜马拉雅山脉中段南麓，是南亚内陆国家。面积14.7万平方千米。人口约3000多万，居民分属拉伊、林布、苏努瓦尔、古隆等62个民族。86%的居民信奉印度教。尼泊尔语为国语，上层通用英语。公元前6世纪建立王国。公元1814年后沦为英国殖民地。1923年独立。实行君主立宪制。首都加德满都。1955年8月1日同中国建交。**环境** 山地约占国土面积的80%，海拔7600米以上山峰达50余座，素有"高山王国"之称。地势北高南低。由北往南百余千米内，由海拔8000多米急降至百米以下，世所罕见。世界最高峰珠穆朗玛峰（萨加玛塔峰）海拔8848.86米，位于东北部尼中边界上。大多河流湍急，富水力资源。分三个气候带：北部高山带，冬季最低气温－41℃，中部温带，气候温和湿润，南部亚热带，夏季最高气温可达45℃。年平均降水量北部约500多毫米，中部约1000毫米，南部约2300毫米。矿藏资源有铜、铁、铅等。**经济** 为传统农业国。国内生产总值约合304亿美元。农产品有水稻、玉米、小麦、马铃薯等。饲养羊、牦牛。工业主要有黄麻纺织、毛纺织、制糖、水泥等。旅游业发展迅速，已成为外汇的重要来源。出口黄麻、稻米和皮革等农副产品，进口以石油制品、煤、机械和化肥为主。对外贸易总额174亿美元。交通以公路和航空为主。公路总里程约29157千米。有各类机场56个。**国防** 有现役总兵力

世界文化和自然遗产 萨加·玛塔国家公园、奇特旺国家公园、佛祖诞生地蓝毗尼、加德满都谷地。**旅游业** 尼泊尔地处喜马拉雅山南麓，气候宜人，风光旖旎，徒步旅游和登山业发达。1953年5月29日英籍新西兰人希拉里和尼泊尔人丹增从尼泊尔一侧第一次登上了珠穆朗玛峰。从此，这里成了世界登山者的圣地，每年各国的登山队纷至沓来。旅游业不仅成为当地主要的经济来源，而且极大地改变了夏尔巴人的生活方式。**佛祖诞生地蓝毗尼** 位于尼泊尔南部蓝毗尼专区的鲁潘德希县，公元前623年，佛教创始人释迦牟尼诞生在这里。他原名叫悉达多·乔答摩，是北天竺迦毗罗卫国净饭王的儿子。公元前249年，印度孔雀王朝阿育王来此朝拜，并建立了著名的阿育王石碑。早在1500年前，中国高僧晋代法显就取道新疆，渡流沙，越葱岭，经印度来到蓝毗尼，成为访尼外国人中有确切记载的第一人。

孟加拉国
BANGLADESH

比例尺　1:4 600 000

0　46　92　138　184千米

孟加拉人民共和国　简称孟加拉国。位于南亚次大陆，孟加拉湾北岸。面积14.76万平方千米。人口约1.7亿，为世界上人口密度最高的国家之一，居民中孟加拉族占98%，另有20多个少数民族。86.6%的居民信奉伊斯兰教。孟加拉语为国语。首都达卡。原为巴基斯坦的一部分，称东巴基斯坦。1971年3月26日独立。1975年10月4日同中国建交。**环境**　地处恒河和布拉马普特拉河下游三角洲上。全境85%的地区为冲积平原，地势低平，河流纵横，沼泽广布。仅东南部有丘陵和山地。海岸线长550千米。大部地区属热带季风气候，湿热多雨。年平均气温26.5℃，夏季最高气温达45℃。年降水量多在2000～3000毫米之间。因雨季降水过于集中，常造成水灾。矿藏资源有煤、天然气、石油等。**经济**　属世界经济不发达国家之一。经济以农业为主，出产稻谷、小麦、黄麻、茶叶、甘蔗等。工业基础薄弱，仅有麻纺、棉纺、制糖、造纸等轻工业。黄麻产量与出口量均居世界前列。对外贸易总额约900亿美元。交通运输以内河航运为主。铁路总里程3019千米，公路总里程2.24万千米。国内生产总值约合3550亿美元。**国防**　有现役部队和准军事部队约15.5万人。实行志愿兵役制。

印度共和国 简称印度。位于南亚次大陆，国土大部在印度半岛上。面积约298万平方千米。人口13.9亿，居民中印度斯坦族占46.3%，泰卢固族占8.6%，孟加拉族占7.7%，马拉地族占7.6%，泰米尔族占7.4%，还有古吉拉特族、坎拿达族、马拉雅拉姆族、奥里雅族、旁遮普族等几十个民族。80.5%的居民信奉印度教，余信奉伊斯兰教、佛教等。印地语和英语同为官方语言。首都新德里。印度是世界四大文明古国之一。在公元前2000年前后创造了印度河文明，公元前322年形成统一的奴隶制国家。公元1526年建立莫卧儿帝国，成为当时世界强国之一。1600年遭英国入侵，建立东印度公司。1757年后逐步沦为英国殖民地。1947年英实行印、巴分治，同年8月15日宣布独立。1950年1月26日成立印度共和国。1950年4月1日同中国建交。中印边界线区分东、中、西三段长约2000千米。**环境** 地势北高南低。全境以平原和台地缓丘为主。北部属喜马拉雅山脉南坡山地，海拔多在5500米以上；中部为印度河—恒河平原，河网纵横；南部以德干高原为主体，其中部多丘陵谷地，沿海为狭窄平原，主要河流有恒河、布拉马普特拉河。大部分地区属热带季风气候。北部年平均气温12～14℃，东部26～29℃。年降水量大部分地区500～1500毫米。矿藏资源丰富，有矿藏近100种，主要有铝土、煤、云母、铁、铜以及石油、天然气等。其中铝土储量和煤产量均占世界第五位。**经济** 国内生产总值3.2万亿美元，其中农业占29.5%，工业占29%。印度是亚洲农业大国，主要产稻谷、小麦、棉花、黄麻、甘蔗、茶叶等。年捕鱼量居世界前列。现代工业发展迅速，主要有采矿、纺织、冶金、电力、化工、机械等。军事工业较发达，航天和核工业发展很快。主要出口珠宝制品、糖、茶叶、成衣、棉纱、海产品、皮革、化工制品和铁矿砂等。主要进口石油及其制品、珠宝原料、化肥、钢铁、机电设备、纸张等。对外贸易总额约14263.3亿美元。交通以铁路为主，铁路总长6.8万千米，公路总长560万千米，内河航道1.4万千米，大小海港共150个，国际机场5个，国内机场88个。**国防** 有现役总兵力约144.4万人。实行募兵制。年军费约637.1亿美元。

孟买

注:
①昌迪加尔中央直辖区
②德里国家首都区
③旁遮普邦（行政中心在昌迪加尔）
④哈里亚纳邦（行政中心在昌迪加尔）
⑤特里普拉邦
⑥达曼、第乌中央直辖区
⑦达德拉－纳加尔哈维利中央直辖区
⑧本地治里中央直辖区（包括本地治里、加里加尔、亚南和马埃）
⑨米佐拉姆邦
⑩西孟加拉邦
⑪果阿邦
⑫特伦甘纳邦、安得拉邦行政中心在海得拉巴

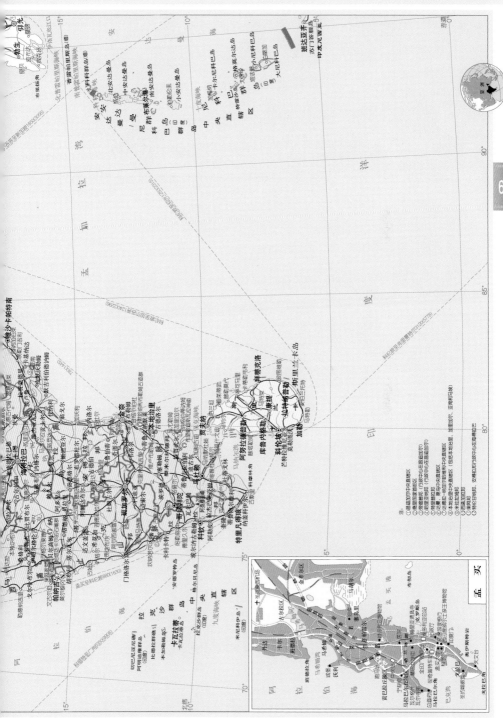

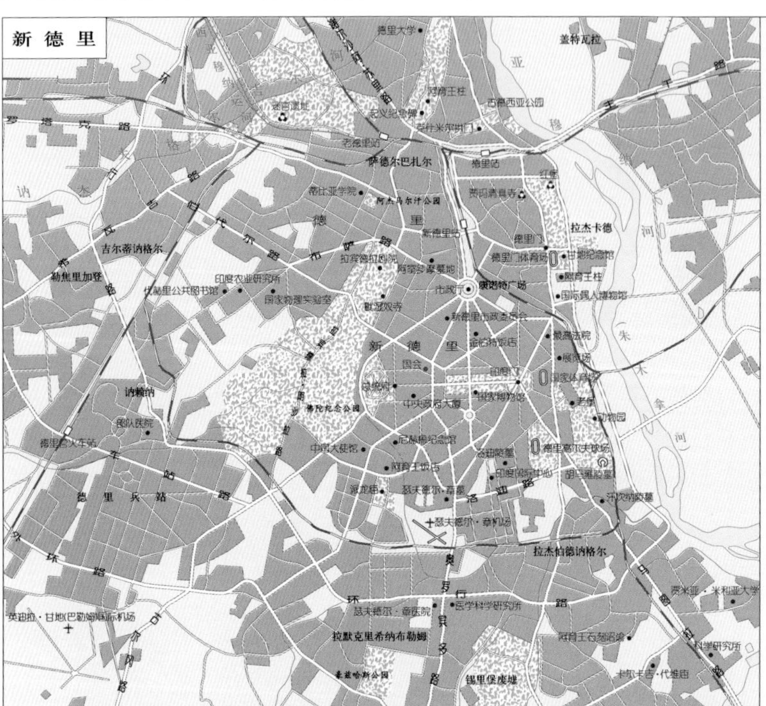

新德里 为印度共和国首都,面1500平方千米。全国政治、经济、化中心和铁路、航空交通枢纽。位于度西北,恒河支流朱木拿河河畔。同德里人口共2940万。12世纪末德里印度首都,19世纪中叶英国殖民当局全侵占了印度,将首都移到加尔各德里是1857年印度民族大起义的中心一。1911年再次成为首都。1911～19年在德里城西南兴建新德里,1931年迁都新德里。新德里为规划有致的园城市,是中央政府机构、科研单外交使团和商业中心驻地,禁止建工厂。市政厅园形广场成放射状大通向四方。东西大道西端是总统府国家机关多位于两侧,建筑典雅,环境优美。市区多寺院和古代建筑,如堡、贾马清真寺等名胜古迹。新德博物馆,是印度重要艺术、考古博馆之一。1949年创建,1960年开放位于人民路上。全馆包括史前期～期佛教艺术史等十几个展室,主要藏印度各时期、各地区的艺术考古文物珍品。旧城德里,也称老德里保留着7个王朝留下的丰富多彩的文化古迹,印度教庙、佛教庙、清真寺、锡克教庙、耆那教庙、基督教堂等随处可见。

加尔各答 印度共和国东部大城市,西孟加拉邦首府。市区面约187平方千米,人口157.2万。位恒河下游支流胡格利河畔,南临孟加拉湾。出孟加拉湾,仅148千河道,可泊万吨海轮,为印度东部要的港口城市,是世界最大的黄工业基地和最大的茶叶输出港。船泊吞吐量占全国的1/3。铁路和空均居枢纽地位。300年前,只是个渔村,1690年被英国租借。此英国以此为基地,不断向内侵入,到完全占领印度。1833～1911年为英属印度首都。现为全国经济、通、金融中心之一。工业发达,主有黄麻加工、棉、丝纺织、钢铁、工、机械、车辆、电机、化工等。城是印度重要的文化科技中心,印度规模最大、历史最悠久的加尔各答大学、贾德瓦普大学等高等府,内藏稀世珍品8000多种,在师生有23.5万多人。还有各种科文化研究机构及图书馆、博物馆、剧院、动植物园等。市政建筑多样神采各异,有英国式的中央政府厦、希腊式的市政厅、印度—哥特式的圣保罗教堂、意大利式印度物馆、兼有埃及和土耳其风格的奇特罗尼纪念堂等。

马尔代夫共和国 简称马尔代夫。位于印度半岛西南的印度洋上，是南亚群岛国家。陆地面积298平方千米。人口55.7万。居民均为马尔代夫族。伊斯兰教为国教。官方语言为迪维希语，上层通用英语。公元1116年建立苏丹国。随后相继遭葡、荷、法、英等国殖民主义者的侵占和统治。1887年沦为英国保护国。1952年成为英联邦内的共和国。1965年7月26日宣布独立。1968年11月11日建立共和国，实行总统制。首都马累。1972年10月14日同中国建交。**环境** 全境由19组环礁、1200多个珊瑚岛礁组成，其中202个有人居住。全境地势低平，平均海拔1.2米。地跨赤道，具有明显的热带季风气候特征，炎热潮湿，四季不分，年平均气温28℃。**经济** 渔业、旅游业和海运业是国民经济的三大支柱。渔业资源丰富，盛产鲣鱼、鲛鱼、金枪鱼、龙虾、海参和贝类。工业有船舶修造和鱼产品等加工业。农产品以椰子为主。旅游业发展较快，是国家重要的外汇来源。海运业主要经营香港与波斯湾、红海间的运输业务，拥有50多艘商船。对外贸易总额19.33亿美元。国内生产总值37.57亿美元，其中旅游收入约占25%。**国防** 2006年4月，国家安全卫队更名为国防部队，隶属于国防和国家安全部，总兵力约3000人。

斯里兰卡民主社会主义共和国 简称斯里兰卡。曾用名锡兰。是南亚岛国。位于印度半岛南端东侧的印度洋上。陆地面积6.56万平方千米。人口2167万。居民中僧伽罗族人占74%，泰米尔族人占15%，余为摩尔、马来等族人。70%的居民信奉佛教，13%信奉印度教。僧伽罗语、泰米尔语同为民族语言，上层通用英语。首都科伦坡。公元1505年后，先后沦为葡、荷、英等国殖民地。1948年2月4日独立，恢复古国名锡兰，成为英联邦一个自治领。1972年5月22日改称斯里兰卡共和国，1978年8月 6日更为现名。1957年2月7日同中国建交。**环境** 地形以平原为主，约占国土面积的80%，余为高原、山地。大部属热带季风气候，年平均气温28℃。年平均降水量1280～3320毫米。风景秀丽，素有“印度洋上的珍珠”之称。石墨、宝石、钛铁等矿藏丰富。**经济** 斯里兰卡是以种植园为主的农业国，茶叶、橡胶、椰子为农业“三宝”。工业以农产品加工和石墨、宝石开采为主，还有炼油、水泥、纺织、造纸等。主要出口茶叶、天然橡胶、椰子、宝石、石油制品、钛铁矿等，进口粮食、工业品、燃料等。对外贸易总额为271.02亿美元。国内生产总值约合80"亿美元。**国防** 有现役总兵力约28万人。

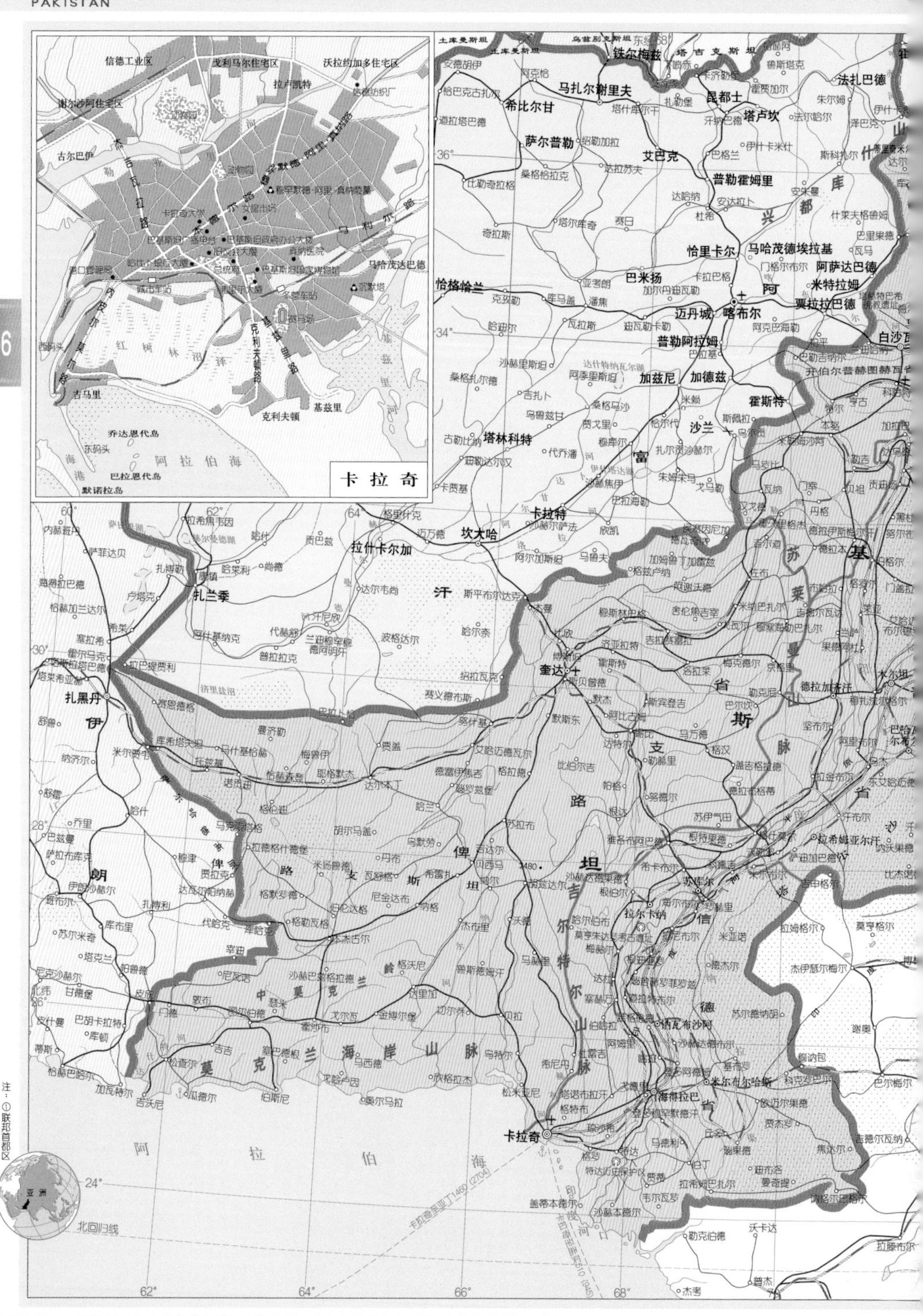

卡拉奇
信德工业区
戈利马尔住宅区
沃拉纳加多住宅区
拉卢凯特
谢尔沙阿住宅区
古尔巴伊
动物园
真纳路
真纳医院
沉默塔
克利夫顿
基兹里
乔达恩代岛
东码头
阿拉伯海
巴拉恩代岛
默诺拉岛
铁尔梅兹
马扎尔谢里夫
希比尔甘
昆都士
塔卢坎
法扎巴德
萨尔普勒
艾巴克
普勒霍姆里
恰里卡尔
马哈茂德埃拉基
阿萨达巴德
米特拉姆
贾拉拉巴德
巴米扬
恰格恰兰
迈丹城
喀布尔
普勒阿拉姆
加兹尼
加德兹
霍斯特
沙兰
塔林科特
卡拉特
坎大哈
拉什卡尔加
扎兰季
阿富汗
扎黑丹
伊朗
奎达
俾路支斯坦省
苏莱曼山脉
开伯尔普赫图赫瓦省
中莫克兰岭
莫克兰海岸山脉
吉尔特尔山脉
信德省
海得拉巴
卡拉奇
阿拉伯海
北回归线
亚洲

注：①联邦首都区

巴基斯坦伊斯兰共和国　简称巴基斯坦。位于南亚西北部，南临阿拉伯海。海岸线长980千米。自古就是南亚和西南亚之间的交通要冲。面积79.61万平方千米。人口2.08亿。居民中旁遮普族占63%，还有信德族、帕坦族（即普什图族）、俾路支等民族。95%的居民信奉国教伊斯兰教。首都伊斯兰堡。和印度、孟加拉国原为一个国家，是世界古文明发祥地之一。曾沦为英国殖民地。1947年英国实施印、巴分治。同年8月14日巴基斯坦宣布独立，成为英联邦的一个自治领。1956年3月23日成立巴基斯坦伊斯兰共和国，其领土包括东、西两部分。1971年3月26日东巴基斯坦宣布独立，次年正式建立孟加拉人民共和国。1951年5月21日同中国建交。**环境**　地势西北高，东南低，山地和高原约占国土面积的2/3。西北边境的兴都库什山脉的蒂里奇米尔峰海拔7690米，是全国最高峰。东南部为印度河平原，约占国土面积的1/3。印度河境内长2000千米，流贯南北，其上游支流富水力资源，中下游富灌溉之利。大部属热带干旱和半干旱气候。南部湿热，受季风影响，雨季较长；北部干燥寒冷，有的地方终年积雪。年平均气温27℃。除山区外，大部分地区雨量稀少，年平均降水量不足300毫米。矿藏资源较丰富，主要有天然气、石油、铬、铁、煤、铜等，还盛产大理石和宝石。**经济**　为传统的农业国家，以种植业为主。农业产值占国内总产值的19%。农产品主要有小麦、水稻、棉花、玉米、甘蔗、茶叶、黄麻。畜牧业占农业产值的约61%。工业以纺织业为主，还有制糖、化肥、水泥、造船、电力、石油和天然气开采等。对外贸易主要出口棉花及棉制品，其次是大米、皮革和鱼类。进口主要有石油及其制品、钢材、汽车、机械等。对外贸易总额649亿美元。交通运输以公路为主，公路总长26万千米。铁路总长7791千米。卡拉奇为天然海运良港，年吞吐量约2780万吨。航空运输发展较快，全国建有5个国际机场。国内生产总值2782.2亿美元。**国防**　有现役总兵力约67.5万人。实行募兵制。

阿富汗伊斯兰共和国 简称阿富汗。位于伊朗高原东北部，是西南亚内陆国家。面积64.75万平方千米。人口3220万。居民中普什图族占40%，塔吉克族占25%，还有乌兹别克、俾路支、努里斯坦、哈扎拉、土库曼等民族。98%的居民信奉伊斯兰教。普什图语和达里语同为官方语言。首都喀布尔。1747年建立杜兰尼王国。19世纪后国力衰落，相继遭英国和沙俄入侵。经过长期抗英斗争，1919年8月19日独立。1973年7月成立阿富汗共和国。此后国内战乱不止，政局一直动荡，1992年4月28日，改称阿富汗伊斯兰国，2004年1月，复称阿富汗伊斯兰共和国。1955年1月20日与中国建交。**环境** 全境山地和高原占国土面积的80%，平原不到20%。东北部和西南部为高原，中部是高耸山地和深狭河谷。最大的山脉兴都库什山脉斜贯东部，南麓的潘杰希尔谷地为战略要地。属温带大陆性气候，山地冬冷夏温，平原冬暖夏热。降水稀少，年平均降水量约240毫米。矿藏资源有天然气、石油、煤、铁、铬、青金石等。**经济** 是传统农牧业国家。主要农作物有小麦、玉米、大麦、水稻，还有棉花、甜菜、甘蔗、油料、葡萄等。饲养羊、牛、骆驼。粮食不能自给。工业以棉、毛纺织和农畜产品加工为主。小型手工业在工业中占重要地位。出口干鲜果品、紫羔羊皮、地毯、羊毛、青金石等，进口纺织品、汽车、机械、茶叶等。国内生产

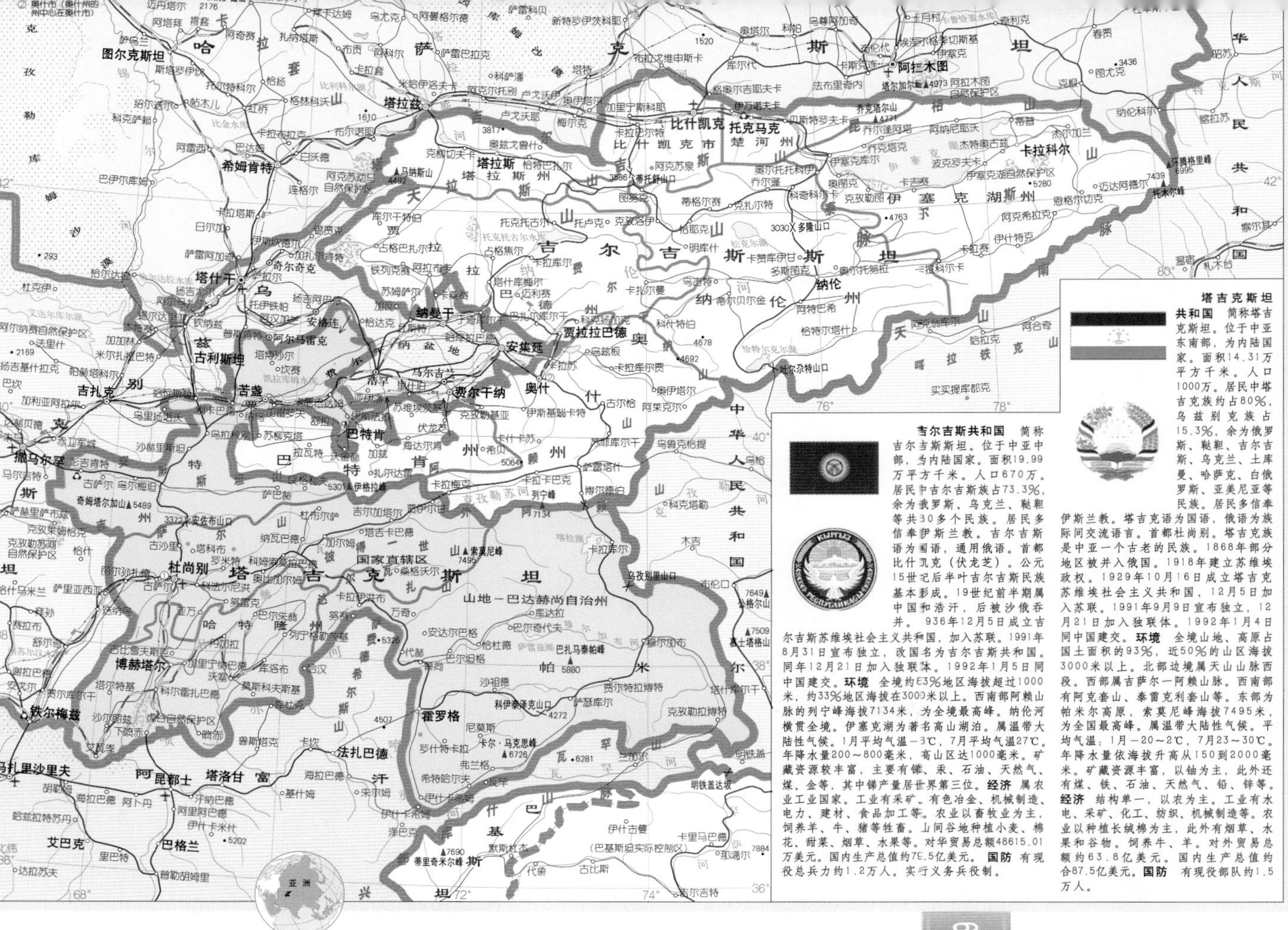

吉尔吉斯共和国 简称吉尔吉斯斯坦。位于中亚中部，为内陆国家。面积19.99万平方千米。人口670万。居民中吉尔吉斯族占73.3%，余为俄罗斯、乌克兰、鞑靼等共30多个民族。居民多信奉伊斯兰教。吉尔吉斯语为国语，通用俄语。首都比什凯克（伏龙芝）。公元15世纪后半叶吉尔吉斯民族基本形成。19世纪前半期属中国和浩汗，后被沙俄吞并。1936年12月5日成立吉尔吉斯苏维埃社会主义共和国，加入苏联。1991年8月31日宣布独立，改国名为吉尔吉斯共和国。同年12月21日加入独联体。1992年1月5日同中国建交。**环境** 全境约63%地区海拔超过1000米，约33%地区海拔在3000米以上。西南部阿赖山脉的列宁峰海拔7134米，为全境最高峰。纳伦河横贯全境。伊塞克湖为著名高山湖泊。属温带大陆性气候。1月平均气温−6℃，7月平均气温27℃。年降水量200～800毫米，高山区达1000毫米。矿藏资源较丰富，主要有锑、汞、石油、天然气、煤、金等，其中锑产量居世界第三位。**经济** 属农业工业国家。工业有采矿、有色冶金、机械制造、电力、建材、食品加工等。农业以畜牧业为主，饲养羊、牛、猪等牲畜。山间谷地种植小麦、棉花、甜菜、烟草、水果等。对华贸易总额48615.01万美元。国内生产总值约79.5亿美元。**国防** 有现役总兵力约1.2万人。实行义务兵役制。

塔吉克斯坦共和国 简称塔吉克斯坦。位于中亚东南部，为内陆国家。面积14.31万平方千米。人口1000万。居民中塔吉克族约占80%，乌兹别克族占15.3%，余为俄罗斯、鞑靼、吉尔吉斯、乌克兰、土库曼、哈萨克、白俄罗斯、亚美尼亚等民族。居民多信奉伊斯兰教。塔吉克语为国语，俄语为族际间交流语言。首都杜尚别。塔吉克族是中亚一个古老的民族。1868年部分地区被并入俄国。1918年建立苏维埃政权。1929年10月16日成立塔吉克苏维埃社会主义共和国，12月5日加入苏联。1991年9月9日宣布独立，12月21日加入独联体。1992年1月4日同中国建交。**环境** 全境山地、高原占国土面积的93%，近50%的山区海拔3000米以上。北部边境属天山山脉西段。西部属吉萨尔—阿赖山脉。西南部有阿克套山、泰雷克利套山等。东部为帕米尔高原，索莫尼峰海拔7495米，为全国最高峰。属温带大陆性气候。平均气温：1月−20～2℃，7月23～30℃。年降水量依海拔升高从150到2000毫米。矿藏资源丰富，以铀为主，此外还有煤、铁、石油、天然气、铅、锌等。**经济** 结构单一，以农为主。工业有水电、采矿、化工、纺织、机械制造等。农业以种植长绒棉为主，此外有烟草、水果和谷物。饲养牛、羊。对外贸易总额约63.8亿美元。国内生产总值约合87.5亿美元。**国防** 有现役部队约1.5万人。

注：图内一级行政区名未标注的均与一级行政中心同名 ①吉尔吉斯斯坦 ②乌兹别克斯坦 ③塔吉克斯坦 ④阿拉木图直辖市 ⑤阿斯塔纳直辖市 ⑥奇姆肯特直辖市

哈萨克斯坦共和国 简称哈萨克斯坦。位于亚洲中部。面积272.49万平方千
是世界上最大的内陆国家。人口1912.5万。居民中哈萨克族占68%，俄罗斯族占2
余为德意志、乌克兰等共130多个民族。居民主要信奉伊斯兰教和东正教。哈萨克
国语，通用俄语。首都阿斯塔纳。6～8世纪出现早期封建国家，15世纪末建立哈
汗国，18世纪30年代起逐渐并入俄罗斯帝国。1925年4月改称哈萨克苏维埃社会主
治共和国。1936年加盟苏联。1991年12月16日独立，改名为哈萨克斯坦共和国
年12月21日加入独联体。1992年1月3日同中国建交。 **环境** 地形以低地、平原
西南部为里海沿岸低地和图兰低地。中部是哈萨克丘陵。东和东南缘为山地，属
泰山脉和天山山脉。荒漠和半荒漠地带占国土面积的60%。有大小河流2000多条，
内流河。主要有锡尔河、乌拉尔河、额尔齐斯河。大小湖泊约4800个，主要有里

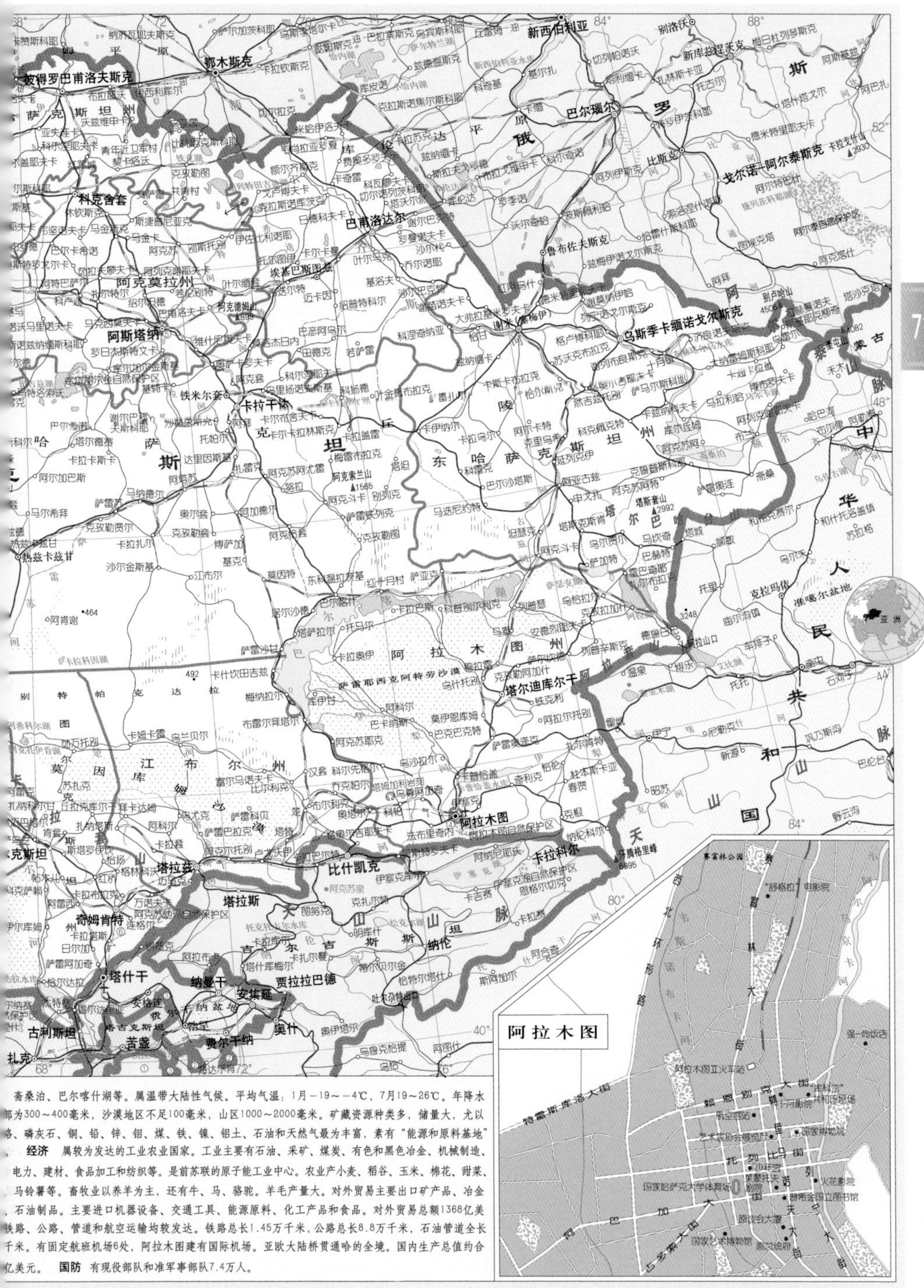

斋桑泊、巴尔喀什湖等。属温带大陆性气候。平均气温：1月－19～－4℃，7月19～26℃。年降水
部为300～400毫米，沙漠地区不足100毫米，山区1000～2000毫米。矿藏资源种类多，储量大，尤以
铬、磷灰石、铜、铅、锌、钼、煤、铁、镍、铝土、石油和天然气最为丰富，素有“能源和原料基地”
。**经济** 属较为发达的工业农业国家。工业主要有石油、采矿、煤炭、有色和黑色冶金、机械制造、
电力、建材、食品加工和纺织等。是前苏联的原子能工业中心。农业产小麦、稻谷、玉米、棉花、甜菜、
马铃薯等。畜牧业以养羊为主，还有牛、马、骆驼。羊毛产量大。对外贸易主要出口矿产品、冶金
、石油制品。主要进口机器设备、交通工具、能源原料、化工产品和食品。对外贸易总额1368亿美
铁路、公路、管道和航空运输均较发达。铁路总长1.45万千米，公路总长8.8万千米，石油管道全长
千米。有固定航班机场6处，阿拉木图建有国际机场。亚欧大陆桥贯通哈的全境。国内生产总值约合
亿美元。 **国防** 有现役部队和准军事部队7.4万人。

乌兹别克斯坦 土库曼斯坦

UZBEKISTAN TURKMENISTAN

比例尺 1:10 000 000

0 100 200 300 400

注：① 锡尔河州 ② 花拉子模州 ③ 塔什干市 ④ 阿什哈巴德市 ⑤ 塔什干州（塔什干州的州中心在塔什干）
图内一级行政区名未标注的均与一级行政中心同名

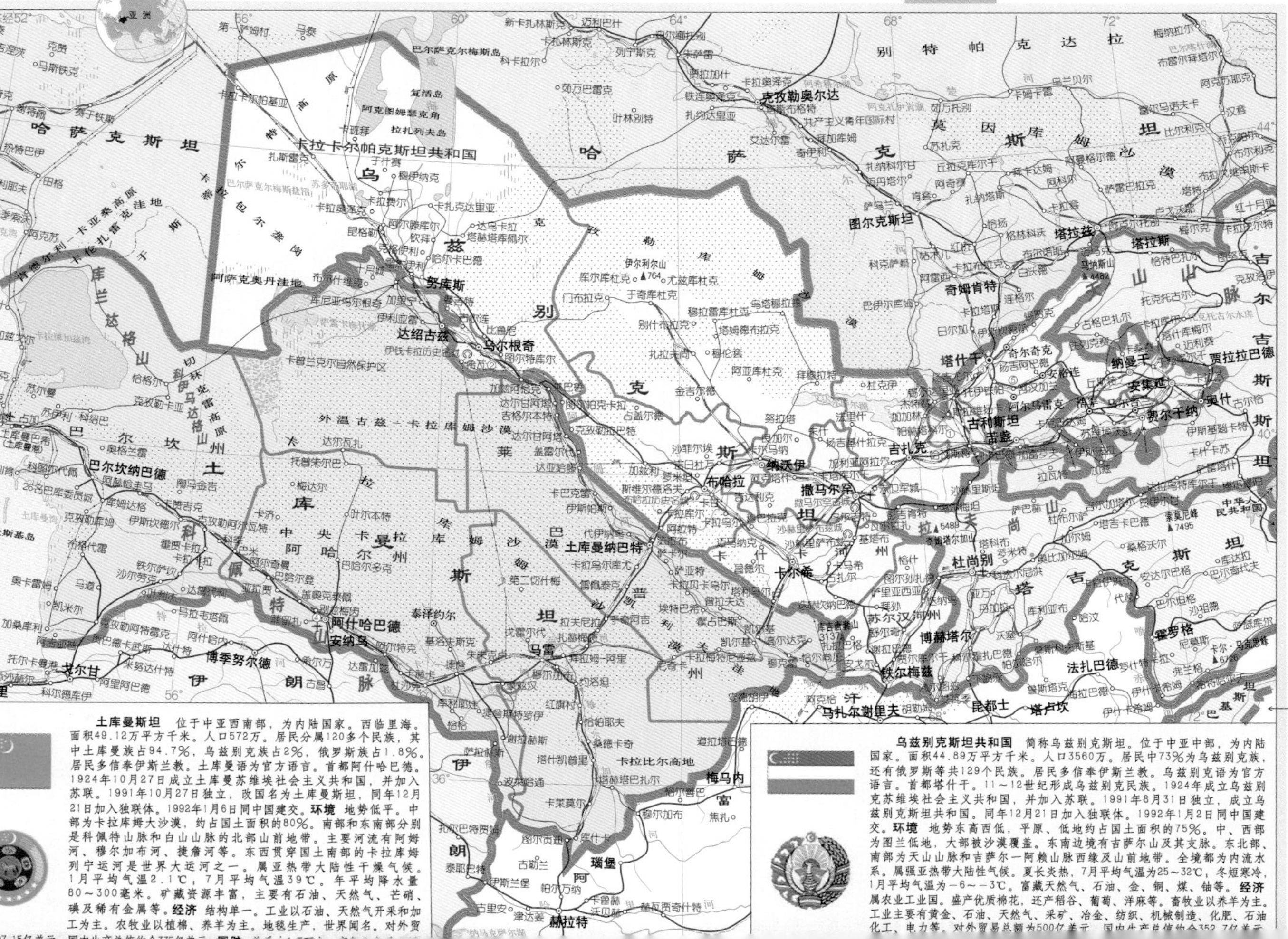

土库曼斯坦 位于中亚西南部，为内陆国家。西临里海。面积49.12万平方千米。人口572万。居民分属120多个民族，其中土库曼族占94.7%，乌兹别克族占2%，俄罗斯族占1.8%。居民多信奉伊斯兰教。土库曼语为官方语言。首都阿什哈巴德。1924年10月27日成立土库曼苏维埃社会主义共和国，并加入苏联。1991年10月27日独立，改国名为土库曼斯坦，同年12月21日加入独联体。1992年1月6日同中国建交。**环境** 地势低平。中部为卡拉库姆大沙漠，约占国土面积的80%。南部和东南部分别是科佩特山脉和白山山脉的北部山前地带。主要河流有阿姆河、穆尔加布河、捷詹河等。东西贯穿国土南部的卡拉库姆列宁运河是世界大运河之一。属亚热带大陆性干燥气候。1月平均气温2.1℃，7月平均气温39℃。年平均降水量80～300毫米。矿藏资源丰富，主要有石油、天然气、芒硝、碘及稀有金属等。**经济** 结构单一。工业以石油、天然气开采和加工为主。农牧业以植棉、养羊为主。地毯生产，世界闻名。对外贸易总额207.15亿美元……

乌兹别克斯坦共和国 简称乌兹别克斯坦。位于中亚中部，为内陆国家。面积44.89万平方千米。人口3560万。居民中73%为乌兹别克族，还有俄罗斯等共129个民族。居民多信奉伊斯兰教。乌兹别克语为官方语言。首都塔什干。11～12世纪形成乌兹别克民族。1924年成立乌兹别克苏维埃社会主义共和国，并加入苏联。1991年8月31日独立，成立乌兹别克斯坦共和国。同年12月21日加入独联体。1992年1月2日同中国建交。**环境** 地势东高西低，平原、低地约占国土面积的75%。中、西部为图兰低地，大部被沙漠覆盖。东南边境有吉萨尔山及其支脉。东北部、南部为天山山脉和吉萨尔—阿赖山脉西缘及山前地带。全境都为内流水系。属强亚热带大陆性气候。夏长炎热，7月平均气温为25～32℃，冬短寒冷，1月平均气温为-6～-3℃。富藏天然气、石油、金、铜、煤、铀等。**经济** 属农业工业国。盛产优质棉花，还产稻谷、葡萄、洋麻等。畜牧业以养羊为主。工业主要有黄金、石油、天然气、采矿、冶金、纺织、机械制造、化肥、石油化工、电力等。对外贸易总额为500亿美元，国内生产总值约合352.7亿美元……

比例尺 1:5 100 000

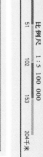

0 51 102 153 204千米

家。东临里海。面积8.66万平方千米。其西南的纳希切万自治共和国，被亚美尼亚所隔，与本土不相毗连。人口1016.7万。居民中91.6%为阿塞拜疆族，其他有俄罗斯族、亚美尼亚族等。居民多信奉伊斯兰教。阿塞拜疆语为官方语言。首都巴库。公元前9世纪出现奴隶制国家。公元11世纪后多次遭外族入侵，19世纪30年代并入俄罗斯帝国。1920年成立阿塞拜疆苏维埃社会主义共和国。1936年直属为苏联的一个加盟共和国。1991年2月6日改名为阿塞拜疆共和国，同年8月30日正式宣布独立，并于12月21日加入独联体。1992年4月2日同中国建交。**环境** 地处大、小高加索山脉之间，国土1/2为山地。巴扎尔迪聚山海拔4466米，为全国最高峰。中部为低地、平原。属亚热带气候。低地平均气温：1月为1～3℃，7月为25～28℃。年降水量为200～300毫米。石油、天然气和铁矿资源丰富。**经济** 属工农业国家。油气工业是支柱产业。石油和石化工业发达。农产品有谷物、棉花、葡萄等。畜牧业重要。对外贸易总额340亿美元。国内生产总值约合537亿美元。**国防** 实行义务兵役制。总兵力6万余人。

格鲁吉亚 位于外高加索中西部，为西南亚北部国家。西临黑海。面积6.97万平方千米。人口约389.66万。居民中格鲁吉亚族占86.8%，其他还有俄罗斯、阿塞拜疆等民族。居民多信奉东正教。格鲁吉亚语为官方语言。首都第比利斯。公元前6世纪就建立了奴隶制的科尔希达王国。公元10世纪后建立统一国家。19世纪全部并入沙皇俄国。1921年成立格鲁吉亚苏维埃社会主义自治共和国。1936年12月5日成为苏联加盟共和国。1991年4月9日宣布独立，成立格鲁吉亚共和国。1993年12月9日加入独联体。1992年6月9日同中国建交。**环境** 全境山地占国土面积的2/3以上。大、小高加索山脉分别横亘北部和南部。中部为盆地和高原。属亚热带气候。西部平均气温：1月3～7℃，8月23～26℃。年降水量达3000毫米。东部平均气温：1月－3～0℃，7月24～25℃。年降水量约300～1000毫米。矿藏资源较贫乏，仅有煤、石油、铜、锰等。**经济** 工业以采矿为主。农产品有谷物、茶叶、烟草、水果等。畜牧业以养牛为主。对外贸易总额为102.2亿美元。交通运输以铁路为主。铁路总长1992千米。公路总长6943万千米。主要港口有巴统、波季等。国内生产总值约合187亿美元。**国防** 有现役总兵力1.8万人。实行义务兵役制。

亚美尼亚共和国 简称亚美尼亚。位于外高加索南部，为西南亚北部内陆国家。面积2.97万平方千米。人口296.1万。居民中亚美尼亚族占98%，其他还有阿塞拜疆、俄罗斯、库尔德、乌克兰等族人。居民多信奉基督教。亚美尼亚语为官方语言。首都埃里温。公元前建立大亚美尼亚国。后被土耳其、伊朗和俄罗斯瓜分。公元1920年建立亚美尼亚苏维埃社会主义共和国。1990年8月23日通过独立宣言，改称亚美尼亚共和国。1991年9月21日独立，同年12月21日加入独联体。1992年4月6日同中国建交。**环境** 属内陆高山国家，平均海拔1800米。属亚热带高山气候。平均气温1月－2～12℃，7月24～26℃。年降水量200～800毫米。矿藏资源较丰富，主要有铜、钼、硫磺、大理石和彩色凝灰岩等。水力资源丰富。**经济** 工业以机械制造和有色金属冶炼为主。农业以种植谷物和葡萄为主。畜牧业也很重要。对外贸易总额83.79亿美元。交通运输以铁路、公路为主，铁路总长840千米，公路总长9500千米。国内生产总值约合139亿美元。**国防** 实行义务兵和合同制相结合的兵役制。总兵力4.4万人。

伊朗伊斯兰共和国 简称伊朗。位于西南亚北部，北濒里海，南临波斯湾和阿曼湾。海岸线长2700千米。位居亚、欧、非三大洲交通要冲，战略地位重要。面积164.5万平方千米。人口8502万。居民中波斯人占66%，阿塞拜疆人占25%，余为库尔德人、阿拉伯人、土库曼人等。居民98%信奉国教伊斯兰教。实行政教合一制度。波斯语为官方语言。首都德黑兰。伊朗为历史悠久的文明古国，史称波斯。公元前6世纪建立古波斯帝国，曾盛极一时。公元7～18世纪逐渐衰弱，常遭异族入侵。19世纪以后逐步沦为英、俄半殖民地。1925年建立巴列维王朝。1979年2月王朝被推翻，同年4月1日建立伊朗伊斯兰共和国。1971年8月16日同中国建交。**环境** 地处伊朗高原，高原和山地约占国土面积的90%。北部厄尔布尔士山脉的达马万德山海拔5671米，为全国最高峰。中部为高原，地势较平坦。东部为山地和沙漠。西北部多山间盆地。南北两侧有狭长的沿海平原。除东北部山地外，广大地区属亚热带沙漠气候。干燥少雨，夏热冬寒，温差很大。平均气温：北部1月－10℃，7月30℃；南部1月19℃，7月32℃。极端最低和最高气温分别为－37℃和55℃。年平均降水量约400毫米。石油和天然气资源丰富。石油储量居世界第五位。天然气储量居世界第二位。此外还有铜、铬、锑、锌、铁、煤等。**经济** 工业以石油开采和提炼为主，此外有钢铁、化工、建材等。农产品有麦类、棉花、椰枣、稻谷等。出口原油、天然气、干鲜果品、地毯、棉花等，进口机器、钢材、汽车。对外贸易总额约295.5亿美元。交通运输以公路为主。公路总长20余万千米。铁路总长1.3万千米。国内生产总值约合5046亿美元。**国防** 有武装力量总兵力127万人，其中军队43万人，革命卫队约44万人。动员部队约110万人。实行义务兵役制。

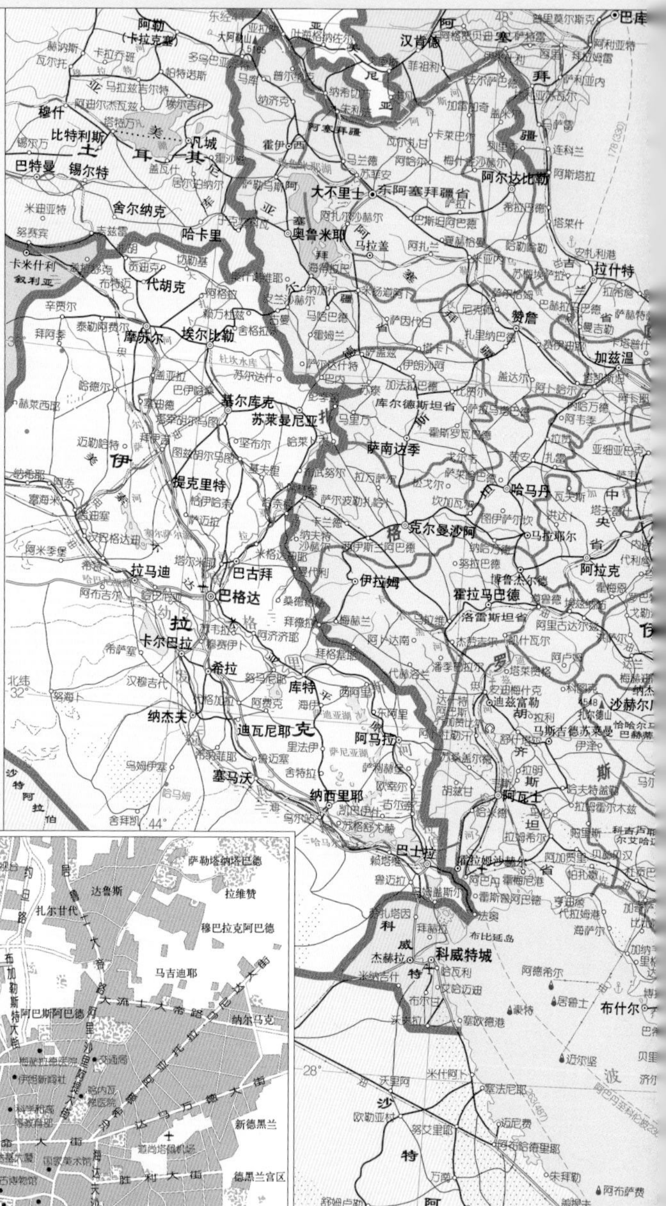

德黑兰

注：图内一级行政区名未标注的均与一级行政中心同名

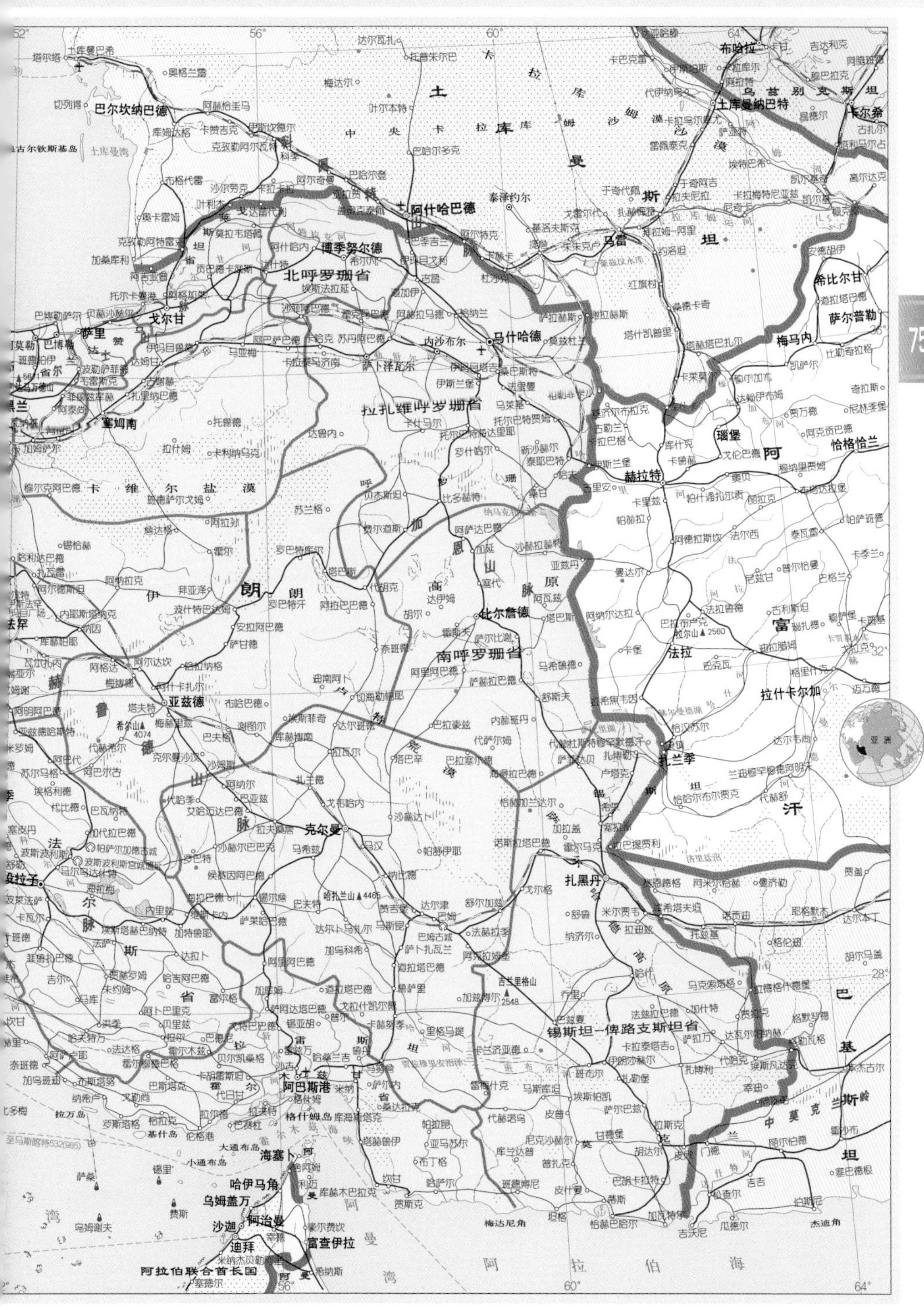
土库曼斯坦
卡拉库姆沙漠
中央卡拉库姆
克孜勒库姆沙漠
乌兹别克斯坦
土库曼纳巴特
布哈拉
卡尔希
巴尔坎纳巴德
土库曼巴希
土库曼湾
阿什哈巴德
马雷
马什哈德
北呼罗珊省
博季努尔德
拉扎维呼罗珊省
南呼罗珊省
比尔詹德
卡维尔盐漠
萨卜泽瓦尔
内沙布尔
戈尔甘
萨里
塞姆南
伊朗
亚兹德
克尔曼
锡斯坦-俾路支斯坦省
扎黑丹
霍尔木兹甘省
阿巴斯港
霍尔木兹海峡
设拉子
法尔斯省
阿富汗
赫拉特
法拉
希比尔甘
萨尔普勒
梅马内
恰格恰兰
拉什卡尔加
阿曼湾
阿拉伯海
阿拉伯联合酋长国
迪拜
沙迦
阿治曼
富查伊拉
哈伊马角
乌姆盖万
海塞卜
巴基斯坦
中莫克兰斯岭
恰赫巴哈尔
哈扎兰山 4465
希尔山 4074
巴尔布卢山 2560
吉兰里格山 2548
阿联酋
亚洲
52°
56°
60°
64°
36°
32°
28°

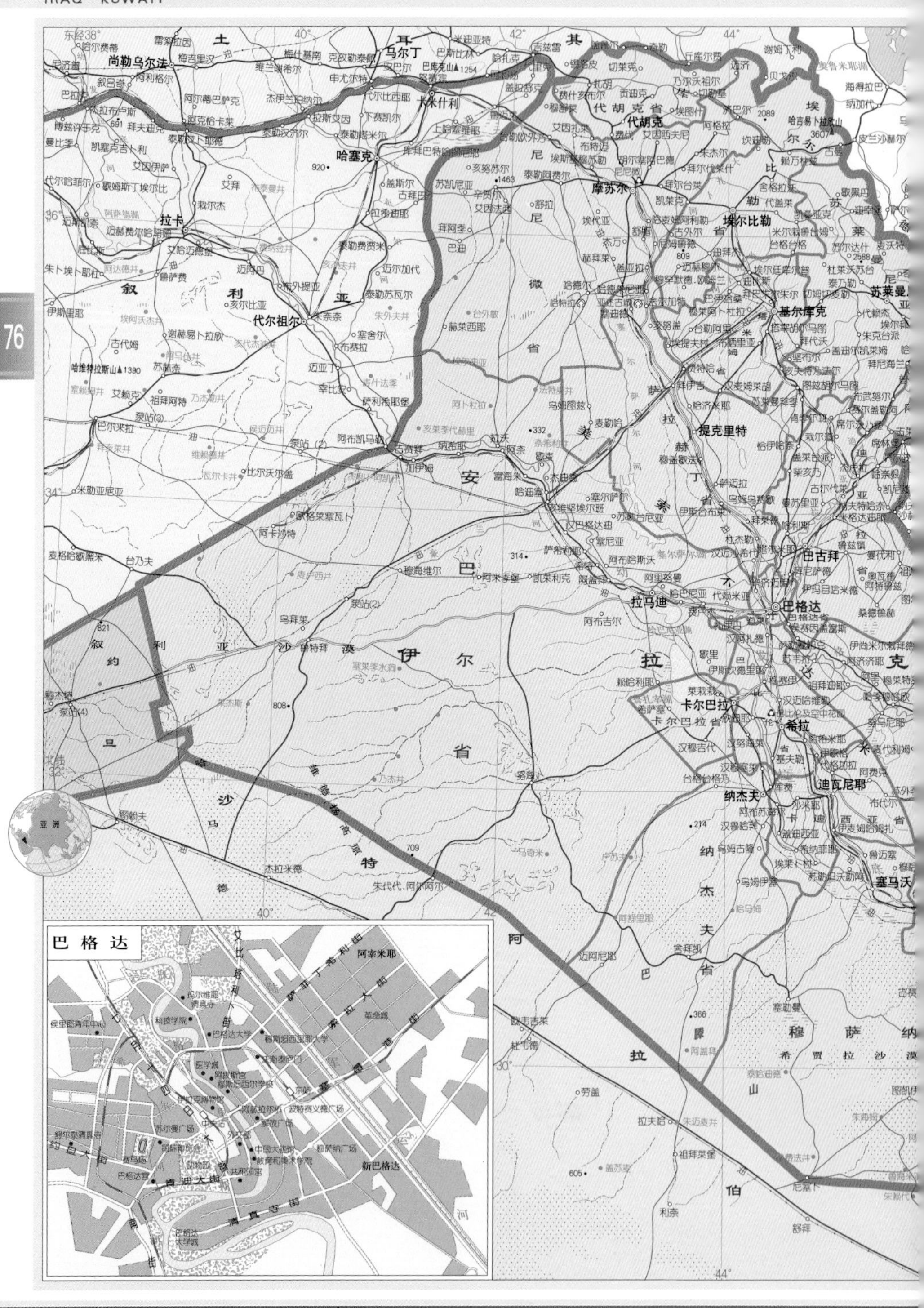
土
耳
其
叙
利
亚
约
旦
沙
特
阿
拉
伯
伊
朗
伊
尔
拉
克
尼
尼
微
省
安
巴
尔
省
代胡克省
代胡克
埃尔比勒省
埃尔比勒
摩苏尔
基尔库克
提克里特
萨拉赫丁省
巴格达
拉马迪
卡尔巴拉
卡尔巴拉省
希拉
纳杰夫
迪瓦尼耶
纳杰夫省
塞马沃
穆萨纳
巴古拜
哈塞克
代尔祖尔
拉卡
尚勒乌尔法
马尔丁
卡米什利
哈马德沙漠
希贾拉沙漠
东经38°
40°
42°
44°
36°
34°
32°
30°
巴库克山▲1254
哈希特拉拉斯山▲1390
哈吉易卜拉欣山
3607
2089
2588
920
1463
332
314
821
808
709
214
366
605
亚洲
巴格达
阿宰米耶
海法街
拉希德街
萨顿街
穆斯坦西里耶大学
巴格达大学
医学城
共和国宫
新巴格达
巴格达大学城
穆萨纳广场
共和桥
中国大使馆
伊拉克博物馆
解放广场
东站
清真寺街
拉希德大街
科技学院
国际商贸会
约旦大街
巴格达宫
阿拔斯宫

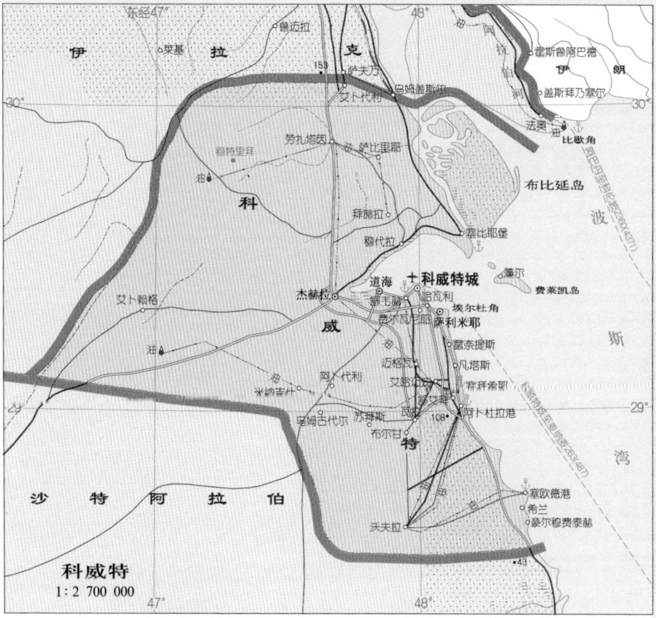

科威特

1:2 700 000

伊拉克共和国　简称伊拉克。位于西南亚中部，东南角濒波斯湾。海岸线长60千米。面积43.83万平方千米。人口4225万。居民中阿拉伯人占78%，库尔德人占15%，余为土耳其人、亚美尼亚人、亚述人、犹太人和伊朗人等。居民大多信奉伊斯兰教。官方语言为阿拉伯语，库尔德地区官方语言为库尔德语，通用英语。首都巴格达。伊拉克历史悠久，公元前19世纪中叶建立巴比伦王国。公元前538年起，遭外族入侵。公元1920年沦为英国"委任统治区"。1932年获完全独立。1958年7月14日成立伊拉克共和国。同年8月25日同中国建交。**环境**　国土大部在美索不达米亚平原，海拔一般不超过300米。中南部为冲积平原。西南部为阿拉伯高原的边缘。东北部为库尔德山地。南部有沙漠分布。主要河流有幼发拉底河、底格里斯河以及两河汇合而成的阿拉伯河，富灌溉、航运之利。大部属亚热带沙漠气候。夏季最高气温可达50℃。冬季最低气温在0℃左右。年降水量100～500毫米。石油储量居世界第二位。天然气、磷酸盐储量丰富。**经济**　国内生产总值约合2015亿美元。石油开采和提炼是国民经济支柱，另有钢铁、化肥、水泥、纺织等工业。主要农产品有麦类、棉花、椰枣。饲养羊、牛。出口以石油为主，此外有椰枣、畜产品，进口粮食、汽车、机器。对外贸易总额约为1074亿美元。交通运输较发达。公路总长5.96万千米。铁路总长2272千米。输油管线3750千米。拥有商船逾百艘。巴格达、巴士拉建有国际机场。**国防**　实行募兵制，包括军队和警察，含预备役部队在内共约77.8万人。

科威特国　简称科威特。位于西南亚阿拉伯半岛东北部。东濒波斯湾，海岸线长213千米。面积1.78万平方千米，包括布比延、费莱凯等10多个沿海岛屿。人口约446.4万。居民中科威特籍人占34.6%，外籍侨民占65.4%。85%的居民信奉伊斯兰教。官方语言为阿拉伯语，通用英语。为君主立宪制酋长国。首都科威特城。公元7世纪为阿拉伯帝国的一部分。1710年萨巴赫家族迁移到此，于1756年取得统治权，建立科威特酋长国。1939年沦为英国保护国。1961年6月19日独立。1971年3月22日同中国建交。**环境**　全境以平原为主，多被沙漠覆盖。属热带沙漠气候，炎热干燥。1月和7月平均气温分别为12℃和34℃。年降水量在25～177毫米之间。石油、天然气资源丰富，储量居世界前列。**经济**　石油和天然气开采是国民经济的支柱。其他工业有金属加工、水泥等小型企业。农业仅生产蔬菜和水果。国内生产总值约合1332亿美元。对外贸易总额约911.6亿美元。石油、天然气出口占国民经济收入的90%。大部分农牧产品依赖进口。交通运输十分发达，公路总长4万千米。拥有商船200余艘。首都建有国际机场。**国防**　有现役总兵力2.3万人。实行义务兵役制。

沙特阿拉伯王国 简称沙特阿拉伯。位于西南亚阿拉伯半岛上，东临波斯湾，西濒红海。面积225万平方千米。人口3617万（外籍约占38%）。居民绝大部分为阿拉伯人，大多信奉伊斯兰教。阿拉伯语为官方语言，通用英语。实行君主制。首都利雅得。公元7世纪建立阿拉伯帝国，8世纪为鼎盛时期，版图横跨亚、欧、非三洲。9世纪开始衰落。16世纪为奥斯曼帝国统治。19世纪英国势力侵入，1915年沦为英保护地。经过30年征战，于1932年9月23日宣告建立沙特阿拉伯王国。1990年7月21日同中国建交。**环境** 国土大部是高原，地势由西向东倾斜。西部为红海沿岸低地及其邻接的高原。汉志山脉最高峰海拔3207米，为全国最高点。中部是宽约480千米的大片高原。东部为波斯湾沿岸平原。沙漠约占国土面积的1/2。南部的鲁卜哈利沙漠面积达64万多平方千米。无常流河和湖泊。西部高原属地中海型气候，其他地区属热带沙漠气候，终年炎热干燥少雨。夏季沿海地区气温高达39℃，内地最高时可达54℃。冬季气候较温和。年平均降水量不超过200毫米。石油储量居世界首位。天然气和金、银、铁等矿藏丰富。**经济** 石油和石化工业是国家经济的命脉。其他工业有钢铁、炼铝、海水淡化等。国家重视农业，特别是节水农业发展很快。出产小麦、椰枣和蔬菜。畜牧业以饲养骆驼、羊为主。出口以石油为主，出口量居世界首位。进口以生产资料、服务业设备和消费品为主。对外贸易总额为5295.7亿美元。交通运输以公路为主，公路总长22万千米。铁路总长4130千米。海运能力居阿拉伯国家之前。全国建有4处国际机场。国内生产总值约合8335亿美元。**国防** 有现役总兵力约23万人。实行志愿兵役制。

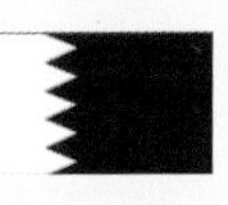

巴林王国 简称巴林。位于波斯湾中部，是西南亚的群岛国家，由巴林岛和附近的36个岛屿组成。有跨海大桥与阿拉伯半岛相连接。陆地面积780平方千米。人口150万。居民多为巴林籍阿拉伯人。多信奉伊斯兰教。阿拉伯语为官方语言，通用英语。为君主立宪制酋长国。首都麦纳麦。公元7世纪为阿拉伯帝国的一部分。1507年后，被葡萄牙人占领。1602年后又处于波斯帝国统治下。1820年英国势力侵入，1880年沦为英国保护国。1971年8月14日独立，2002年改国名为巴林国。1989年4月18日同中国建交。**环境** 地势低平，沙漠广布。主岛地势从沿海向内地逐渐升高，沿海平原环绕着中央石灰岩台地。属热带沙漠气候。平均气温：1月为15℃，7月为35℃。降雨稀少，年平均降水量71毫米，以阵雨和暴雨为主。主要矿藏有石油、天然气、铝等。**经济** 石油采炼、金融、旅游业是国民经济三大支柱。此外有大型炼铝厂。沿海采珠业闻名。农产品有椰枣、柑橘、蔬菜等。对外贸易主要是出口石油、天然气和铝锭，进口机械、粮油等。对外贸易总额为266亿美元。国内生产总值约合328亿美元。**国防** 有现役总兵力约1.2万余人。实行志愿兵役制。

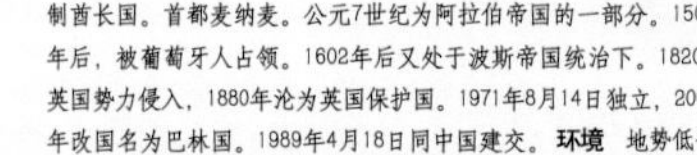

卡塔尔国 简称卡塔尔。位于波斯湾西南岸的卡塔尔半岛上，为西南亚阿拉伯半岛东岸国家。陆地面积1.15万平方千米。人口266万。居民中卡塔尔籍人占40%，余为印度、巴基斯坦和东南亚国家等外籍人。居民大多信奉伊斯兰教。阿拉伯语为国语，通用英语。首都多哈。公元7世纪为阿拉伯帝国的一部分。1517年葡萄牙入侵。1555年被并入奥斯曼帝国版图。1846年建立卡塔尔酋长国。1882年沦为英国保护地。1971年9月3日独立，称卡塔尔国。1988年7月9日同中国建交。**环境** 地势低平，沙漠广布。北部沙漠中有些绿洲，为农牧业区。属热带沙漠气候。夏季炎热，最高气温可达50℃，冬季温和，最低气温为7℃。年平均降水量为75毫米。石油天然气资源丰富。**经济** 石油、天然气是国民经济的支柱，其收入占国民收入的90%以上。除石油外，其他工业有化工、钢铁、水泥、造纸和海水淡化等。农业以种植蔬菜和水果为主。沿海捕鱼和采珠业发达。国内生产总值约1692亿美元。出口以石油为主，进口以粮食为主。对外贸易总额为1163亿美元。**国防** 有现役总兵力1.2万人。实行志愿兵役制。

注：①阿拉伯区 图内一级行政区名未标注的均与一级行政中心同名

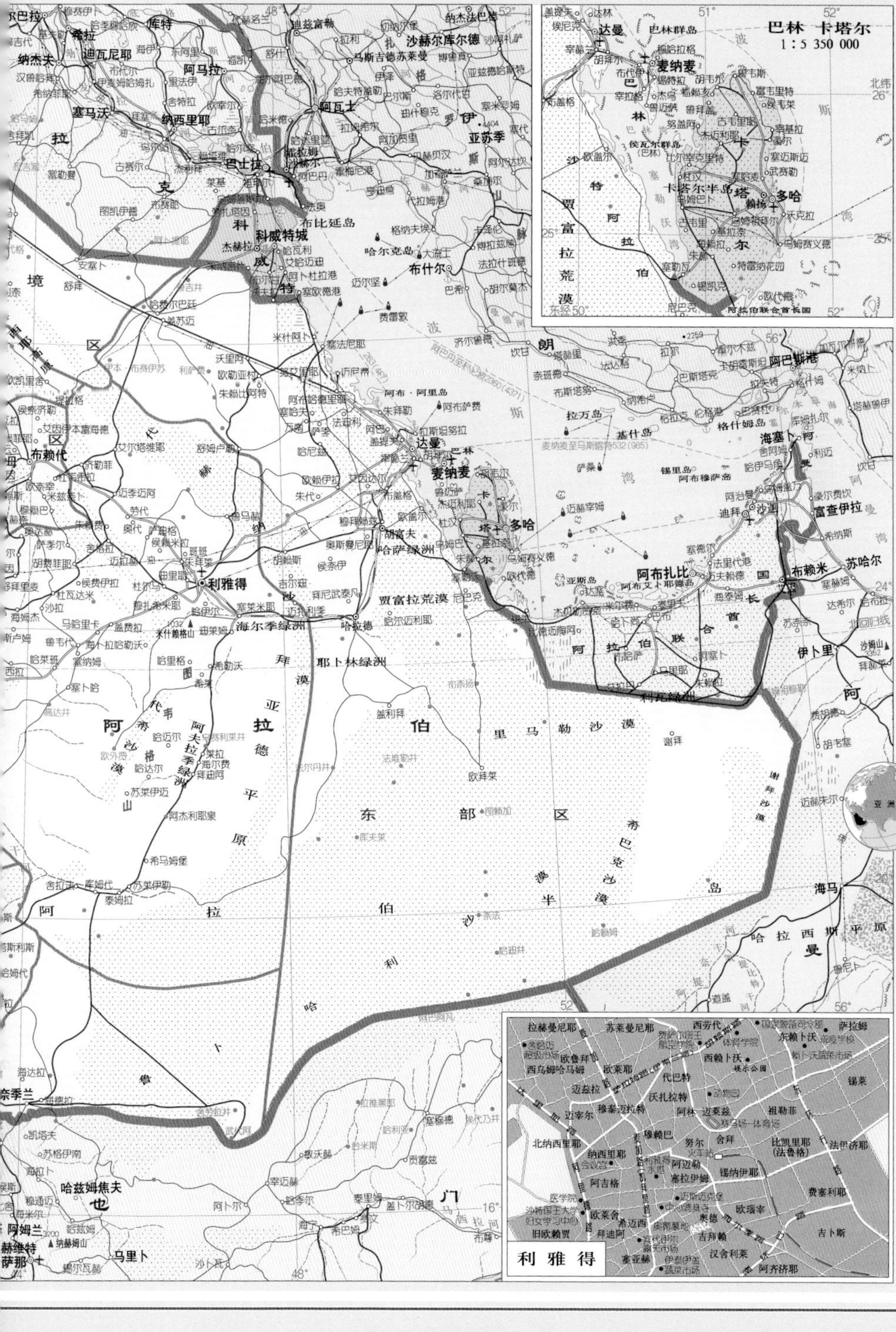

巴林 卡塔尔
1:5 350 000
利雅得
科威特城
利雅得
麦纳麦
多哈
阿布扎比
达曼
胡富夫
阿拉伯联合酋长国
沙特阿拉伯
卡塔尔半岛
巴林
鲁卜哈利沙漠
阿拉伯半岛
伊拉克
伊朗
波斯湾
阿曼湾
也门
阿曼
迪拜
沙迦
巴士拉
哈萨绿洲
贾富拉荒漠
纳夫德沙漠
达赫纳沙漠
阿拉伯半岛
哈拉西斯平原

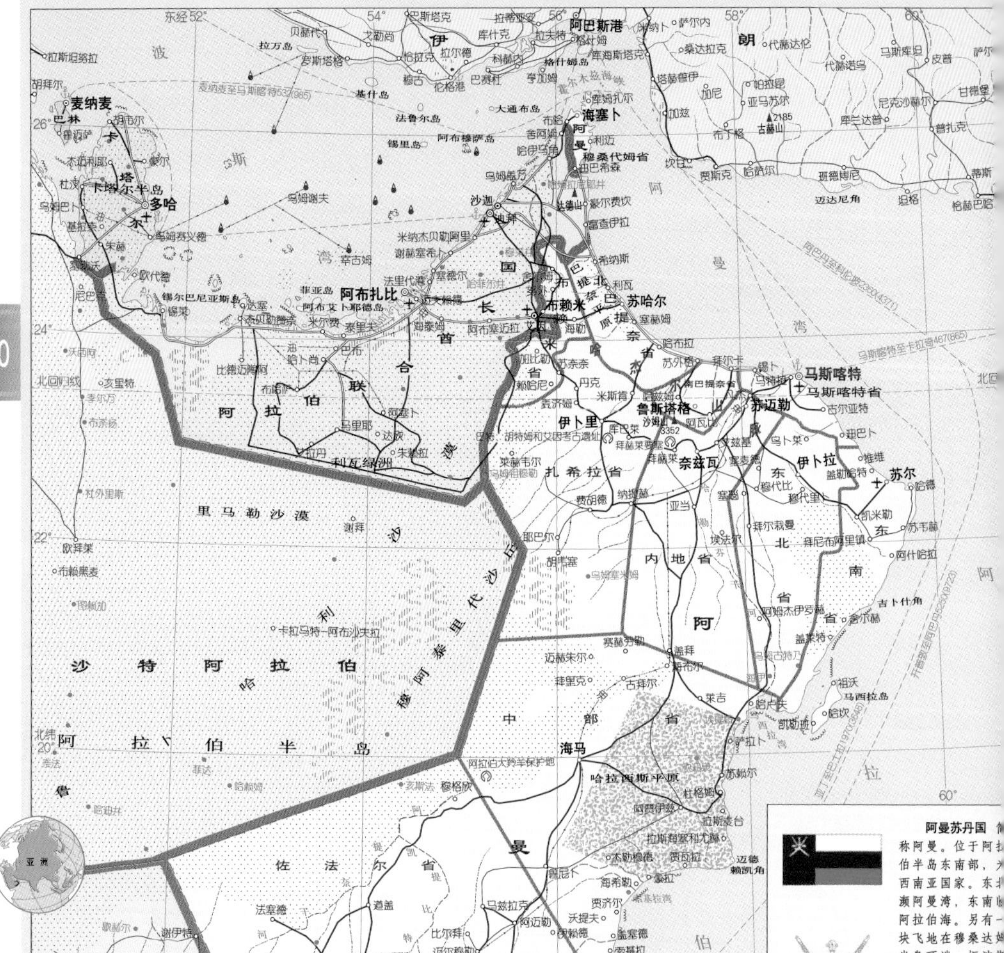

阿曼苏丹国 简称阿曼。位于阿拉伯半岛东南部，为西南亚国家。东北濒阿曼湾，东南临阿拉伯海。另有一块飞地在穆桑达姆半岛顶端，扼波斯湾通往印度洋的门户。海岸线长1700千米。总面积约31万平方千米。人口449万。居民多信奉伊斯兰教，绝大部分为阿拉伯人。官方语言为阿拉伯语，通用英语。首都马斯喀特。为阿拉伯半岛最古老的国家之一。公元7世纪成为阿拉伯帝国的一部分。1507年后，相继遭葡、英殖民主义者占领。1967年建立马斯喀特和阿曼苏丹国。1970年改名阿曼苏丹国。1978年5月25日同中国建交。**环境** 全境多为低高原。东北有山地，沙姆山海拔3352米，为全国最高峰。中部为平原，占国土面积的40%，多为沙漠覆盖。西南部是高原，约占全国面积的1/3。高原以东为阿拉伯海沿岸平原。大部属热带沙漠气候。夏季气温高达40℃以上，冬季平均气温为24℃。年平均降水量130毫米。有石油、金、煤、铜、铬等矿藏。**经济** 油气工业在经济中占重要地位。主要工业部门有油气开采、海水淡化、水泥、化肥、电力等。制陶、织毯等传统手工业闻名。农业以生产椰枣、香蕉、柑橘等水果为主，粮食不能自给。牧业以饲养牛、骆驼为主。鱼产品自给有余。陆上交通依靠公路，总长3.5万千米。国内生产总值约859亿美元。对外贸易总额665亿美元。**国防** 有现役总兵力4.35万人。实行义务兵役制。

阿拉伯联合酋长国 位于阿拉伯半岛东部，为西南亚国家。北临波斯湾，扼霍尔木兹海峡西口。海岸线长734千米。面积8.36万平方千米。人口930万，本国居民占12%，其余为巴基斯坦人、印度人等。居民多信奉伊斯兰教。官方语言为阿拉伯语，通用英语。首都阿布扎比。公元7世纪属阿拉伯帝国。16世纪开始葡、英、荷、法等殖民主义者相继侵入。1820年后逐步沦为英国保护国。1971年12月2日成立统一的阿拉伯联合酋长国。1984年11月1日同中国建交。**环境** 境内除东北部是山地外，其余多为海拔200米以下的低平沙漠。其间散布着少数绿洲，阿曼湾沿岸有一片肥沃的平原，为富庶的农牧区。属于热带沙漠气候，终年炎热干旱。夏季气温可达45℃以上，冬季一般不低于7℃。年平均降水量约100毫米。石油和天然气资源丰富，已探明储量居世界前列。**经济** 以石油开采和石油化工业为主，其他有炼铝、建材、电力、服装和食品加工等。农业不发达，主要生产椰枣、蔬菜、水果。沿海居民从事商业、捕鱼业。出口是以石油和石化产品为主，进口以粮食和机械为主。国内生产总值约合4101亿美元。对外贸易总额约5055亿美元。**交通运输** 以公路为主，公路总长为4080千米。各酋长国之间由现代化的高速公路相连。有7个国际机场和10个直升机场，是海湾地区海空运中心。**国防** 有现役总兵力5.85万人。实行志愿兵役制。

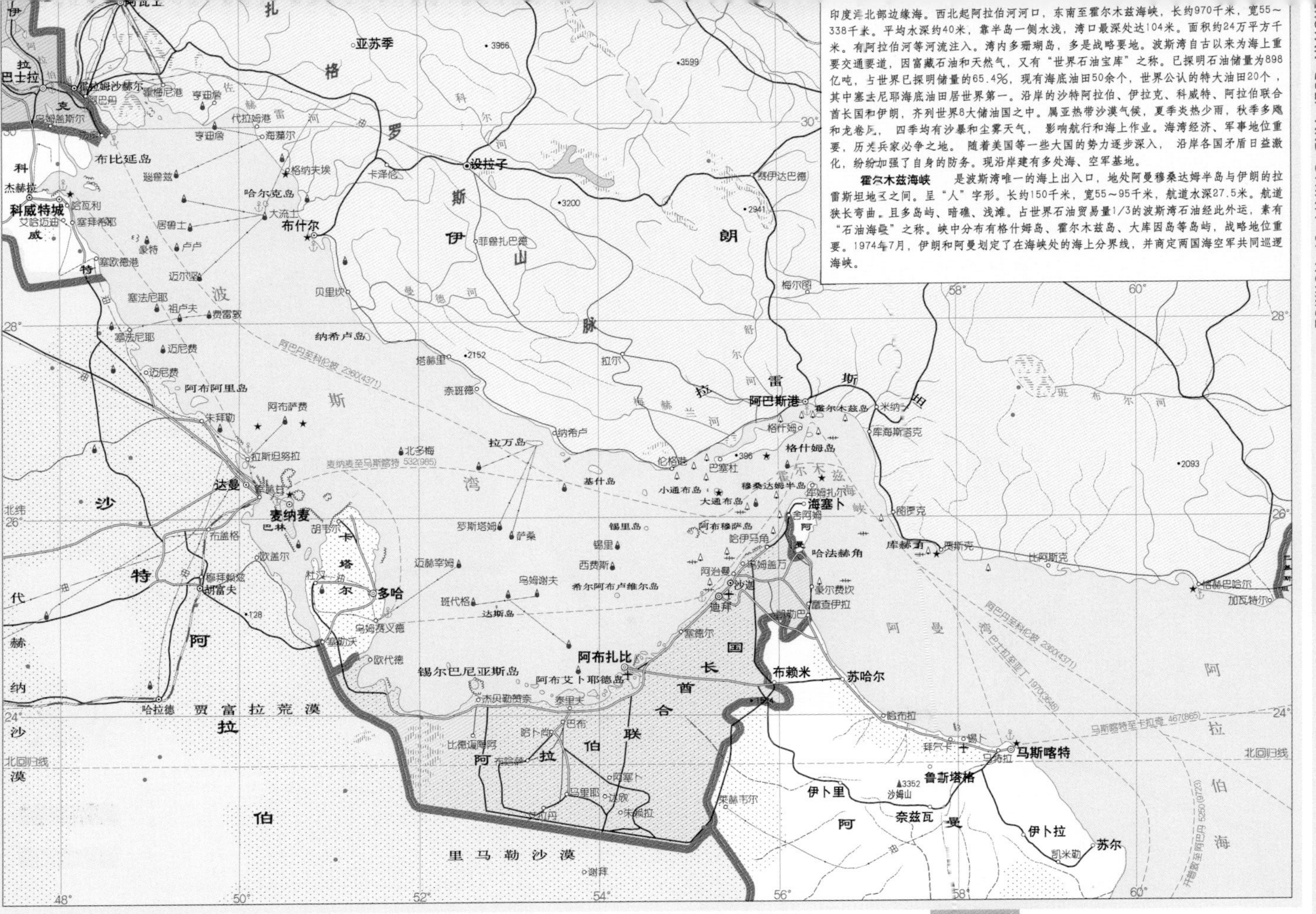

印度洋北部边缘海。西北起阿拉伯河河口，东南至霍尔木兹海峡，长约970千米，宽55～338千米。平均水深约40米，靠半岛一侧水浅，湾口最深处达104米。面积约24万平方千米。有阿拉伯河等河流注入。湾内多珊瑚岛，多是战略要地。波斯湾自古以来为海上重要交通要道，因富藏石油和天然气，又有"世界石油宝库"之称。已探明石油储量为898亿吨，占世界已探明储量的65.4%，现有海底油田50余个，世界公认的特大油田20个，其中塞法尼耶海底油田居世界第一。沿岸的沙特阿拉伯、伊拉克、科威特、阿拉伯联合酋长国和伊朗，齐列世界8大储油国之中。属亚热带沙漠气候，夏季炎热少雨，秋季多飓和龙卷风，四季均有沙暴和尘雾天气，影响航行和海上作业。海湾经济、军事地位重要，历来兵家必争之地。随着美国等一些大国的势力逐步深入，沿岸各国矛盾日益激化，纷纷加强了自身的防务。现沿岸建有多处海、空军基地。

霍尔木兹海峡 是波斯湾唯一的海上出入口，地处阿曼穆桑达姆半岛与伊朗的拉雷斯坦地区之间。呈"人"字形。长约150千米，宽55～95千米，航道水深27.5米。航道狭长弯曲。且多岛屿、暗礁、浅滩。占世界石油贸易量1/3的波斯湾石油经此外运，素有"石油海峡"之称。峡中分布有格什姆岛、霍尔木兹岛、大库因岛等岛屿，战略地位重要。1974年7月，伊朗和阿曼划定了在海峡处的海上分界线，并商定两国海空军共同巡逻海峡。

比例尺 1∶8 000 000

0 80 160 240 320

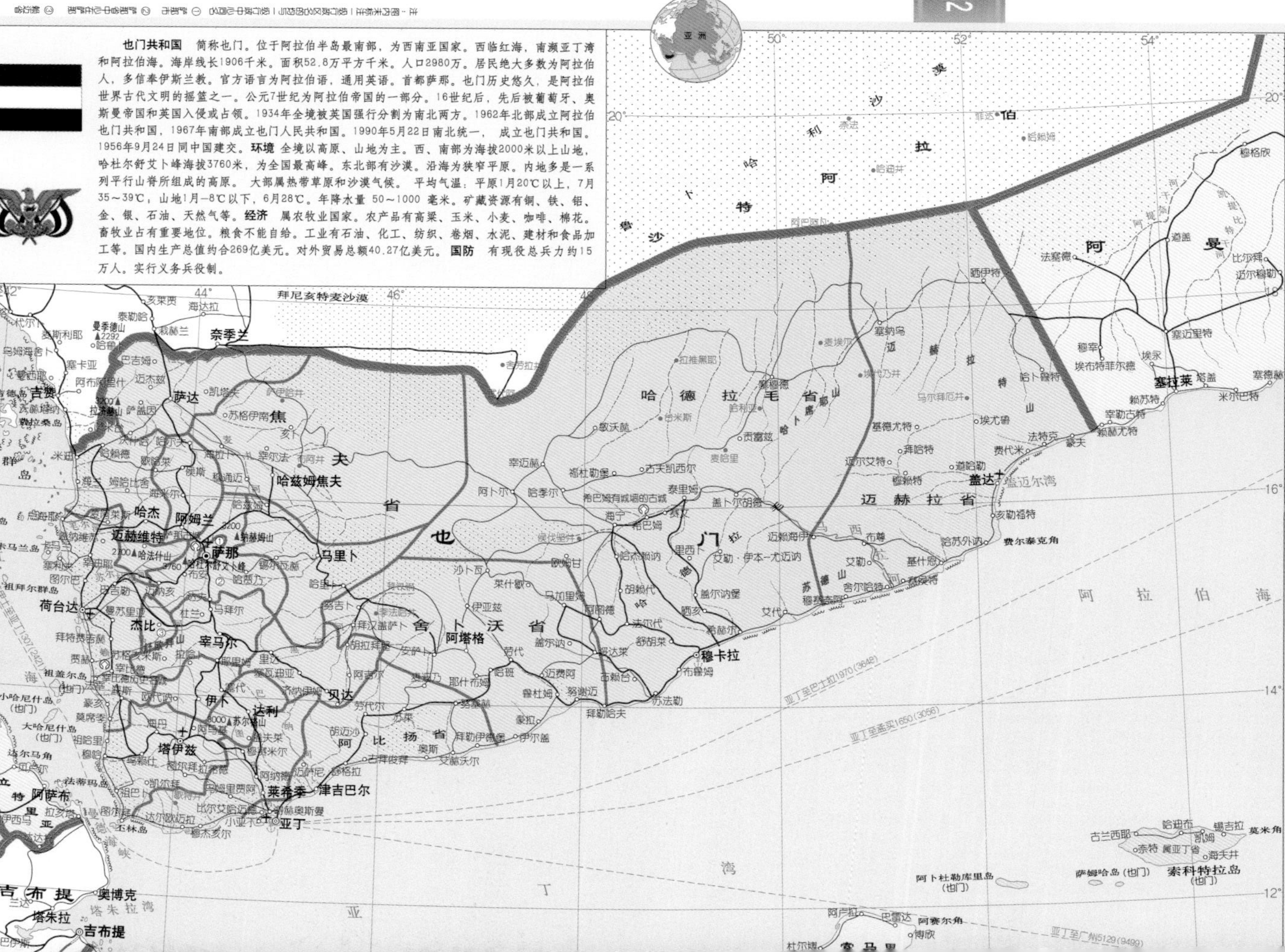

也门共和国 简称也门。位于阿拉伯半岛最南部，为西南亚国家。西临红海，南濒亚丁湾和阿拉伯海。海岸线长1906千米。面积52.8万平方千米。人口2980万。居民绝大多数为阿拉伯人，多信奉伊斯兰教。官方语言为阿拉伯语，通用英语。首都萨那。也门历史悠久，是阿拉伯世界古代文明的摇篮之一。公元7世纪为阿拉伯帝国的一部分。16世纪后，先后被葡萄牙、奥斯曼帝国和英国入侵或占领。1934年全境被英国强行分割为南北两方。1962年北部成立阿拉伯也门共和国，1967年南部成立也门人民共和国。1990年5月22日南北统一，成立也门共和国。1956年9月24日同中国建交。**环境** 全境以高原、山地为主。西、南部为海拔2000米以上山地，哈杜尔舒艾卜峰海拔3760米，为全国最高峰。东北部有沙漠。沿海为狭窄平原。内地多是一系列平行山脊所组成的高原。大部属热带草原和沙漠气候。平均气温：平原1月20℃以上，7月35～39℃，山地1月-8℃以下，6月28℃。年降水量50～1000毫米。矿藏资源有铜、铁、铝、金、银、石油、天然气等。**经济** 属农牧业国家。农产品有高粱、玉米、小麦、咖啡、棉花。畜牧业占有重要地位。粮食不能自给。工业有石油、化工、纺织、卷烟、水泥、建材和食品加工等。国内生产总值约合269亿美元。对外贸易总额40.27亿美元。**国防** 有现役总兵力约15万人。实行义务兵役制。

比例尺 1:5 500 000
0 55 110 165 220千米

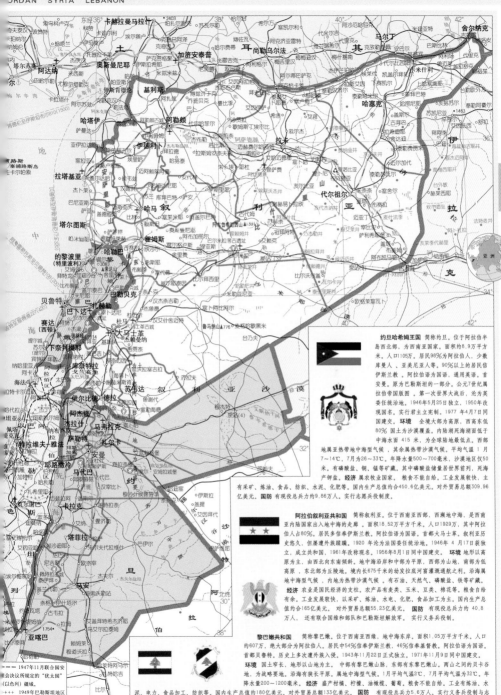

约旦哈希姆王国 简称约旦。位于阿拉伯半岛西北部，为西南亚国家。面积约8.9万平方米。人口1105万。居民98%为阿拉伯人，少数库曼人、亚美尼亚人等。90%以上的居民信伊斯兰教。阿拉伯语为国语，通用英语。首安曼。原为巴勒斯坦的一部分。公元7世纪属拉伯帝国版图。第一次世界大战后，沦为英委任统治地。1946年5月25日独立，1950年改现国名。实行君主立宪制。1977年4月7日同国建交。**环境** 全境大部为高原，西高东低80%国土为沙漠覆盖。内陆湖死海湖面低于中海水面415米，为全球陆地最低点。西部地属亚热带地中海型气候，其余属热带沙漠气候。平均气温1月7～14℃，7月为26～33℃。年降水量500～700毫米，沙漠地区仅50米。有磷酸盐、铜、锰等矿藏。其中磷酸盐储量居世界前列，死海产钾盐。**经济** 属农牧业国家。粮食不能自给。工业发展较快，主有采矿、炼油、食品、纺织、水泥、化肥等。国内生产总值约合450.6亿美元。对外贸易总额309.96亿美元。**国防** 有现役总兵力约9.86万人。实行志愿兵役制度。

阿拉伯叙利亚共和国 简称叙利亚。位于西南亚西部，西濒地中海，是西南亚内陆国家出入地中海的走廊。面积18.52万平方千米。人口1929万，其中阿拉伯人占80%。居民多信奉伊斯兰教。阿拉伯语为国语。首都大马士革。叙利亚历史悠久，但屡遭外族蹂躏。1920年沦为法国委任统治地。1946年4月17日获独立，成立共和国，1961年改称现名。1956年8月1日同中国建交。**环境** 地形以高原为主，由西北向东南倾斜。地中海沿岸和中部为平原，西部为山地，南部为低高原，东北部为丘陵地。境内长675千米的幼发拉底河富灌溉通航之利。沿海属地中海型气候，内地为热带沙漠气候。有石油、天然气、磷酸盐、铁等矿藏。**经济** 农业是国民经济的支柱。农产品有麦类、玉米、豆类、棉花等。粮食自给有余。工业发展较快，以采矿、炼油、水电、化肥、食品加工为主。国内生产总值约合165亿美元。对外贸易总额55.23亿美元。**国防** 有现役总兵力约40.8万人，还有联合国维和部队和巴勒斯坦解放军。实行义务兵役制。

黎巴嫩共和国 简称黎巴嫩。位于西南亚西缘，地中海东岸。面积1.05万平方千米。人口约607万，绝大部分为阿拉伯人。居民中54%信奉伊斯兰教，46%信奉基督教。阿拉伯语为国语。首都贝鲁特。历史上多次遭外族入侵。1943年11月22日正式独立。1971年11月9日同中国建交。**环境** 国土窄长，地形以山地为主。中部有黎巴嫩山脉，东部有东黎巴嫩山。两山之间的贝卡谷地，为战略要地。沿海有狭长平原。属地中海型气候。1月平均气温2℃，7月平均气温为32℃。年降水量200～1200毫米。**经济** 盛产柑橘、柠檬、油橄榄、葡萄。粮食不能自给。工业有炼油、水泥、电力、食品加工、纺织等。国内生产总值约180亿美元。对外贸易总额133亿美元。**国防** 有现役总兵力5.6万人。实行义务兵役制与志愿兵役制相结合的兵役制度。

巴勒斯坦 以色列

PALESTINE ISRAEL

比例尺 1:3 000 000

0 30 60 90

巴勒斯坦国

简称巴勒斯坦。位于亚洲西部，地中海、死海和约旦河之间的巴勒斯坦地区。地处亚、非、欧三大洲交通要冲，战略地位重要。巴勒斯坦古称迦南。公元前12世纪–前11世纪，腓力斯人和希伯人曾在此建立各自的国家。公元前63年罗马人侵入，绝大部分犹太人流亡世界各地。公元7世纪阿拉伯人不断迁入，形成了现代的巴勒斯坦阿拉伯人。19世纪末欧洲犹太复国主义运动兴起，大批犹太人移居巴勒斯坦地区，与当地阿拉伯人不断发生流血冲突。1947年11月29日联合国通过关于巴勒斯坦分治决议，规定在巴勒斯坦地区建立阿拉伯国和犹太国。阿拉伯国家面积为1.15万平方千米，因几次阿以战争，后被以色列占领。1988年11月，巴勒斯坦全国委员会第19次特别会议宣告成立巴勒斯坦国，并宣布耶路撒冷为巴勒斯坦国首都，但没有确定其疆界。1988年11月20日与中国建交。人口大约1350万（其中加沙地带和约旦河西岸人口523万，其余均流落在外），讲阿拉伯语，绝大多数信奉伊斯兰教。**环境** 约旦河西岸东邻约旦，面积5800平方千米。加沙地带西濒地中海，面积365平方千米。属亚热带地中海型气候，夏季炎热干燥，最高气温38℃，冬季温和湿润，气温在4℃–11℃。**经济** 以农业为主。工业水平很低，有制革、塑料、化工、石材、橡胶、制药、建筑等加工工业。旅游资源丰富。交通运输以公路为主。国内生产总值约150.27亿美元。进出口总额为8.2亿美元。**国防** 根据奥斯陆协议，巴勒斯坦可以建立警察部队。目前约有武装警察6万人。

以色列国

简称以色 位于亚洲西部 巴勒斯坦地区，接约旦，东北 与叙利亚为邻，连亚喀巴湾，西 部与埃及为邻，濒地中海，北与 巴嫩接壤，地处 非、欧三大洲结合部，战略位 十分重要。根据1947年11月29 联合国大会通过的关于巴勒斯 分治的181号决议，以色列的面 为1.52万平方千米。1948年5月 日犹太人成立以色列国，当时 都特拉维夫，1950年将首都迁 耶路撒冷。与阿拉伯国家之间 生过四次大规模的战争，占领 约旦河西岸、加沙地带、戈兰 地等阿拉伯土地，目前实际控 的面积约2.5万平方千米。1992 1月24日与中国建交。人口959万 其中74%是犹太人，官方语言 希伯来语和阿拉伯语，通用英语 居民中81%信奉犹太教。**环境** 境以高原和山地为主，北部梅 山海拔1208米，是全境最高峰 西部沿海为狭长的地中海沿岸 原，海岸线长198千米。东部边 为谷地和洼地，约旦河和死海分 布其间，死海湖面低于地中海 面415米。中部为一系列南北走 的平行山脉构成的高原区。属亚 热带地中海型气候，夏季炎热干 燥，最高温度39℃，冬季温和湿润 最低气温在4℃左右，雨季为12 至次年3月。**经济** 混合型经济。 色列经济发达，主要工业部门有电子 军火、化工、精密机械等。钻石加工 驰名世界。陆、海、空运输业发达 国内生产总值4166亿美元，进 出口总额1454亿美元。**国防** 现役部队18万人，紧急时可动员 45万人。实行义务兵役制。

塞浦路斯共和国　简称塞浦路斯。位于地中海东部塞浦路斯岛上，为西南亚岛国。海岸线长782千米。扼亚、欧、非三大洲海上交通要冲。面积9251平方千米。人口91.8万。居民中希腊族占58.66%，信奉东正教，讲希腊语；土耳其族及外籍人占40%，信奉伊斯兰教，讲土耳其语。首都尼科西亚。历史上，塞浦路斯多次遭外族入侵和占领。1878年被割让给英国。1925年成为英国"直辖殖民地"。1960年8月16日独立，成立塞浦路斯共和国。独立后，希、土两族多次爆发流血冲突，形成南北分裂局面。1971年12月14日同中国建交。**环境**　境内西北部和西南部为山地。两山之间为平原。环岛有狭窄的沿海低地。属地中海型气候。夏季干热，冬季温湿。少矿产和水资源。**经济**　以农业为主。生产麦类、马铃薯、水果，出口柠檬、土豆和奶酪。工业以加工业为主。国内生产总值约合234.4 亿美元。对外贸易总额约116.6亿美元。**国防**　有现役总兵力1.2万人。实行义务兵役制。有希、土、英三国和联合国驻军。

伊斯坦布尔海峡（博斯普鲁斯海峡）和恰纳卡莱海峡（达达尼尔海峡）　位于亚洲小亚细亚半岛和欧洲的巴尔干半岛之间，是连结黑海和爱琴海、地中海的唯一通道，略地位十分重要。北端伊斯坦布尔海峡，长30千米，宽750～3700米，水深27.5～124，两岸岩壁陡峭，林木茂盛。南端的恰纳卡莱海峡长65千米，宽1.3～7.5千米，水深57～70米，两岸地势较平坦，林木稀疏。两峡中间为马尔马拉海，东西长约250千米，北宽70千米，面积1.1万平方千米，平均水深183米，最深处1355米。四周多低山和丘。伊斯坦布尔海峡、马尔马拉海、恰纳卡莱海峡水道全长375千米，称黑海海峡。海峡属地中海型气候，大部分地区1月平均气温在2℃以下，7月平均气温在25℃以上。年降水量在600～900毫米之间。可常年通航。但时有风、雾、逆流和旋流，影响航行。伊斯坦布尔市，是峡内地跨亚欧两洲的著名港市，也是天然良港和海军基地。两座跨越伊斯坦布尔海峡的大桥，更具战略意义。海峡狭处的鲁梅利希萨勒、阿纳多卢希萨勒、恰纳卡莱和基利迪尔巴希尔等地，历为兵家设防重地。土耳其对海峡拥有主权，同时根据有关国际法规定，各国商船可自由通过，黑海沿岸各国军舰也可过往，而非沿岸国家只能过往轻型水面舰只，并规定所有国家的航空母舰均不能通过海峡。

注：图内未标注一级行政区名的均与一级行政中心同名

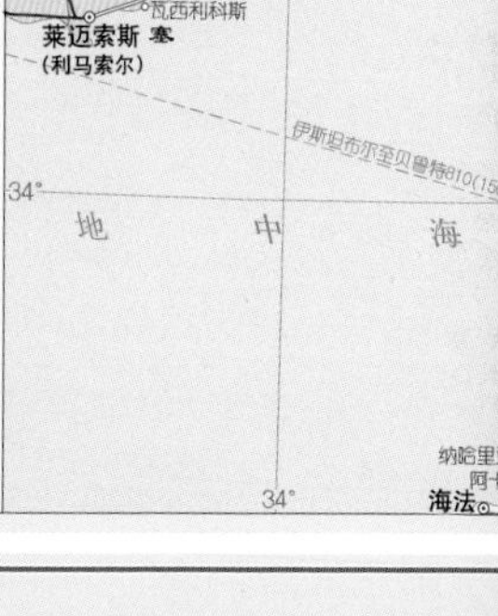

土耳其

TÜRKIYE

土耳其共和国 简称土耳其。位于小亚细亚半岛和欧洲巴尔干半岛东南端，为西南亚西北部国家。三面临海，扼黑海海峡，战略地位重要。面积约78.36万平方千米。人口8468万。居民中土耳其人占80%，库尔德人占15%。居民信奉伊斯兰教。土耳其语为国语。首都安卡拉。13世纪末建立奥斯曼帝国，16世纪达到全盛时期。19世纪末至20世纪初沦为英、法、德等国的半殖民地。1923年10月29日建立共和国。为北约成员国。1971年8月4日同中国建交。**环境** 全境主体地处安纳托利亚高原，山地、高原占国土面积的80%。沿海有狭窄平原。多河流、湖泊。西部、南部沿海属亚热带地中海型气候，内陆属亚热带半干旱草原气候。年平均气温分别为14～20℃和4～18℃，年降水量分别为600～1000毫米和250～400毫米。黑海沿岸气候温和湿润，年降水量700～2500毫米。矿藏资源丰富，有铬、煤、花岗石、大理石、钍等，总值超过2万亿美元。森林面积22万平方千米。**经济** 属传统的农业国家。生产麦类、棉花、烟草等。粮食自给率98.8%。安卡拉羊毛驰名世界。工业有一定的基础，重工业较发达，主要部门有采矿、冶金、水泥、石油加工、机械制造、纺织和食品加工等。交通发达，铁路总长8607千米，公路总长3.7万千米，拥有商船413多艘，建有国际机场5处。伊斯坦布尔大桥，跨连亚、欧两大洲，战略意义重大，运输十分繁忙。国民生产总值约合8027亿美元。对外贸易总额3892亿美元。**国防** 有现役总兵力约35.5万人。实行义务兵役制。年军费约122亿美元。北约在土耳其设有东欧盟军司令部、战术空军司令部。美国在土设有16个军事基地和设施，常驻军事人员5000人。

海
伊斯坦布尔至巴统580(1074)
萨姆松至特拉布宗160(300)
俄罗斯
茨欣瓦利
第比利斯
鲁斯塔维
格
鲁
吉
亚
巴统
阿尔达汉
卡尔斯
久姆里
埃里温
亚
美
尼
亚
阿塞拜疆
萨姆松
奥尔杜
吉雷松
特拉布宗
里泽
阿尔特温
阿马西亚
托卡特
居米什哈内
巴伊布尔特
锡瓦斯
埃尔津詹
埃尔祖鲁姆
阿勒(卡拉克塞)
厄德尔
马拉蒂亚
通杰利
宾格尔
穆什
比特利斯
凡城
埃拉泽
迪亚巴克尔
巴特曼
锡尔特
舍尔纳克
哈卡里
马尔丁
阿德亚曼
卡赫拉曼马拉什
加济安泰普
尚勒乌尔法
基利斯
阿勒颇
哈塞克
卡米什利
代胡克
埃尔比勒
摩苏尔
伊
朗
土
耳
其
叙
利
亚
伊
拉
克
凡湖
亚洲
伊斯坦布尔
安卡拉
马尔马拉海
金角湾
博斯普鲁斯海峡
于斯屈达尔
海达尔帕夏
卡德柯伊
托普卡珀宫
蓝色清真寺
圣索菲亚清真寺
加拉塔桥
加拉塔塔
多尔马巴赫切宫
塔克西姆广场
阿塔图尔克桥
阿塔图尔克大桥
伊斯坦布尔大桥
埃于普
拉米
克尔卡阿克
哈勒智奥卢
费内尔
埃迪尔内城门
阿克柯普吕
阿尔滕达
耶尼多安
乌卢斯广场
新城
杰贝奇
安卡拉大学
阿塔图尔克陵墓
红新月广场
总理府
大国民议会
居曲凯萨特
卡瓦克勒代雷
昌卡亚
总统府
林场
巴赫切利埃夫莱尔

北美洲
格陵兰(丹)
丹麦海峡
冰岛
雷克雅未克
扬马延岛(挪)
熊岛(挪)
巴伦
哈默弗斯特
西奥伦群岛
纳尔维克
博德
挪威海
大西洋
法罗群岛(丹)
设得兰群岛(英)
奥克尼群岛
外赫布里底群岛
内赫布里底群岛
斯堪的纳维亚半岛
挪威
瑞典
芬兰
特隆赫姆
厄斯特松德
布登
奥卢
波的尼亚湾
卑尔根
奥斯陆
赫尔辛基
圣彼得堡
斯德哥尔摩
塔林
爱沙尼亚
楚德湖
哥得兰岛
萨列马岛
里加
拉脱维亚
斯卡格拉克海峡
波罗的海
英国
大不列颠岛
格拉斯哥
贝尔法斯特
纽卡斯尔
爱尔兰
都柏林
科克
利物浦
伯明翰
伦敦
普利茅斯
圣乔治海峡
北海
丹麦
哥本哈根
马尔默
西兰岛
立陶宛
维尔纽斯
明斯克
白俄罗斯
加里宁格勒
俄罗斯
弗里西亚群岛
阿姆斯特丹
荷兰
鹿特丹
汉堡
欧
德国
柏林
易北河
奥得河
维斯瓦河
波兹南
波兰
华沙
多佛尔
英吉利海峡
海峡群岛(英)
布鲁塞尔
比利时
加来
波恩
莱茵河
法兰克福
卢森堡
勒阿弗尔
巴黎
法国
布拉格
捷克
利沃夫
乌
卢瓦尔河
南特
比斯开湾
第戎
慕尼黑
列支敦士登
维也纳
斯洛伐克
布拉迪斯拉发
伯尔尼
瑞士
奥地利
阿尔卑斯山脉
匈牙利
布达佩斯
多瑙河
奥拉迪亚
基希讷
日内瓦
里昂
波尔多
米兰
卢布尔雅那
斯洛文尼亚
萨格勒布
克罗地亚
罗马尼亚
图卢兹
阿尔
威尼斯
热那亚
意大利
布加勒斯特
康斯坦
波尔图
巴利亚多利德
安道尔
马赛
摩纳哥
亚得里亚海
波斯尼亚和黑塞哥维那
萨拉热窝
贝尔格莱德
塞尔维亚
葡萄牙
杜罗河
里斯本
马德里
西班牙
巴塞罗那
科西嘉岛(法)
圣马力诺
黑山
波德戈里察
保加利亚
索非亚
梵蒂冈
罗马
斯科普里
北马其顿
巴利阿里群岛
撒丁岛(意)
那波利(那不勒斯)
巴里
地拉那
阿尔巴尼亚
穆尔西亚
阿尔赫西拉斯
直布罗陀(英占)
丹吉尔
直布罗陀海峡
第勒尼安海
希腊
地
爱琴海
伊奥尼亚海
伊奥尼亚群岛
莱斯沃斯岛
巴勒莫
墨西拿
西西里岛
雷焦卡拉布里亚
雅典
拉巴特
奥兰(瓦赫兰)
阿尔及尔
突尼斯
突尼斯海峡
非洲
潘泰莱里亚岛(意)
杰勒法
瓦莱塔
马耳他
中
斯法克斯
佩拉杰群岛(意)
克里特岛
北纬40°
30° 20° 10° 西经0°东经 10° 20° 30°
60° 50°
北极圈
欧洲

比例尺 1:24 100 000

0 241 482 723 964千米

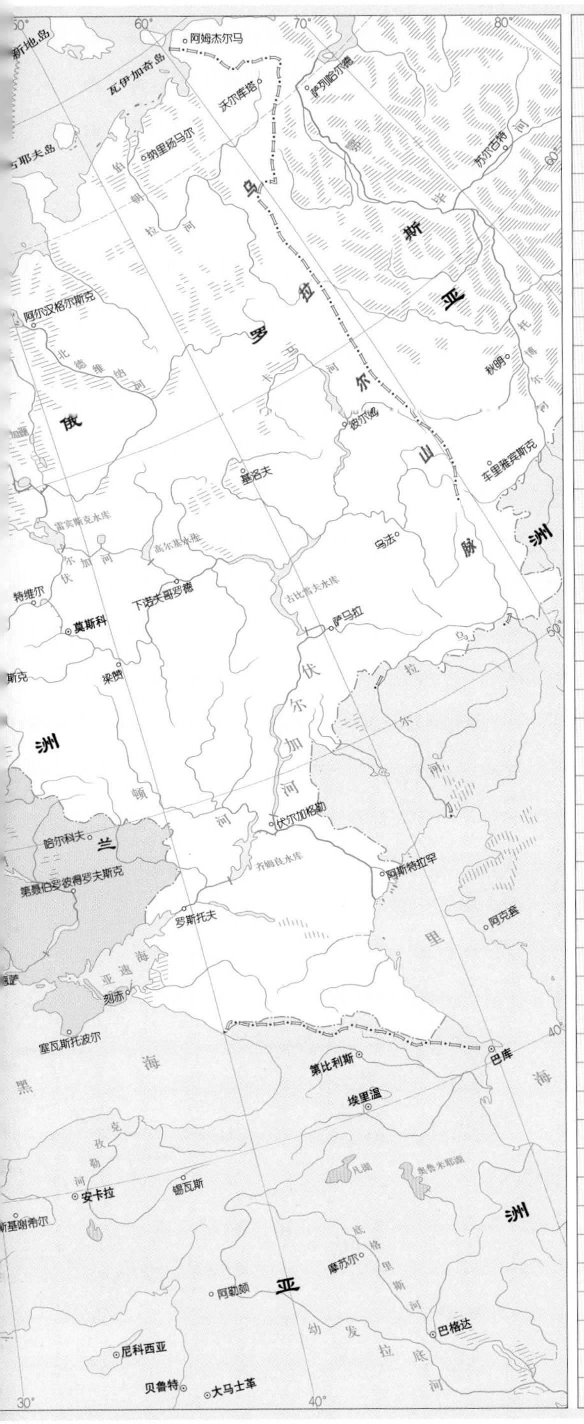

欧洲国家和地区概况表

国家和地区	面积(平方千米)	人口(万)	首都(首府)
挪威	385365	548	奥斯陆
瑞典	449964	1055	斯德哥尔摩
芬兰	338145	555.6	赫尔辛基
冰岛	103000	37.6	雷克雅未克
法罗群岛(丹)	1399	4.48	托尔斯港
丹麦	42951	592.8	哥本哈根
爱沙尼亚	45339	133	塔林
拉脱维亚	64589	187.6	里加
立陶宛	65300	279.5	维尔纽斯
俄罗斯	17098200	14600	莫斯科
白俄罗斯	207600	925.5	明斯克
乌克兰	603700	4113	基辅
摩尔多瓦	33800	349	基希讷乌
波兰	322600	3803	华沙
捷克	78866	1053	布拉格
斯洛伐克	49035	546	布拉迪斯拉发
匈牙利	93023	967.8	布达佩斯
德国	358000	8427.06	柏林
奥地利	83879	909.1	维也纳
瑞士	41284	873.8	伯尔尼
列支敦士登	160	3.9	瓦杜兹
荷兰	41528	1782	阿姆斯特丹
比利时	30688	1158	布鲁塞尔
卢森堡	2586	64.5	卢森堡
英国	244100	6708.1	伦敦
爱尔兰	70282	510	都柏林
法国	550000(不含海外)	6804	巴黎
摩纳哥	2.08	3.9	摩纳哥
葡萄牙	92226	1034.3	里斯本
西班牙	505925	4761.5	马德里
安道尔	468	8.0	安道尔城
意大利	301333	5898	罗马
圣马力诺	61.2	3.4	圣马力诺
梵蒂冈	0.44	0.062	梵蒂冈城
马耳他	316	51.6	瓦莱塔
斯洛文尼亚	20273	211	卢布尔雅那
克罗地亚	56538	406	萨格勒布
波斯尼亚和黑塞哥维那	51129	353	萨拉热窝
塞尔维亚	88500(含科索沃1.09万)	846(含科索沃1.77万)	贝尔格莱德
黑山	13900	62.2	波德戈里察
罗马尼亚	237500	1905	布加勒斯特
保加利亚	110993.6	683	索非亚
北马其顿	25713	209.7	斯科普里
阿尔巴尼亚	28748	279	地拉那
希腊	131957	1043.2	雅典
直布罗陀(英占)	6.5	3.3	

北美洲 格陵兰岛 丹麦海峡 布鲁斯特角 扬马延岛 格陵兰海盆 挪威海盆 罗弗敦海盆 冰岛 雷克雅未克 雷恰内斯角 华纳达尔斯火山 2119 冰岛海盆 冰岛—法罗岛海丘 大西洋 挪威海 3970 法罗群岛 罗科尔浅滩 118 西奥伦群岛 罗弗敦群岛 哈默弗斯特 诺尔辰角 巴伦支海 斯堪的纳维亚山脉 凯布讷山 2117 诺尔兰高原 维纳维亚半岛 加尔赫峰 2469 波的尼亚湾 芬兰 萨尔保泽丘陵 设得兰群岛 奥克尼群岛 卑尔根 奥斯陆 奥兰群岛 赫尔辛基 塔林 斯德哥尔摩 希乌马岛 哥得兰岛 萨列马岛 外赫布里底群岛 内赫布里底群岛 本尼维斯山 1344 格兰扁山脉 格拉斯哥 大不列颠岛 北海 大菲舍浅滩 多格浅滩 斯卡格拉克海峡 斯莫兰丘陵 日德兰半岛 西兰岛 哥本哈根 厄兰岛 里加 波罗的海 爱尔兰岛 都柏林 卡伦图厄尔山 1041 爱尔兰海 利物浦 奔宁山脉 坎布里亚山脉 凯尔特海 圣乔治海峡 弗里西亚群岛 阿姆斯特丹 伦敦 康沃尔半岛 英吉利海峡 多佛尔海峡 维尔纽斯 明斯克 北德平原 柏林 华沙 布鲁塞尔 西欧 海峡群岛 圣马蒂尼角 阿登高原 马佐夫舍低地 布列塔尼半岛 诺曼底丘陵 巴黎盆地 巴黎 洛林高原 苏台德山脉 布拉格 厄尔士山脉 小波兰高地 西里西亚高地 黑林山 舒马瓦山 巴伐利亚高原 布拉迪斯拉发 格尔拉赫峰 2655 喀尔巴阡山 比斯开湾 阿摩里卡丘陵 阿基坦盆地 中央高原 桑西山 1886 伯尔尼 阿尔卑斯山脉 勃朗峰 4810 贝尔尼纳山 4049 布伦纳山口 1372 维也纳 布达佩斯 特里格拉夫峰 2863 卢布尔雅那 多瑙河中游平原 特兰西瓦尼亚高原 东喀尔巴阡山 菲尼斯特雷角 坎塔布连山脉 别纳峰 2613 比利牛斯山脉 阿内托峰 3404 塞文山脉 摩纳哥 波河平原 萨格勒布 南喀尔巴阡山 布加勒斯特 伊比利亚半岛 梅塞塔高原 阿尔曼索峰 2592 马德里 里斯本 罗卡角 利翁湾 马赛 利古里亚海 亚平宁山脉 圣马力诺 迪纳拉山脉 贝尔格莱德 萨拉热窝 杜米托尔山 2522 斯塔拉山脉 巴尔干山脉 下多瑙河平原 索非亚 罗多彼山脉 科西嘉岛 巴塞罗那 科尔诺山 2912 罗马 亚得里亚海 波德戈里察 地拉那 斯科普里 巴尔干半岛 莫雷纳山 巴利阿里群岛 马略卡岛 撒丁岛 维苏威火山 1277 奥林波斯山 2917 圣维森特角 内华达山脉 穆拉森山 3478 马罗基角 直布罗陀 斯帕特尔角 丹吉尔 阿尔沃兰海 第勒尼安海 斯特龙博利火山 926 品都斯山脉 伊奥尼亚群岛 伊奥尼亚海 埃维亚岛 雅典 拉巴特 奥兰(瓦赫兰) 阿尔及尔 吉兰角(本塞卡角) 埃特纳火山 3340 墨西拿海峡 西西里岛 伯罗奔尼撒半岛 阿特拉斯山脉 高原 突尼斯 谢利亚山 2328 马耳他岛 瓦莱塔 地中海 马塔潘角 克里特岛 2456 非洲 撒哈拉阿特拉斯山脉 盖尔甘奈群岛

30° 20° 10° 西经0°东经 10° 20° 30° 60° 50° 北纬40°

欧罗巴洲 简称欧洲。位于东半球的西北部。北临北冰洋，西濒大西洋，南隔地中海与非洲相望。欧洲大陆北至斯堪的纳维亚半岛的诺尔辰角（东经27° 42′，北纬71° 08′），西至伊比利亚半岛的罗卡角（西经9° 31′，北纬38° 47′），南至伊比利亚半岛的马罗基角（西经5° 36′，北纬36° 00′），东至乌拉尔山脉北端（东经66° 10′，北纬67° 46′）。欧洲一般以乌拉尔山脉、乌拉尔河、里海、大高加索山脉、黑海、伊斯坦布尔海峡、马尔马拉海、恰纳卡莱海峡同亚洲分界。面积1016万平方千米（包括附近岛屿），约占世界陆地总面积的6.8%，为世界第六大洲。在地理习惯上，欧洲通常分为南欧、西欧、中欧、北欧和东欧，包括46个国家和地区。人口约7.45亿。欧洲地形特点是以平原为主，山地面积小，全洲平均海拔约300米，为世界上海拔最低的一洲，除南欧部分地区外，第四纪冰川作用强烈，地面遍布冰蚀和冰碛地貌，北欧尤为明显，山脉多围绕平原分布，山脉间有许多较大山口，成为沟通南北的重要通路，欧洲南部高山区多火山、地震。主要山脉有阿尔卑斯山脉、喀尔巴阡山脉、斯堪的纳维亚山脉、亚平宁山脉、比利牛斯山脉和乌拉尔山脉等。大高加索山脉的主峰厄尔布鲁士山海拔5642米，是欧洲最高峰。西西里岛的埃特纳火山海拔3340米，是欧洲最高的活火山。主要平原有东欧平原、北德平原、西欧平原。大陆海岸线长3.79万千米，岸线曲折，轮廓破碎，多半岛和伸入内陆的边缘海、海湾和良港。沿海岛屿面积约75万平方千米，半岛面积约240万平方千米。较大的岛和半岛有冰岛、大不列颠岛、爱尔兰岛和斯堪的纳维亚半岛、伊比利亚半岛、亚平宁半岛、巴尔干半岛。欧洲河网较密，河流短小，多与运河相通，水量充沛。主要大河有伏尔加河、多瑙河、莱茵河、易北河、北德维纳河等，河长均在1000千米以上，其中以伏尔加河为最长，全长3530千米。多瑙河流经9个国家，是中欧的主要国际航道。欧洲气候绝大部分地区具有温和湿润的特征。除北部沿海及北冰洋中岛屿属寒带，南欧沿海地区属亚热带外，其余几乎全部在温带。1月最冷，7月最热。大部分地区年降水量在500～1000毫米，迎风坡在1000毫米以上，而里海西部沿海的沙漠区仅20毫米。主要矿藏资源有煤、天然气、石油、铁、铅、锌、汞、硫磺、钾盐等。水力资源丰富，年发电量约1.8万亿千瓦小时。森林面积约占世界森林总面积的23%，多银松、云杉、落叶松、橡树、山毛榉等。草原约占世界草原总面积的15%。欧洲工业生产能力,农业机械化程度，科技水平和进出口贸易额普遍较高。交通运输设施完善。大多数国家属于经济发达国家，其人均国民生产总值居世界前列。工业以加工型为特点。农业以农牧结合为特点，畜牧业发达，以优良畜种巴克夏、约克夏猪，荷兰牛，阿尔登马，叶根堡山羊闻名世界。北海西部沿海渔场是世界三大渔场之一，盛产鲑、鲭、鲱、鳗、沙丁、金枪鱼等多种鱼类，产量约占世界总量的9%。主要农产品有麦类、玉米、马铃薯、蔬菜、瓜果、甜菜、向日葵、亚麻等。园艺业发达，主要种植葡萄和苹果。

斯瓦尔巴群岛
1:10 000 000
扬马延岛
1:2 000 000
东北地岛
西斯匹次卑尔根岛
埃季岛
巴伦支岛
卡尔王地群岛
熊岛(挪)
希望岛(挪)
贝伦火山
扬马延
巴伦支海
挪威海
挪威
瑞典
芬兰
俄罗斯
特罗姆瑟
摩尔曼斯克
罗瓦涅米
吕勒奥
奥卢
于默奥
博德
斯泰恩谢尔
厄斯特松德
海讷桑德
瓦萨
约恩苏
库奥皮奥
于韦斯屈莱
科科拉
塞伊奈约基
瓦德瑟
波的尼亚湾

比例尺　1:8 000 000

0　80　160　240　320千米

注：
①奥斯陆市
②阿克什胡斯郡
③东福尔郡
④西福尔郡
⑤斯德哥尔摩省
⑥坎塔海姆区
⑦派耶特海姆区

挪威王国　简称挪威。位于北欧斯堪的纳维亚半岛西部。面积约38.54万平方千米。人口约548万，95%为挪威人，北部萨米族约3万人。90%居民信奉基督教路德宗。官方语言为挪威语。首都奥斯陆。公元9世纪末形成统一国家。14世纪中叶开始衰落。1397年后受丹麦统治并与丹麦、瑞典结盟。1905年6月7日独立，成立挪威王国，实行世袭君主立宪制。1954年10月5日与中国建交。**环境**　国土南北狭长，1/3位于北极圈内。斯堪的纳维亚山脉纵贯全境，格利特峰海拔2472米，为全国最高峰。全境2/3地区海拔在500米以上。北部是苔原。南部沿海及首都附近有小块平原。全国特别是南部湖泊、沼泽广布。岸线总长2.1万千米，异常曲折，多峡湾。沿海气候温和，内陆冬季寒冷。首都年平均气温7℃，年平均降水量740毫米左右。河流短小湍急，多瀑布。石油、天然气、水力、森林和渔业资源丰富。**经济**　属发达的工农业国。国内生产总值约合4819亿美元。主要工业有石油、电力、冶金、化学、造船、采矿、造纸等。农作物有麦类和马铃薯。对外贸易总额3498.9亿美元。**国防**　为北约成员国。有现役总兵力约1.6万人。实行义务兵役制。

瑞典　位于北欧斯堪的纳维亚半岛东南部。面积约45万平方千米。人口1055万，90%为日耳曼族后裔瑞典人。90%居民信奉基督教路德宗。官方语言为瑞典语。首都斯德哥尔摩。11世纪形成统一封建国家。1397年与丹麦、挪威结成卡尔马联盟。1814年与挪威结成瑞挪联盟。1905年挪威独立。在两次世界大战中，瑞典均保持中立。实行君主立宪制。1950年5月9日同中国建交。**环境**　地势自西北向东南倾斜。北部为诺尔兰高原，南部及沿海多为平原或丘陵。河流短小流急，湖泊众多。海岸线长7624千米。领土15%在北极圈内。大部属亚寒带针叶林气候。平均气温：1月北部－16℃，南部－0.7℃；7月北部14.2℃，南部17.2℃。年降水量500～750毫米。铁矿、森林、水力是瑞典三大资源。已探明铁储量36.5亿吨。森林覆盖率58%，蓄材26.4亿立方米。年利用水力资源201亿千瓦小时。此外还有铀、铜、硫、铅、锌等矿藏。**经济**　属发达的高福利国家，国内生产总值约合5386亿美元。工业有采矿、冶金、机械、造船、化工等。农业出产麦类、牧草、马铃薯等。对外贸易主要出口铁矿石、各类机械、家用电器、纸张纸浆等。对外贸易总额2718.4亿美元。**国防**　有现役总兵力5.55万人。实行义务兵役制。

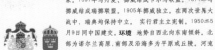

芬兰共和国　简称芬兰。位于欧洲北部，波罗的海北端，波的尼亚湾东岸。海岸线长1100千米。面积33.81万平方千米。人口555.6万，86.9%为芬兰族，5.2%为瑞典族。官方语言为芬兰语和瑞典语。67.8%的居民信奉基督教路德宗。首都赫尔辛基。12～14世纪中叶属瑞典的一部分，1809年后受俄罗斯统治。1917年12月6日独立。1950年10月28日同中国建交。**环境**　地势东北高西南低，境内大部为丘陵和平原。水网稠密，有湖泊约6万余个，被称为“千湖之国”，最大湖泊为塞马湖；主要河流有帕茨河、凯米河，多瀑布险滩，水力资源丰富。全国1/4土地在北极圈内。大部地区属亚寒带针叶林气候。气温冬季－14～－3℃，夏季13～17℃。年平均降水量400～700毫米，气候湿润。森林资源丰富，约占国土面积的66%。矿藏有铜、锌、铁、镍、钒、钴等。水力资源、泥炭储量丰富。**经济**　属发达工业国，国内生产总值约合2992亿美元。木材加工与冶金为经济支柱，约占工业产值的50%。农业产麦类、甜菜、马铃薯。对外贸易亦占重要地位，是世界林产品如纸张、纸浆、纸板、木材等的主要出口国。对外贸易总额约1672.07亿美元。**国防**　有现役总兵力2.2万人。实行义务兵役制。

奥斯陆
冰岛
格陵兰海
大西洋

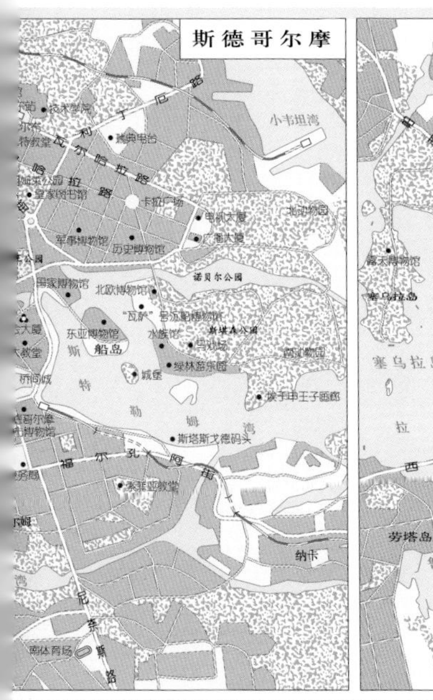

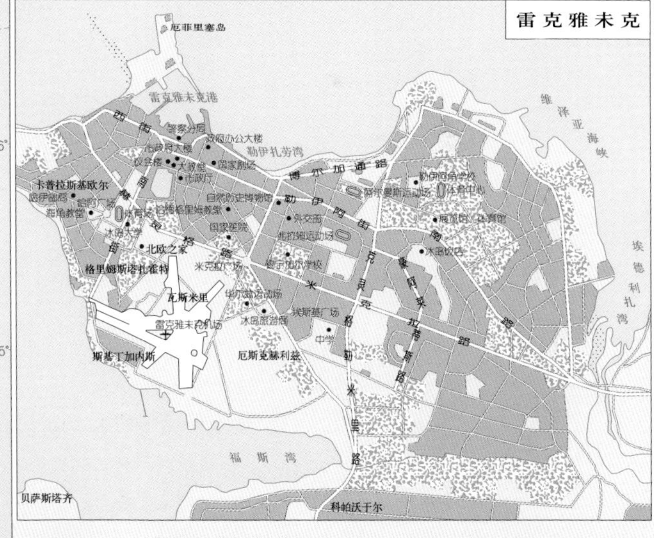

冰岛共和国 简称冰岛。位于北大西洋中部，为欧洲第二大岛国。面积10.3万平方千米。人口37.6万，绝大多数为日耳曼族冰岛人。冰岛语为国语，通用英语。91.5%的居民信奉基督教路德宗。首都雷克雅未克。公元860年前后，爱尔兰凯尔特人到达冰岛，9世纪后半叶挪威开始向冰岛移民，930年建立冰岛联邦。1262年臣属挪威。1380年归丹麦统治。1944年6月17日成立共和国。1971年12月8日同中国建交。**环境** 境内3/4为海拔400～800米的高原，火山众多，地震频繁。华纳达尔斯火山海拔2119米，为全国最高峰。冰川、冰原占国土面积的11.5%。临海平原零星狭小。河网稠密，多急流瀑布。海岸线长4970千米。位靠近北极圈，南半部属温带海洋性气候，北半部属寒带气候，年平均气温4.3℃。雨量充沛，年降水量450～2000毫米。矿藏贫乏，但地热、渔业、水力资源丰富。**经济** 国内生产总值约合249亿美元。渔业是国民经济支柱，年均捕鱼量为115.8万吨，产值占国内生产总值约4.5%。工业有鱼产品加工、仪器、电力、炼铝、化肥、造船等。农业以畜牧业为主，肉、奶、蛋自给有余，粮食、蔬菜、水果靠进口。外贸地位重要，对外贸易总额58.6亿美元。**国防** 冰岛不设立军队，只有约100人的海上巡逻队，负责渔区的海上救护工作。另有700名警察。

比例尺 1:10 700 000
0 107 214 321 428

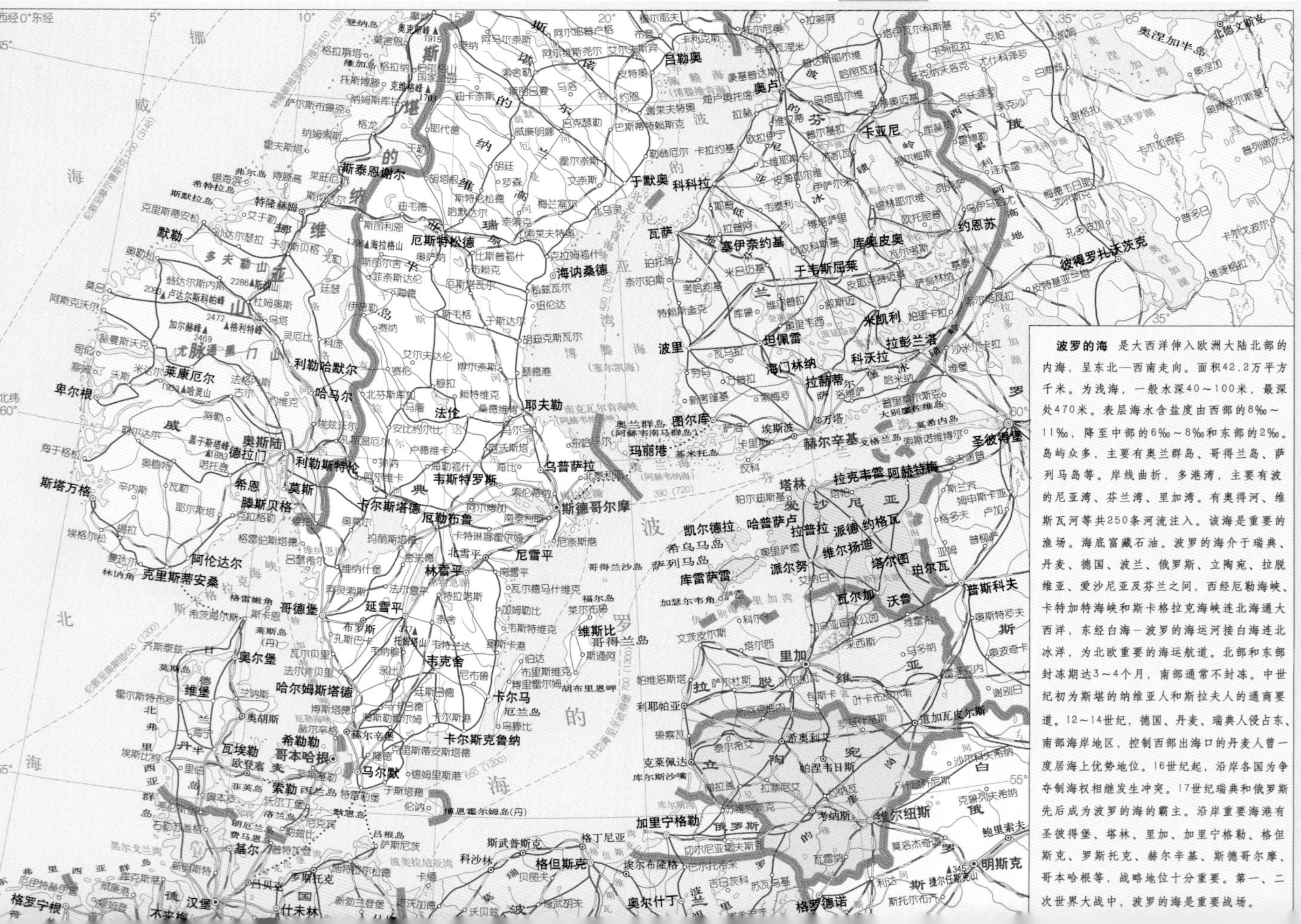

波罗的海 是大西洋伸入欧洲大陆北部的内海，呈东北—西南走向。面积42.2万平方千米。为浅海，一般水深40～100米，最深处470米。表层海水含盐度由西部的8‰～11‰，降至中部的6‰～8‰和东部的2‰。岛屿众多，主要有奥兰群岛、哥得兰岛、萨列马岛等。岸线曲折，多港湾，主要有波的尼亚湾、芬兰湾、里加湾。有奥得河、维斯瓦河等共250条河流注入。该海是重要的渔场。海底富藏石油。波罗的海介于瑞典、丹麦、德国、波兰、俄罗斯、立陶宛、拉脱维亚、爱沙尼亚及芬兰之间，西经厄勒海峡、卡特加特海峡和斯卡格拉克海峡连北海通大西洋，东经白海—波罗的海运河接白海连北冰洋，为北欧重要的海运航道。北部和东部封冻期达3～4个月，南部通常不封冻。中世纪初为斯堪的纳维亚人和斯拉夫人的通商要道。12～14世纪，德国、丹麦、瑞典人侵占东、南部海岸地区，控制西部出海口的丹麦人曾一度居海上优势地位。16世纪起，沿岸各国为争夺制海权相继发生冲突。17世纪瑞典和俄罗斯先后成为波罗的海的霸主。沿岸重要海港有圣彼得堡、塔林、里加、加里宁格勒、格但斯克、罗斯托克、赫尔辛基、斯德哥尔摩、哥本哈根等，战略地位十分重要。第一、二次世界大战中，波罗的海是重要战场。

比例尺 1:5 400 000

0 54 108 162 216千米

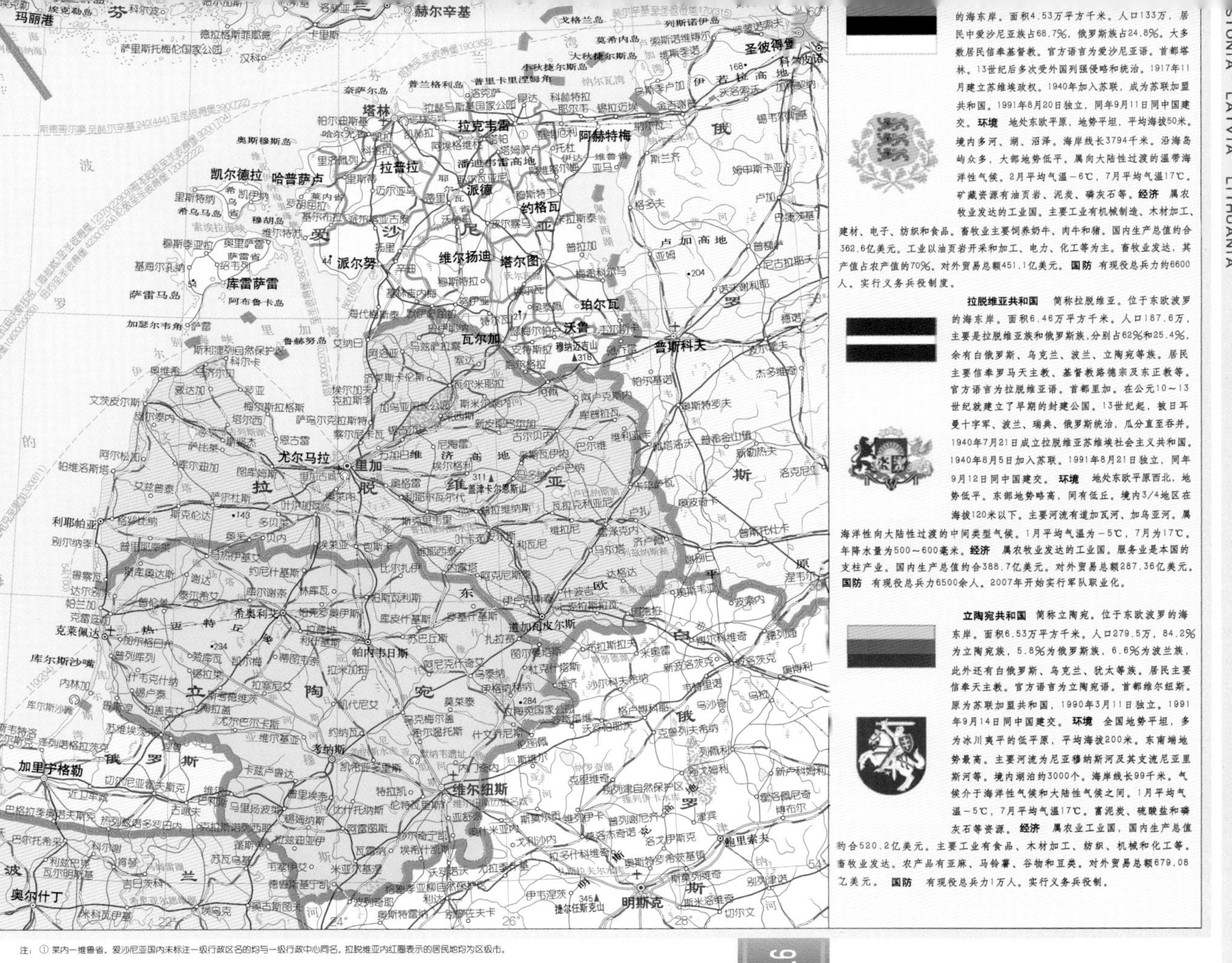

的海东岸。面积4.53万平方千米。人口133万，居民中爱沙尼亚族占68.7%，俄罗斯族占24.8%。大多数居民信奉基督教。官方语言为爱沙尼亚语。首都塔林。13世纪后多次受外国列强侵略和统治。1917年11月建立苏维埃政权。1940年加入苏联，成为苏联加盟共和国。1991年8月20日独立，同年9月11日同中国建交。**环境** 地处东欧平原，地势平坦，平均海拔50米。境内多河、湖、沼泽。海岸线长3794千米。沿海岛屿众多，大部地势低平。属向大陆性过渡的温带海洋性气候。2月平均气温-6℃，7月平均气温17℃。矿藏资源有油页岩、泥炭、磷灰石等。**经济** 属农牧业发达的工业国。主要工业有机械制造、木材加工、建材、电子、纺织和食品。畜牧业主要饲养奶牛、肉牛和猪。国内生产总值约合362.6亿美元。工业以油页岩开采和加工、电力、化工等为主。畜牧业发达，其产值占农产值的70%。对外贸易总额451.1亿美元。**国防** 有现役总兵力约6600人。实行义务兵役制度。

拉脱维亚共和国 简称拉脱维亚。位于东欧波罗的海东岸。面积6.46万平方千米。人口187.6万，主要是拉脱维亚族和俄罗斯族，分别占62%和25.4%，余有白俄罗斯、乌克兰、波兰、立陶宛等族。居民主要信奉罗马天主教、基督教路德宗及东正教等。官方语言为拉脱维亚语。首都里加。在公元10～13世纪就建立了早期的封建公国。13世纪起，被日耳曼十字军、波兰、瑞典、俄罗斯统治，瓜分直至吞并。1940年7月21日成立拉脱维亚苏维埃社会主义共和国。1940年8月5日加入苏联。1991年8月21日独立，同年9月12日同中国建交。**环境** 地处东欧平原西北，地势低平。东部地势略高，间有低丘。境内3/4地区在海拔120米以下。主要河流有道加瓦河、加乌亚河。属海洋性向大陆性过渡的中间类型气候。1月平均气温为-5℃，7月为17℃。年降水量为500～600毫米。**经济** 属农牧业发达的工业国。服务业是本国的支柱产业。国内生产总值约合388.7亿美元。对外贸易总额287.36亿美元。**国防** 有现役总兵力6500余人。2007年开始实行军队职业化。

立陶宛共和国 简称立陶宛。位于东欧波罗的海东岸。面积6.53万平方千米。人口279.5万，84.2%为立陶宛族，5.8%为俄罗斯族，6.6%为波兰族，此外还有白俄罗斯、乌克兰、犹太等族。居民主要信奉天主教。官方语言为立陶宛语。首都维尔纽斯。原为苏联加盟共和国，1990年3月11日独立。1991年9月14日同中国建交。**环境** 全国地势平坦，多为冰川夷平的低平原，平均海拔200米。东南端地势最高。主要河流为尼亚穆纳斯河及其支流尼亚里斯河等。境内湖泊约3000个。海岸线长99千米。气候介于海洋性气候和大陆性气候之间。1月平均气温-5℃，7月平均气温17℃。富泥炭、硫酸盐和磷灰石等资源。**经济** 属农业工业国，国内生产总值约合520.2亿美元。主要工业有食品、木材加工、纺织、机械和化工等。畜牧业发达。农产品有亚麻、马铃薯、谷物和豆类。对外贸易总额679.08亿美元。**国防** 有现役总兵力1万人。实行义务兵役制。

注：① 莱内一维鲁省。爱沙尼亚国内未标注一级行政区名的均与一级行政中心同名。拉脱维亚内红圈表示的居民地均为区级市。

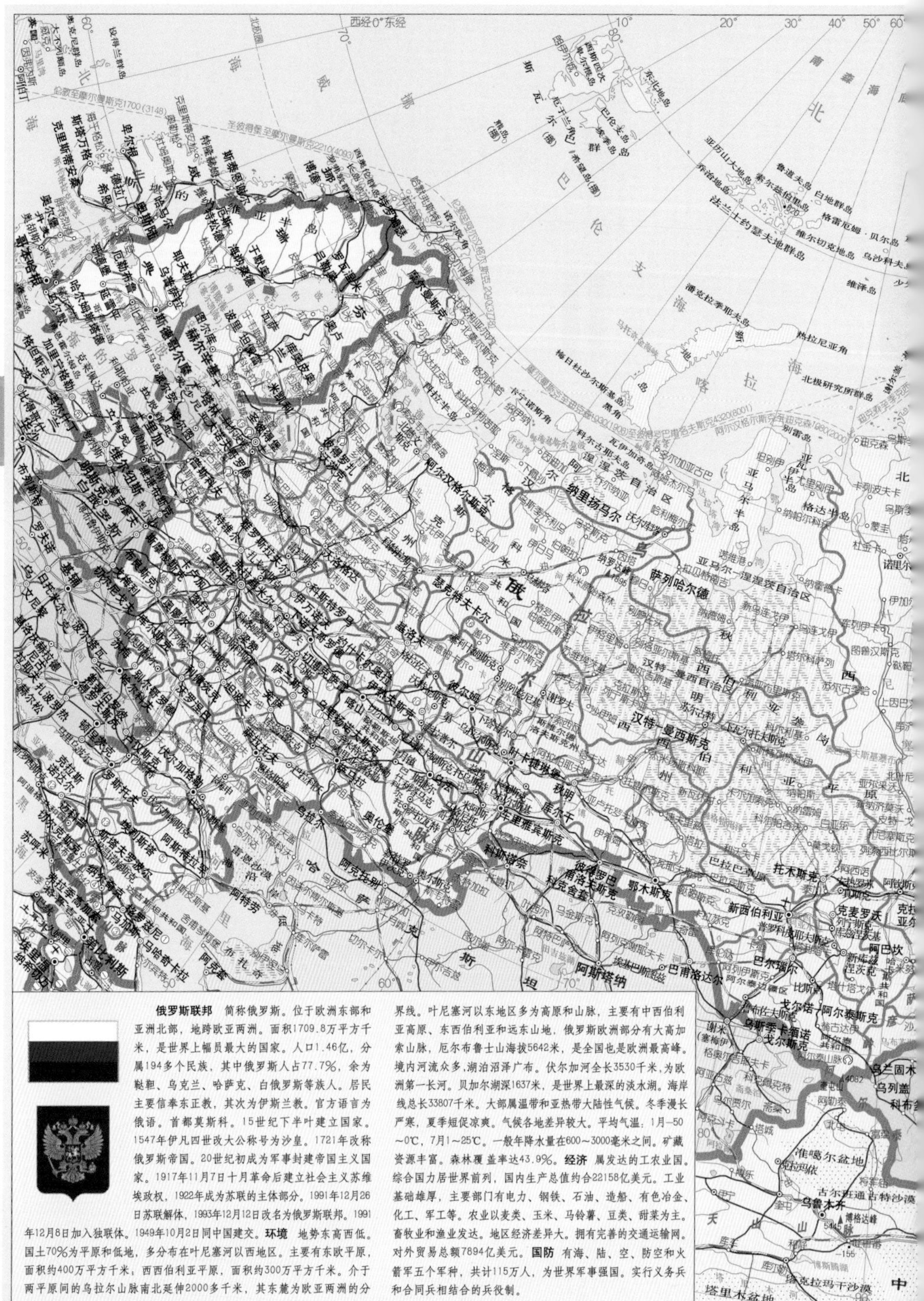

俄罗斯联邦 简称俄罗斯。位于欧洲东部和亚洲北部，地跨欧亚两洲。面积1709.8万平方千米，是世界上幅员最大的国家。人口1.46亿，分属194多个民族，其中俄罗斯人占77.7%，余为鞑靼、乌克兰、哈萨克、白俄罗斯等族人。居民主要信奉东正教，其次为伊斯兰教。官方语言为俄语。首都莫斯科。15世纪下半叶建立国家。1547年伊凡四世改大公称号为沙皇。1721年改称俄罗斯帝国。20世纪初成为军事封建帝国主义国家。1917年11月7日十月革命后建立社会主义苏维埃政权，1922年成为苏联的主体部分。1991年12月26日苏联解体，1993年12月12日改名为俄罗斯联邦。1991年12月8日加入独联体。1949年10月2日同中国建交。**环境** 地势东高西低。国土70%为平原和低地，多分布在叶尼塞河以西地区。主要有东欧平原，面积约400万平方千米；西西伯利亚平原，面积约300万平方千米。介于两平原间的乌拉尔山脉南北延伸2000多千米，其东麓为欧亚两洲的分界线。叶尼塞河以东地区多为高原和山脉，主要有中西伯利亚高原、东西伯利亚和远东山地，俄罗斯欧洲部分有大高加索山脉，厄尔布鲁士山海拔5642米，是全国也是欧洲最高峰。境内河流众多,湖泊沼泽广布。伏尔加河全长3530千米,为欧洲第一长河。贝加尔湖深1637米，是世界上最深的淡水湖。海岸线总长33807千米。大部属温带和亚热带大陆性气候。冬季漫长严寒，夏季短促凉爽。气候各地差异较大。平均气温：1月−50～0℃，7月1～25℃。一般年降水量在600～3000毫米之间。矿藏资源丰富。森林覆盖率达43.9%。**经济** 属发达的工农业国。综合国力居世界前列，国内生产总值约合22158亿美元。工业基础雄厚，主要部门有电力、钢铁、石油、造船、有色冶金、化工、军工等。农业以麦类、玉米、马铃薯、豆类、甜菜为主。畜牧业和渔业发达。地区经济差异大。拥有完善的交通运输网。对外贸易总额7894亿美元。**国防** 有海、陆、空、防空和火箭军五个军种，共计115万人，为世界军事强国。实行义务兵和合同兵相结合的兵役制。

东经180°西经
东西伯利亚海
新西伯利亚群岛
德朗群岛
新西伯利亚岛
大利亚霍夫岛
小利亚霍夫岛
科捷利内岛
安茹群岛
弗兰格尔岛
楚科奇海
楚科奇半岛
楚科奇自治区
阿纳德尔
北极圈
白令海
科曼多尔群岛
罗蒙诺索夫海岭
拉普捷夫海
十月革命岛
布尔什维克岛
泰梅尔半岛
北西伯利亚低地
科雷马低地
萨哈(雅库特)共和国
雅库茨克
上扬斯克山脉
切尔斯基山脉
马加丹
鄂霍次克海
堪察加半岛
彼得罗巴甫洛夫斯克
千岛群岛
萨哈林州
南萨哈林斯克
哈巴罗夫斯克边疆区
哈巴罗夫斯克(伯力)
滨海边疆区
符拉迪沃斯托克(海参崴)
伊尔库茨克州
伊尔库茨克
乌兰乌德
赤塔
布拉戈维申斯克(海兰泡)
比罗比詹
中西伯利亚高原
外贝加尔边疆区
阿穆尔州
蒙古
乌兰巴托
中华人民共和国
哈尔滨
长春
沈阳
北京
天津
呼和浩特
朝鲜
平壤
韩国
首尔
日本
札幌
日本海
太平洋
注：①车臣共和国 ②楚瓦什共和国
③印古什共和国 ④卡巴尔达-巴尔卡尔共和国
⑤卡尔梅克共和国 ⑥卡拉恰伊-切尔克斯共和国
⑦马里埃尔共和国 ⑧莫尔多瓦共和国
⑨北奥塞梯-阿兰共和国 ⑩乌德穆尔特共和国
⑪乌里扬诺夫斯克州 ⑫克拉斯诺达尔边疆区
⑬斯塔夫罗波尔边疆区
⑭莫斯科直辖市
⑮列宁格勒州，圣彼得堡直辖市
⑯彼尔姆边疆区
⑰外贝加尔边疆区
㊀阿塞拜疆 ㊁伊朗 ㊂亚美尼亚
㊃俄罗斯 图内未标注一级行政区名的均与一级行政中心同名的州名

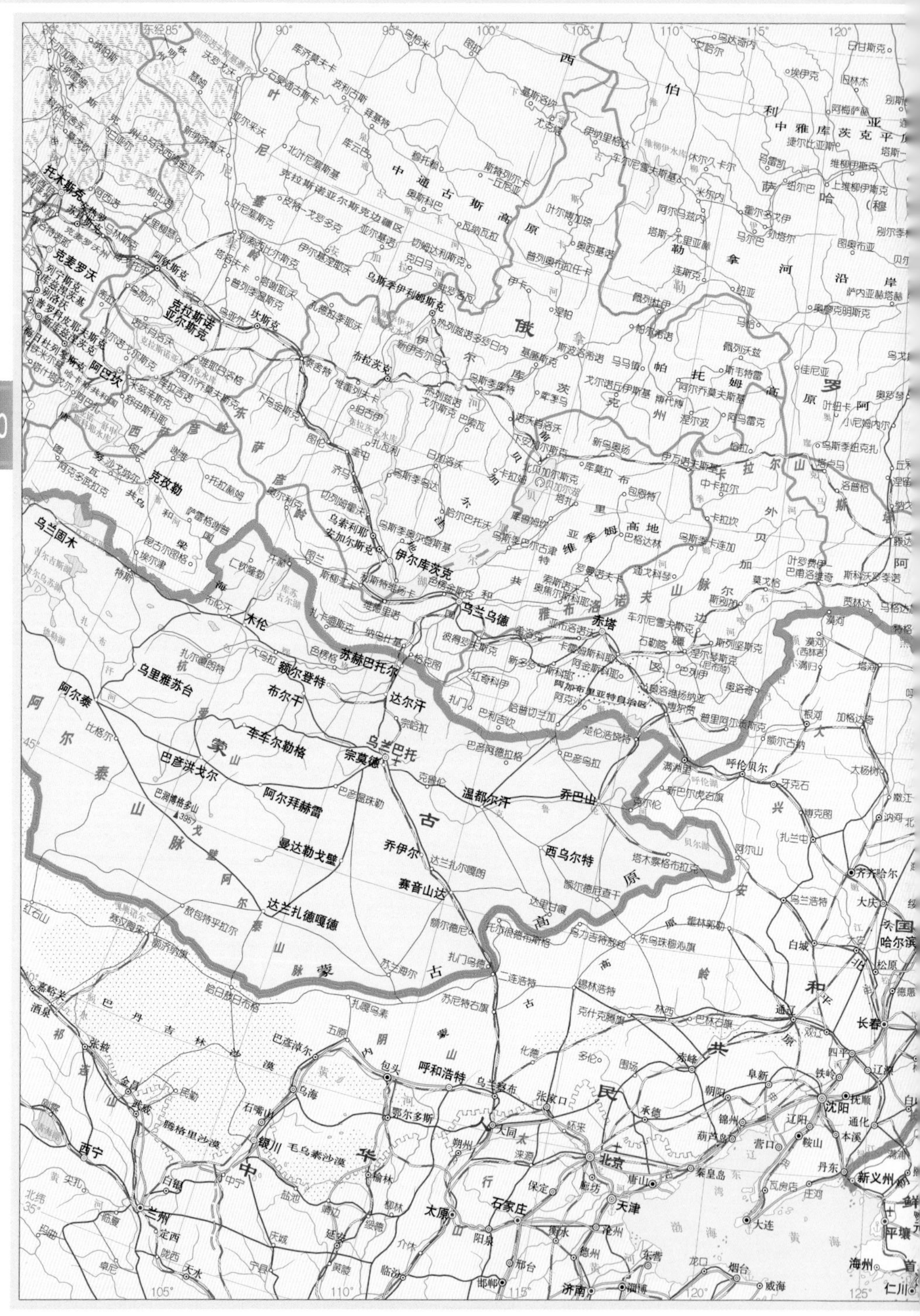

东经85°
90°
95°
100°
105°
110°
115°
120°
西
伯
利
亚
中雅库茨克平原
中通古斯高原
叶
尼
塞
俄
罗
斯
勒拿河沿岸
托木斯克
克麦罗沃
克拉斯诺亚尔斯克
阿巴坎
克孜勒
东萨彦岭
西萨彦岭
伊尔库茨克
乌兰乌德
赤塔
贝加尔湖
雅布洛诺夫山脉
外贝加尔
斯塔诺夫山脉
乌兰固木
木伦
乌里雅苏台
额尔登特
布尔干
苏赫巴托尔
达尔汗
乌兰巴托
宗莫德
车车尔勒格
巴彦洪戈尔
阿尔拜赫雷
曼达勒戈壁
乔伊尔
赛音山达
温都尔汗
乔巴山
西乌尔特
达兰扎德嘎德
阿尔泰
阿尔泰山脉
戈壁阿尔泰山脉
蒙古
蒙古高原
满洲里
海拉尔
呼伦贝尔
大兴安岭
齐齐哈尔
大庆
哈尔滨
长春
沈阳
抚顺
鞍山
丹东
新义州
大连
平壤
海州
仁川
北京
天津
唐山
秦皇岛
石家庄
太原
呼和浩特
包头
乌海
银川
兰州
西宁
武威
张掖
酒泉
巴丹吉林沙漠
腾格里沙漠
毛乌素沙漠
中华人民共和国
渤海
黄海
济南
烟台
威海
张家口
大同
赤峰
锦州
营口
通辽
四平
北纬35°
45°
105°
110°
115°
120°
125°

比例尺 1:17 300 000

0 173 346 519 692千米

注：① 阿尔泰共和国 ② 阿尔泰边疆区

俄罗斯境内自治区界

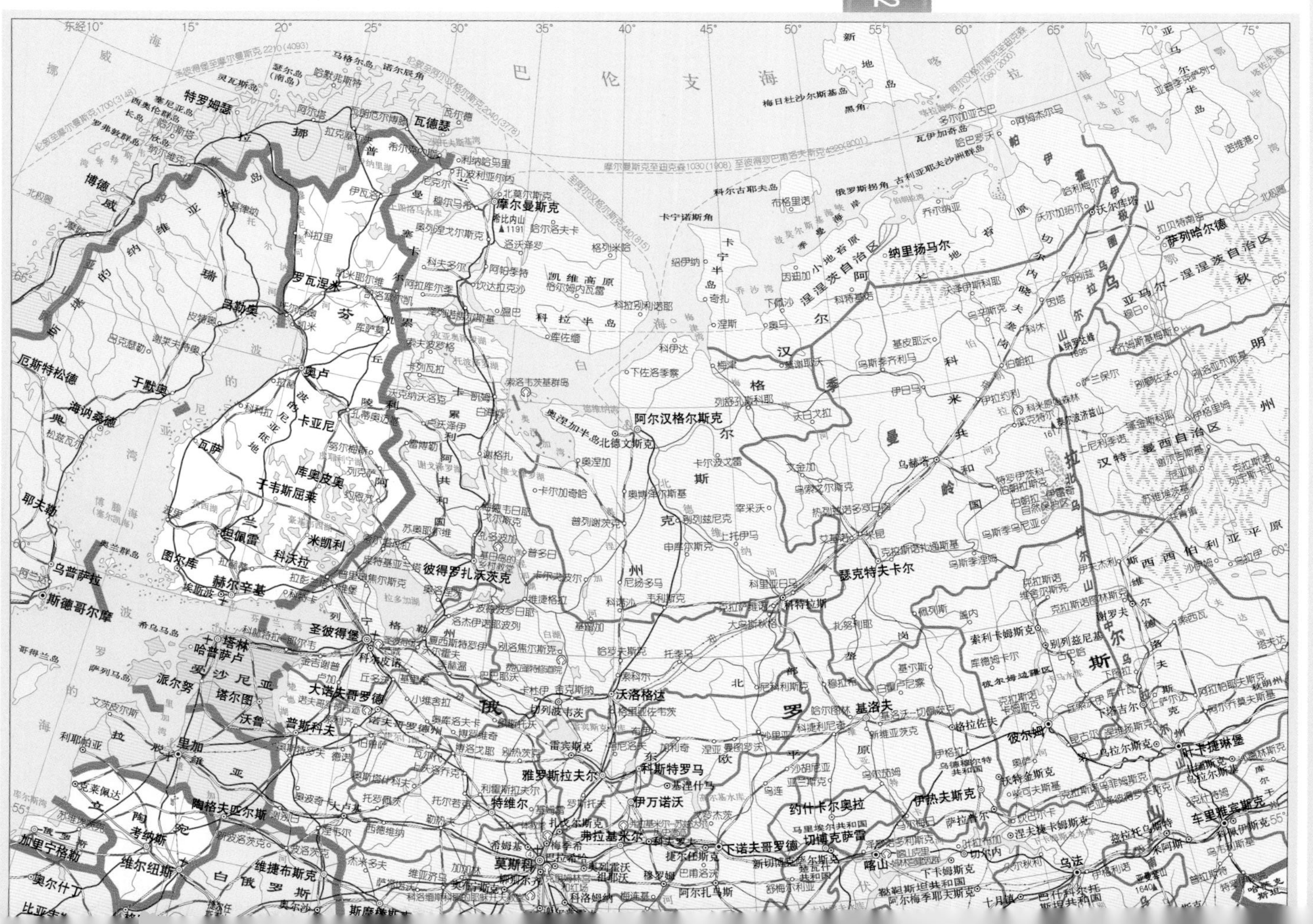
巴伦支海
白海
喀拉海
摩尔曼斯克
阿尔汉格尔斯克
纳里扬马尔
萨列哈尔德
瑟克特夫卡尔
圣彼得堡
彼得罗扎沃茨克
莫斯科
雅罗斯拉夫尔
沃洛格达
伊万诺沃
科斯特罗马
特维尔
弗拉基米尔
下诺夫哥罗德
切博克萨雷
约什卡尔奥拉
喀山
基洛夫
伊热夫斯克
彼尔姆
叶卡捷琳堡
车里雅宾斯克
乌法
赫尔辛基
斯德哥尔摩
乌普萨拉
特罗姆瑟
博德
塔林
里加
维尔纽斯
考纳斯
大诺夫哥罗德
普斯科夫
奥卢
于默奥
海讷桑德

注：图内未标注一级行政区名的均与一级行政区中心同名

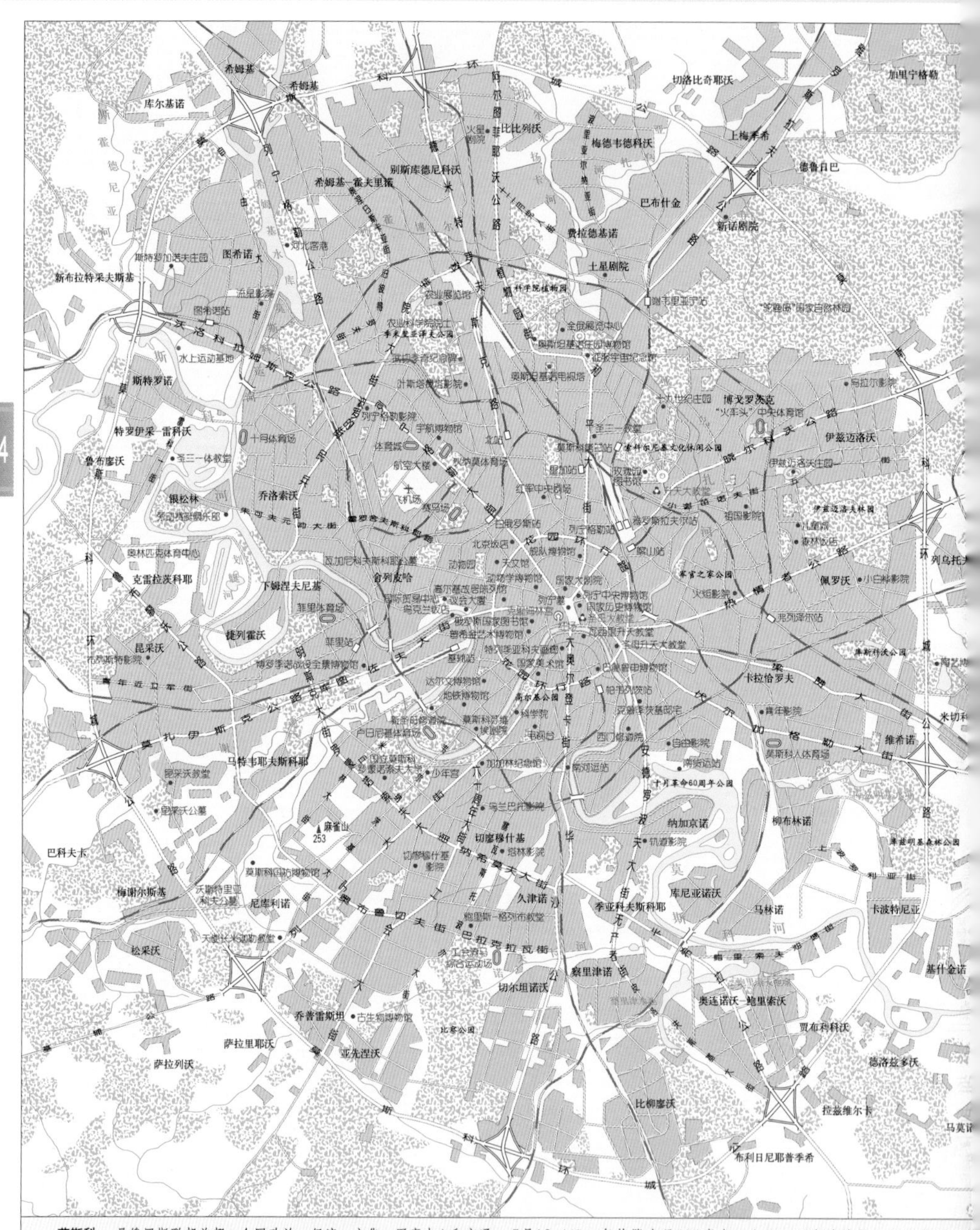

莫斯科　是俄罗斯联邦首都，全国政治、经济、文化、军事中心和交通枢纽，世界特大城市之一。位于俄罗斯欧洲部分，伏尔加河及其支流奥卡河之间。莫斯科河自西北向东南流经市区。面积2560平方千米。人口1230万。城市以克里姆林宫和红场为中心，呈环形分布。由5条环形路相贯通。公路和铁路从市中心呈辐射状伸向四面八方。地形以平原为主，间有丘陵，大部海拔115—200米。地势西高东低。麻雀山海拔253米，为全市制高点。全市绿化面积达50%。工业区主要在东半部低平区，产值居全国首位。属寒温带大陆性气候，冬季漫长严寒多雾，夏季短暂凉爽多雨。平均气温：1月-10.2℃，7月18.1℃。年均降水量580毫米。公元1156年建城堡。自13世纪下半叶为莫斯科公国的都城，15世纪为俄罗斯中央集权国家的政治中心。1922年12月30日起为苏联首都。二次大战期间，发生过著名的莫斯科会战。交通发达，有13条公路干线和11条铁路干线与外界相通。市郊有4个大型机场。市区有3个河港，通过莫斯科运河与伏尔加河沟通，使之成为连接白海、波罗的海、黑海、亚速海和里海的"五海之港"。市内多名胜、高校、博物馆、体育馆等设施。主要名胜有红场、克里姆林宫、瓦西里·升天教堂。

白俄罗斯

BELARUS

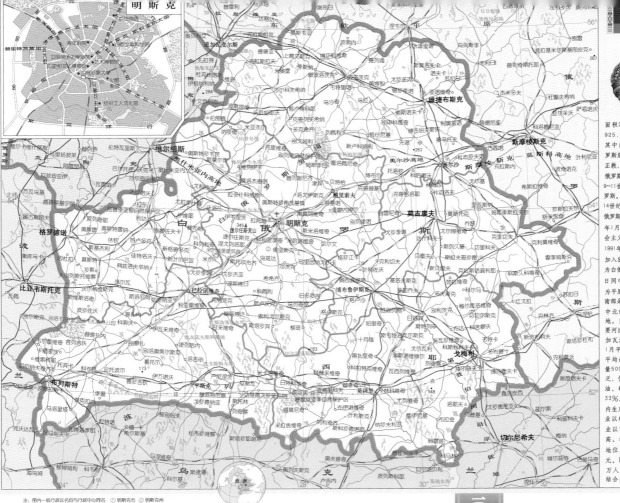

比例尺 1:4 200 000

0 42 84 126 168千米

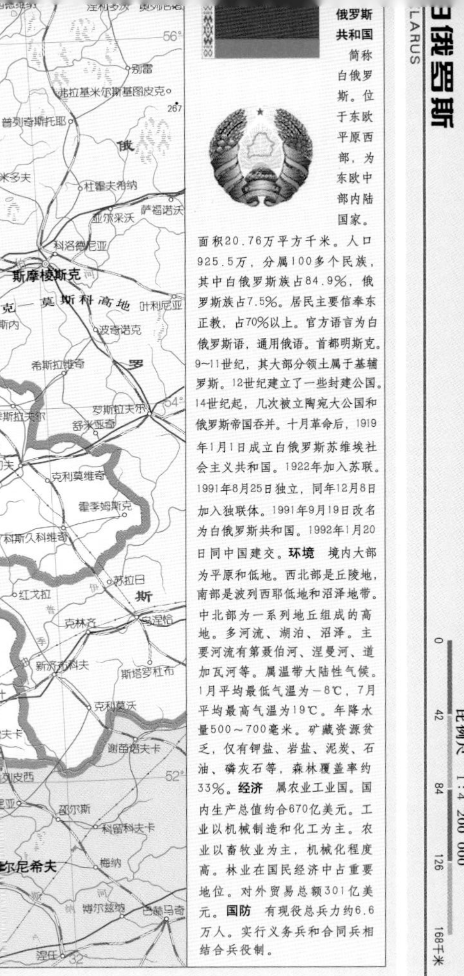

俄罗斯共和国 简称白俄罗斯。位于东欧平原西部，为东欧中部内陆国家。

面积20.76万平方千米。人口925.5万，分属100多个民族，其中白俄罗斯族占84.9%，俄罗斯族占7.5%。居民主要信奉东正教，占70%以上。官方语言为白俄罗斯语，通用俄语。首都明斯克。9~11世纪，其大部分领土属于基辅罗斯。12世纪建立了一些封建公国。14世纪起，几次被立陶宛大公国和俄罗斯帝国吞并。十月革命后，1919年1月1日成立白俄罗斯苏维埃社会主义共和国。1922年加入苏联。1991年8月25日独立，同年12月8日加入独联体。1991年9月19日改名为白俄罗斯共和国。1992年1月20日同中国建交。**环境** 境内大部为平原和低地。西北部是丘陵地，南部是波列西耶低地和沼泽地带。中北部为一系列地丘组成的高地。多河流、湖泊、沼泽。主要河流有第聂伯河、涅曼河、道加瓦河等。属温带大陆性气候。1月平均最低气温为－8℃，7月平均最高气温为19℃。年降水量500～700毫米。矿藏资源贫乏，仅有钾盐、岩盐、泥炭、石油、磷灰石等。森林覆盖率约33%。**经济** 属农业工业国。国内生产总值约合670亿美元。工业以机械制造和化工为主。农业以畜牧业为主，机械化程度高。林业在国民经济中占重要地位。对外贸易总额301亿美元。**国防** 有现役总兵力约6.6万人。实行义务兵和合同兵相结合兵役制。

注：图内一级行政区名均与行政中心同名 ① 明斯克市 ② 明斯克州

摩尔多瓦共和国 简称摩尔多瓦。位于东欧平原西南部，为东欧内陆国家。东、南、北与乌克兰为邻，西连罗马尼亚。面积3.38万平方千米。人口260.40万，主要分属5个民族，摩尔多瓦族占65%，乌克兰族占13%，俄罗斯族占13%，余为加告兹族、保加利亚族、犹太族等。居民多数信奉东正教。官方语言为摩尔多瓦语，通用俄语。首都基希讷乌。13～14世纪曾遭蒙古人和匈牙利人侵占，1359年建立了独立的封建公国。1812年部分领土划入俄罗斯版图。1940年6月2日成立摩尔达维亚苏维埃社会主义共和国，并加入苏联。1990年6月改国名为摩尔多瓦苏维埃社会主义共和国，1991年5月23日改国名为摩尔多瓦共和国。1991年8月27日独立，12月21日加入独联体。1992年1月30日同中国建交。

环境 地形以平原为主，丘陵与河谷平原相间分布。中部地势较高，最高点巴拉涅什特山海拔429米。最长的河为德涅斯特河，其流域面积占国土面积的56%。属温带大陆性气候。平均气温：1月为－4℃，7月为20℃。年降水量450～500毫米。资源主要有建筑材料、磷钙石、褐煤等。地下水资源丰富，约有2200个天然泉眼。

经济 属农业工业国。国内生产总值约合131亿美元。工业中加工业占主导地位。农业以种植业为主，机械化程度高。对外贸易总额96亿美元。

国防 有现役总兵力约6500人。实行义务兵和志愿合同兵相结合的兵役制。

比例尺 1:5 600 000

0 56 112 168 224千米

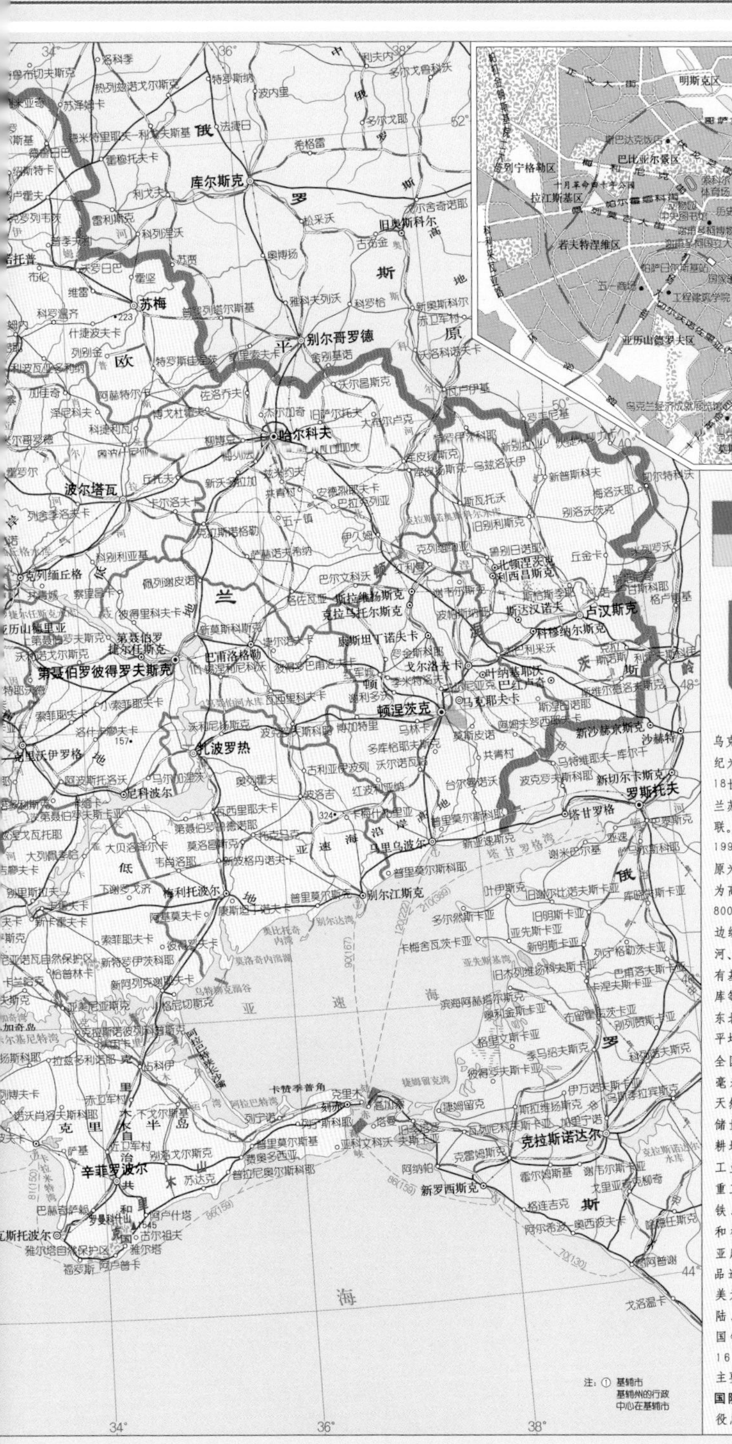

乌克兰 位于东欧西南部，南濒黑海和亚速海。海岸线长654千米。面积60.37万平方千米。人口4113万，共有110多个民族，其中乌克兰人占77%，俄罗斯人占17%，其他为白俄罗斯、犹太、波兰、匈牙利、罗马尼亚、希腊、德意志等民族。居民多信奉东正教和天主教。官方语言为乌克兰语，通用俄语。首都基辅。公元9～12世纪为封建国家基辅罗斯的重要组成部分，至18世纪逐步并入沙俄版图。1917年成立乌克兰苏维埃社会主义共和国，于1922年加入苏联。1991年8月24日独立。12月8日加入独联体。1992年1月4日同中国建交。**环境** 境内以平原为主，间有波状起伏的丘陵和高地。西南部为高地，边缘斜贯着东喀尔巴阡山脉，海拔800～1500米。东南部为山地和丘陵地。南部边缘地区为克里木山地。主要河流有第聂伯河、南布格河、北顿涅茨河。水库众多，主要有基辅水库、克列缅丘格水库、卡霍夫卡水库等。大部属温带大陆性气候。1月平均气温东北部－8℃，克里木半岛南端2～4℃；7月平均气温西北部18～19℃，东南部23～24℃，全国平均气温17℃。年降水量300～1600毫米。矿藏资源丰富，主要有煤、石油、天然气、铁、锰等共达70多种，其中锰的储量居世界前列。拥有肥沃的黑土地带，耕地占国土面积的70%。**经济** 属发达农业工业国，国内生产总值约合2000亿美元。重工业占主要地位，主要部门有煤炭、钢铁、冶金、机械和化工等。农业集体化和机械化程度高，出产甜菜、向日葵、亚麻、葡萄等。如今是中国第十大农产品进口来源地。对外贸易总额1409.1亿美元。交通运输发达，有以铁路为主，水、陆、空和管道等方式齐全的运输网。全国铁路线总长2.23万千米，公路线总长16.9万千米，内河航道总长1672千米。主要海港有敖德萨、赫尔松、尼古拉耶夫等。**国防** 有陆、海、空、防空军4个军种，现役总兵力25万人。

注：图内未标注的一级行政区名均与一级行政中心同名

波罗的海
博恩霍尔姆岛(丹)
格但斯克
格丁尼亚
科沙林
什切青
比得哥什
托伦
戈茹夫
波兹南
柏林
波茨坦
德
国
绿山城
弗罗茨瓦夫
奥波莱
利贝雷茨
乌斯季
布拉格
比尔森
赫拉德茨-克拉洛韦
帕尔杜比采
奥斯特拉发
奥洛穆茨
捷
克
伊赫拉瓦
布尔诺
兹林
日利纳
特伦钦
卡托维兹
克拉科夫
罗兹
德累斯顿
卡罗维发利
捷克布杰约维采

波兰共和国 简称波兰。位于中欧东北部，北临波罗的海，岸线长661千米。面积32.26万平方千米。人口3803万，97.1%为波兰人，余为乌克兰人、白俄罗斯人、立陶宛人、俄罗斯人、德意志人等。居民中87%信奉罗马天主教。官方语言为波兰语。首都华沙。公元9、10世纪建立封建王朝，14、15世纪进入鼎盛时期。18世纪下半叶开始衰落。后于1772年、1793年、1795年3次被沙俄、普鲁士、奥地利瓜分。1918年恢复独立，建立资产阶级共和国。1939年9月1日，希特勒德国进攻波兰，发动第二次世界大战。1944年德军败退后，于7月22日建立波兰共和国。1952年12月29日改为波兰人民共和国。1989年12月又将国名改为波兰共和国。1949年10月7日同中国建交。

环境 境内多平原和低地，90%的国土在海拔300米以下。地势南高北低，中部下凹。海岸线平直且多沙洲和湖。南部与斯洛伐克交界处的塔特拉山的雷瑟峰海拔2499米，是全国最高点。境内河网稠密，水量丰沛，主要有维斯瓦河和奥得河。最大湖泊为希尼亚尔德维湖，面积109.7平方千米。属温和的大陆性气候，并具有从海洋向大陆性气候过渡的特点。平均气温：1月-5～-1℃，7月17～19℃。年降水量500～800毫米，南部山区可达1500毫米。森林覆盖率为28%。矿藏有煤、硫磺、铜、铅、锌、钾盐等。**经济** 属工业农业国，国内生产总值约合6565亿美元。其中工业产值占60%，农业产值占19%。工业主要有采矿、机械制造、汽车、造船、电子、化工等。主要农作物有黑麦、小麦、燕麦、马铃薯和甜菜。畜牧业发达。国内运输以铁路为主，公路为辅。铁路总长1.94万千米，约50%为电气化铁路。公路总长31.43万千米。对外贸易总额5332.7亿美元。**国防** 有现役总兵力约11.33万人。职业化兵役制。年军费约148亿美元。

德国
波兰
奥地利
斯洛伐克
匈牙利
克罗地亚
斯洛文尼亚
布拉格
布尔诺
维也纳
布拉迪斯拉发
萨尔茨堡
林茨
德累斯顿
比尔森
捷克布杰约维采
伊赫拉瓦
帕尔杜比采
赫拉德茨-克拉洛韦
利贝雷茨
乌斯季
卡罗维发利
奥洛穆茨
奥斯特拉发
兹林
特伦钦
尼特拉
特尔纳瓦
杰尔
松博特海伊
维斯普雷姆
塞克什白堡
佐洛埃格塞格
考波什堡
佩奇
瓦拉日丁
科普里夫尼察
萨格勒布
别洛瓦尔
维罗维蒂察
圣珀尔滕
艾森施塔特
中捷克州
南捷克州
比尔森州
卡罗维发利州
乌斯季州
利贝雷茨州
帕尔杜比采州
维索奇纳州
南摩拉维亚州
奥洛穆茨州
兹林州
厄尔士山脉
苏台德山
捷克林山
舒马瓦山
阿尔卑斯山脉
布达佩斯
老布达
老布达岛
人民岛
安琪尔弗尔德
布达佩斯西
布达佩斯东
佩斯
切佩尔
切佩尔岛
布达福克
佩斯伊丽莎白
小佩斯
新佩斯
克巴尼奥
佩斯森姆赖
佩斯希代格库特
拉科什圣米哈伊
马特亚斯弗尔德
阿尔帕德弗尔德
多瑙河

布拉格

捷克共和国 简称捷克。位于中欧，为内陆国家。面积7.89万平方千米。人口1053万，捷克族占90%，余为斯洛伐克、德意志、波兰等族。居民多信奉天主教。官方语言为捷克语。首都布拉格。10世纪建捷克公国。1918年与斯洛伐克地区合并，成立了捷克斯洛伐克共和国。1960年改名为捷克斯洛伐克社会主义共和国。1990年4月又改称捷克和斯洛伐克联邦共和国。1992年12月31日联邦共和国解体。1993年1月1日捷克成为独立的共和国，并同时与中国建交。**环境** 地形以高原和山地为主，三面为群山环抱，东部为摩拉维亚高地，西部为捷克高原。北部的捷、波界山斯涅日卡山海拔1602米，为全国最高峰。河网稠密，大多水流湍急，不利航行，但水力资源丰富。属温带气候，具有海洋性特征。年平均气温6.5℃。年平均降水量700毫米。褐煤、硬煤和铀矿蕴藏丰富，此外还有铝、锌、锰、萤石、石墨、高岭土等。**经济** 属较发达的工业国。国内生产总值约合2823亿美元。工业有机械、化工、冶金、电力、纺织、玻璃制品、啤酒等。主要农作物有麦类、甜菜和马铃薯。对外贸易总额3632亿美元。**国防** 有现役总兵力约3.2万人。实行职业化兵役制。

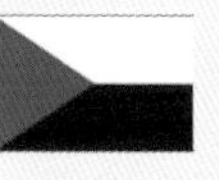

斯洛伐克共和国 简称斯洛伐克。位于中欧东部，为内陆国家。面积4.9万平方千米。人口546万，81.2%为斯洛伐克族，8.4%为匈牙利族，余为茨冈、捷克、乌克兰、波兰、日耳曼、俄罗斯等族人。官方语言为斯洛伐克语。居民中62%信奉罗马天主教。首都布拉迪斯拉发。1993年1月1日与捷克分离，成立斯洛伐克共和国，并同时与中国建交。**环境** 地形由一系列东西走向的山脉组成，主要山脉有喀尔巴阡山脉的分支高塔特拉山脉和低塔特拉山脉，高塔特拉山脉的主峰格尔拉赫峰海拔2655米，为全国最高峰。东南、西南有小片平原。主要河流有摩拉瓦河、瓦赫河、赫龙河及流经西南边境的多瑙河。属海洋性向大陆性过渡的温带气候。年平均气温：1月为1～5℃，7月为15～19℃。年均降水量400毫米。森林覆盖率为34%。有铁、锰、铜、镁、铅等矿藏。**经济** 属工业农业国。国内生产总值约合976.3亿美元。工业以重工业为主，有机械制造、采矿、冶金、化工、造船、纺织和木材加工等。农业在国民经济中地位重要，以畜牧为主。农作物主要有麦类、玉米、马铃薯等。对外贸易总额为1853.9亿美元。交通较为发达，铁路总长3629千米。公路总长1.8万千米，其中高速公路521千米。**国防** 有现役总兵力1.6万人。实行职业化兵役制。

匈牙利 简称匈牙利。位于多瑙河中游，是中欧内陆国家。面积9.3万平方千米。人口967.8万，90%为马扎尔族（匈牙利族），余为德意志、斯洛伐克、罗马尼亚、塞尔维亚和克罗地亚族。居民多信奉天主教和基督教新教（17.9%）。官方语言为匈牙利语。首都布达佩斯。公元1000年建立匈牙利封建王国。1526年后遭土耳其侵占。1849年建立匈牙利共和国。1919年3月21日建立匈牙利苏维埃共和国。1989年10月23日改称匈牙利共和国。1949年10月4日同中国建交。**环境** 地形以平原为主，平原主要分布在东、南部和西北部，约占国土面积的2/3。北部和中部多为山地和丘陵地，凯凯什峰海拔1015米，为全国最高峰。主要河流有多瑙河及其支流蒂萨河。巴拉顿湖是中欧最大的淡水湖。属温带大陆性气候。年平均气温10℃；夏季平均气温21.7℃，冬季平均气温-12℃。年降水量630毫米。资源较为贫乏，仅铝矾土矿储量丰富。**经济** 为工农业国。国内生产总值约合1815亿美元。农业在国民经济中占重要地位。主要农作物有小麦、玉米、马铃薯。工业以机械、化工、仪器、冶金为主。交通比较发达。铁路总长7682千米，公路总长3.2万千米。对外贸易总额2652亿美元。**国防** 有现役总兵力3万人。实行志愿兵役制。

注：图内未标注的一级政区名均与一级行政中心同名。①布达佩斯市 ②佩斯州行政中心在布达佩斯

北海
波罗的海
丹麦
荷兰
波兰
下萨克森州
梅克伦堡－前波美拉尼亚州
石勒苏益格－荷尔斯泰因州
萨克森－安哈尔特州
北莱茵－威斯特法伦州
勃兰登堡州
萨克森州
图林根州
柏林
汉堡
基尔
吕贝克
什未林
罗斯托克
施特拉尔松德
吕根岛
不来梅
不来梅港
奥尔登堡
汉诺威
不伦瑞克
沃尔夫斯堡
马格德堡
波茨坦
法兰克福
科特布斯
德累斯顿
莱比锡
哈雷
埃尔福特
耶拿
格拉
开姆尼茨
格丁根
卡塞尔
奥斯纳布吕克
明斯特
比勒费尔德
帕德博恩
多特蒙德
埃森
波鸿
杜伊斯堡
杜塞尔多夫
伍珀塔尔
哈根
科隆
波恩
亚琛
锡根
什切青
戈茹夫
格罗宁根
吕伐登
阿森
兹沃勒
恩斯赫德
阿纳姆
奈梅亨
马斯特里赫特
列日
莱利斯塔德

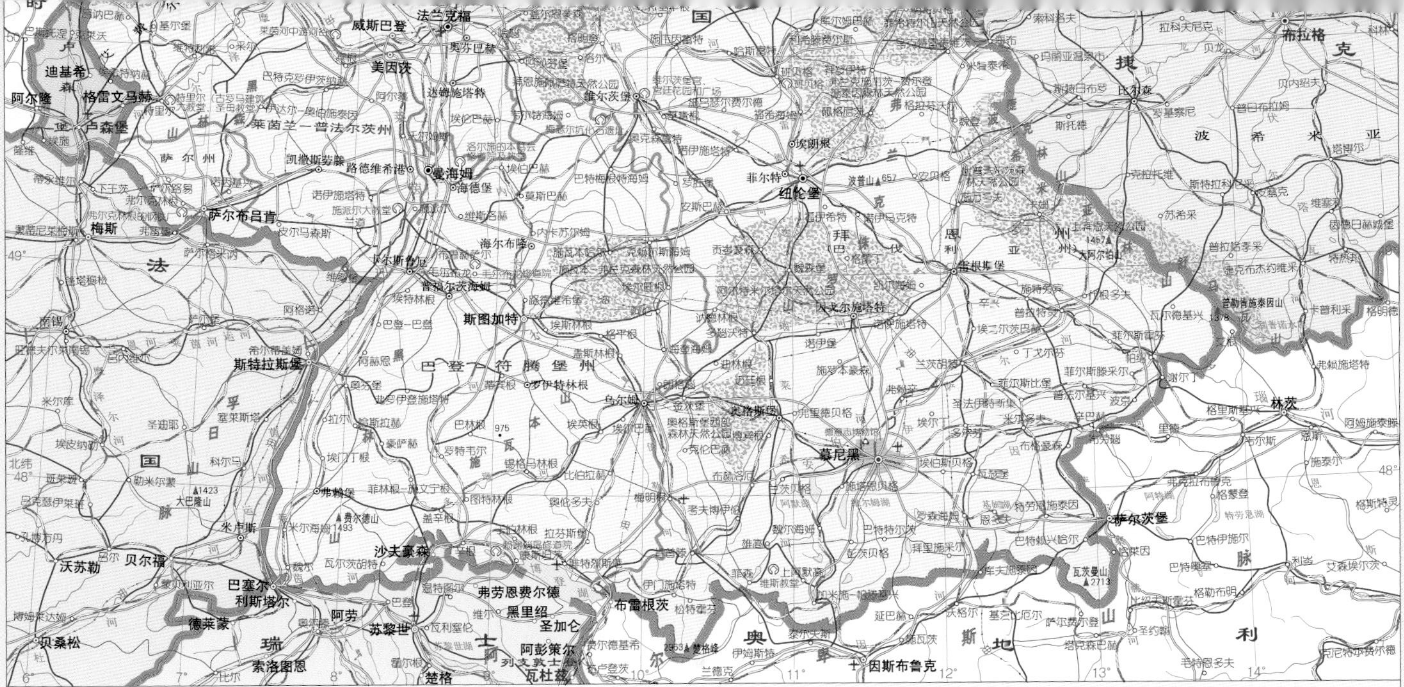

比例尺　1:3 800 000

0　38　76　114　152千米

德意志联邦共和国　简称德国。位于中欧西北部，北临波罗的海和北海。面积35.8万平方千米。人口8430万，99%为德意志人，余为丹麦人和吉卜赛人等。城市人口占总人口的80%以上。居民多信奉基督教、新教和天主教。官方语言为德语。首都柏林。公元962年奥托一世称帝，此后长期处于封建割据和混战状态，1871年建立了统一的德意志帝国，奉行对外侵略扩张政策。1914年挑起第一次世界大战。1919年建立魏玛共和国。1939年发动第二次世界大战。战后其领土和首都被美、英、法、苏4国分区占领。美、英、法占区成立德意志联邦共和国，苏占区成立德意志民主共和国。两国分别于1972年10月11日和1949年10月27日同中国建交。1990年10月3日民主德国正式加入联邦德国，实现了统一。**环境**　地势南高北低。南部为高原、山地区，其中德奥边境的阿尔卑斯山脉楚格峰海拔2963米，为全国最高点。北部为北德平原区，平均海拔多在100米以下。在北德平原与多瑙河之间为中德山地区，山脉、丘陵和盆地交织分布。境内河流众多，水量丰富且有水库调节。主要河流有易北河、威悉河、多瑙河和莱茵河，各大河间均有运河沟通。湖泊星罗棋布，较大湖泊有博登湖、基姆湖、米里茨湖和阿默湖。属温带气候。年平均气温：7月17℃，1月－3℃。年降水量500～1000毫米。森林覆盖率达32%。富藏煤炭和钾盐，其他矿藏贫乏。**经济**　为高度发达的工业国，经济实力位居欧洲首位，世界第四大经济强国和世界贸易大国。是欧盟最大的工业生产基地和市场。国内生产总值约合3.63万亿美元。工业以机械、化工、电子和汽车为主，采煤、造船、钢铁、核能、精密仪器仪表和航天工业也很发达。工业结构及其特点是侧重重工业外向型，中型企业多，垄断程度高。产品约一半以上销往国外。农业以畜牧业为主，机械化和专业化程度高。交通高度发达，是国民经济的重要组成部分，以公路运输为主，公路总长约83万千米，其中高速公路1.3万千米，密度居世界第一，年运输量占全国的80.2%。铁路总长3.86万千米，其中电气化路段长1.96万千米，年运输量占全国8.3%。海洋和内河运输，主要水路网络总长4800千米。对外贸易总额2.87万亿美元，顺差1828.5亿美元。**国防**　有现役总兵力18.3万人。实行志愿兵役制。年军费约533亿美元。

柏林 为德国首都，全国最大城市。位于施普雷河注入哈弗尔湖的汇合处。面积892平方千米。人口363.4万。现为全国政治、经济、文化和交通中心。历史悠久，15世纪起为历代都城。二战期间是纳粹德国的大本营，战争中遭严重破坏。战后由美、英、法、苏分区占领。1948年苏占区成立大柏林临时民主政府，美、英、法将三国占领区合并，组成西柏林市政府，由此分为东、西柏林。1949年民主德国成立，东柏林成为其首都。1961年民主德国建柏林墙，将东、西柏林隔离。1990年两德统一，柏林墙拆除，柏林成为统一的德意志联邦共和国首都。柏林地处北德平原，地势低平，平均海拔35米。边缘多湖泊，间布森林，被称为“森林与湖泊之都”。属温带海洋性和大陆性之间的过渡气候。年平均气温约8.6℃。年平均降水量580毫米。交通高度发达，市内汽车、电车、地铁和高架铁路系统是欧洲最完善的运输系统之一。城市外围有环形铁路和高速公路与通往全国各地的十几条铁路和高速公路相接。有4个机场，是欧洲重要的国际交通枢纽。街道从市中心向四周呈辐射状分布，工厂企业多布局在市区边缘，以电机、电子、仪器制造、化工、印刷和食品加工为主。市区有柏林洪堡大学、科学院、勃兰登堡门、国会大厦、国家歌剧院等文化设施和名胜。

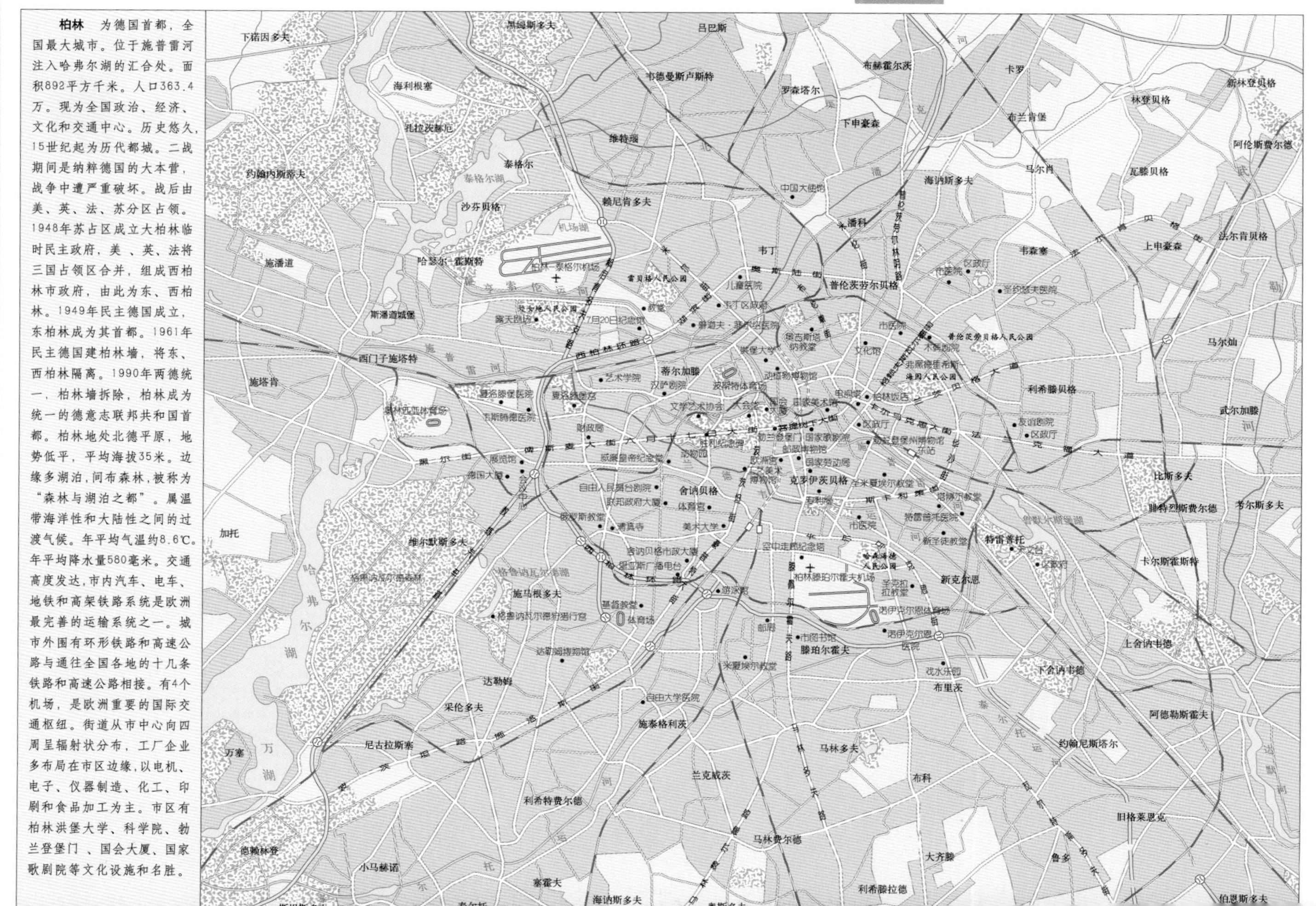

比例尺 1:2 700 000

0 27 54 81 108千米

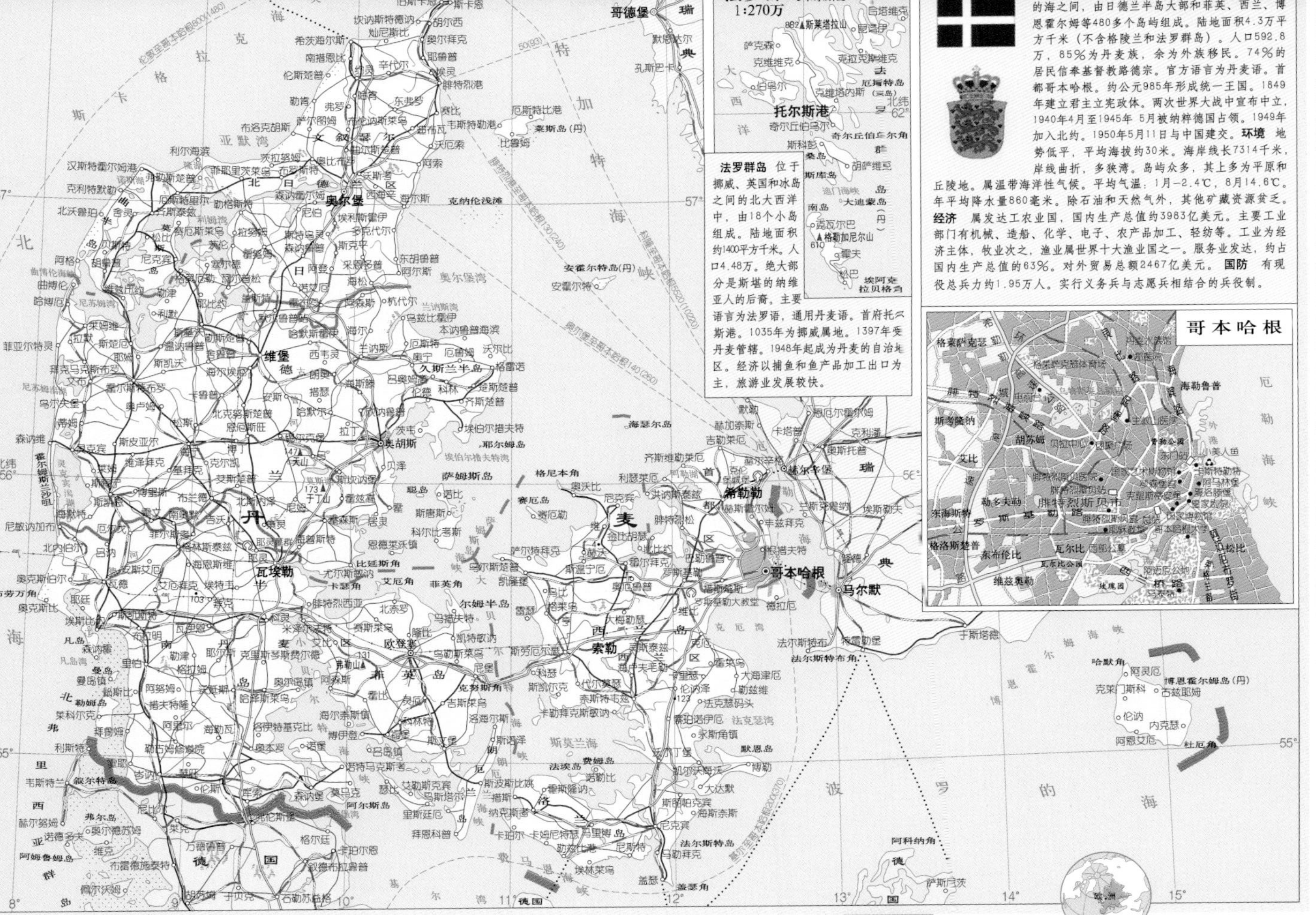

的海之间，由日德兰半岛大部和菲英、西兰、博恩霍尔姆等480多个岛屿组成。陆地面积4.3万平方千米（不含格陵兰和法罗群岛）。人口592.8万，85%为丹麦族，余为外族移民。74%的居民信奉基督教路德宗。官方语言为丹麦语。首都哥本哈根。约公元985年形成统一王国。1849年建立君主立宪政体。两次世界大战中宣布中立，1940年4月至1945年5月被纳粹德国占领。1949年加入北约。1950年5月11日与中国建交。**环境** 地势低平，平均海拔约30米。海岸线长7314千米，岸线曲折，多狭湾。岛屿众多，其上多为平原和丘陵地。属温带海洋性气候。平均气温：1月-2.4℃，8月14.6℃。年平均降水量860毫米。除石油和天然气外，其他矿藏资源贫乏。**经济** 属发达工农业国，国内生产总值约3983亿美元。主要工业部门有机械、造船、化学、电子、农产品加工、轻纺等。工业为经济主体，牧业次之，渔业属世界十大渔业国之一。服务业发达，约占国内生产总值的63%。对外贸易总额2467亿美元。**国防** 有现役总兵力约1.95万人。实行义务兵与志愿兵相结合的兵役制。

法罗群岛 位于挪威、英国和冰岛之间的北大西洋中，由18个小岛组成。陆地面积约1400平方千米。人口4.48万。绝大部分是斯堪的纳维亚人的后裔。主要语言为法罗语，通用丹麦语。首府托尔斯港。1035年为挪威属地。1397年受丹麦管辖。1948年起成为丹麦的自治区。经济以捕鱼和鱼产品加工出口为主，旅游业发展较快。

注：图内一级行政区名未标注的均与一级行政中心同名

阿姆斯特丹
布鲁塞尔
北海
格罗宁根
吕伐登
阿森
兹沃勒
莱利斯塔德
阿纳姆
哈勒姆
乌得勒支
海牙
鹿特丹
米德尔堡
安特卫普
布鲁日

荷兰王国 简称荷兰。位于西欧北部，西、北濒临北海。面积4.15万平方千米。人口1782万，76.8%为荷兰族人，此外还有弗里斯族人。居民中19.8%信奉天主教，14.4%信奉新教。官方语言为荷兰语。弗里斯兰省讲弗里斯语。为世袭君主立宪制国家。首都阿姆斯特丹。16世纪前长期处于封建割据状态。1556年起受西班牙统治。1648年西正式承认荷兰独立。17世纪末成为海上殖民强国。1810年并入法国。1815年成立荷兰王国，1848年实行君主立宪制。1940年遭德占领。战后放弃中立，于1949年加入北约。1954年11月19日同中国建交。**环境** 地势低平，60%的国土海拔不超过1米。全国24%的国土低于海平面，最低点海拔-6.7米，被称为“低地之国”。法尔斯山海拔321米，为全国最高点。从13世纪开始围海造田，造地面积约60万公顷。主要河流有莱茵河和马斯河。属温带海洋性气候。平均气温沿海地区冬季3℃，夏季16℃，内陆冬季2℃，夏季17℃。年均降水量797毫米。矿藏资源贫乏，仅天然气丰富。此外有少量煤、石油等。**经济** 属发达的工农业国，国内生产总值约合8040亿美元。工业有炼油、电器、化工、造船、机械制造和乳品加工等。农业生产高度集约化、机械化。畜牧业和花卉、蔬菜园艺业占重要地位。旅游业兴旺。服务业是国民经济支柱产业。对外贸易总额约8526亿美元。主要进口原料、原油、半制成品、机械等，出口各种食品、电子产品、石油制品、化工、机械、船舶和农产品等。**国防** 有现役总兵力约6.9万人。志愿兵役制。

比利时王国 简称比利时。位于欧洲西部，濒临北海。地处西欧中部，被称为西欧“十字路口”。面积3.07万平方千米。人口1158万，比利时人占91%。居民中80%信奉天主教。荷兰语、法语和德语同为官方语言。实行君主立宪制。首都布鲁塞尔。14～15世纪建立勃艮第王朝。随后为西班牙、奥地利、法国所统治。1815年并入荷兰，1830年10月4日独立。二战中被德国占领。战后放弃中立，于1949年加入北约。1993年实行联邦制。1971年10月25日同中国建交。**环境** 地势东南高西北低。境内2/3国土为平原和丘陵，东南部是阿登高原区。临近德国边境的博特朗日山，海拔694米，为全国最高峰。河网较稠密。主要河流有斯海尔德河和默兹河。属温带海洋性气候。年平均气温为9.1℃。年降水量800～1250毫米。森林覆盖率为21%。煤炭资源丰富，此外有少量的铁、锌、铅、铜等。**经济** 属发达的工业国，国内生产总值约合6947亿美元。工业部门有采煤、钢铁、机械、化工、有色金属、原子能、纺织和食品加工等。农业生产高度集约化，以畜牧业为主，饲养猪和牛。农产品有小麦、大麦、甜菜和马铃薯等。第三产业发展迅速。对外贸易是国家经济命脉，其总额10525亿美元。铁路总长3607千米、公路总长14.9万千米、水运航道总长2043千米。航空运输网发达。**国防** 有现役总兵力约2.6万人。实行志愿兵役制。北约总部和欧洲盟军最高司令部分别驻在布鲁塞尔和蒙斯。

卢森堡大公国 简称卢森堡。位于西欧内陆。面积2586平方千米。人口64.5万，卢森堡人占52.8%，外籍人占47.2%。官方语言为法语和德语，卢森堡语为日常用语。居民中97%信奉天主教。首都卢森堡，是全国政治、经济、文化、交通中心，也是欧洲金融中心之一。公元前为高卢人居住地。公元400年后，常遭外族入侵，1815年建立大公国，1839年独立。1867年成为中立国，实行君主立宪制。两次世界大战均被德国占领。1949年放弃中立，加入北约。1972年11月16日同中国建交。**环境** 地势北高南低。北部为阿登高原，布尔格普拉茨峰海拔559米，为全国最高点。南部是丘陵地，平均海拔300～400米。属海洋向大陆过度性气候。年平均气温9℃。年平均降水量782毫米。资源贫乏，仅有森林及少量铁矿。**经济** 属发达工业国。国内生产总值约合783.9亿美元。工业以钢铁为主，人均钢产量居世界首位。还有化工、纺织、食品加工等工业。主要出口钢铁，进口原料和消费品。对外贸易总额334亿美元。**国防** 有现役总兵力约2114人。实行志愿兵役制。

注：图内未标注一级行政区名的均与一级行政中心同名 ① 布鲁塞尔首都大区

大不列颠及北爱尔兰联合王国　简称英国。位于大西洋中的不列颠群岛上。为欧洲最大岛国，由大不列颠岛、爱尔兰岛东北部及周围5000多个岛屿组成。全国分成英格兰、威尔士、苏格兰和北爱尔兰4部分。陆地面积24.4万平方千米。人口6708万。居民中英格兰人占83.4%，苏格兰人占8.8%，威尔士人占5%，北爱尔兰人占2.8%。居民多信奉基督教新教。官方和通用语言为英语。首都伦敦。7世纪开始形成封建制度。829年始称英格兰王国。16世纪中叶开始海外殖民掠夺。1707年英格兰与苏格兰合并。1801年又与爱尔兰合并，改为大不列颠及爱尔兰联合王国。1921年爱尔兰南部26郡脱离其统治，遂改国名为今名。1972年3月13日与中国建立大使级外交关系。**环境**　地势由西北向东南逐渐倾斜，主岛北部和中西部为山地区，东南部为平原区。主要山脉有奔宁山脉、格兰扁山脉、坎布里亚山脉等。格兰扁山脉主峰本尼维斯山海拔1344米，为全国最高峰。海岸线曲折多湾，总长约11450千米。主要河流有塞文河、泰晤士河等。属温带海洋性气候。年平均最高气温不超过32℃，最低气温不低于－10℃。大部地区年降水量670～2540毫米。矿藏资源较丰富，主要有煤、铁、石油、天然气等，能源资源是欧盟中最丰富的国家。沿海渔业资源丰富，是世界主要产鱼国之一。**经济**　属发达的工业国，国内生产总值约合1.8万亿美元。以重工业和服务业为基础，航空、电子、化工、海底石油开采等居世界领先地位。近年来信息工程、卫星通信、微电子技术发展很快。服务业包括金融保险业、零售业、旅游业和商业较为发达。农业机械化程度高。对外贸易排世界第四位，贸易总额6460亿美元。**国防**　有现役总兵力19.61万人。实行义务兵役制。是北约的创始国和主要成员国。拥有独立的核力量。

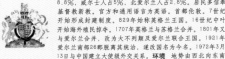

爱尔兰　位于大西洋不列颠群岛的爱尔兰岛上。陆地面积7.03万平方千米。人口510万，绝大部分为爱尔兰人。居民中94%信奉罗马天主教。官方语言为爱尔兰语和英语。首都为都柏林。12世纪进入封建社会。1169年遭英国入侵，为英联邦成员。1949年4月18日脱离英联邦后独立，但北部6郡仍属英国。1979年6月22日同中国建交。**环境**　地势四周高中间低。中部为平原和低地。南部、东部和北部为高原及山地，西南部的海拔1041米的卡伦图厄尔山为全国最高峰。西北部为丘陵区，间布沼泽。境内河网稠密，多湖沼。最大的香农河，长约386千米，最大的科里布湖，面积168平方千米。海岸线长3169千米，岸线曲折，多良港。属温带海洋性气候。平均气温：2月3.2℃，8月16.2℃。中部地区年降水量700～1000毫米，山区高达2540毫米。泥炭、铅、锌储量丰富。**经济**　属发达的农牧业国家。国内生产总值约合4504亿美元。农业、旅游业、电子业为经济三大支柱。农业以畜牧为主，还产麦类、马铃薯和甜菜。对外贸易在经济中占重要的地位，总额约3000亿美元。**国防**　有现役总兵力1万人。实行志愿兵役制。

伦敦 为英国首都，国际大都市。位于英格兰东南部，伦敦盆地的中央部分，跨泰晤士河下游两岸。市中心距河口88千米，是英国与欧洲大陆联系的捷径。包括伦敦城、内伦敦（伦敦城外围的12个市区）和外伦敦（内伦敦外围的20个市区）三部分，又称大伦敦。面积1577平方千米，人口900.2万。平均海拔45米。属温带海洋性气候。平均气温：1月5℃，7月18℃。年均降水量583毫米。始建于公元43年，当时为罗马军队要塞。16世纪末成为欧洲贸易中心。19世纪发展成为世界最大港口和金融、贸易中心。第二次世界大战中遭德军轰炸，战后重建。现为全国政治、经济、军事、文化和交通中心。主要工业有汽车制造、金属加工、航天、电子、化工、修船等。交通发达，是全国最大的交通枢纽。有10座火车站和3处国际机场。伦敦也是英国历史文化中心，有白金汉宫、海德公园、格林尼治天文台旧址等名胜古迹和伦敦大学、大英博物馆、皇家学会等文化设施

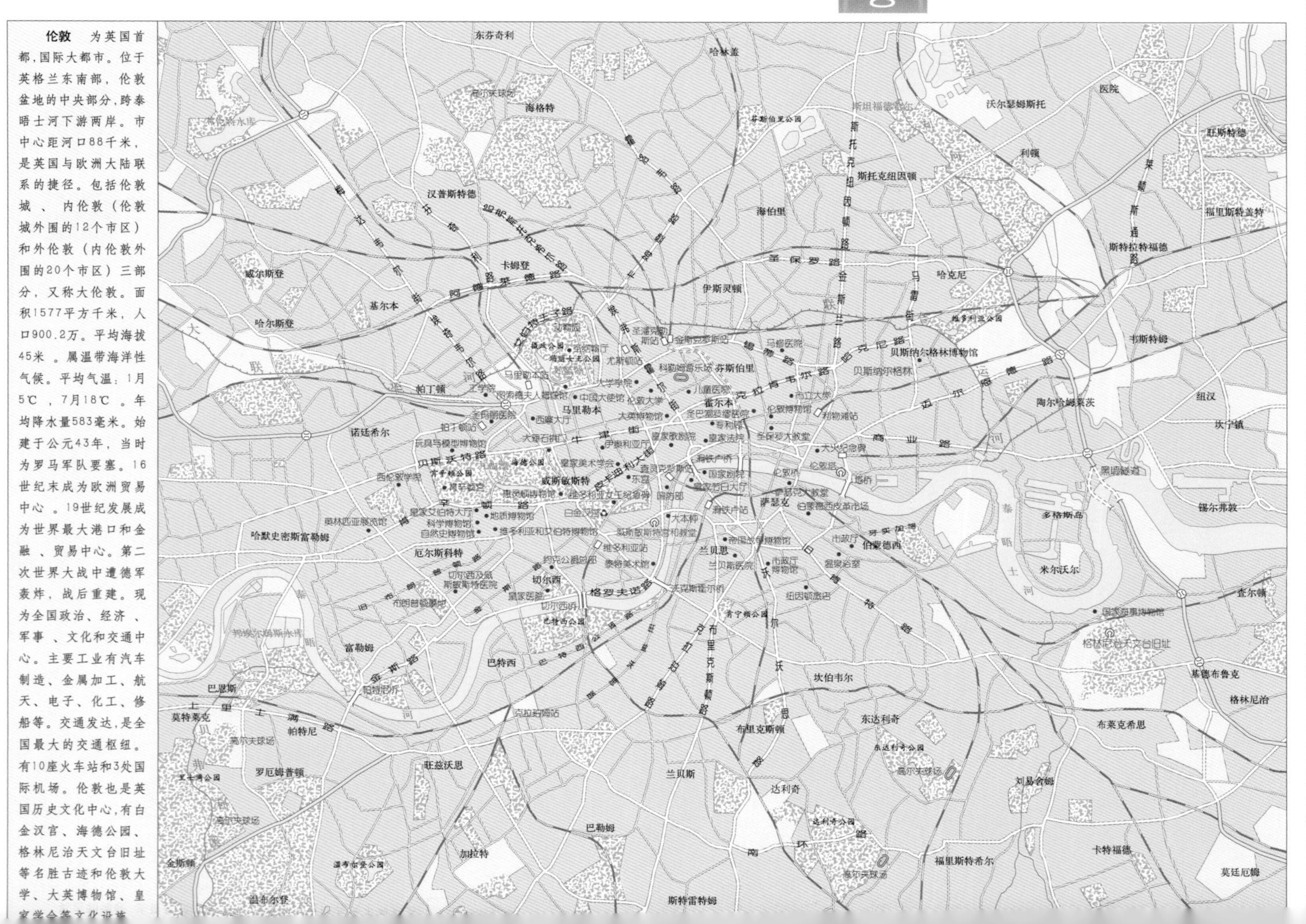

比例尺 1:3 800 000

0 38 76 114 152千米

英吉利海峡 法语称拉芒什海峡。是欧洲大陆与大不列颠岛之间的水道和连通大西洋和北海的航运要道，年过往船只逾20万艘，是世界上最繁忙的海峡，战略地位重要。英吉利海峡长约520千米，最宽处241千米，最窄处96千米，水域面积8.99万平方千米。地处大陆架浅海，平均水深53米，西深东浅，最深处达172米，航道水深35米。地处西风带，气候温和。年平均最低气温2.3℃，最高气温18.3℃。2月表层水温7℃，9月16℃。年平均降水量约800毫米，年雨日150天左右。冬、秋季多雾，雾日30～80天。盐度34.8‰～35.3‰。海峡呈喇叭型向西敞开，潮高由西向东增加，法国一侧圣马洛湾达9～17米，是世界潮汐发电潜力最大的地区之一，该湾建有潮汐发电站。主要港口有英国的朴次茅斯、南安普敦和法国的勒阿弗尔、瑟堡等。两岸港口间有定期汽车轮渡。海峡水域盛产比目鱼、鳕、鲭等鱼类。

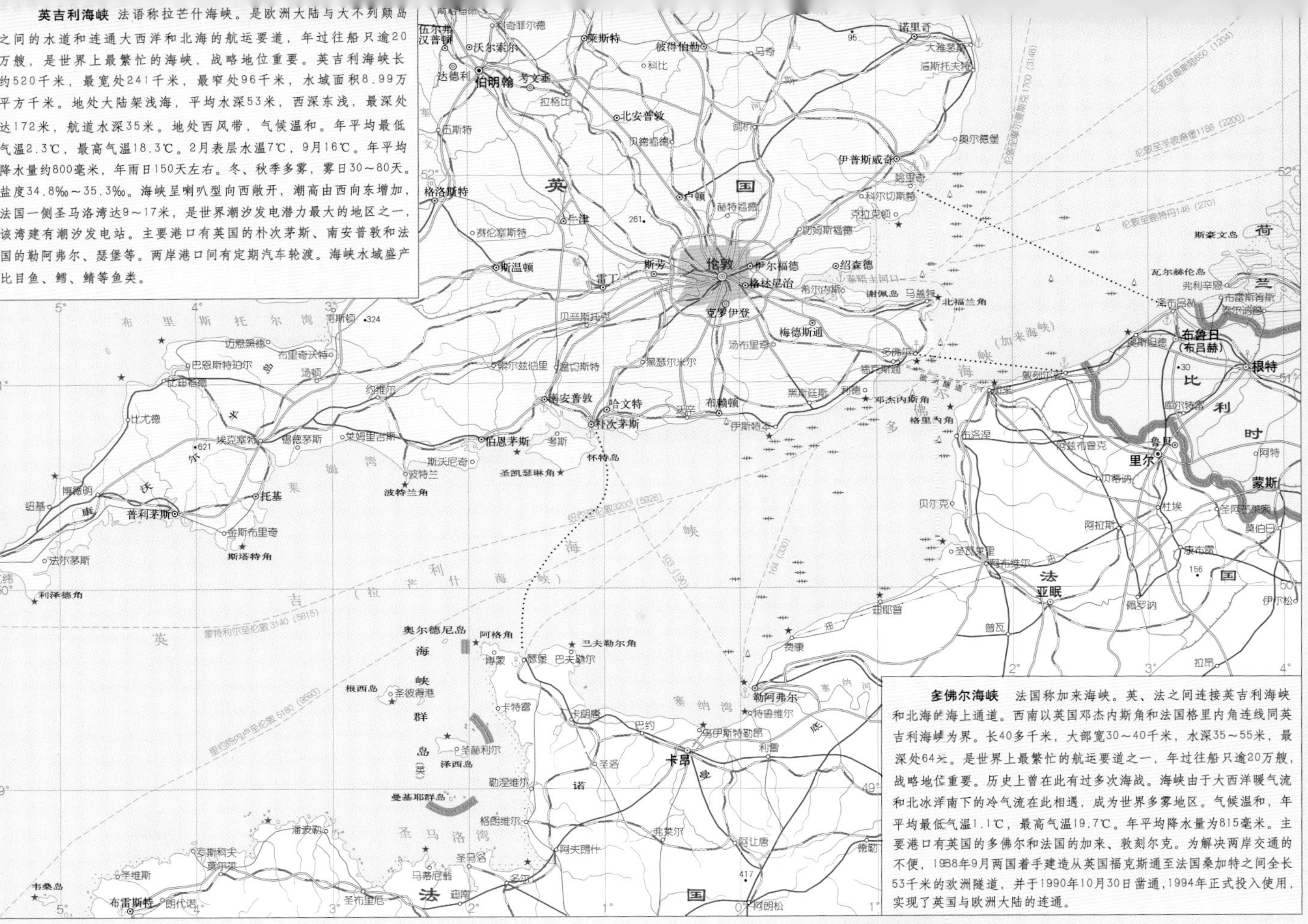

多佛尔海峡 法国称加来海峡。英、法之间连接英吉利海峡和北海的海上通道。西南以英国邓杰内斯角和法国格里内角连线同英吉利海峡为界。长40多千米，大部宽30～40千米，水深35～55米，最深处64米。是世界上最繁忙的航运要道之一，年过往船只逾20万艘，战略地位重要。历史上曾在此有过多次海战。海峡由于大西洋暖气流和北冰洋南下的冷气流在此相遇，成为世界多雾地区。气候温和，年平均最低气温1.1℃，最高气温19.7℃。年平均降水量为815毫米。主要港口有英国的多佛尔和法国的加来、敦刻尔克。为解决两岸交通的不便，1988年9月两国着手建造从英国福克斯通至法国桑加特之间全长53千米的欧洲隧道，并于1990年10月30日凿通，1994年正式投入使用，实现了英国与欧洲大陆的连通。

摩纳哥公国　简称摩纳哥。位于欧洲西南部，东、西、北三面被法包围，南濒地中海，海岸线长5.16千米。面积2.08平方千米，其中约0.5平方千米为填海造地所成。人口近3.9万人，其中摩纳哥人占21.62%，法籍人占35.14%，意大利人占17.96%，还有英国、比利时、瑞士、德国等国籍人。官方语言为法语，通用意大利语、英语和摩纳哥方言。居民中96%信奉天主教。首都摩纳哥。14世纪开始形成公国雏形。曾先后沦为西班牙和法国的保护国。1861年恢复独立，但同时放弃对曼托讷、罗克布伦两大城市的权利，领土由20平方千米缩小到现有面积。1911年颁布宪法成为独立的君主立宪国。1918年与法国签订确立两国政治关系的条约，一直与法国保持着特殊关系。经济依靠旅游业及工商业。摩纳哥是欧洲著名的游览胜地，市内建有世界著名的蒙特卡洛大赌场。多元化经济结构。国内生产总值为68.3亿美元。1995年1月16日与中国建交。

比例尺　1:5 400 000

0　54　108　162　216千米

法兰西共和国　简称法国。位于欧洲西部，西濒大西洋，海岸线总长5424千米，面积55.16万平方千米，仅次于俄罗斯、乌克兰，居欧洲第三。人口6804万，法兰西人占90%，余为布列塔尼、巴斯克和科西嘉人等。居民中81.4%信奉天主教，其他信奉基督教新教、犹太教、伊斯兰教等。官方语言为法语。首都巴黎。公元5世纪，法兰克人移居到这里，843年形成独立国家，17～18世纪达到封建社会的鼎盛时期。1789年7月14日爆发资产阶级大革命。此后曾经历两次帝国和五次共和国。第二次世界大战前是仅次于英国的殖民帝国。现仍然维持海外殖民体系，拥有4个海外省和4个海外领地。1964年1月27日与中国建交。**环境**　地势东南高西北低，平原和丘陵占国土面积的80%。东北为阿登高原的一部分。山地集中在东部和南部边境地带，有比利牛斯山脉、阿尔卑斯山脉等。法意边境的勃朗峰海拔4810米，为全国最高峰。境内河流众多，主要河流有流入大西洋的卢瓦尔河、塞纳河和加龙河等，流入地中海的罗讷河等。大部属温带海洋性气候，南部地中海沿岸属亚热带地中海型气候。平均气温：1月北部1-7℃，南部6～8℃；7月北部16～18℃，南部20～23℃。年降水量600～1000毫米。森林覆盖率约27%。铝土、铀、钾盐和铁矿储量丰富。水力和地热资源开发利用充分。**经济**　为发达的工业国家，国内生产总值约合2.9万亿美元。工业门类齐全，主要有采矿、冶金、造船、建筑、汽车、机械、纺织、电器、化妆品和食品加工等。核能、航天、海洋开发和军火业也较为发达。农业机械化程度高，农产品有小麦、大麦、玉米、马铃薯、甜菜等，葡萄和牛肉产量居西欧首位，是世界著名的农产品出口国。对外贸易总额1.02万亿美元。**国防**　有现役总兵力20.5万人。实行义务兵和志愿兵相结合的兵役制。年军费约384亿美元。拥有独立的核武器系统。为北约成员国。

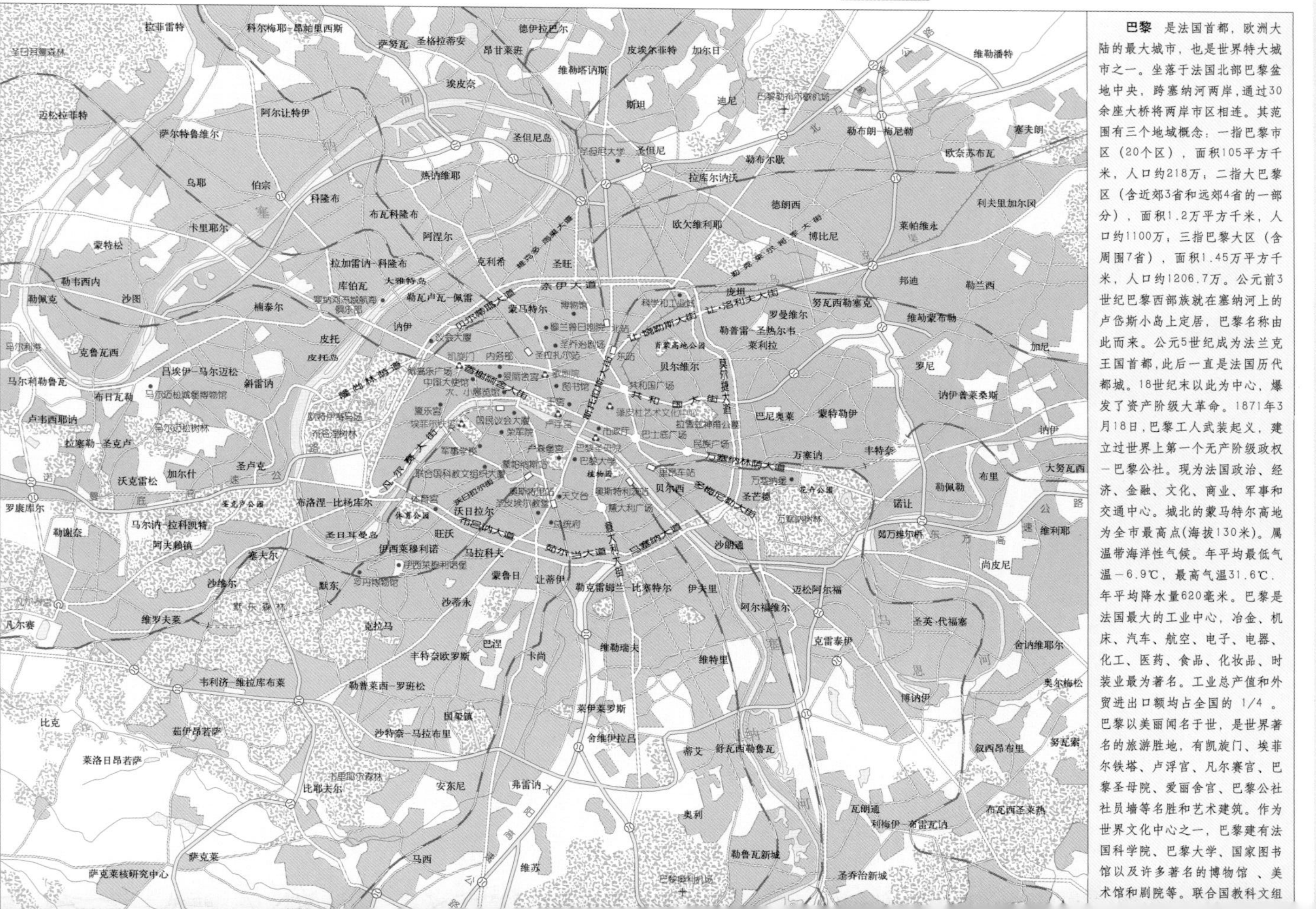

巴黎 是法国首都，欧洲大陆的最大城市，也是世界特大城市之一。坐落于法国北部巴黎盆地中央，跨塞纳河两岸，通过30余座大桥将两岸市区相连。其范围有三个地域概念：一指巴黎市区（20个区），面积105平方千米，人口约218万；二指大巴黎区（含近郊3省和远郊4省的一部分），面积1.2万平方千米，人口约1100万，三指巴黎大区（含周围7省），面积1.45万平方千米，人口约1206.7万。公元前3世纪巴黎西部族就在塞纳河上的卢岱斯小岛上定居，巴黎名称由此而来。公元5世纪成为法兰克王国首都，此后一直是法国历代都城。18世纪末以此为中心，爆发了资产阶级大革命。1871年3月18日，巴黎工人武装起义，建立过世界上第一个无产阶级政权—巴黎公社。现为法国政治、经济、金融、文化、商业、军事和交通中心。城北的蒙马特尔高地为全市最高点(海拔130米)。属温带海洋性气候。年平均最低气温－6.9℃，最高气温31.6℃，年平均降水量620毫米。巴黎是法国最大的工业中心，冶金、机床、汽车、航空、电子、电器、化工、医药、食品、化妆品、时装业最为著名。工业总产值和外贸进出口额均占全国的 1/4 。巴黎以美丽闻名于世，是世界著名的旅游胜地，有凯旋门、埃菲尔铁塔、卢浮宫、凡尔赛宫、巴黎圣母院、爱丽舍宫、巴黎公社社员墙等名胜和艺术建筑。作为世界文化中心之一，巴黎建有法国科学院、巴黎大学、国家图书馆以及许多著名的博物馆 、美术馆和剧院等。联合国教科文组

比例尺 1:3 400 000
0 34 68 102 136千米

奥地利共和国 简称奥地利。位于中欧南部，为内陆国家。面积8.39万平方千米。人口909万，奥地利人占91%，余为斯洛文尼亚、克罗地亚、匈牙利人等。居民中78%信奉天主教。官方语言为德语。首都维也纳。该市是国际原子能机构和联合国工业发展组织及石油输出国组织总部所在地。12世纪中叶形成公国。13～19世纪为神圣罗马帝国哈布斯堡王朝统治。1815年成立以奥为首的德意志联邦，1866年普奥战争失败而解散。1867年与匈牙利签约，成立奥匈帝国，直到1918年第一次世界大战后而解体，建立共和国。第二次世界大战期间，被纳粹德国吞并。战后一度被苏、美、英、法4国占领。1945年4月成立第二共和国。1955年恢复独立，并宣布永久中立。1971年5月28日同中国建交。**环境** 境内山地占70%。东阿尔卑斯山脉的3条支脉自西向东横贯，最高峰大格洛克纳山海拔3797米。北部为高原，东北部为盆地，东部和东南部是丘陵和平原。较大湖泊为博登湖。主要河流为多瑙河。属温带气候。年平均气温：1月-2℃，7月19℃。年降水量700～1000毫米。森林覆盖率达44.2%。矿藏资源丰富，有石墨、菱镁、铅、铜、锌、煤等矿，其中石墨储量居世界首位。**经济** 属发达的工业国，国内生产总值约合3792亿美元。主要工业部门有金属加工、石油化工、电子、钢铁、汽车、纺织、食品和木材加工等。农业机械化程度高，农、林、牧业并重。主要农作物有小麦、大麦、玉米、甜菜。旅游业发达，为欧洲水、陆、空交通要道，货物过境运输繁忙。外贸在经济中占重要地位，主要出口钢铁、机械、交通工具、化工制品和食品，主要进口能源、原料等。对外贸易总额3228亿美元。**国防** 有现役总兵力约5.2万人。实行义务兵役制。奥长期奉行中立政策。

比例尺 1:2 000 000

0 20 40 60 80千米

瑞士联邦　简称瑞士。位于欧洲中西部，为中欧内陆国家。面积4.13万平方千米。人口873.8万，瑞士人占80.6%，余为外籍人。居民中48%和44%分别信奉天主教和新教。德、法、意语同为官方语言。首都伯尔尼。11世纪处于神圣罗马帝国统治之下。1648年摆脱神圣罗马帝国统治，成为联邦。1848年成为统一的联邦制国家。两次世界大战中均保持中立。1950年9月14日同中国建交。**环境**　属山地国家，平均海拔1350米。南部的阿尔卑斯山区，西北部的侏罗山区

杜富尔峰海拔4634米，为全国最高峰。河流众多，湖泊星罗棋布。主要河流有莱茵河、罗讷河、阿勒河。主要湖泊有莱芒湖、纳沙泰尔湖、博登湖等。属温带气候，年平均气温为9℃。年降水量为1000～2000毫米。矿藏资源贫乏，仅有少量的煤、铁、石油和铀。水力资源丰富。森林覆盖率为29%。**经济**　属发达的工业国，国内生产总值约合6877亿美元。械制造、化工、医药、钟表、食品加工等，且技术先进，产品精良。农业集约化程度高，主要出产麦类、甜菜、马铃薯。畜牧业兴旺，肉类和乳制品自给有余。旅游业是创汇的主要来源之一，全国拥有旅馆6400多家。交通运输发达，系统完整，布局合理。外贸在国家经济中占重要地位，对外贸易总额6055亿美元。**国防**　总兵力14万，实行独特的民兵制

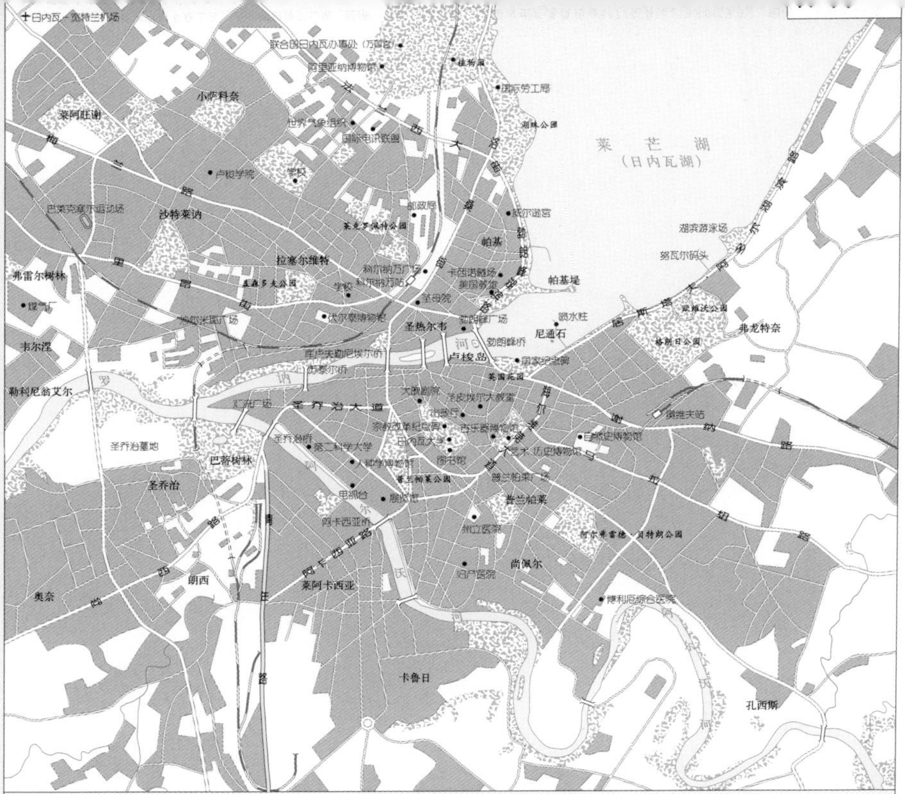

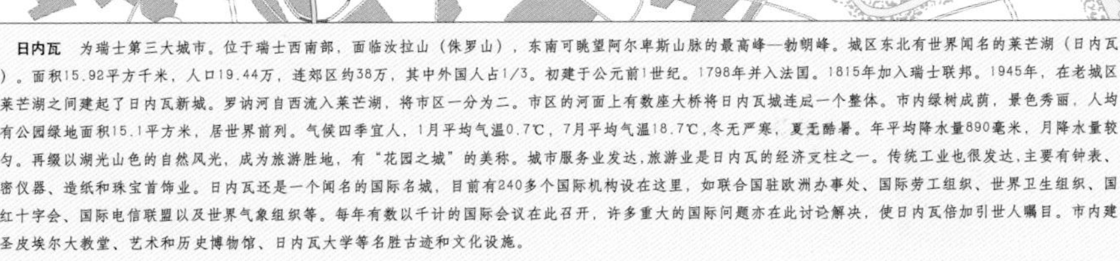

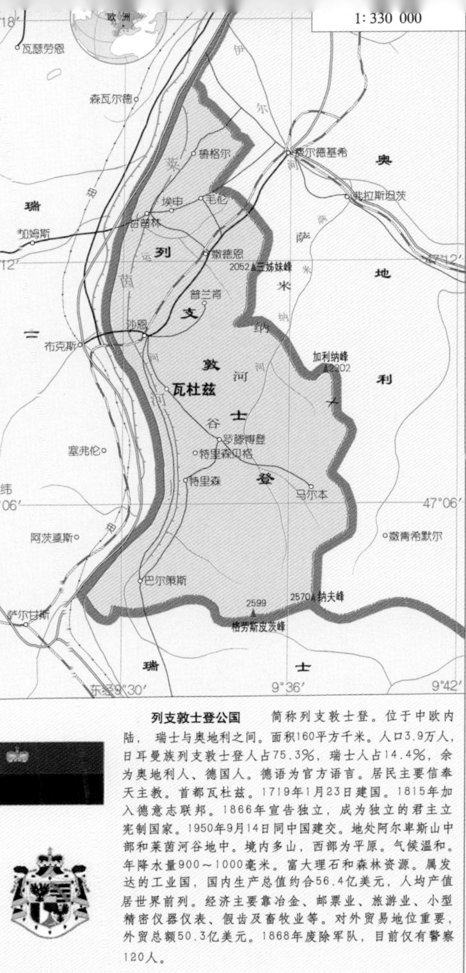

日内瓦 为瑞士第三大城市。位于瑞士西南部，面临汝拉山（侏罗山），东南可眺望阿尔卑斯山脉的最高峰—勃朗峰。城区东北有世界闻名的莱芒湖（日内瓦湖）。面积15.92平方千米，人口19.44万，连郊区约38万，其中外国人占1/3。初建于公元前1世纪。1798年并入法国。1815年加入瑞士联邦。1945年，在老城区和莱芒湖之间建起了日内瓦新城。罗讷河自西流入莱芒湖，将市区一分为二。市区的河面上有数座大桥将日内瓦城连成一个整体。市内绿树成荫，景色秀丽，人均占有公园绿地面积15.1平方米，居世界前列。气候四季宜人，1月平均气温0.7℃，7月平均气温18.7℃，冬无严寒，夏无酷暑。年平均降水量890毫米，月降水量较均匀。再缀以湖光山色的自然风光，成为旅游胜地，有"花园之城"的美称。城市服务业发达，旅游业是日内瓦的经济支柱之一。传统工业也很发达，主要有钟表、精密仪器、造纸和珠宝首饰业。日内瓦还是一个闻名的国际名城，目前有240多个国际机构设在这里，如联合国驻欧洲办事处、国际劳工组织、世界卫生组织、国际红十字会、国际电信联盟以及世界气象组织等。每年有数以千计的国际会议在此召开，许多重大的国际问题亦在此讨论解决，使日内瓦倍加引世人瞩目。市内建有圣皮埃尔大教堂、艺术和历史博物馆、日内瓦大学等名胜古迹和文化设施。

列支敦士登公国 简称列支敦士登。位于中欧内陆，瑞士与奥地利之间。面积160平方千米。人口3.9万人，日耳曼族列支敦士登人占75.3%，瑞士人占14.4%，余为奥地利人、德国人。德语为官方语言。居民主要信奉天主教。首都瓦杜兹。1719年1月23日建国。1815年加入德意志联邦。1866年宣告独立，成为独立的君主立宪制国家。1950年9月14日同中国建交。地处阿尔卑斯山中部和莱茵河谷地中。境内多山，西部为平原。气候温和。年降水量900～1000毫米。富大理石和森林资源。属发达的工业国，国内生产总值约合56.4亿美元，人均产值居世界前列。经济主要靠冶金、邮票业、旅游业、小型精密仪器仪表、假齿及畜牧业等。对外贸易地位重要，外贸总额50.3亿美元。1868年废除军队，目前仅有警察120人。

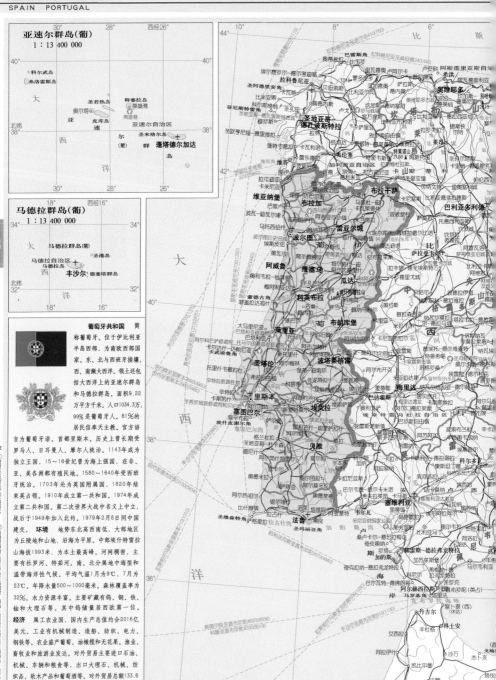

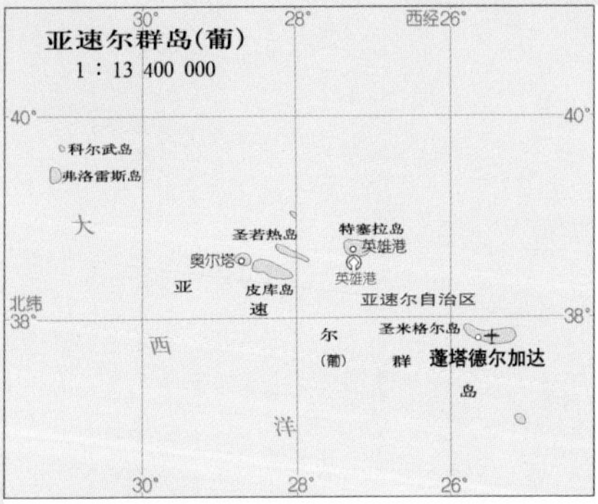

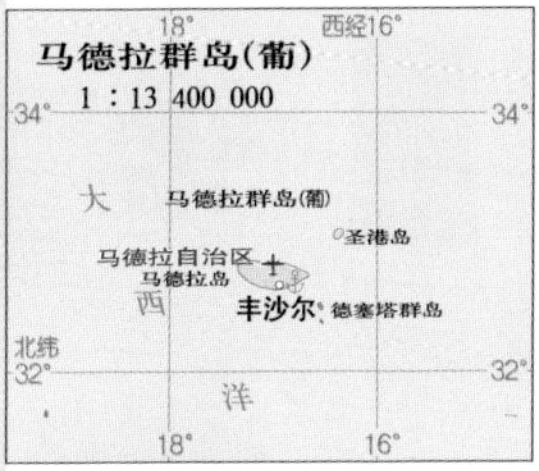

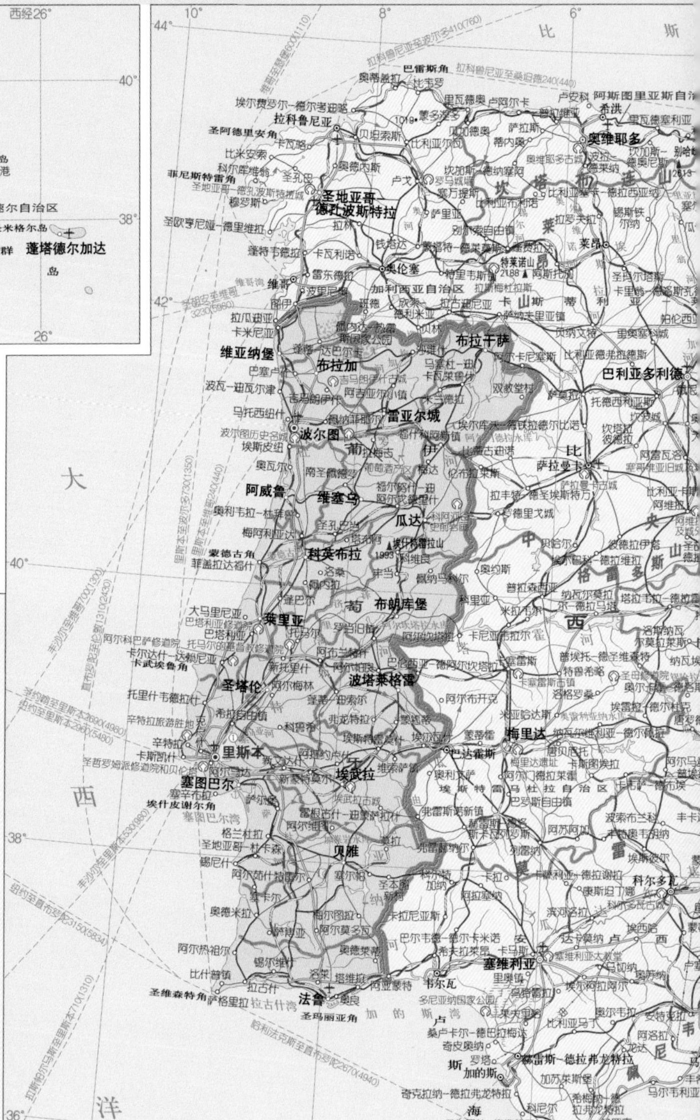

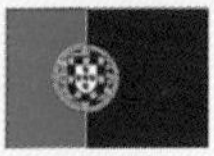

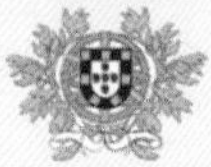

亚速尔群岛(葡)
1：13 400 000

马德拉群岛(葡)
1：13 400 000

葡萄牙共和国 简称葡萄牙。位于伊比利亚半岛西部，为南欧西部国家。东、北与西班牙接壤，西、南濒大西洋。领土还包括大西洋上的亚速尔群岛和马德拉群岛。面积9.22万平方千米。人口1034.3万，99%是葡萄牙人。81%的居民信奉天主教。官方语言为葡萄牙语。首都里斯本。历史上曾长期受罗马人、日耳曼人、摩尔人统治。1143年成为独立王国，15～16世纪曾为海上强国，在非、亚、美各洲都有殖民地。1580～1640年受西班牙统治。1703年沦为英国附属国，1820年结束英占领。1910年成立第一共和国。1974年成立第二共和国。第二次世界大战中名义上中立，战后于1949年加入北约。1979年2月8日同中国建交。 **环境** 地势东北高西南低，大部地区为丘陵地和山地，沿海为平原。中部埃什特雷拉山海拔1993米，为本土最高峰。河网稠密，主要有杜罗河、特茹河。南、北分属地中海型和温带海洋性气候。平均气温1月为9℃，7月为23℃。年降水量500～1000毫米。森林覆盖率为32%。水力资源丰富。主要矿藏有钨、铜、铁、铀和大理石等。其中钨储量居西欧第一位。 **经济** 属工农业国，国内生产总值约合2016亿美元。工业有机械制造、造船、纺织、电力、钢铁等。农业盛产葡萄、油橄榄和无花果。渔业、畜牧业和旅游业发达。对外贸易主要进口石油、机械、车辆和粮食等，出口大理石、机械、纺织品、软木产品和葡萄酒等。对外贸易总额133.6亿美元。 **国防** 有现役总兵力约4万人。实行义务兵、志愿兵和合同兵三结合的兵役制。

西班牙王国 位于伊比利亚半岛东部，为南欧西部国家。西与葡萄牙为邻。领土还包括地中海的巴利阿里群岛，大西洋中的加那利群岛等。面积50.6万平方千米。人口4761.5万，73%为西班牙人（卡斯蒂利亚人），余为加泰罗尼亚人、加利西亚人、巴斯克人等。56.6%的居民信奉天主教。官方语言为西班牙语。首都马德里。1492年建立统一的西班牙封建王朝，后逐渐成为海上强国。在欧、美、非、亚均拥有海外殖民地。1588年“无敌舰队”被英国击败后开始衰落。18世纪成为法国的附庸。1873年建立第一共和国，1931年建立第二共和国。1947年成为君主国。1973年3月9日同中国建交。

环境 地形以高原和山地为主，平均海拔670米，是欧洲海拔仅次于瑞士的山地国家。南部的穆拉森山海拔3478米，为全国最高峰。主要河流有塔霍河和埃布罗河。中部高原属大陆性气候，北部和西部沿海属海洋性气候，东南沿海属地中海型气候。首都平均气温1月4.9℃，8月22.5℃。大部分地区年降水量为500～1000毫米。森林覆盖率为31%。主要矿藏有汞、煤、铁、铜、锌等，其中汞储量居世界前列。 **经济** 属中等发达的工业国，国内生产总值约1.24万亿美元。工业有采矿、石化、造船、钢铁、汽车和纺织等。农业以粮食作物种植为主。渔业和畜牧业也很发达。旅游业是外汇收入的主要来源。交通运输以公路为主。对外联系有主要港口25个，固定航班机场30多处。主要出口汽车、钢材、化工产品、皮革制品、纺织品、葡萄酒和橄榄油等，进口石油、工业原料和机械设备等。对外贸易总额6386.6亿美元。 **国防** 有现役总兵力12.4万人。取消义务兵兵役制，实现军队职业化。

直布罗陀(英占) 位于欧洲伊比利亚半岛南端。面积6.5平方千米，人口3.3万。主要为直布罗陀人。主要行业有金融业、海运和旅游业。

马德里

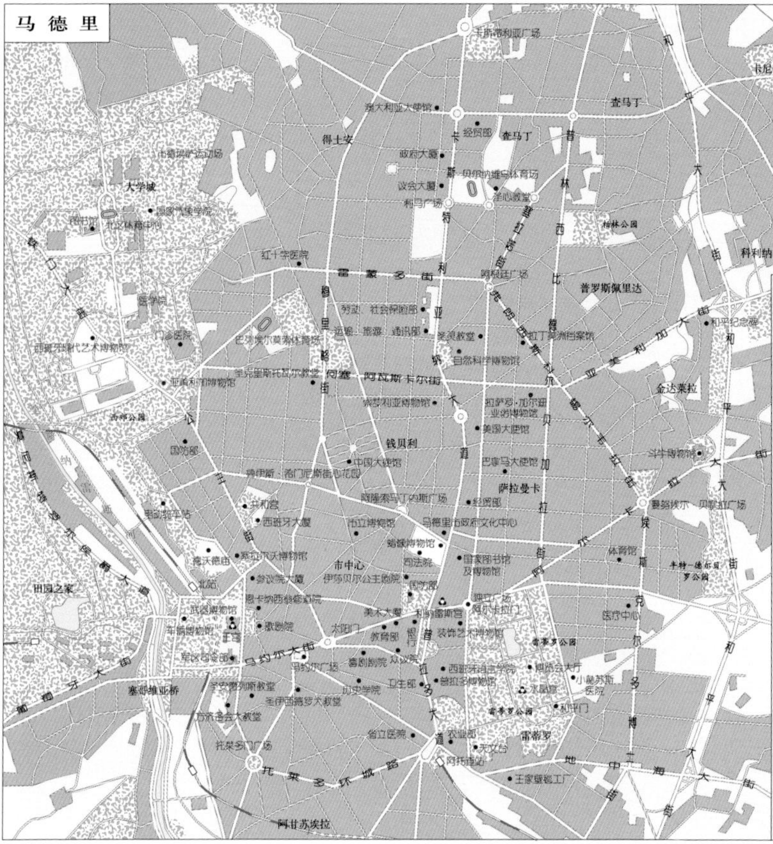

马德里　为西班牙首都，德里省首府，全国政治、经济、化、交通和金融中心。位于伊比亚半岛梅塞塔高原中部，是欧洲势最高的首都。市区面积607平千米。人口675万。公元11世纪为摩尔人要塞。1561年西班牙国迁都于此。随着西班牙向外扩张19世纪发展为大城市，形成西班中部的工业、经济、贸易和交通心。20世纪初，在当地农业原料基础上，发展了纺织和食品加业，60年代以来，兴建起飞机汽车、机械、光学仪器、电子电器器材、化学、塑料、军火工业。西班牙最大的垄断集团全国工业协会"，西班牙银行中央银行，西美银行等七大私银行总行均设在这里。太阳门全市的商业中心。有7条铁路干和6条国家公路干线由此通向全各省和邻国。巴拉哈斯国际机是全国最大的航空港，与世界国内各大城市有航班往来。市建有多所高等学府和博物馆以王宫等古建筑。普拉多博物馆藏着8600多幅绘画艺术珍品。市公园和绿地众多，景色宜人每年吸引着大批游客。世界旅组织总部设在这里。

里斯本　为葡萄牙首都和大港口，全国政治、经济、化中心，里斯本区首府。位葡萄牙西部，大西洋岸边。区人口286万，包括郊区约20万。公元前为腓尼基人始建。在罗马帝国统治时期，里斯一带成为武装起义的摇篮。公元12世纪在发展农牧业的基上，商业和手工业日益兴盛。1245年成为葡萄牙首都和贸中心。1755年遭大地震破坏，后重建。二次大战期间，是国际政治和外交活动的中心。市倚海滨和北面的丘陵地而建市街呈棋盘状布局。主要工业部门有造船、纺织、陶瓷、化工、机械制造和食品加工等。海陆交通发达，有铁路、公路通往内地和邻国西班牙。横跨特茹河的大桥，长1013米，是欧洲最长的悬索桥之一。市内有地铁，市郊建有国际机场。港区延伸14多千米，承担60%的对外贸易任务。文化发达，拥有多所大学、科学院、图书馆和博物馆。该市也是葡萄牙的海、空军基地。北约大西洋伊比利亚司令部设此。

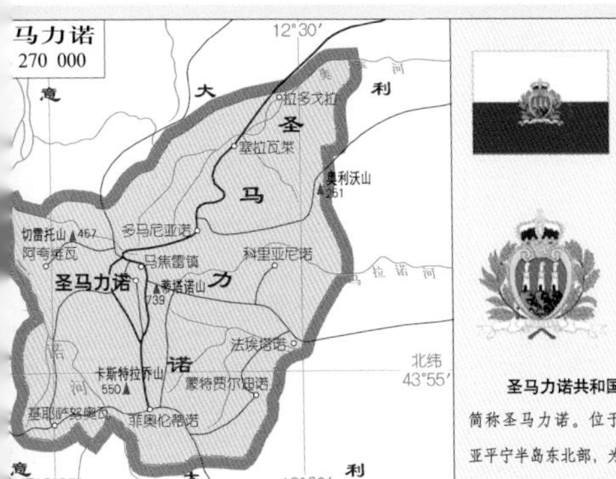

圣马力诺共和国

简称圣马力诺。位于亚平宁半岛东北部，为南欧内陆国家，被包在意大利国土之中。面积61.2平方千米。人口3.4万，90%为圣马力诺人，圣马力诺欧洲各国侨民约1.3万，在美国侨民约3800多人。居民多信奉天主教，[illegible]。都圣马力诺，为欧洲最古老的共和国之一。公元13～14世纪属罗马教皇管区，尔后并入尔比诺大公国。1631年，乌尔比诺大公国被教皇国吞并。1739年被阿尔贝罗尼红衣主教领。1740年2月圣议会恢复行使权力。一次世界大战中立。二战中被意大利占领，后由共产党、社会党、天主教民主党、独立社会党等党派轮流联合执政。1971年月6日同中国建领事级外交关系，1991年7月15日升格为大使级。境内多山地、丘陵。蒂坦山盘亘全境，共有3座山峰，其上建有城堡或古塔。属地中海型气候，冬季低气温-2℃，夏季最高气温30℃。年均降水量880毫米。20世纪60年代逐步由农国转变为工业和服务业发达的国家。国内生产总值约合11.67亿美元，发达的旅游业是内经济的重要支柱，其每年收入占国内总产值的50%以上，邮票及纪念币出版发行闻于世。主要工业部门有纺织、服装、水泥、制革、造纸、家具、陶瓷等。

安道尔公国

简称安道尔。位于法国和西班牙之间，为南欧内陆国家。面积468平方千米。人口约8万，本地民族加泰罗尼亚族占总人口的48.7%，余为西班牙人、葡萄牙人、法国人等外国移民。加泰罗尼亚语为官方语言，通用法语和西班牙语。居民多信奉天主教。首都安道尔城。公元9世纪时是查理曼帝国为防范摩尔人而在法国和西班牙之间建立的小缓冲国。国家事务由法、西两国共管。1278年，法、西缔结和约，对安道尔分享行政统治权和宗教统治权。此后数百年里，法、西两国争夺安道尔的冲突频频发生。直到1806年后，法承认安人民的生存权后，政局才稳定。1993年3月14日，安道尔全民公决通过新宪法，成为一个主权国家。1994年6月29日同中国建交。地形以山地为主，平均海拔1996米。地势西北高东南低。西北部的科马佩德罗萨山海拔2946米，为全国最高点。安道尔为传统的农业国，主要农产品有马铃薯和烟草等。工业以香烟制造为主。水力资源丰富。森林占国土面积的37%。矿藏资源有铁、明矾、铅等。属山地气候。年平均气温为9.1℃。经济靠商业、旅游业、畜牧业。没有铁路，公路总长279千米。国内生产总值约24.33亿美元。对外贸易总额30.15亿美元。

马耳他
1:380 000

戈佐岛
（奥代什岛）

凯穆纳岛

马耳他岛

菲尔夫拉岛

马耳他共和国 简称马耳他。位于地中海中部，为南欧岛国。有地中海心脏之称。全境由五个岛屿组成，陆地面积316平方千米。人口51.6万，88.2%为马耳他人，余为阿拉伯人、意大利人、英国人等。居民多信奉国教天主教。马耳他语和英语同为官方语言。首都瓦莱塔。公元前10～前8世纪，腓尼基人到此定居。后被罗马人、阿拉伯人、诺曼人占领。1814年沦为英国殖民地。1964年9月21日独立。1972年1月31日同中国建交。**环境** 群岛为平原和石灰岩低丘，最高海拔253米。海岸曲折，岸线长180千米。港湾水深隐蔽。属地中海型气候。年平均气温21.3℃，最低气温5℃，最高气温40℃。年平均降水量560毫米。**经济** 资源贫乏。国内生产总值约136.6亿美元。工业基础薄弱，主要产品有电子、化工、机械设备、医药、食品饮料等。粮食基本依赖进口。农作物有麦类、马铃薯、葡萄等。旅游业是国家外汇的主要来源。对外贸易总额约69.8亿美元。**国防** 有现役总兵力2000人。实行志愿兵役制。与邻国意大利签有双边协定，意负责为马提供安全保障。

索洛图恩
纳沙泰尔
伯尔尼
卢塞恩
楚格
施维茨
瓦杜兹
格拉鲁斯
弗里堡
阿尔特多夫
洛桑
锡永
因斯布鲁克
贝林佐纳
奥斯塔
博尔扎诺
特伦托
米兰
都灵
热那亚
尼斯
摩纳哥
帕尔马
摩德纳
费拉拉
博洛尼亚
拉韦纳
威尼斯
的里雅斯特
克拉根福
格拉茨
松博特海伊
佐洛埃格塞格
考波什堡
塞克萨德
佩奇
瓦拉日丁
卢布尔雅那
萨格勒布
别洛瓦尔
卡尔洛瓦茨
锡萨克
奥西耶克
武科瓦尔
斯拉沃尼亚布罗德
帕津
里耶卡
戈斯皮奇
扎达尔
希贝尼克
斯普利特
萨拉热窝
杜布罗夫尼克
里米尼
圣马力诺
安科纳
比萨
佛罗伦萨
佩鲁贾
拉奎拉
佩斯卡拉
罗马
坎波巴索
巴里
那波利
巴斯蒂亚
阿雅克肖
利古里亚海

比例尺　1:5 400 000

0　54　108　162　216千米

注：① 拉齐奥区行政中心在罗马

意大利共和国　简称意大利。位于欧洲南部亚平宁半岛上，领土还包括地中海上西西里岛和撒丁岛等。海岸线长7200多千米。面积30.13万平方千米。人口5898万，主要是意大利人。居民多信奉天主教。官方语言为意大利语，个别边境地区讲法语和德语。首都罗马。系世界文明古国。历经公元前509～前28年罗马共和以及公元前27年～公元476年罗马帝国后，进入长期的封建割据和混战阶段，并成为文艺复兴运动的发祥地。16世纪起先后被法国、西班牙、奥地利占领。1861年3月17日独立，始建王国。1870年，王国军队攻克罗马，完成统一。1922年10月31日，墨索里尼上台，实行长达20余年的法西斯统治。1946年6月2日成立共和国。1949年加入北约。1970年11月6日同中国建交。**环境**　本土地势北高南低，80%为山地和丘陵。阿尔卑斯山脉横亘北部，亚平宁山脉纵贯半岛。两大山脉之间为波河平原。沿海亦有小片平原。西西里岛上的埃特纳火山海拔3340米，为欧洲最高的活火山。意、法边境上的勃朗峰海拔4810米，为境内最高峰。河流多而短小，湖泊多为冰川湖。大部属地中海型气候。年平均气温：1月2～10℃，7月23～26℃。年平均降水量500～1000毫米。矿藏资源相对贫乏，水力、地热、天然气、大理石、汞、硫磺等较为丰富，还有少量的铅、铝、锌、铝矾土等。**经济**　属发达的工业国。欧洲第四大、世界第八大经济体。国内生产总值约合1.67万亿美元。自然资源贫乏。主要工业有采矿、钢铁、炼油、汽车、纺织等。旅游业和海运业发达。是世界第二大旅游国。农产品有小麦、玉米、甜菜、油橄榄、葡萄、柑橘等。盛产橄榄油和葡萄酒。交通发达，铁路总长1.9万千米，公路总长65.5万千米，其中高速公路6661千米。海运港口有热那亚、那波利、威尼斯、的里雅斯特、塔兰托、里窝那、锡拉库扎等。主要机场有罗马的菲乌米奇诺，米兰的利纳特、马尔佩萨，都灵的卡塞莱等。对外贸易是意经济的主要支柱，贸易总额9288亿美元。**国防**　有现役总兵力约17.5万人。实行志愿兵和职业军人相结合的兵役制。

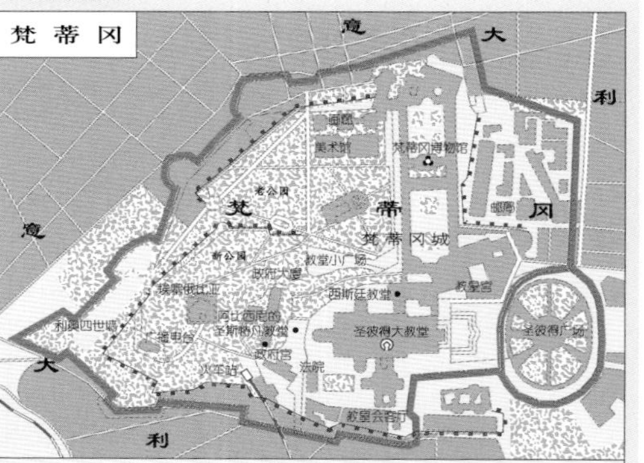

梵蒂冈城国 简称梵蒂冈。位于意大利罗马城西北角的高地上。面积0.44平方千米，为世界上最小的国家。意大利人为主，常住人口仅618人，多为神职人员。居民主要是意大利人。官方语言为意大利语和拉丁语。居民信奉天主教。首都梵蒂冈城。公元756年法兰克王丕平将罗马城及其四周区域赠给教皇。其后权势日益扩张，在意大利中部出现了以教皇为君主的教皇国。1870年教皇国并入意大利王国，教皇退居梵蒂冈宫中，世俗权力结束，但不承认教皇国灭亡。1929年2月11日意承认梵蒂冈为属于教皇的主权国家，教皇承认教皇国灭亡，另建梵蒂冈城国。现为世界天主教中心和特殊的政教合一的国家。梵蒂冈既无工农业，也无自然资源，主要经济来源靠旅游、邮票、不动产出租、特别财产款项的银行利息、宗教银行盈利和向教皇赠送的贡款以及教徒的捐赠等。

罗马 为意大利共和国首都和最大城市，全国政治、文化、交通中心。位于意大利中西部的特韦雷河下游丘陵地带上，地跨特韦雷河两岸。因城市坐落在7个山丘上，历有“七丘城”之称。市区面积208平方千米。人口约300万。始建于公元前753年前后。公元756～1870年为教皇国首都，成为天主教中心。1870年意大利王国统一后成为王国首都。二次世界大战后，以罗马古城为中心的市区逐渐向城外扩展。50年代中期基本建成罗马新城。气候冬季温湿，夏季干热。工业以机械制造、化工、电子、纺织、皮革和印刷为主。交通便利，有铁路通各主要城市，西北沿海辟有港口，城郊建有国际机场。旅游业十分发达。 作为古罗马帝国的发祥地和世界历史名城之一，有许多规模宏大的古代建筑和艺术珍品，如古罗马斗兽场、元老院、贞女祠、凯撒庙、圣天使古堡、戴克里先公共浴场、万神殿等。市内700多座教堂和修道院、7座天主教大学，多数是文艺复兴时期兴建和重建的，如圣彼得大教堂，被誉为“文艺复兴时代的艺术宝库”和“露天历史博物馆”。由于梵蒂冈城国位于城西北岗丘上，每年来罗马朝圣的教徒络绎不绝，故罗马又有天主教中心之称。由国家建立的著名的

比例尺 1:3 000 000

0 30 60 90 120千米

保加利亚共和国 简称保加利亚。位于南欧巴尔干半岛东部。东临黑海，海岸线长378千米。面积11.1万平方千米。人口683万，84%为保加利亚人，余为土耳其、亚美尼亚人、吉卜赛族人。居民主要信奉东正教。保加利亚语为官方语言。首都索非亚。公元681年古保加利亚人和斯拉夫人建立第一保加利亚王国。12世纪后期建立第二保加利亚王国。后长期被外族占领。1878年2月19日独立。1946年废除君主政体，成立保加利亚人民共和国。1990年改为现名。1949年10月4日同中国建交。**环境** 地势西高东低，地表切割强烈。全境70%为山地和丘陵，巴尔干山脉横贯其中。西南部里拉山脉的穆萨拉峰海拔2925米，为巴尔干半岛最高峰。河网稠密，大多短促流急，不利航行。主要河流有多瑙河、伊斯克尔河、马里查河等。北部属温带大陆性气候，南部属地中海型气候，平均气温：1月－2～2℃，7月23～25℃。年平均降水量670毫米。主要矿藏有煤、铅、铜、铁、铬、铀和石油等。**经济** 属工业农业国。国内生产总值约638亿美元。工业以冶金、化工、电子、造船、食品为主。农业实现机械化，主要产品有麦类、玉米、烟草、甜菜等。旅游资源丰富。对外贸易总额约695亿美元。**国防** 有现役总兵力约3.24万人。实行义务兵役制。

注：图内一级行政区名未标注的均与一级行政中心同名 ① 索非亚区行政中心在索非亚。

布加勒斯特
普罗莱塔鲁
伯尼亚萨
伯尔切斯库公园
安德罗纳奇
丰代尼
斯特凡大公路
罗马尼亚科学院
布加勒斯特大学
国家中央图书馆
米利塔里
植物园
人民军大道
共和国体育场
自由公园
杜代什蒂－乔普莱亚
图多尔·弗拉迪米雷斯库
谢尔班沃德
萨图马雷
巴亚马雷
比斯特里察
奥拉迪亚
扎勒乌
克卢日－纳波卡
贝凯什乔包
塞格德
阿拉德
蒂米什瓦拉
阿尔巴尤利亚
德瓦
锡比乌
特尔古穆列什
特尔古日乌
勒姆尼库沃尔恰
雷希察
德罗贝塔－塞维林堡
克拉约瓦
斯拉蒂纳
皮特什蒂
亚历山德里亚
诺维萨德
贝尔格莱德
维丁
蒙塔纳
普列文
尼什
塞尔维亚
保加利亚
匈牙利
乌克兰
东喀尔巴阡山脉
罗马尼亚
东经22°
23°
24°
21°
20°
北纬44°
46°
47°
48
多瑙河
1847
2509
2518
2535
2543
2230
2303
1962
1336
314

罗马尼亚 位于南欧巴尔干半岛东北部。东南临黑海，海岸线长245千米。面积23.8万平方千米。人口1905万，分属19个民族，其中罗马尼亚族占89.3%，匈牙利族占6%，罗姆族占3.4%，其余为日尔曼、乌克兰、俄罗斯、土耳其、塞尔维亚、保加利亚等民族。居民主要信奉东正教。官方语言为罗马尼亚语。首都布加勒斯特。约公元前70年建立达契亚国。公元106年被罗马帝国征服，达契亚人与罗马人逐步同化，形成罗马尼亚民族。14世纪时建立了瓦拉几亚和摩尔多瓦两个封建公国。1526年后成为奥斯曼帝国的附属国。1862年定国名为罗马尼亚。但仍为奥斯曼帝国的附属国。1877年5月9日独立。1881年改称罗马尼亚王国。1947年12月30日成立罗马尼亚人民共和国。1989年易名罗马尼亚。1949年10月5日同中国建交。**环境** 境内山地、高原、平原约各占1/3。喀尔巴阡山脉呈弧形绵亘中部，海拔2543米的摩尔多韦亚努峰是全国最高峰。多瑙河境内长1075千米，为主要通航河道，其支流稠密，富于水力资源。属温带大陆性气候。平均气温：1月-1～7℃，7月16～23℃。年平均降水量为640毫米。森林覆盖率为27%。矿藏资源较丰富，主要有石油、天然气，此外还有煤、铝土、金、锌、锰、镍、铀等。**经济** 属工业农业国，1989年后由计划经济向市场经济过渡。国内生产总值约2240亿美元。主要工业部门有冶金、汽车制造、石油化工和仪器加工。农业以种植业和畜牧业为主。陆上交通以铁路、公路为主。铁路总长1.1万千米，其中电气化铁路3866千米。公路总长8.64万千米，其中高速公路912千米。内河航运和海运发达，河道长1779千米。空运有6个国际机场。同世界上150个国家和地区有贸易关系，对外贸易总额1627亿美元。**国防** 有现役总兵力约7.3万人。取消义务兵役制，基本实现军队职业化。

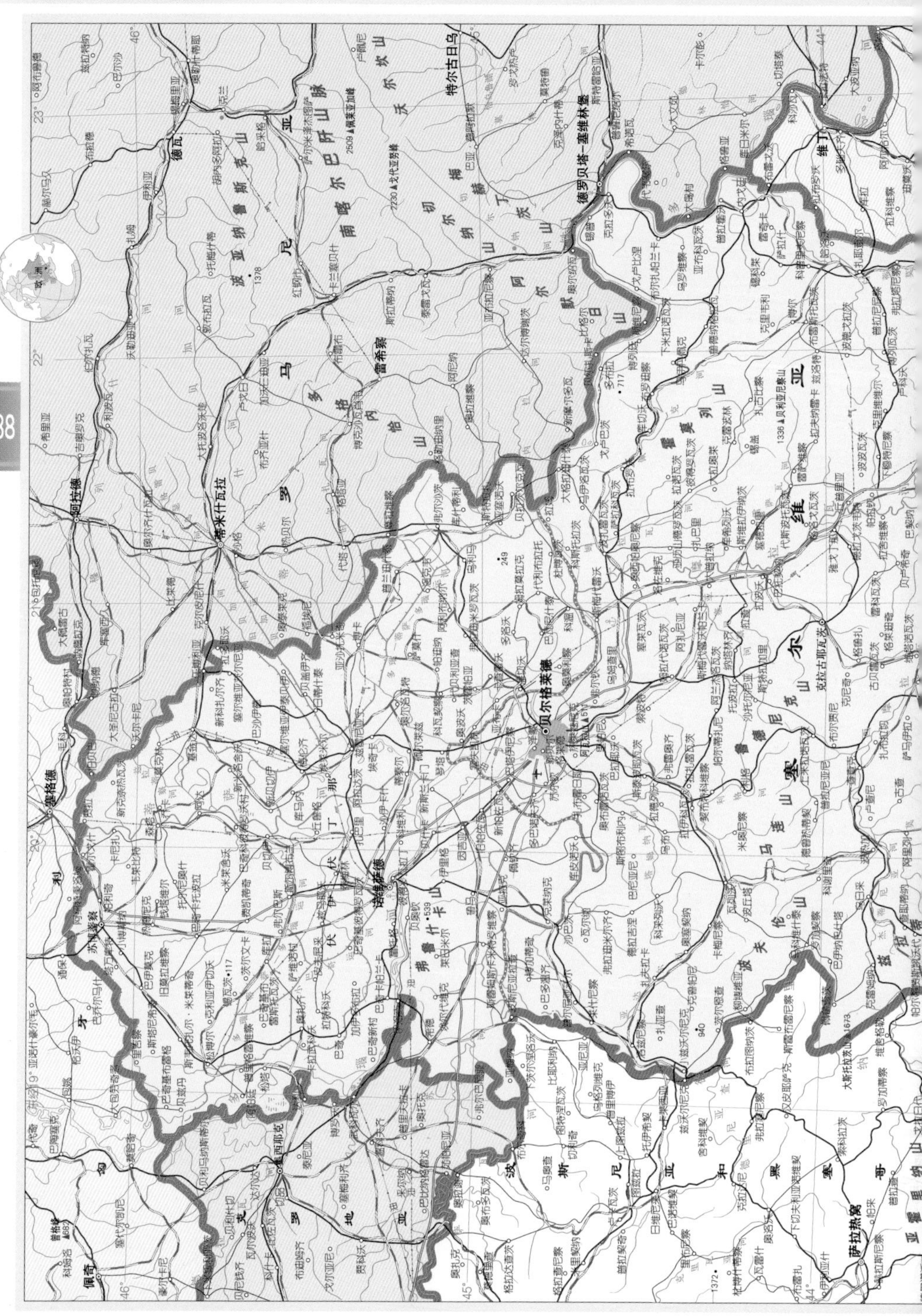

贝尔格莱德
诺维萨德
蒂米什瓦拉
阿拉德
塞格德
萨拉热窝
克拉古耶瓦茨
雷希察
特尔古日乌
德罗贝塔-塞维林堡

塞尔维亚共和国 简称塞尔维亚。位于巴尔干半岛中北部。面积8.85万平方千米。人口846万（含科索沃地区177万），塞尔维亚族占71%。官方语言为塞尔维亚语。主要宗教是东正教。首都贝尔格莱德。9世纪起，移居巴尔干半岛的部分斯拉夫人开始建立塞尔维亚等国家。一战后，塞尔维亚加入南斯拉夫王国。二战后，塞尔维亚成为南斯拉夫社会主义联邦共和国的六个共和国之一。1991年联邦解体后，于1992年4月27日由塞尔维亚与黑山组成南斯拉夫联盟共和国。2003年2月4日，南联盟更名为塞尔维亚和黑山。2006年6月3日，黑山共和国宣布独立。6月5日，塞尔维亚共和国宣布继承塞黑的国际法主体地位。同年保持大使级关系。**环境** 地形以山地和丘陵为主，仅北部属多瑙河中游平原。科索沃西部边境的贾拉维察山海拔2656米，为全国最高峰。境内河流众多，主要河流有多瑙河及其支流萨瓦河、摩拉瓦河。气候为温带大陆性气候，冬季平均气温1℃，夏季平均气温25.5℃。富森林和水力资源，在多瑙河上有与罗马尼亚合建的铁门水电站。矿藏资源丰富，有铜、煤、锌、辉钼矿、锂，石油和天然气储量不大。**经济** 因受战乱、制裁影响，经济长期低迷不振。近年来，经济出现恢复性增长。国内生产总值（GDP）为501.2亿美元。对外贸易总额456亿美元。**国防** 现役总兵力约2.8万人。

(国徽源于塞尔维亚政府网站)

黑山 位于欧洲巴尔干半岛的中北部，亚得里亚海东岸。面积为1.39万平方千米。人口62万，黑山族占45%。官方语言为黑山语。主要宗教是东正教。首都波德戈里察。公元6～7世纪，部分斯拉夫人越过喀尔巴阡山移居巴尔干半岛。9世纪，斯拉夫人在黑山地区首次建立"杜克利亚"国家。一战后，黑山加入南斯拉夫王国。二战后，黑山成为南斯拉夫社会主义联邦共和国的六个共和国之一。1991年联邦解体后，于1992年4月27日由黑山与塞尔维亚组成南斯拉夫联盟共和国。2003年2月4日，南联盟更名为塞尔维亚和黑山。2006年6月3日，黑山宣布独立。2006年7月6日同中国建交。**环境** 地形以山地和丘陵为主，沿海有少量的平原，河流较少，主要湖泊有斯库台湖。气候主要为温带大陆性气候，沿海地区为地中海式气候。一月平均气温-1℃，七月平均气温28℃。年平均气温13.5℃。森林资源丰富，石油和天然气储量不大。**经济** 旅游业和制铝工业是黑山经济支柱。近年来，随着外部环境的改善和各项经济改革的推进，黑山经济呈现恢复性增长。国内生产总值（GDP）约合46.6亿美元，对外贸易总额27.6亿美元。

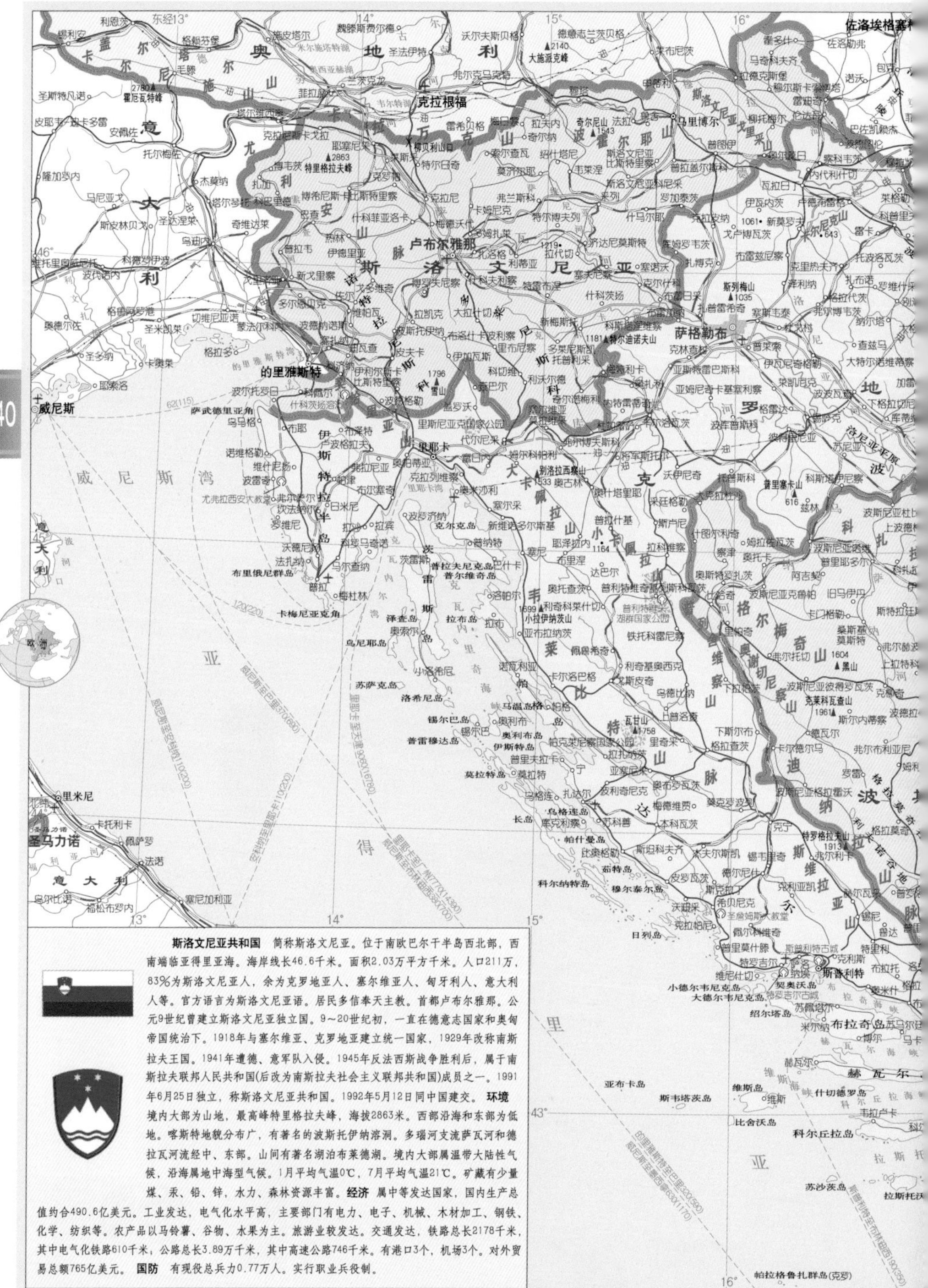

斯洛文尼亚共和国 简称斯洛文尼亚。位于南欧巴尔干半岛西北部，西南端临亚得里亚海。海岸线长46.6千米。面积2.03万平方千米。人口211万，83%为斯洛文尼亚人，余为克罗地亚人、塞尔维亚人、匈牙利人、意大利人等。官方语言为斯洛文尼亚语。居民多信奉天主教。首都卢布尔雅那。公元9世纪曾建立斯洛文尼亚独立国。9～20世纪初，一直在德意志国家和奥匈帝国统治下。1918年与塞尔维亚、克罗地亚建立统一国家，1929年改称南斯拉夫王国。1941年遭德、意军队入侵。1945年反法西斯战争胜利后，属于南斯拉夫联邦人民共和国(后改为南斯拉夫社会主义联邦共和国)成员之一。1991年6月25日独立，称斯洛文尼亚共和国。1992年5月12日同中国建交。**环境** 境内大部为山地，最高峰特里格拉夫峰，海拔2863米。西部沿海和东部为低地。喀斯特地貌分布广，有著名的波斯托伊纳溶洞。多瑙河支流萨瓦河和德拉瓦河流经中、东部。山间有著名湖泊布莱德湖。境内大部属温带大陆性气候，沿海属地中海型气候。1月平均气温0℃，7月平均气温21℃。矿藏有少量煤、汞、铅、锌，水力、森林资源丰富。**经济** 属中等发达国家，国内生产总值约合490.6亿美元。工业发达，电气化水平高，主要部门有电力、电子、机械、木材加工、钢铁、化学、纺织等。农产品以马铃薯、谷物、水果为主。旅游业较发达。交通发达，铁路总长2178千米，其中电气化铁路610千米，公路总长3.89万千米，其中高速公路746千米。有港口3个，机场3个。对外贸易总额765亿美元。**国防** 有现役总兵力0.77万人。实行职业兵役制。

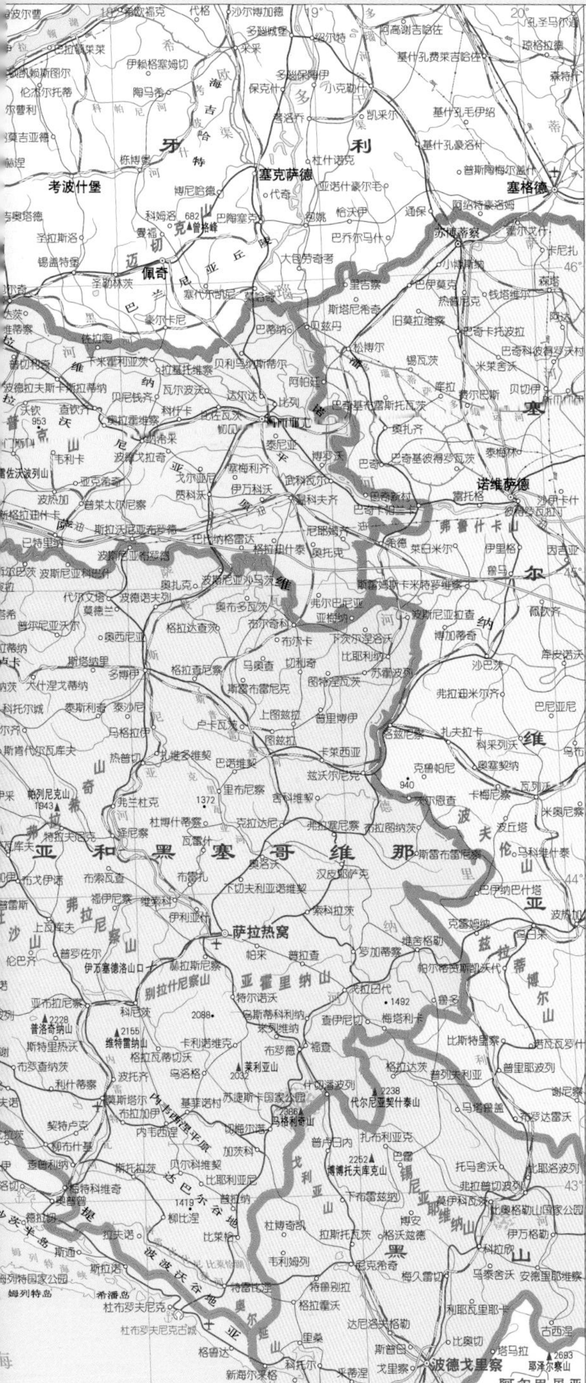

克罗地亚共和国 简称克罗地亚。位于南欧巴尔干半岛西北部，南濒亚得里亚海。面积5.66万平方千米。人口406万，主要为克罗地亚族和塞尔维亚族，分别占总人口90.4%和4%，余为穆斯林、匈牙利、意大利、阿尔巴尼亚、捷克等族人。官方语言为克罗地亚语。居民主要信奉天主教，部分信奉东正教。首都萨格勒布。公元6世纪末7世纪初，斯拉夫人移居到巴尔干半岛定居。8世纪末和9世纪初，克罗地亚人曾建立早期封建民族国家，10世纪成了强盛的克罗地亚王国。1102～1527年处于匈牙利王国统治下。1527～1918年受哈布斯堡王朝统治。1918年12月与塞尔维亚、斯洛文尼亚建立统一国家。1945年加入南斯拉夫联邦人民共和国（1963年改为南斯拉夫社会主义联邦共和国）。1991年6月25日独立。1992年5月13日同中国建交。**环境** 首都萨格勒布以北为丘陵地，东部为平原，西南部沿海地带为山地。迪纳拉山脉的特罗格拉夫山海拔1913米，为全境最高峰。喀斯特地貌广布，境内溶洞多达1500余处。主要河流有多瑙河及其支流萨瓦河、德拉瓦河等。沿海岛屿众多。海岸线曲折，岸线总长1880千米，多天然良港。矿藏资源有石油、天然气、铝土等。森林、水力资源较丰富。**经济** 属中等发达的工业国。国内生产总值约合538亿美元。主要工业部门有采矿、石油、化工、机械、造船、电子、食品加工等。旅游业和海运业发达，主要旅游区是风景秀丽的亚得里亚海海滨的杜布罗夫尼克，比舍沃岛的英德拉溶洞，普利特维采湖群，布里俄尼群岛国家公园等，1999年国内外游客过夜人数达1400多万人次。对外贸易总额447亿美元。**国防** 有现役总兵力1.6万人。实行志愿兵役制。

波斯尼亚和黑塞哥维那 简称波黑。位于南欧巴尔干半岛西部。面积5.12万平方千米。人口353万，主要民族有波什尼亚克族50.1%、克罗地亚族15.4%、塞尔维亚族30.8%。主要宗教有伊斯兰教、东正教和天主教。官方语言为波斯尼亚语。首都萨拉热窝。12世纪末建立独立的波斯尼亚公国，14世纪末进入鼎盛时期。1463年后，成为土耳其的属地。1908年被奥匈帝国占领。第一次世界大战后，1918年建立塞尔维亚－克罗地亚－斯洛文尼亚王国（1929年改称南斯拉夫王国）。1945年后属于南斯拉夫联邦人民共和国。1991年10月15日波黑共和国单方面宣布独立。1992年后，波黑3个民族间为是否独立问题，爆发长达3年半的武装冲突和内战。1995年11月21日三方签署和平协议，并脱离南斯拉夫独立。1995年4月3日同中国建交。**环境** 大部分地区位于迪纳拉高原和萨瓦河流域，地势南高北低，山地约占国土面积的90%。最高峰马格利奇山，海拔2386米。西南部喀斯特地貌广布，有溶洞1000余处。主要河流有萨瓦河及其支流弗尔巴斯河、波斯尼亚河等。森林茂密，富水力资源。南部属地中海型气候。平均气温：1月5～7℃，7月24～27℃。北部属大陆性气候。平均气温：1月－1～2℃，7月20～22℃。北部年降水量由东向西为1500～700毫米，南部沿海为1100～1500毫米。矿藏丰富，有铁、褐煤、铝矾土、石棉、岩盐、铅、锌、重晶石、铜、锰、汞等。**经济** 属农牧业国。主要农产品有谷物、蔬菜、甜菜、水果、亚麻和烟草等。畜牧业发达，以养羊为主。主要工业部门有电力、采煤、木材加工、钢铁、卷烟、制糖、制革等。由于连年内战，国民经济遭受巨大损失，国内生产总值仅合233.6亿美元。对外贸易总额252亿美元。**国防** 职业化军人，有现役总兵力约0.87万人。

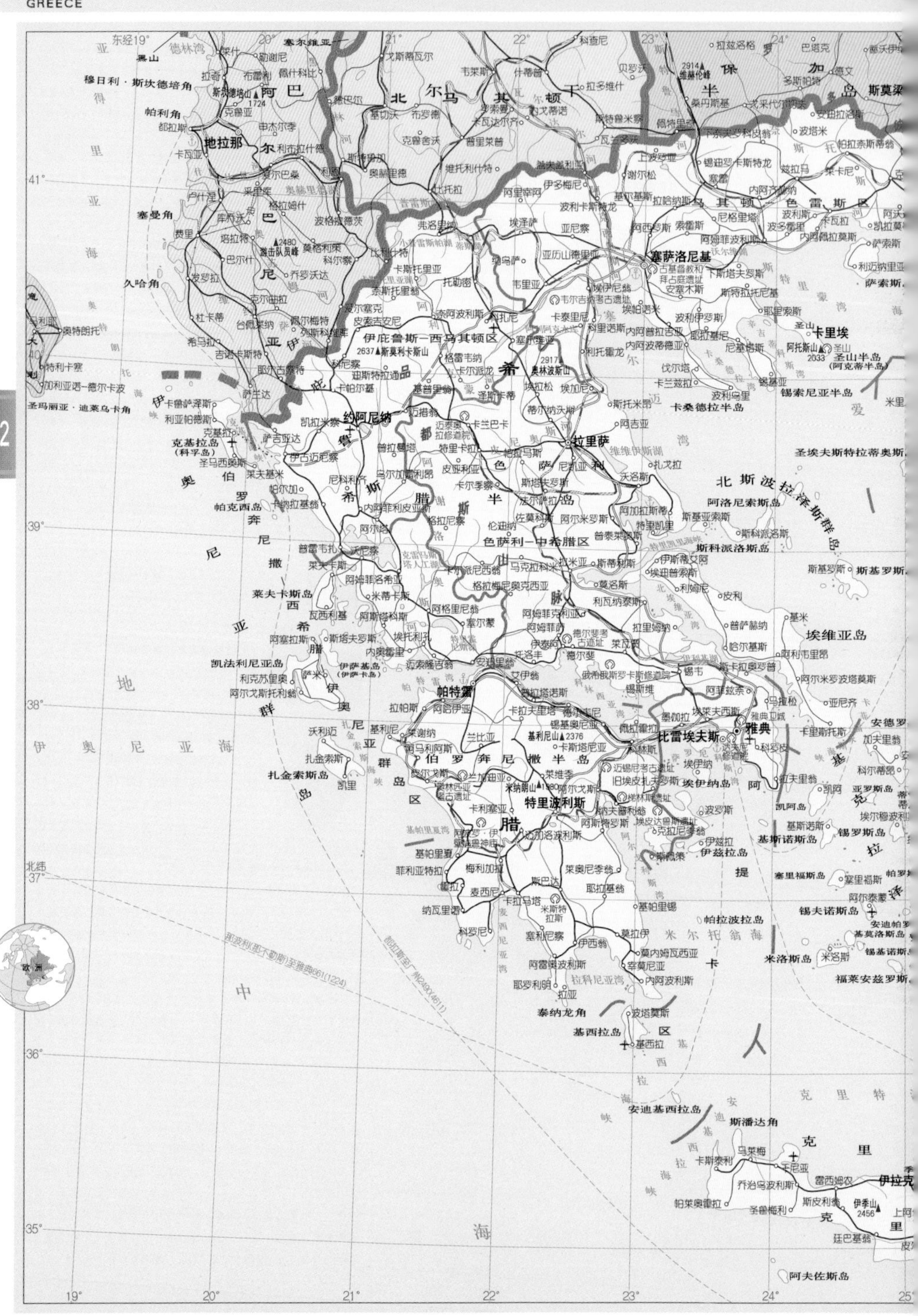
阿尔巴尼亚
北马其顿
保加利亚
希腊
地拉那
塞萨洛尼基
雅典
比雷埃夫斯
帕特雷
拉里萨
约阿尼纳
伊奥尼亚海
爱琴海
地中海
克里特海
伯罗奔尼撒半岛
埃维亚岛
克里特岛
克基拉岛
凯法利尼亚岛
扎金索斯岛
莱夫卡斯岛
基西拉岛
奥林波斯山
伊庇鲁斯－西马其顿区
色萨利－中希腊区
北斯波拉泽斯群岛
卡尔基季基半岛
圣山半岛
伊拉克利翁
特里波利斯
斯巴达
科林斯
欧洲

比例尺 1:4 600 000

0 46 92 138 184千米

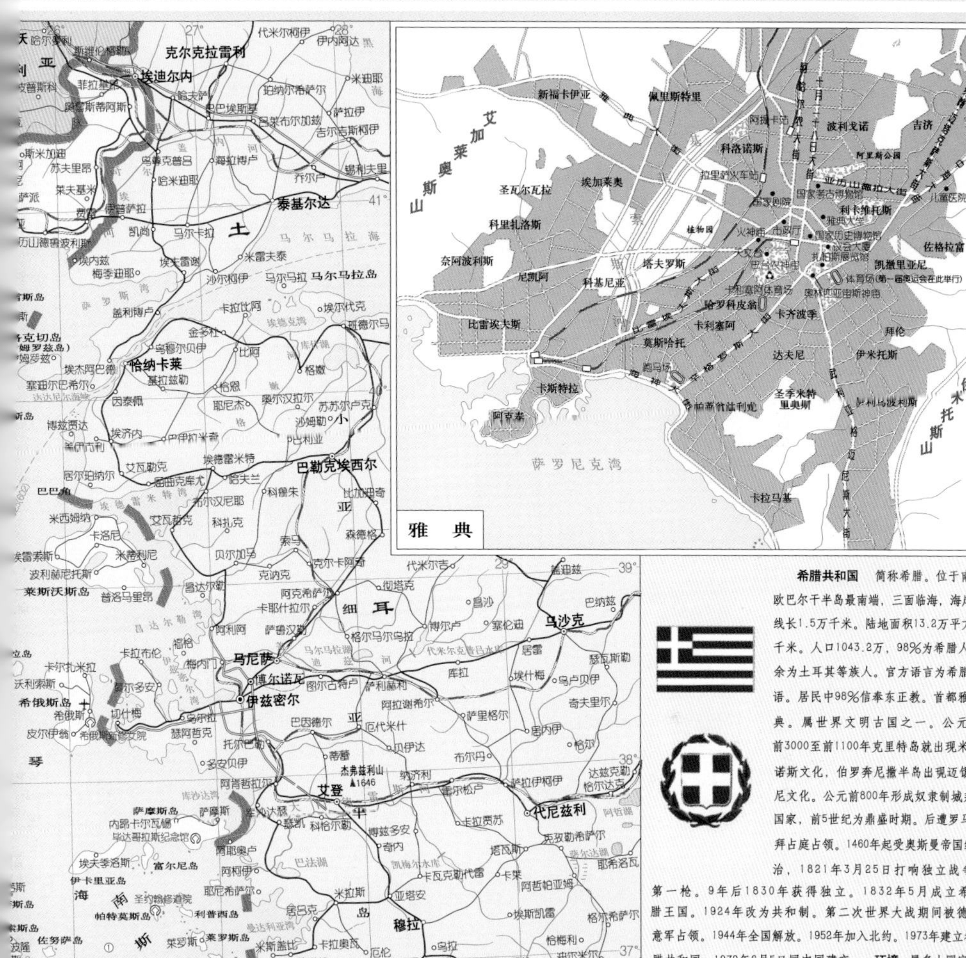

希腊共和国 简称希腊。位于南欧巴尔干半岛最南端，三面临海，海岸线长1.5万千米。陆地面积13.2万平方千米。人口1043.2万，98%为希腊人，余为土耳其等族人。官方语言为希腊语。居民中98%信奉东正教。首都雅典。属世界文明古国之一。公元前3000至前1100年克里特岛就出现米诺斯文化，伯罗奔尼撒半岛出现迈锡尼文化。公元前800年形成奴隶制城邦国家，前5世纪为鼎盛时期。后遭罗马、拜占庭占领。1460年起受奥斯曼帝国统治，1821年3月25日打响独立战争第一枪。9年后1830年获得独立。1832年5月成立希腊王国。1924年改为共和制。第二次世界大战期间被德、意军占领。1944年全国解放。1952年加入北约。1973年建立希腊共和国。1972年6月5日同中国建交。 **环境** 属多山国家，山地占全国面积的70%。品都斯山脉横亘中西部。东部的奥林波斯山海拔2917米，是全国最高峰。东北部和沿海有盆地和小块平原，为重要的农业区。河流短小流急，富水力资源。主要河湖有阿谢洛奥斯河、奈斯托斯河、特里霍尼斯湖、韦戈里蒂斯湖等。岸线异常曲折，多海湾和天然良港。沿海岛屿众多，最大的是克里特岛。属亚热带地中海型气候。平均气温：冬季6～13℃，夏季23～33℃。年降水量500～1500毫米。矿藏资源主要有铝矾土、褐煤、镍、铬、镁、石棉、铜、铀、金、石油、大理石等。森林覆盖率为17%。 **经济** 为工业农业国。海运、旅游和商贸是经济的三大支柱。国内生产总值约1712亿美元。重工业基础薄弱，规模较小，主要有纺织、冶金、食品、炼油、造船等部门。能源和工业原料需进口。农业在经济中占重要地位，主要作物为谷物、棉花、烟草。交通以公路为主，对外运输靠海运。公路总长约5万千米。高速公路2500千米。铁路总长2279千米。拥有居世界前列的商船队，年海运收入约170亿欧元。全国客运港口有190余个，主要大港有比雷埃夫斯、塞萨洛尼基、沃洛斯和帕特雷。对外贸易总额1230.2亿美元。 **国防** 有现役总兵力约15万人。实行义务兵役制。

注：① 爱琴海区的行政中心在比雷埃夫斯

国，1991年改用现名。1949年11月23日同中国建交。**环境**　境内3/4的面积为山地和丘陵地，仅西部沿海有一狭长平原。主要山脉有北阿尔巴尼亚山和托莫里山。东北部边界的科拉比山海拔2764米，是全国最高峰。主要河流有德林河、维约萨河。属亚热带地中海型气候。平均气温：1月1～8℃，7月24～27℃。年平均降水量1400毫米。水力资源丰富。森林覆盖率为38%。矿产资源主要有石油、沥青、铬、铜、铁、镍、煤等。**经济**　为以农业为主的发展中国家，经济相对落后。国内生产总值约171亿美元。主要工业有采矿、电力、冶金、纺织和食品加工等。农业以种植小麦、玉米为主，也产棉花、烟草、甜菜等经济作物。葡萄园等果园分布普遍。对外贸易总额约134.5亿美元。**国防**　有现役总兵力约1.25万人。实行志愿兵役制。

北马其顿共和国

简称北马其顿。位于南欧巴尔干半岛中部，为内陆国家。面积2.57万平方千米。人口209.7万，54.21%为信奉东正教的马其顿族，29.52%为信奉伊斯兰教的阿尔巴尼亚族，余为土耳其、罗姆族、塞尔维亚族人等。官方语言为马其顿语。首都斯科普里。公元7世纪斯拉夫人迁居马其顿地区，1018年建立了第一个马其顿国。此后长期处于保加利亚、拜占庭、塞尔维亚以及奥斯曼土耳其的统治之下。1912年后又被塞尔维亚、保加利亚和希腊军队占领和瓜分。第一次世界大战后，部分领土并入塞尔维亚-克罗地亚-斯洛文尼亚王国。第二次世界大战后，成为南斯拉夫联邦人民共和国的一个成员国，称马其顿共和国。1991年11月20日独立。1993年10月12日同中国建交。**环境**　全境交错分布着一系列高大的断块山和陷落侵蚀盆地。山地主要集中在东、西部。位于西北部边界上的科拉比山海拔2764米，为全国最高峰。瓦尔达尔河从中部流过，多湖泊。大部属温带大陆性气候。冬季最低气温达-30℃，夏季最高气温达40℃，全年平均气温为10℃。矿藏有铁、铅、锌、铜、铀、金、褐煤等。森林覆盖率达38.9%。**经济**　属传统的农业国，工业有一定的基础。国内生产总值约合105.6亿美元。主要工业有采矿、有色冶金、机械、汽车配件、化工、电力、轻纺等。农产品以玉米、棉花和烟草为主，还产水果、蔬菜等，畜牧业以养羊为主。对外贸易总额195.8亿美元。**国防**　有现役总兵力约8133人，实行职业军人兵役制。

阿尔巴尼亚共和国

简称阿尔巴尼亚。位于南欧巴尔干半岛西南部。西濒亚得里亚海，海岸线长472千米。面积2.87万平方千米。人口279万，98%为阿尔巴尼亚族，余为希腊、马其顿、黑山、塞尔维亚、克罗地亚族等。官方语言为阿尔巴尼亚语。居民多信奉伊斯兰教。首都地拉那。公元前5世纪开始建国。1190年建立封建制公国。自1415年起受土耳其奥斯曼帝国统治近500年。1912年11月28日宣布独立。第一次世界大战期间被奥匈帝国、意大利、法军占领。1925年成立共和国。第二次世界大战期间又遭意、德法西斯占领，直至1944年全境解放。1946年1月11日成立阿尔巴尼亚人民共和

注：图内未标注一级行政区名的均与一级行政中心同名

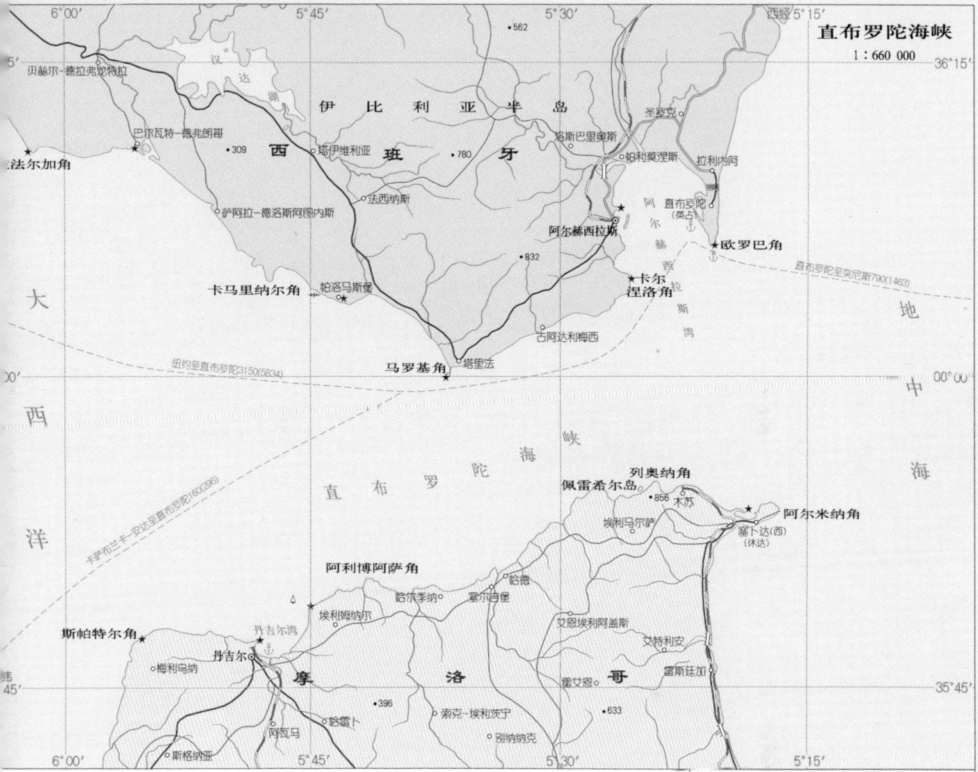

直布罗陀海峡
1∶660 000

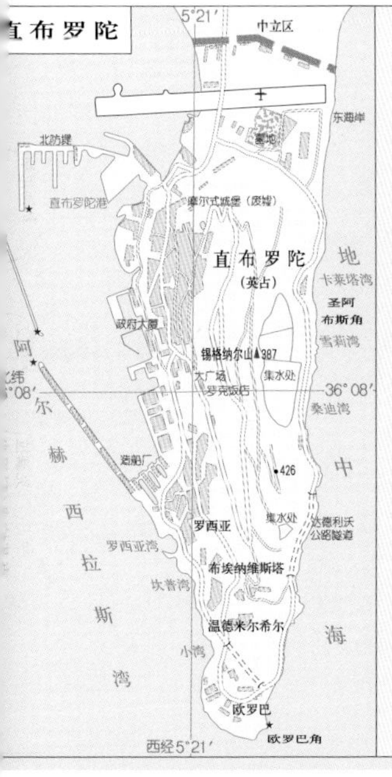

直布罗陀 为世界著名的港口城市，英国海军基地。位于西班牙东南部的直布罗陀半岛上。与南岸休达紧锁海峡东口，扼地中海通往大西洋的咽喉，战略地位极为重要。面积5.8平方千米。人口约3万（军人除外），直布罗陀人占66.67%，英国人占16.66%，摩洛哥人占10%，余为西班牙人、印度人、犹太人等。主要语言为英语，通用西班牙语。80%的人信奉天主教，余信基督教新教、犹太教和伊斯兰教。8世纪摩尔人入侵，1410年为西班牙人收复。1501年正式纳入西班牙版图。1704年被英国占领至今。1713年签订的乌特勒支和约规定直布罗陀归英王室。1909年英又占据了直布罗陀与西班牙本土之间的隔离地带，修建军事基地和机场，并架设铁丝网和铁栅栏，形成现今边界。属地中海型气候，气温冬季12～18℃，夏季13～29℃。缺乏自然资源。经济主要依赖对英、日及其他欧共体国家的转口贸易。出口货物主要是转口石油、香烟及对停泊船只供应油，进口主要是食品等。拥有地中海地区最大的干船坞。约驻有英国军队440人，是北约驻里斯本北大西洋伊比利亚司令部和驻那不勒斯南欧盟军司令部间的联络的要点。西班牙从未放弃对直布罗陀的领土主权要求。从1964年起，西、英开始谈判，但至今未达成协议。

直布罗陀海峡 位于欧洲伊比利亚半岛南端与非洲大陆西北端之间，是沟通地中海与大西洋的水道，为北欧、西欧各国舰船进入地中海的咽喉要道，也是飞机选择自由过境的常用空中走廊，被称为西方的生命线。海峡东西长约65千米，东窄西宽，大部宽在14～43千米之间。东深西浅，东部海沟处最深达1700米，平均深度为375米，航道水深53～1181米。属地中海型气候，冬季温湿多西风，夏季干热多东风，春秋有风暴。海流分两层：上层（160米以上水域）东流地中海，海水盐度36.6‰，年平均水温17℃；下层（160米以下水域）西流大西洋，海水盐度37.7‰，年平均水温13.5℃。海峡北岸为西班牙，南岸为摩洛哥，两岸均为山地地形。海岸陡峭，多海角，北岸有马罗基角、卡尔涅洛角、欧罗巴角，南岸有阿尔米纳角、斯帕特尔角。两岸主要港市有直布罗陀（英占）、阿尔赫西拉斯、丹吉尔、休达（西）等。轮船可双向通过海峡，每天过往船只约200余艘。沿岸建有直布罗陀海军基地(英)，摩洛哥的丹吉尔海军基地。

地中海地区 地中海是世界上最大的陆间海之一。位于亚、非、欧三大洲之间。东西长约4000千米，南北最宽处1800千米，面积约250.5万平方千米。平均水深1500米，最深处达5121米。地中海沿岸有22个国家，总面积853万平方千米。人口约3.45亿，主要有阿拉伯人、土耳其人、斯拉夫人、意大利人、法兰西人和西班牙人等。居民主要信奉伊斯兰教（亚、非各国）和天主教（南欧各国）。地中海是由亚欧板块和非洲、印度板块相向运动，使古特提斯洋（古地中海）缩小而形成的残存水域，是世界上多火山和地震的地区。西西里岛上的埃特纳火山是欧洲最著名也是最高的活火山。地中海被分割成爱琴海、亚得里亚海、伊奥尼亚海、第勒尼安海和利古里亚海等。地中海岸线长而曲折，多半岛、岛屿和海湾。除尼罗河、罗讷河外，缺少大河注入，海水的来源主要来自大西洋。该区夏季受副热带高压控制，炎热干燥，冬季受西风带影响，温和多雨，为典型的地中海式气候。年降水量300～1000毫米。地中海地区矿藏资源丰富，主要有石油、天然气、铬、钴、铁、锰、铅、锌和磷酸盐等。是世界著名的旅游区，旅游资源丰富。地中海沿岸除少数欧洲国家外，各国经济都以农业为主，主要农产品有麦类、棉花、玉米、烟草，此外还盛产柑橘、柠檬、葡萄、椰枣等果品。其中油橄榄产量占世界总产量的90%以上。畜牧业在经济中占较大比重。工业有采矿、石油、冶金、食品、纺织等部门。地中海在地理位置和航运上的战略地位重要，西经直布罗陀海峡可通大西洋，东北经恰纳卡莱海峡、马尔马拉海和伊斯坦布尔海峡可通黑海，东南经苏伊士运河出红海可达印度洋。沿岸重要港口有直布罗陀、马赛、热那亚、那不勒斯、里耶卡、斯普利特、都拉斯、帕特雷、雅典、塞萨洛尼基、伊兹密尔、伊斯肯德伦、拉塔基亚、贝鲁特、海法、特拉维夫－雅法、塞得港、亚历山大港、的黎波里、突尼斯、阿尔及尔、休达、丹吉尔等。为南欧、北非各国之间联系的纽带和沟通大西洋和印度洋的交通要道。苏伊士运河的开通，大大缩短了从西欧到东南亚的航程。使苏伊士运河到直布罗陀海峡已成为世界上最繁忙的水道。也是军事大国间争控的重要海区。

注：① 阿拉伯区

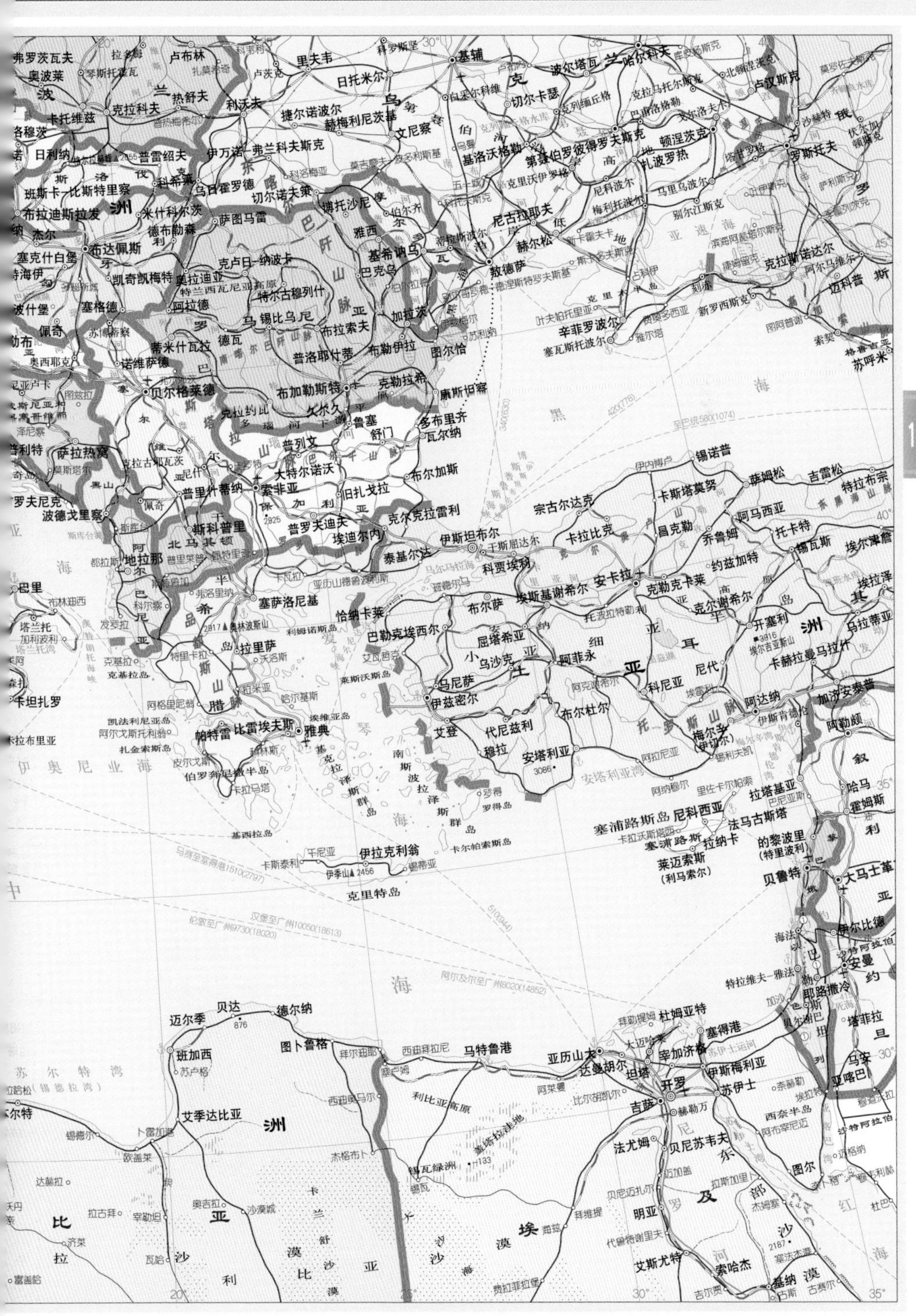
基辅
日托米尔
里夫韦
卢布林
克拉科夫
热舒夫
利沃夫
波尔塔瓦
哈尔科夫
卢甘斯克
顿涅茨克
罗斯托夫
捷尔诺波尔
赫梅利尼茨基
文尼察
切尔卡瑟
基洛沃格勒
第聂伯罗彼得罗夫斯克
扎波罗热
伊万诺—弗兰科夫斯克
切尔诺夫策
乌日霍罗德
萨图马雷
布达佩斯
杰尔
塞克什白堡
凯奇凯梅特
奥拉迪亚
克卢日-纳波卡
特尔古穆列什
阿拉德
塞格德
蒂米什瓦拉
诺维萨德
贝尔格莱德
克拉约瓦
普洛耶什蒂
布加勒斯特
加拉茨
布勒伊拉
布拉索夫
雅西
基希讷乌
巴克乌
尼古拉耶夫
赫尔松
敖德萨
辛菲罗波尔
克拉斯诺达尔
迈科普
苏呼米
图尔恰
康斯坦察
瓦尔纳
鲁塞
舒门
普列文
布尔加斯
大特尔诺沃
旧扎戈拉
索非亚
普罗夫迪夫
埃迪尔内
伊斯坦布尔
泰基尔达
克尔克拉雷利
尼什
普里什蒂纳
斯科普里
地拉那
波德戈里察
萨拉热窝
斯普利特
都拉斯
巴里
塞萨洛尼基
拉里萨
帕特雷
雅典
比雷埃夫斯
恰纳卡莱
巴勒克埃西尔
伊兹密尔
马尼萨
艾登
代尼兹利
穆拉
安塔利亚
布尔萨
埃斯基谢希尔
安卡拉
科尼亚
屈塔希亚
乌沙克
阿菲永
开塞利
锡诺普
萨姆松
吉雷松
特拉布宗
宗古尔达克
卡拉比克
乔鲁姆
阿马西亚
托卡特
锡瓦斯
埃尔津詹
马拉蒂亚
卡赫拉曼马拉什
阿达纳
梅尔辛(伊切尔)
加济安泰普
阿勒颇
哈马
霍姆斯
拉塔基亚
尼科西亚
法马古斯塔
莱迈索斯(利马索尔)
的黎波里(特里波利)
贝鲁特
大马士革
伊尔比德
海法
特拉维夫—雅法
安曼
耶路撒冷
塔菲拉
马安
亚喀巴
伊拉克利翁
克里特岛
罗得岛
黑海
马尔马拉海
爱琴海
伊奥尼亚海
地中海
苏尔特湾
迈尔季
贝达
德尔纳
图卜鲁格
班加西
艾季达比亚
马特鲁港
亚历山大
达曼胡尔
坦塔
宰加济格
塞得港
伊斯梅利亚
苏伊士
开罗
吉萨
法尤姆
贝尼苏韦夫
明亚
艾斯尤特
索哈杰
基纳
利比亚高原
利比亚沙漠
撒哈拉沙漠
红海
欧洲
亚洲
非洲

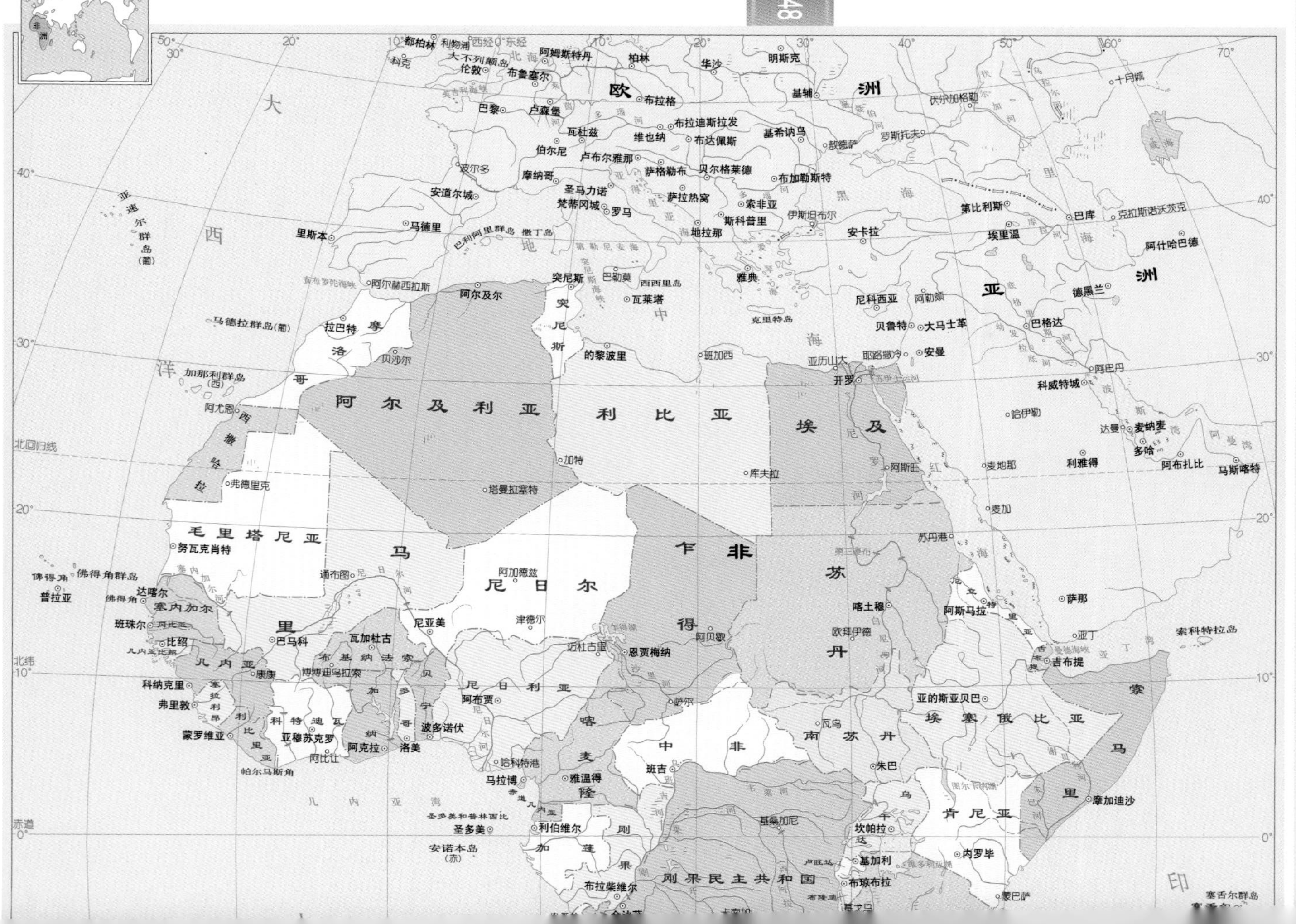
摩洛哥
阿尔及利亚
突尼斯
利比亚
埃及
西撒哈拉
毛里塔尼亚
马里
尼日尔
乍得
苏丹
南苏丹
塞内加尔
冈比亚
几内亚比绍
几内亚
塞拉利昂
利比里亚
科特迪瓦
加纳
多哥
贝宁
布基纳法索
尼日利亚
喀麦隆
中非
赤道几内亚
加蓬
刚果
刚果民主共和国
乌干达
肯尼亚
卢旺达
布隆迪
埃塞俄比亚
厄立特里亚
吉布提
索马里
开罗
的黎波里
突尼斯
阿尔及尔
拉巴特
阿尤恩
努瓦克肖特
达喀尔
班珠尔
比绍
科纳克里
弗里敦
蒙罗维亚
亚穆苏克罗
阿比让
阿克拉
洛美
波多诺伏
瓦加杜古
巴马科
尼亚美
阿布贾
恩贾梅纳
喀土穆
朱巴
阿斯马拉
亚的斯亚贝巴
吉布提
摩加迪沙
内罗毕
坎帕拉
基加利
布琼布拉
班吉
雅温得
马拉博
利伯维尔
布拉柴维尔
圣多美
普拉亚
北回归线
赤道

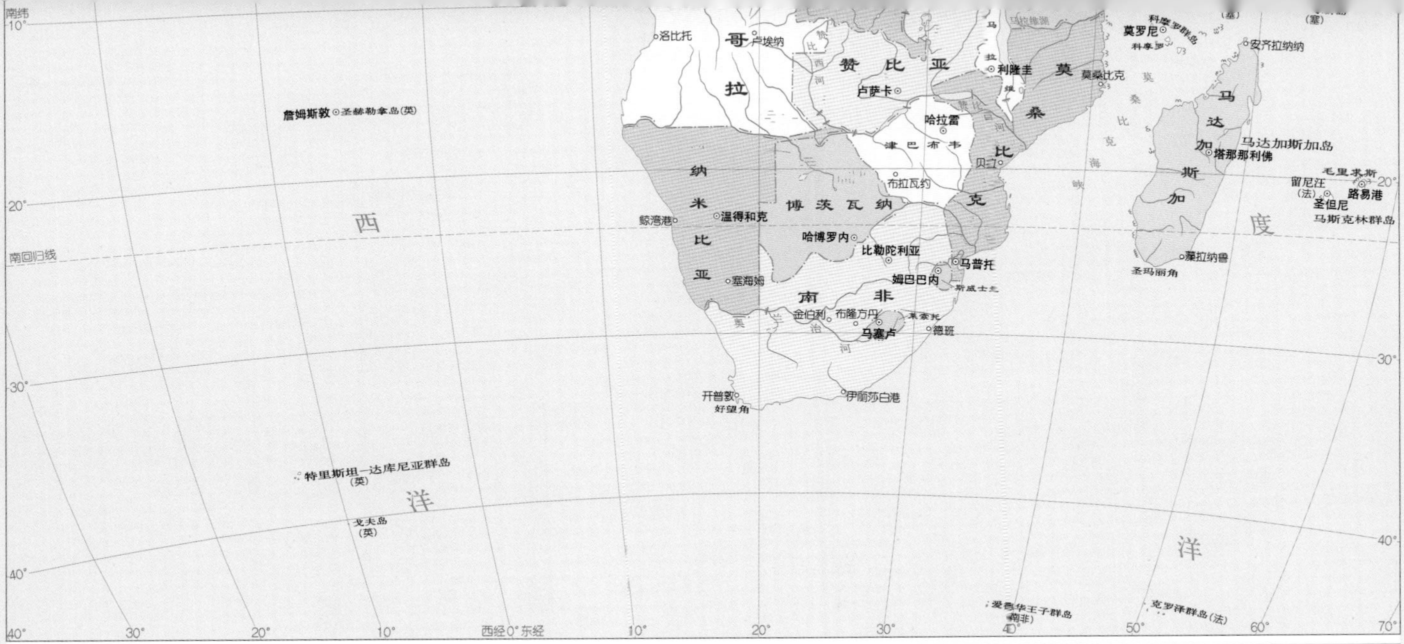

比例尺 1:48 200 000

0 482 964 1446 1928千米

非洲国家和地区概况表

国家和地区	面积(平方千米)	人口(万)	首都(首府)	国家和地区	面积(平方千米)	人口(万)	首都(首府)	国家和地区	面积(平方千米)	人口(万)	首都(首府)
埃及	1001000	9900	开罗	加纳	238537	2950	阿克拉	乌干达	241550	4270	坎帕拉
苏丹	1880000	4312	喀土穆	多哥	56785	790	洛美	卢旺达	26338	1220	基加利
南苏丹	620000	1253	朱巴	贝宁	112622	1150	波多诺伏	布隆迪	27834	1086	布琼布拉
利比亚	1759540	647	的黎波里	尼日尔	1267000	2230	尼亚美	坦桑尼亚	945087	5910	多多马
突尼斯	162000	1170	突尼斯	尼日利亚	923768	20100	阿布贾	安哥拉	1246700	2980	罗安达
阿尔及利亚	2381741	4220	阿尔及尔	赤道几内亚	28051	130	马拉博	赞比亚	752614	1760	卢萨卡
摩洛哥	459000	3624	拉巴特	加蓬	267667	230	利伯维尔	马拉维	118484	1809	利隆圭
西撒哈拉	266000	27	阿尤恩(重要城市)	圣多美和普林西比	1001	20.4	圣多美	莫桑比克	799380	3050	马普托
毛里塔尼亚	1030000	450	努瓦克肖特	乍得	1284000	1490	恩贾梅纳	科摩罗	2236	80	莫罗尼
塞内加尔	196722	1572.6	达喀尔	喀麦隆	475422	2405	雅温得	马达加斯加	592000	2520	塔那那利佛
冈比亚	11295	210	班珠尔	中非	622984	474	班吉	毛里求斯	2040	126.5	路易港
马里	1241238	1869	巴马科	刚果	342000	526	布拉柴维尔	留尼汪(法)	2512	76.6	圣但尼
布基纳法索	274122	1919	瓦加杜古	刚果民主共和国	2344885	8134	金沙萨	津巴布韦	390580	1690	哈拉雷
几内亚	245857	1270	科纳克里	厄立特里亚	124320	670	阿斯马拉	博茨瓦纳	581730	225	哈博罗内
几内亚比绍	36125	186	比绍	埃塞俄比亚	1103600	10500	亚的斯亚贝巴	纳米比亚	824269	253	温得和克
佛得角	4033	54	普拉亚	吉布提	23200	100	吉布提	南非	1219090	5652	比勒陀利亚
塞拉利昂	71740	760	弗里敦	索马里	637657	1518	摩加迪沙	斯威士兰	17363	139	姆巴巴内
利比里亚	111370	470	蒙罗维亚	塞舌尔	455	9.5	维多利亚	莱索托	30344	230	马塞卢
科特迪瓦	322463	2490	亚穆苏克罗	肯尼亚	582646	5140	内罗毕	圣赫勒拿(英)	121	0.74	詹姆斯敦

非洲
都柏林
伦敦
阿姆斯特丹
布鲁塞尔
柏林
华沙
明斯克
巴黎
布拉格
维也纳
布达佩斯
基辅
基希讷乌
伯尔尼
卢布尔雅那
贝尔格莱德
布加勒斯特
摩纳哥
圣马力诺
安道尔城
萨拉热窝
索非亚
罗马
地拉那
雅典
安卡拉
第比利斯
巴库
埃里温
阿什哈巴德
马德里
里斯本
直布罗陀
阿尔及尔
突尼斯
瓦莱塔
拉巴特
的黎波里
班加西
开罗
尼科西亚
贝鲁特
大马士革
巴格达
德黑兰
科威特城
麦纳麦
多哈
阿布扎比
利雅得
马斯喀特
萨那
阿斯马拉
吉布提
亚的斯亚贝巴
喀土穆
恩贾梅纳
尼亚美
瓦加杜古
巴马科
努瓦克肖特
达喀尔
班珠尔
比绍
科纳克里
弗里敦
蒙罗维亚
亚穆苏克罗
阿克拉
洛美
波多诺伏
阿布贾
马拉博
雅温得
班吉
利伯维尔
圣多美
布拉柴维尔
金沙萨
基加利
布琼布拉
坎帕拉
内罗毕
摩加迪沙
朱巴
撒哈拉沙漠
利比亚沙漠
努比亚沙漠
阿拉伯半岛
索马里半岛
伊比利亚半岛
巴尔干半岛
小亚细亚半岛
阿特拉斯山脉
撒哈拉阿特拉斯山脉
阿尔卑斯山脉
喀尔巴阡山脉
大高加索山脉
扎格罗斯山脉
伊朗高原
埃塞俄比亚高原
东非大裂谷
刚果盆地
乍得盆地
尼罗河上游盆地
阿赞德高原
阿哈加尔高原
提贝斯提高原
提贝斯提砾漠
达尔富尔高原
科尔多凡高原
几内亚高原
约鲁巴高原
提贝斯提山
图西德火山 3265
乞力马扎罗山 5895
肯尼亚山
塞舌尔群岛
马德拉群岛
加那利群岛
亚速尔群岛
佛得角群岛
比奥科岛
圣多美岛
安诺本岛
佛得角
帕尔马斯角
三尖角
哈丰角
北回归线
赤道
北大西洋
地中海
红海
亚丁湾
几内亚湾

比例尺　1:48 200 000

0　482　964　1446　1928千米

阿非利加洲　简称非洲。为仅次于亚洲的世界第二大洲。位于东半球西南部，地跨赤道南北，西北部有部分地区伸入西半球。东濒印度洋，西临大西洋，北靠地中海。大陆东至索马里半岛的哈丰角（东经51°24′，北纬10°27′），南至南非的厄加勒斯角(东经20°02′，南纬34°51′)，西至塞内加尔的佛得角（西经17°33′，北纬14°45′），北至突尼斯的吉兰角（本赛卡角）（东经9°50′，北纬37°21′）。东北以苏伊士运河和红海与亚洲分界，北隔地中海与欧洲相望。面积3030万平方千米（包括附近岛屿），约占世界陆地总面积的20.2%。非洲在地理习惯上分为北非、东非、西非、中非和南非，包括57个国家和地区。人口约12.85亿。非洲大陆形状特点是北宽南窄。全境高原面积广大，故有“高原大陆”之称。以刚果河河口至埃塞俄比亚高原边缘一线为界，呈东南高，西北低。平均海拔750米。东南部多为海拔1000米以上的高原，称高非洲，有埃塞俄比亚高原、东非高原、比耶高原、隆达高原和加丹加高原。高原边缘地带多悬崖峭壁，构成单面山地形。西北部多在海拔500米以下，称低非洲，多为低高原、台地和沙漠，低非洲内分布着一系列盆地、洼地，仅局部地区有较高的山地。明显的山脉主要集中在南、北两端。但非洲最高峰是东部的乞力马扎罗山，海拔5895米。主要山脉还有西北沿海的阿特拉斯山脉，南部的德拉肯斯山脉，最高峰海拔分别为4165米和3482米。因地层断裂，在东部还形成了世界最大的裂谷带，宽几十千米到300千米，一般深1000～2000米，形成一系列狭长深陷的谷地和湖泊，其中阿萨勒湖湖面低于海平面153米，是非洲陆地上的最低点。非洲沙漠面积约占全洲面积1/3，是世界上沙漠面积最大的一洲，有世界最大的撒哈拉沙漠，面积约960万平方千米。还有西南部的纳米布沙漠和南部的卡拉哈迪沙漠等。非洲海岸线长3.05万千米。海岸较平直，缺少半岛和海湾，索马里半岛是非洲最大的半岛，几内亚湾为非洲最大的海湾。大陆附近岛屿相对较少，最大的岛屿是位于印度洋上的马达加斯加岛。河流分布不匀，赤道附近和东南地区河网稠密，广大沙漠地区缺少地表径流。主要河流有尼罗河、刚果河、尼日尔河和赞比西河。其中，尼罗河长6671千米，为世界最长的河流。非洲河流的特点是终年不冻，多急流和瀑布。主要瀑布有世界闻名的莫西奥图尼亚瀑布（维多利亚瀑布）和非洲落差最大的图盖拉瀑布。湖泊较多，较大的多为断层湖，集中分布在东非裂谷带内。其中的维多利亚湖面积6.94万平方千米，是非洲最大湖泊，世界第二大淡水湖。大部地区属热带气候，高温、干燥、少雨，赤道横贯中部，气候带南北对称分布。平均气温最冷月不低于8℃，最热月高达40℃。降水分布极不均匀，降水量自赤道向南北两侧减少。喀麦隆和利比里亚山地的向风坡年平均降水量达5000毫米，为世界多雨地区。北部和西南部沙漠地区，年平均降水量不足100毫米，甚至几年无雨。非洲矿藏丰富，金刚石、金、铬、铂、铝土和磷酸盐储量居各洲之首。其中，金刚石储量占世界总储量的95%，金矿占世界总储量的2/3。还有石油、煤、铜、铁、锰、铀等多种矿藏。富森林资源，盛产红木、花梨木、胡桃木等名贵林木。草原面积占非洲总面积的27%，居世界之首。水力资源占世界可开发量的21%。沿海多著名渔场，盛产沙丁鱼、金枪鱼等。工业基础较薄弱，采矿业和轻工业是非洲工业的主要部门。农业在各国的国民经济中占有重要地位，以种植玉米、高粱、小米、木薯为主。经济作物有咖啡、花生、可可、丁香、橡胶、甘蔗、油棕、茶叶、剑麻、烟草等。

高度表　5000　3000　1000　200　0　200　500　1000　2000　3000　5000米

比例尺 1:8 700 000

0 87 174 261

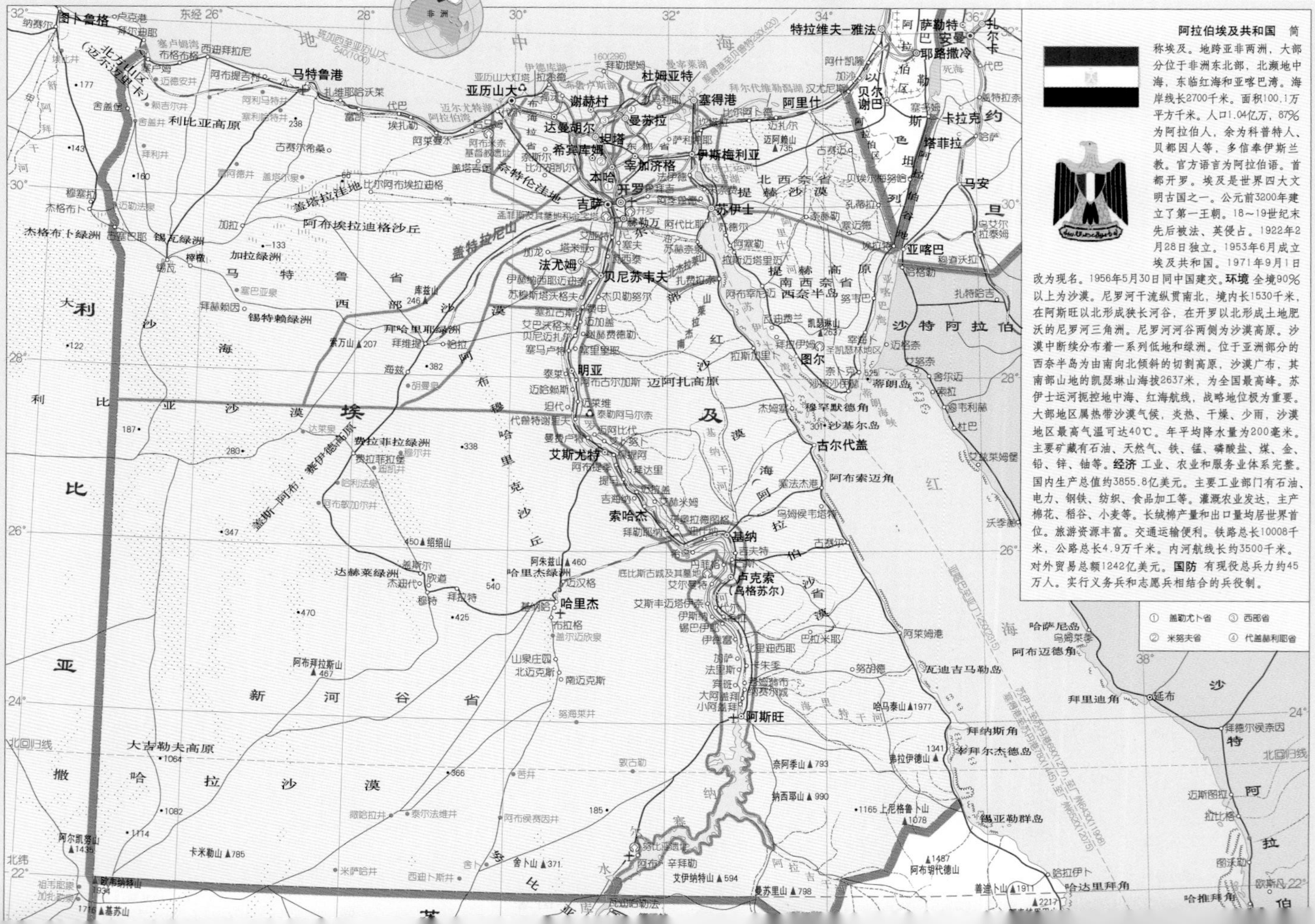

阿拉伯埃及共和国 简称埃及。地跨亚非两洲，大部分位于非洲东北部，北濒地中海，东临红海和亚喀巴湾。海岸线长2700千米。面积100.1万平方千米。人口1.04亿万，87%为阿拉伯人，余为科普特人、贝都因人等，多信奉伊斯兰教。官方语言为阿拉伯语。首都开罗。埃及是世界四大文明古国之一。公元前3200年建立了第一王朝。18～19世纪末先后被法、英侵占。1922年2月28日独立。1953年6月成立埃及共和国。1971年9月1日改为现名。1956年5月30日同中国建交。**环境** 全境90%以上为沙漠。尼罗河干流纵贯南北，境内长1530千米，在阿斯旺以北形成狭长河谷，在开罗以北形成土地肥沃的尼罗河三角洲。尼罗河河谷两侧为沙漠高原。沙漠中断续分布着一系列低地和绿洲。位于亚洲部分的西奈半岛为由南向北倾斜的切割高原，沙漠广布，其南部山地的凯瑟琳山海拔2637米，为全国最高峰。苏伊士运河扼控地中海、红海航线，战略地位极为重要。大部地区属热带沙漠气候，炎热、干燥、少雨，沙漠地区最高气温可达40℃。年平均降水量为200毫米。主要矿藏有石油、天然气、铁、锰、磷酸盐、煤、金、铅、锌、铀等。**经济** 工业、农业和服务业体系完整。国内生产总值约3855.8亿美元。主要工业部门有石油、电力、钢铁、纺织、食品加工等。灌溉农业发达，主产棉花、稻谷、小麦等。长绒棉产量和出口量均居世界首位。旅游资源丰富。交通运输便利。铁路总长10008千米，公路总长4.9万千米。内河航线长约3500千米。对外贸易总额1242亿美元。**国防** 有现役总兵力约45万人。实行义务兵和志愿兵相结合的兵役制。

① 盖勒尤卜省 ② 米努夫省 ③ 西部省 ④ 代盖赫利耶省

注：图内未标注一级行政区名的均与一级行政中心同名

苏伊士运河

1：1 400 000

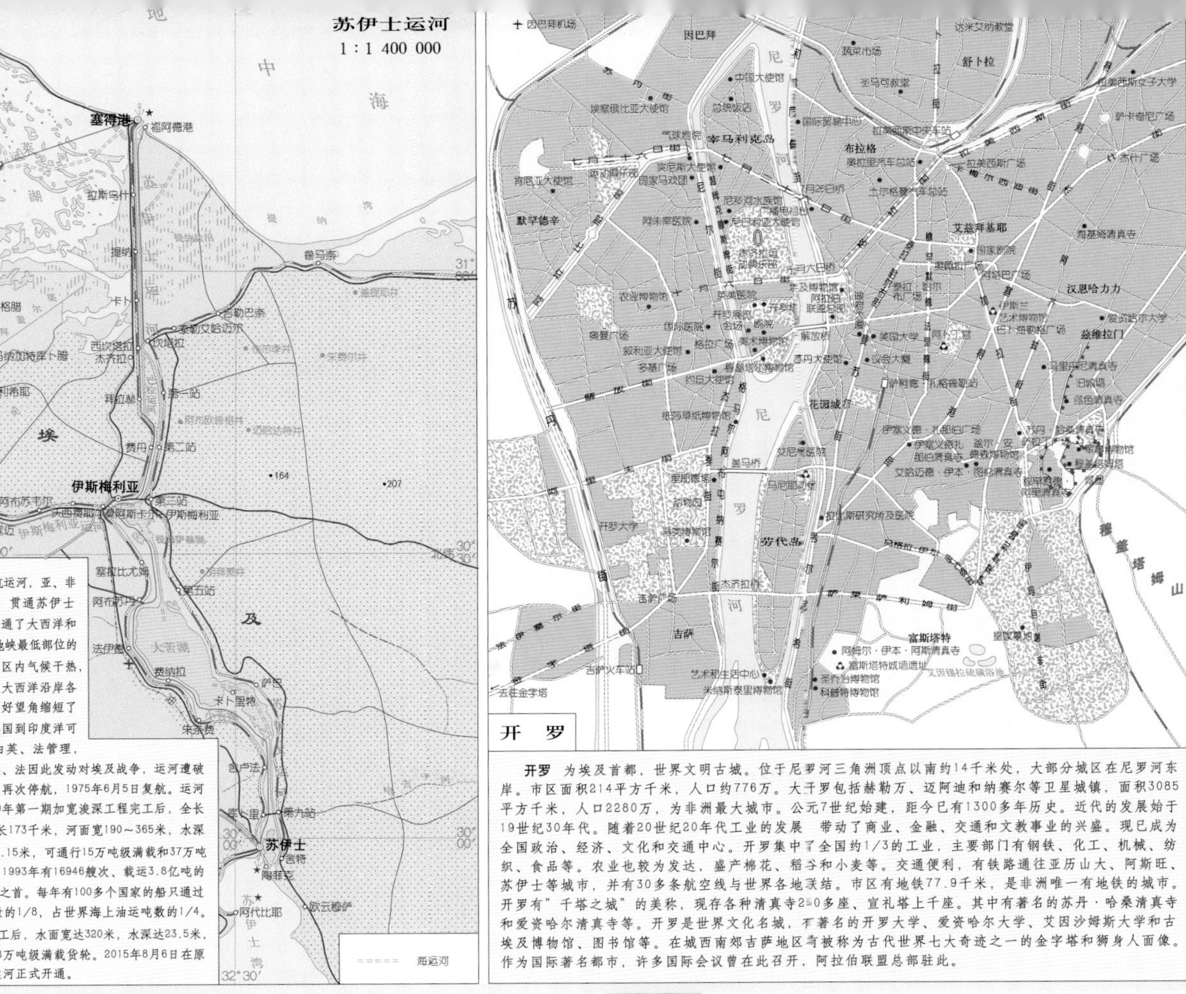

苏伊士运河 为世界著名的通航运河，亚、非两洲的分界线。位于埃及东北部，贯通苏伊士地峡。运河连接地中海和红海，沟通了大西洋和印度洋，战略地位重要。运河利用地峡最低部位的湖泊、洼地等有利地形开凿而成，区内气候干热，常年盛行西北风。运河通航后，从大西洋沿岸各国到印度洋之间的航程比绕道非洲好望角缩短了5500～8000千米，从地中海沿岸各国到印度洋可缩短8000～10000千米。运河原由英、法管理，1956年埃及收归国有。同年10月英、法因此发动对埃及战争，运河遭破坏而停航。1967年三次中东战争中再次停航，1975年6月5日复航。运河南起陶菲克港，北至塞得港。1980年第一期加宽浚深工程完工后，全长161千米，连同两端入港引航道全长173千米，河面宽190～365米，水深12～19.5米，船只最大吃水深度16.15米，可通行15万吨级满载和37万吨空载船只。日通行船只能力80艘。1993年有16946艘次、载运3.8亿吨的货物通过运河，货运量居世界运河之首。每年有100多个国家的船只通过运河，占欧、亚两洲间海上货运量的1/8，占世界海上油运吨数的1/4。于1994年开始的第二期扩建工程完工后，水面宽达320米，水深达23.5米，可通过最大吃水深度为20.7米、28万吨级满载货轮。2015年8月6日在原苏伊士运河东侧修建的新苏伊士运河正式开通。

开 罗

开罗 为埃及首都，世界文明古城。位于尼罗河三角洲顶点以南约14千米处，大部分城区在尼罗河东岸。市区面积214平方千米，人口约776万。大开罗包括赫勒万、迈阿迪和纳赛尔等卫星城镇，面积3085平方千米，人口2280万，为非洲最大城市。公元7世纪始建，距今已有1300多年历史。近代的发展始于19世纪30年代。随着20世纪20年代工业的发展，带动了商业、金融、交通和文教事业的兴盛。现已成为全国政治、经济、文化和交通中心。开罗集中了全国约1/3的工业，主要部门有钢铁、化工、机械、纺织、食品等。农业也较为发达，盛产棉花、稻子和小麦等。交通便利，有铁路通往亚历山大、阿斯旺、苏伊士等城市，并有30多条航空线与世界各地联结。市区有地铁77.9千米，是非洲唯一有地铁的城市。开罗有"千塔之城"的美称，现存各种清真寺250多座、宣礼塔上千座。其中有著名的苏丹·哈桑清真寺和爱资哈尔清真寺等。开罗是世界文化名城，有著名的开罗大学、爱资哈尔大学、艾因沙姆斯大学和古埃及博物馆、图书馆等。在城西南郊吉萨地区有被称为古代世界七大奇迹之一的金字塔和狮身人面像。作为国际著名都市，许多国际会议曾在此召开，阿拉伯联盟总部驻此。

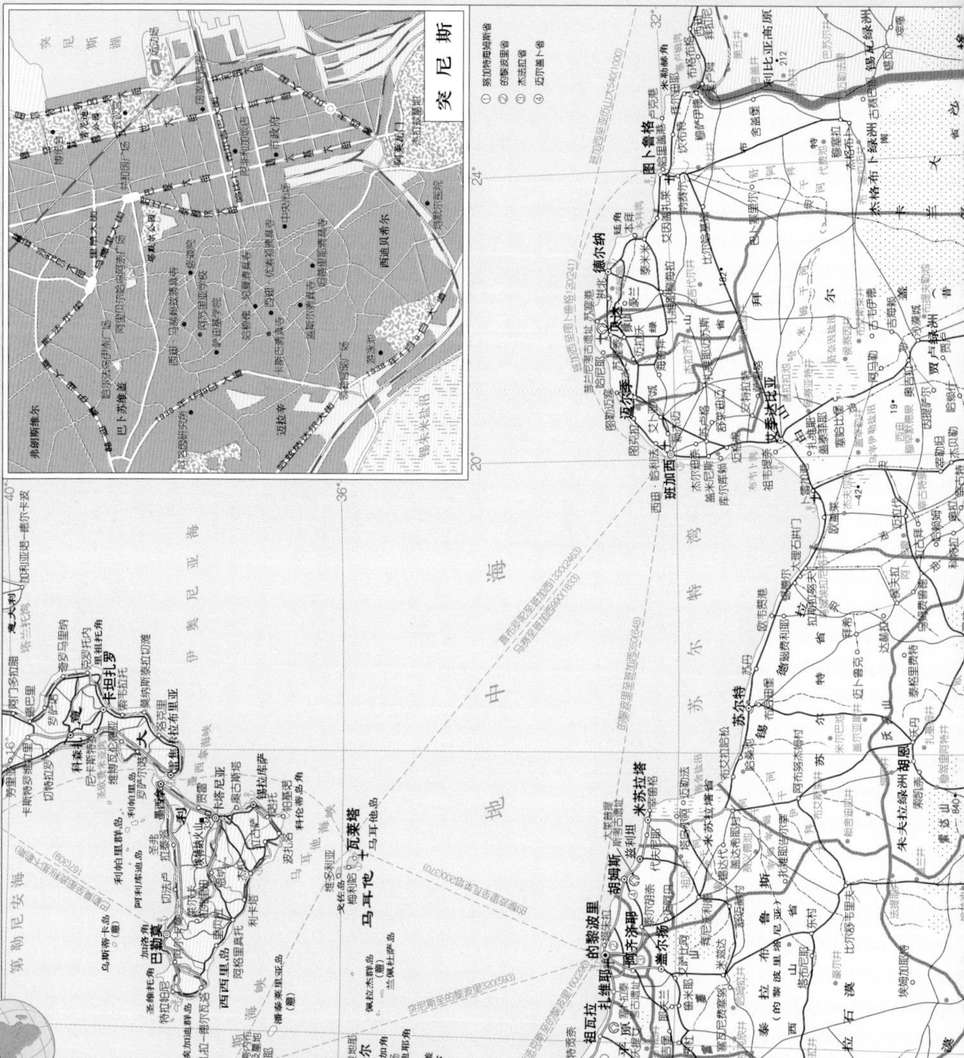

突尼斯

① 努加特姆斯省
② 的黎波里省
③ 杰法拉省
④ 迈尔盖卜省

地中海

突尼斯
的黎波里
班加西
苏尔特
米苏拉塔
图卜鲁格
德尔纳
比季达
迈尔季
胡姆斯
扎维耶
塞卜哈
加达米斯
苏塞
斯法克斯
加贝斯
比塞大
凯鲁万
莫纳斯提尔
马赫迪耶
马耳他
瓦莱塔
卡坦扎罗
巴勒莫
阿尔及利亚
埃及
利比亚沙漠
苏尔特湾
锡德拉湾
杰尔巴岛

的黎波里

比例尺 1:9 700 000

0 97 194 291 388千米

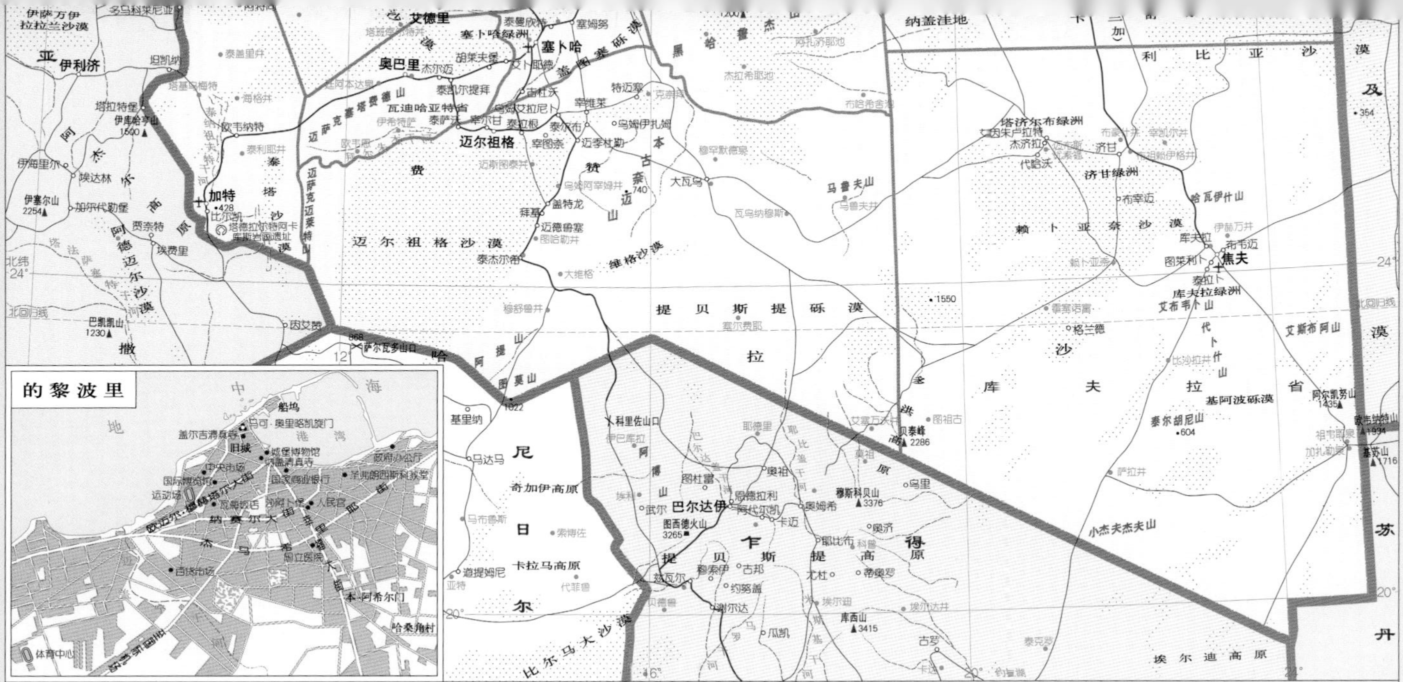

突尼斯共和国 简称突尼斯。位于非洲最北部，东部和北部濒临地中海。海岸线长1200千米。面积16.2万平方千米。人口1200万，90%以上为阿拉伯人，余为柏柏尔人和犹太人。伊斯兰教为国教。官方语言为阿拉伯语，通用法语。首都突尼斯。公元前9世纪腓尼基人在沿海建立迦太基王国。柏柏尔人则在南部建立努米底亚王国。703年被阿拉伯人征服。13世纪再建突尼斯国家。16世纪沦为奥斯曼帝国的一部分。后为英、法、意等国争夺并成为法国“保护国”。1956年宣告独立，1957年成立突尼斯共和国。1964年1月10日同中国建交。**环境** 北部为山地，由阿特拉斯山脉东延的两条支脉组成，北为泰勒阿特拉斯山脉，南为撒哈拉阿特拉斯山脉的余脉。舍阿奈比山海拔1544米，为全国最高峰。中部为台地和低地，多盐沼。南部为撒哈拉沙漠的一部分。迈杰尔达河为常年河。大部属亚热带地中海型气候。主要矿藏有磷酸盐、石油、天然气、铁、铝、锌等。**经济** 以工业、农业、服务业并重。国内生产总值约合462.8亿美元。主要农作物有麦类、油橄榄、葡萄、柑橘、椰枣等，是非洲主要的橄榄油生产国和出口国。工业以开采石油和磷酸盐为主。对外贸易实行自由化政策，旅游业在国民经济中居重要地位，是第一外汇来源，年收入达14亿美元。交通运输较发达。铁路总长2190多千米。公路总长约2万千米。主要海港有突尼斯、比塞大、斯法克斯、加贝斯、苏塞等。全国有7个国际机场。对外贸易总额380亿美元。**国防** 有现役总兵力约5万人。实行义务兵役制。

利比亚国 简称利比亚。位于非洲北部，北濒地中海。海岸线长1900余千米。面积175.95万平方千米。人口710万，阿拉伯人占90%，余为柏柏尔人、希腊人等。居民中98%信奉国教伊斯兰教。国语为阿拉伯语。首都的黎波里。公元前201年属于统一的努米底亚王国。公元7世纪起为阿拉伯人占领。1912年沦为意大利殖民地。1951年12月24日独立。国名几经变动，至1986年定现名。1978年8月9日同中国建交。**环境** 境内以高原和山地为主，一般海拔200～600米。其中98%地区被沙漠和半沙漠覆盖，仅低洼处有零星的绿洲，为典型的沙漠国家。西北角和东北角分布着奈富塞山及绿山。南部边缘属提贝斯提高原，海拔1000～2000米。南部边境的贝泰峰海拔2286米，为全国最高峰。北部地中海沿岸有不连贯的狭窄平原。全境无常流河。北部沿海属亚热带地中海型气候，冬暖多雨，夏热干燥，内陆属热带沙漠气候，气温日较差和年较差均较大。1月平均气温分别为11℃和17℃，7月平均气温分别为28℃和38℃。年降水量：沿海250～600毫米，内地不足100毫米。石油、天然气资源丰富，矿藏还有铁、锰、钾盐等。**经济** 长期实行单一国营经济。石油是国民经济的命脉，石油及其制品的出口收入约占外汇收入的95%。国内生产总值约合388亿美元。工业以炼油为主，余为天然气液化、化工、纺织等。农作物有大麦、小麦、油橄榄等。畜牧业以养羊为主等。对外贸易总额52.1亿美元。**国防** 利比亚现在仍处于过渡期，政局动荡，武装派别林立、暴力事件频发。

注：图内未标注一级行政区名的均与一级行政中心同名

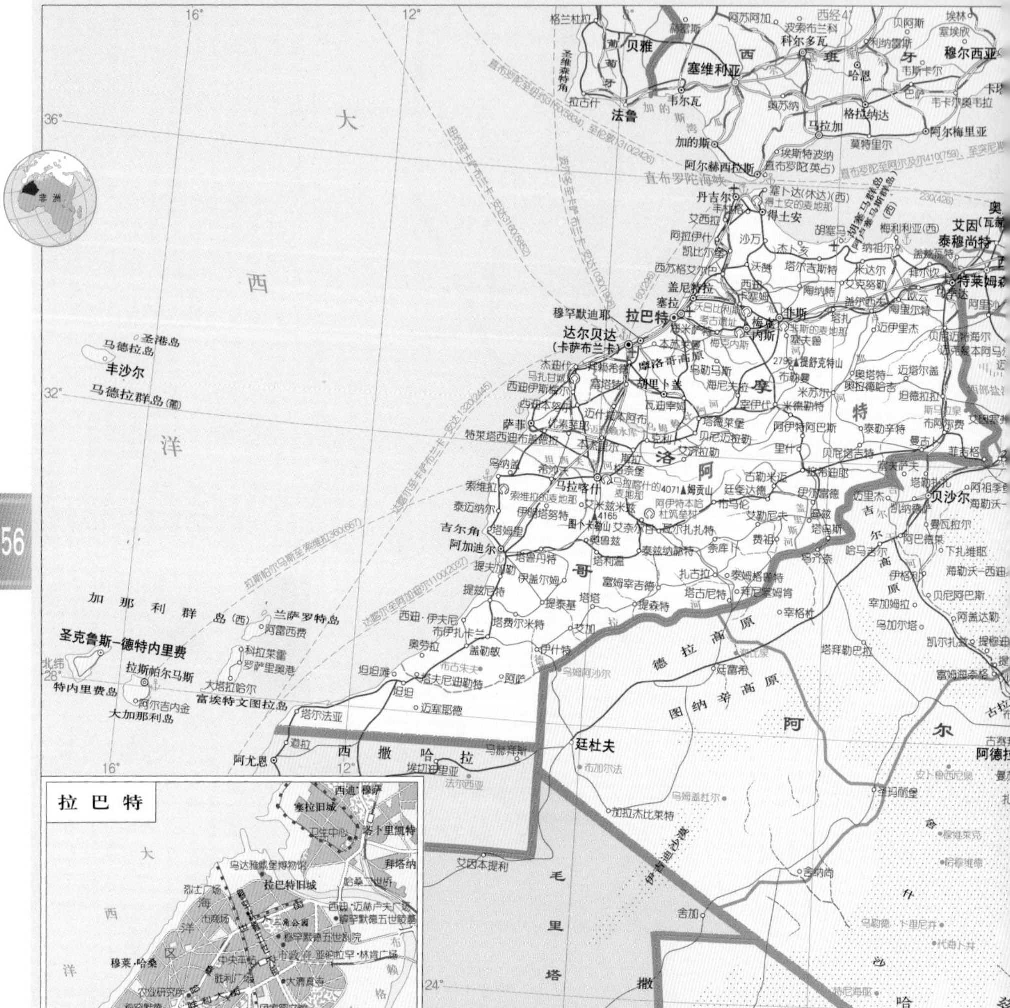

拉巴特

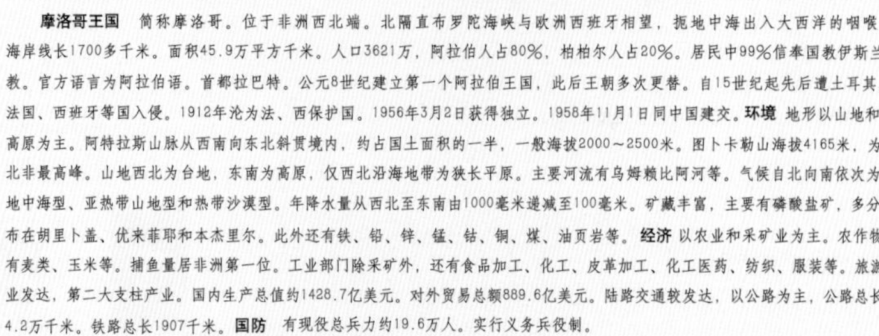

摩洛哥王国 简称摩洛哥。位于非洲西北端。北隔直布罗陀海峡与欧洲西班牙相望，扼地中海出入大西洋的咽喉。海岸线长1700多千米。面积45.9万平方千米。人口3621万，阿拉伯人占80%，柏柏尔人占20%。居民中99%信奉国教伊斯兰教。官方语言为阿拉伯语。首都拉巴特。公元8世纪建立第一个阿拉伯王国，此后王朝多次更替。自15世纪起先后遭土耳其、法国、西班牙等国入侵。1912年沦为法、西保护国。1956年3月2日获得独立。1958年11月1日同中国建交。**环境** 地形以山地和高原为主。阿特拉斯山脉从西南向东北斜贯境内，约占国土面积的一半，一般海拔2000～2500米。图卜卡勒山海拔4165米，为北非最高峰。山地西北为台地，东南为高原，仅西北沿海地带为狭长平原。主要河流有乌姆赖比阿河等。气候自北向南依次为地中海型、亚热带山地型和热带沙漠型。年降水量从西北至东南由1000毫米递减至100毫米。矿藏丰富，主要有磷酸盐矿，多分布在胡里卜盖、优素菲耶和本杰里尔。此外还有铁、铅、锌、锰、钴、铜、煤、油页岩等。**经济** 以农业和采矿业为主。农作物有麦类、玉米等。捕鱼量居非洲第一位。工业部门除采矿外，还有食品加工、化工、皮革加工、化工医药、纺织、服装等。旅游业发达，第二大支柱产业。国内生产总值约1428.7亿美元。对外贸易总额889.6亿美元。陆路交通较发达，以公路为主，公路总长4.2万千米。铁路总长1907千米。**国防** 有现役总兵力约19.6万人。实行义务兵役制。

注：阿尔及利亚国内一级行政区名均与一级行政中心同名

阿尔及利亚民主人民共和国 简称阿尔及利亚。位于非洲西北部，北临地中海。海岸线长1200千米。面积238.17万平方千米，居非洲第二位。人口4508万，大多为阿拉伯人和柏柏尔人，信奉伊斯兰教。官方语言为阿拉伯语，通用法语。首都阿尔及尔。公元前12世纪起，历经腓尼基、迦太基、罗马人统治。16世纪被奥斯曼帝国占领。后被西班牙、葡萄牙、法国等侵占，1905年沦为法国殖民地。1958年9月19日成立临时政府。1962年7月3日独立。1958年12月20日同中国建交。**环境** 地形以高原和山地为主，平原仅占国土面积的5%。北部靠近沿海分布着泰勒阿特拉斯和撒哈拉阿特拉斯两条山脉，平均海拔1100～1300米。两山之间为海拔500米以上的大高原，地势由西向东倾斜。泰勒阿特拉斯山脉以北为断续狭长的沿海平原，长约1000千米，平均海拔200米以下。撒哈拉阿特拉斯山脉以南地区主要为沙漠，属撒哈拉沙漠的一部分，占国土面积的85%，间有小块绿洲分布。中部和东南部有石质高原，其中阿哈加尔高原海拔1000～2000米，塔哈特山海拔2918米，为全国最高峰。气候南北差异明显，北部沿海属亚热带地中海型气候，南部内陆属热带沙漠气候。年降水量从800毫米到200毫米以下，局部地区终年无雨。石油、天然气、铁、磷酸盐等矿藏资源丰富。**经济** 石油、天然气工业为经济支柱，工业部门还有纺织、冶金、机械、水泥、电力等。农作物主要有小麦、大麦、燕麦、葡萄、橄榄油、椰枣等。特产阿尔法草和葡萄酒产量居世界前列。陆路交通以公路为主，总长约10.7万千米。高速公路350千米。铁路总长4773千米。国内生产总值约1871亿美元。对外贸易总额1011亿美元。**国防** 有现役总兵力约20.45万人。实行义务兵和志愿兵相结合的兵役制。

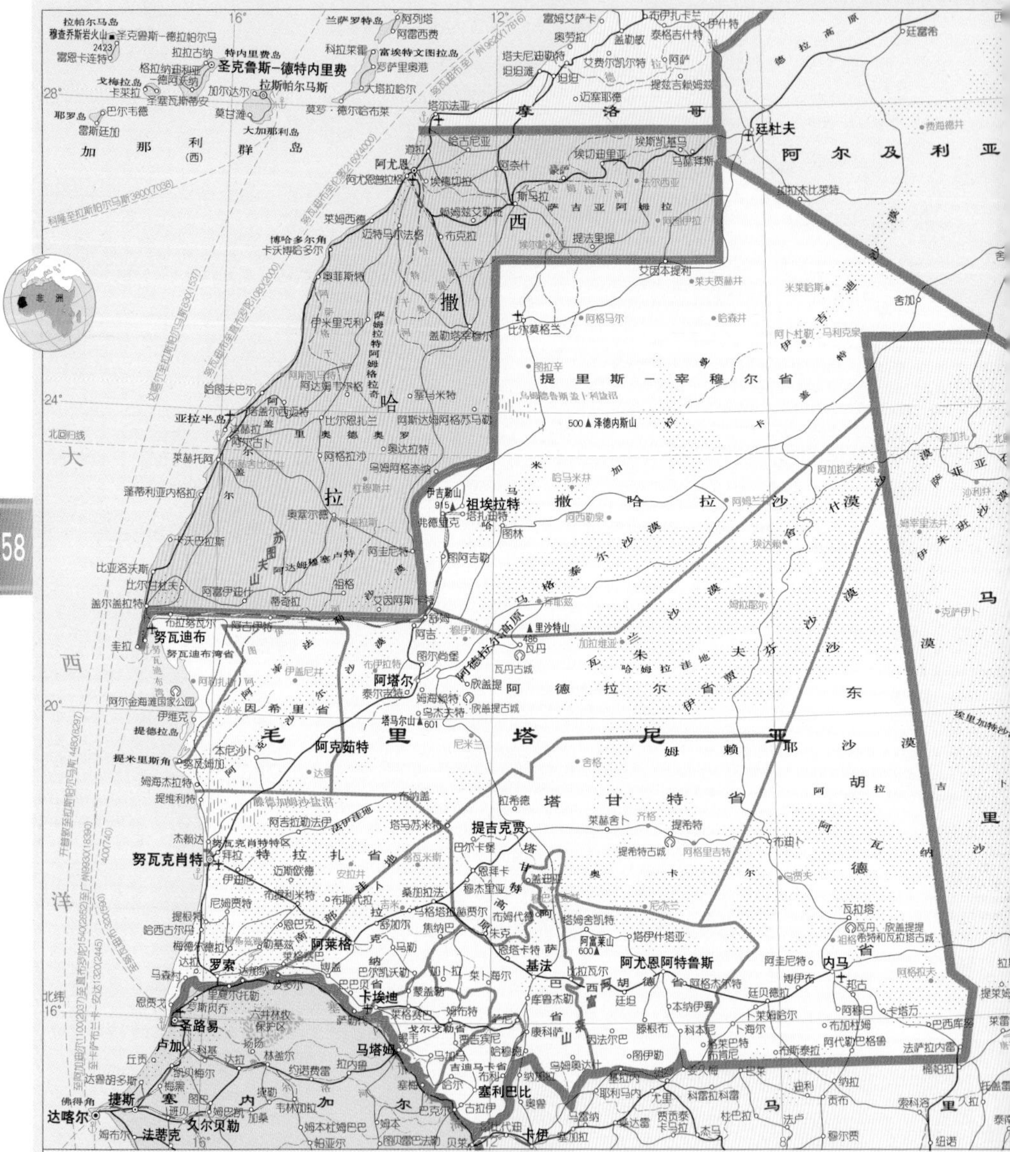

西撒哈拉 毛里塔尼亚

WESTERN SAHARA MAURITANIA

比例尺 1:10 700 000

0 107 214 321 4

西撒哈拉 位于非洲西北部，西濒大西洋。海岸线长900千米。面积26.6万平方千米。人口约26.7万，多为阿拉伯人和柏柏尔人。通用阿拉伯语和西班牙语。居民多信奉伊斯兰教。重要城市阿尤恩。公元7世纪阿拉伯人移入境内。15世纪中叶起葡萄牙、西班牙相继入侵。1886年成为西班牙的“保护地”，1958年被划为西班牙的一个海外省。1973年西撒哈拉人民解放阵线开展武装斗争，争取独立。1976年2月西班牙被迫撤离，西撒“人阵”宣布成立阿拉伯撒哈拉民主共和国。但摩洛哥和毛里塔尼亚随即签订分治西撒协定，摩、毛军队同西撒“人阵”之间不断发生武装冲突。1975年以来，联合国大会多次通过西撒哈拉问题的决议，重申西撒哈拉人民不可剥夺的自决和独立的权力，但至今地位未定。**环境** 全境在撒哈拉沙漠西部。东部为高原，平均海拔450米，西部沿海为平原，海拔200米以下。多为沙漠和半沙漠地带，无常年河。属热带沙漠气候，降水极少，植物稀疏。磷酸盐、钾、铁、铜、石油等矿藏储量丰富。**经济** 以畜牧业为主，饲养羊、骆驼。沿海居民以捕鱼为业。

毛里塔尼亚伊斯兰共和国 简称毛里塔尼亚。位于非洲西北部，西濒大西洋海岸线长667千米。面积103万平方千米。人口433万，阿拉伯摩尔人和黑人各占30%哈拉廷人（黑摩尔人）占40%。阿拉伯语为国语，通用法语。伊斯兰教为国教。首都努瓦克肖特。公元3～16世纪先后属西非的加纳帝国和马里帝国。15世纪起葡、荷、英、法殖民者相继侵入。1912年沦为法国殖民地。1960年11月28日独立。196年7月19日同中国建交。**环境** 地势由西北向东南倾斜。大部分地区为海拔200～50米的低高原。中、北部为撒哈拉沙漠，约占国土面积2/3。沿海为海拔50米左右的平原。西北的伊吉勒山海拔915米，为全国最高点。塞内加尔河是唯一大河。大部地区属热带大陆性气候，高温少雨，年平均气温约30℃。矿藏以铁为主，此外有铜石膏、黄金、石油、天然气、磷酸盐等。**经济** 以农牧业为主。工业不发达，经济结构单一，但采矿业占有重要地位。国内生产总值约合100.9亿美元。畜牧业以饲养牛、羊为主。盛产阿拉伯树胶。沿海渔业发达。对外贸易总额74.1亿美元。**国防** 有现役总兵力约1.57万人。实行义务和志愿兵役制。

塞内加尔 几内亚比绍 冈比亚 佛得角

SENEGAL GUINEA-BISSAU GAMBIA CAPE VERDE

比例尺 1:6 100 000

0 61 122 183 244千米

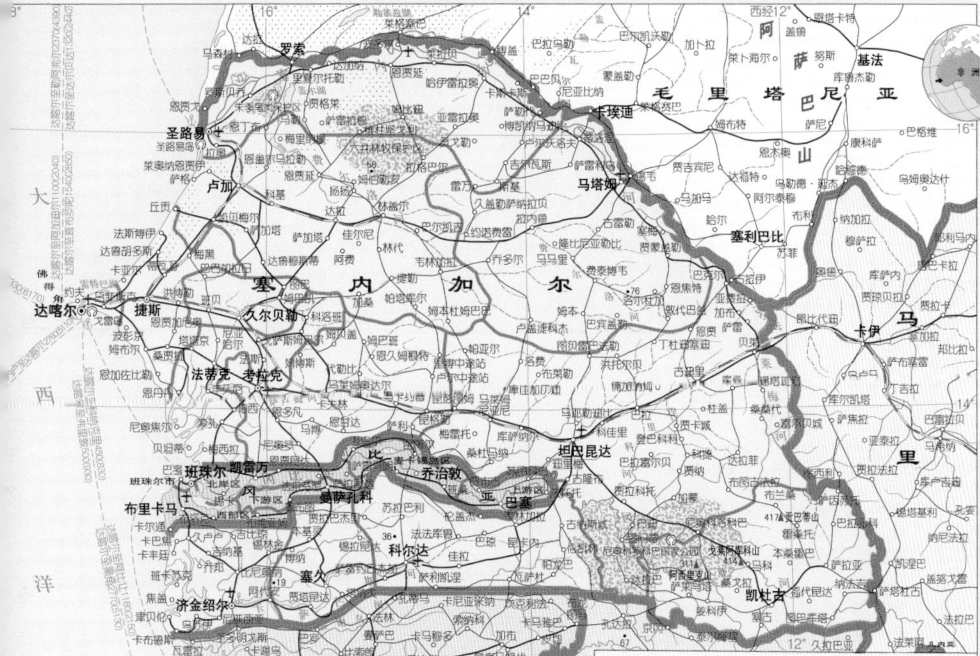

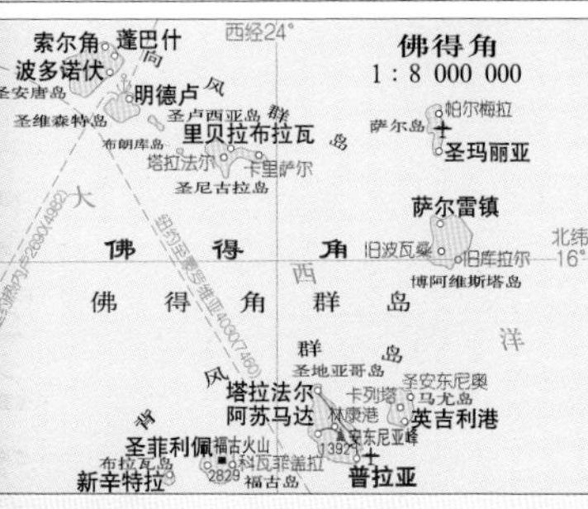

塞内加尔共和国 简称塞内加尔。位于非洲大陆最西部，西濒大西洋，海岸线长约500千米。面积19.67万平方千米。人口1710万，沃洛夫族占43%，颇尔族占24%，谢列尔族占15%，余为图库列尔族等共20多个部族。居民中95%信奉伊斯兰教。官方语言为法语。首都达喀尔。公元10～14世纪先后建立图库洛尔王国和卓洛夫王国。15世纪后遭葡、荷、英、法等国殖民者入侵。1960年8月20日成立共和国。1971年12月7日同中国建交。1996年1月9日两国中止外交关系。2005年10月25日两国恢复外交关系。**环境** 全境大部为波状平原，北部属塞内加尔河谷平原，中、南部分属费尔洛平原和冈比亚平原。一般海拔200米以下。主要河流有塞内加尔河、冈比亚河等。大部属热带草原气候。年平均气温29℃，最高可达45℃。矿藏资源贫乏。**经济** 以农业为主，工业有一定基础，渔业是国家外汇的主要来源。国内生产总值约266亿美元。农产品主要为花生，另有小米、高粱、稻谷、棉花等。沿海盛产金枪鱼、沙丁鱼。工业以农产品加工、纺织为主。旅游业较发达。对外贸易总额153.81亿美元。**国防** 有现役总兵力约1.36万人。实行义务兵制。

几内亚比绍共和国 简称几内亚比绍。位于非洲西部，西濒大西洋。海岸线长约300千米。面积3.61万平方千米。人口207万，分属13个部族，其中巴兰特、富拉、曼丁哥族共占全国人口的80%。居民多信奉拜物教和伊斯兰教。官方语言为葡萄牙语，通用克里奥尔语。首都比绍。1879年沦为葡萄牙殖民地。1973年9月24日独立。1974年3月15日与中国建交。**环境** 领土除大陆外，另有约60个沿海岛屿。除东北部和东南部为高原外，其余均为海拔100米以下的平原。河湖众多。全境属热带海洋性季风气候。年平均气温约25℃。**经济** 以农业为主，工业基础薄弱。国内生产总值约合16.39亿美元。农产品有稻谷、玉米、小米等。畜牧业较发达。工业以食品、木材加工等为主。对外贸易总额6.36亿美元。**国防** 有现役总兵力4500人。实行义务兵役制。

冈比亚共和国 简称冈比亚。位于非洲西部。领土东西长320千米，南北宽24～48千米。面积1.1万平方千米。人口240万，曼丁哥族占42%，富拉族占16%，沃洛夫族占16%，余为其他部族。居民多信奉伊斯兰教。官方语言为英语。首都班珠尔。1455年起葡、法、英等殖民者相继侵入。1783年沦为英国殖民地。1965年2月18日独立。1974年12月14日同中国建交，1995年7月25日两国中止外交关系。2016年3月17日恢复外交关系。**环境** 全境为一低平狭长的冲积平原，平均海拔不超过37米。地势由东向西倾斜。冈比亚河横贯东西。属热带草原气候。内地年平均气温27℃。年降水量750～1500毫米。矿藏贫乏，有钛、锆等矿，沿海鱼类资源丰富。森林覆盖率约20%。**经济** 农业为国内经济的主体。国内生产总值约19.7亿美元。主产水稻、花生和热带水果等。工业以花生和鱼产品加工为主。旅游业为主要创汇产业。交通多依靠水运。对外贸易总额6.39亿美元。**国防** 总兵力约1900人。实行义务兵役制。

佛得角共和国 简称佛得角。位于非洲西部大西洋中的佛得角群岛上。东距非洲大陆约620千米。陆地面积4033平方千米。人口54.6万，绝大部分为克里奥尔人71%，欧洲人占1%。居民中98%信奉天主教。官方语言为葡萄牙语，通用克里奥尔语。首都普拉亚。15世纪末沦为葡萄牙殖民地。1975年7月5日独立。1976年4月25日同中国建交。**环境** 全境均为火山岛。分南、北两列：北列称向风群岛，南列称背风群岛。福古岛上的福古火山海拔2829米，为全国最高峰。属热带干旱气候。年平均气温24℃。**经济** 以农、牧、渔业为主。国内生产总值约合18.17亿美元。对外贸易总额10.4亿美元。

注：塞内加尔国内一级行政区名均与一级行政中心同名

巴马科
瓦加杜古
毛里塔尼亚
撒哈拉沙漠
阿图伊拉沙漠
提阿尔卡莱沙漠
阿瓦纳沙漠
几内亚
基法
阿尤恩阿特鲁斯
内马
卡埃迪
马塔姆
塞利巴比
卡伊
坦巴昆达
乔治敦
巴塞圣苏
库利科罗
巴马科
中央直辖区
塞古
锡卡索
莫普提
博博迪乌拉索
通布图
康康
法拉纳
金迪亚
科纳克里
马木
拉贝
博凯
马克尼
大西洋
北纬16°
阿富莱山▲600
卡文杜山▲1425
米纳山▲765

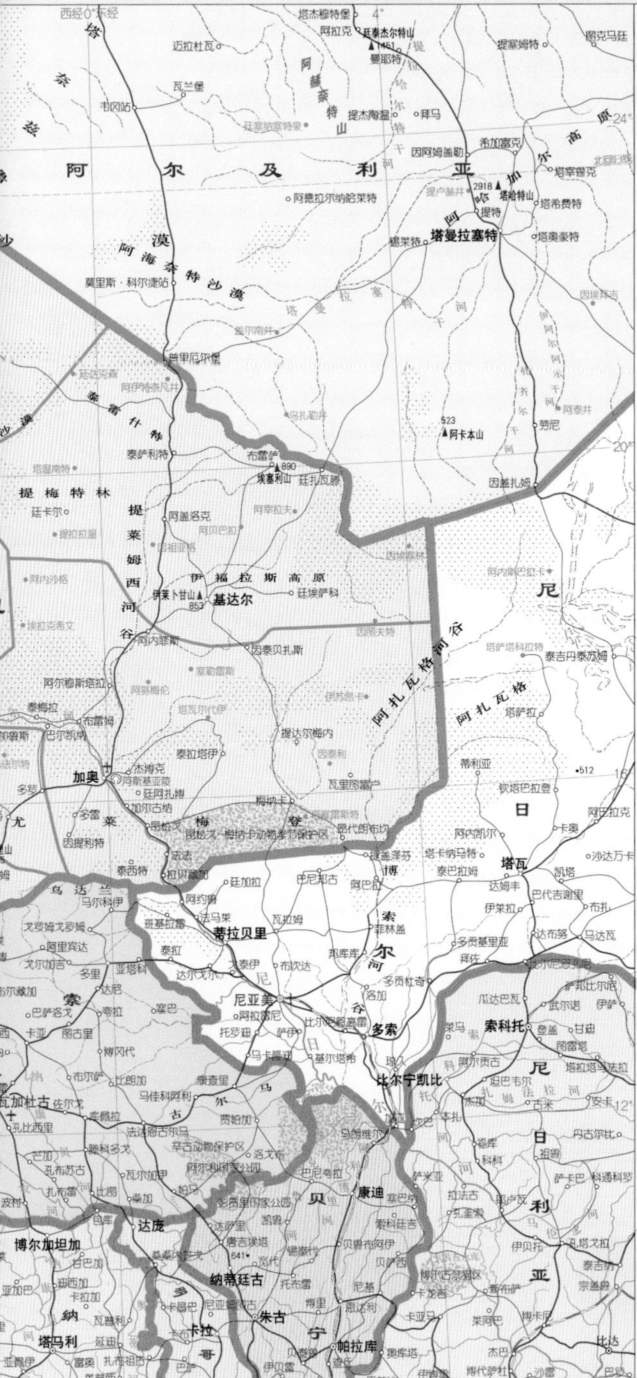

马里共和国　简称马里。位于非洲西部撒哈拉沙漠南缘，为内陆国家。面积124.12万平方千米。人口2150万，分属班巴拉、富拉尼、塞努福等23多个民族，其中班巴拉族占全国人口的34%。居民多数信奉伊斯兰教。官方语言为法语，通用班巴拉语。首都巴马科。历史上曾是加纳、马里、桑海几个西非帝国的中心地区。从1881年起，法国以武力逐步侵占马里，1895年沦为法国殖民地。1958年成为法兰西共同体内的自治共和国。1959年4月与塞内加尔结成联邦。1960年9月22日独立。1960年10月25日同中国建交。**环境**　境内多为海拔300米左右的平原和台地。北部为撒哈拉沙漠的一部分，中部为尼日尔河中游冲积平原和内陆三角洲，南部为苏丹草原带。东南部的洪博里山海拔1155米，为全国最高峰。主要河流有尼日尔河和塞内加尔河。北部属热带沙漠气候，干旱炎热；中南部属热带草原气候，降雨多。年平均气温27～30℃。平均降水量由南往北递减，从1300毫米到50毫米。主要矿藏有岩盐、磷酸盐、金、铝矾土等。水力资源丰富。**经济**　以农牧渔业为主。矿业是国家经济支柱。国内生产总值约193亿美元。农产品主要有小米、高粱、玉米、棉花和水稻等。畜产品主要有牛、羊、骆驼等。工业以食品加工和纺织业为主。对外贸易总额98.5亿美元。交通以公路为主，总长8.9万千米。铁路长1287千米。内河航长1.27千米。**国防**　有现役总兵力约1.5万多人。实行义务兵、志愿兵与合同兵相结合的兵役制度。

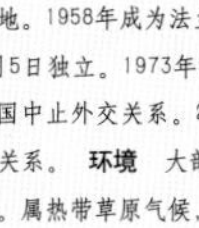

布基纳法索　旧称上沃尔特。位于西非中部，沃尔特河上游，为内陆国家。面积27.42万平方千米。人口2210万，分属沃尔特和曼迪两大族系。沃尔特族系主要有莫西族、古隆西族、古尔芒则族、博博族和洛比族，占总人口的70%；曼迪族系主要有萨莫族、马尔卡族、布桑塞族和塞努福族，占总人口的28%。居民多信奉原始宗教，部分信奉伊斯兰教和天主教。法语为官方语言。首都瓦加杜古。9世纪建立以莫西族为主的王国。15世纪建立亚腾加王国和瓦加杜古王国。1909年沦为法国殖民地。1958年成为法兰西共同体内的自治共和国。1960年8月5日独立。1973年9月15日同中国建交。1994年2月4日两国中止外交关系。2018年5月26日与中国恢复大使级外交关系。**环境**　大部地区为低高原，平均海拔200～300米。属热带草原气候，年平均气温27℃。最高气温达42℃。雨、旱季明显。降水量从南部1100毫米左右递减到北部的250毫米左右。矿藏主要有金、锰、磷酸盐、锌银共生矿、石灰石等。**经济**　以农牧业为主。国内生产总值约合201亿美元。农产品有小米、高粱、棉花、花生、芝麻、玉米、稻谷等。畜产品在出口中占有重要地位。主要饲养牛、羊。工业以农产品加工和采矿业为主。对外贸易总额88亿美元。交通主要依靠公路，公路总长1.5万千米。铁路总长622千米。**国防**　有现役总兵力约6600人。实行义务兵役制。

几内亚共和国 简称几内亚。位于非洲西部，西濒大西洋。海岸线长352千米。面积24.59万平方千米。人口1504万，分属20多个部族，其中富拉族占总人口的40%以上，马林凯族占30%以上，苏苏族约占20%。居民中85%信奉伊斯兰教。法语为官方语言。各主要部族均有自己的语言。首都科纳克里。公元9～15世纪属加纳、马里和桑海等帝国的一部分。1890年沦为法国殖民地，1946年成为法国海外领地。1958年10月2日独立。1959年10月4日同中国建交。**环境** 全境大部为高原和山地。中西部为富塔贾隆高原。东南部为几内亚山地，宁巴峰海拔1752米，为全国最高点。西部为冲积平原。东部和东北部为尼日尔平原。尼日尔河、塞内加尔河发源于几内亚。大部属热带草原和热带雨林气候。年最高气温32℃，最低气温22℃。年平均降水量3000毫米。矿藏主要有铝土矿，探明储量约占世界的1/3。另有铁、铜、铀、金刚石、金等。水力和森林资源丰富。**经济** 以农业和采矿业为主。农产品有稻谷、木薯、玉米、香蕉、咖啡等。工业以采铝土和炼铝为主。国内生产总值约合176亿美元。对外贸易总额134亿美元。**国防** 有现役总兵力约2万人。实行征兵制。

塞拉利昂共和国 简称塞拉利昂。位于非洲西部，濒临大西洋。海岸线长485千米。面积7.17万平方千米。人口755万，分属曼迪、泰姆奈、林姆巴等20多个部族，曼迪族和泰姆奈族共占全国人口的60%。官方语言为英语。居民多信奉伊斯兰教和基督教。首都弗里敦。曼迪人于公元13世纪始居该地区。1462年葡萄牙殖民者侵入。1808年沿海地区沦为英国殖民地。1896年全境沦为英国保护地。1961年4月27日独立。1971年4月19日成立共和国。1971年7月29日同中国建交。**环境** 地势东北高西南低。大部是丘陵和高原，一般海拔300～600米。东北部的宾蒂马尼山海拔1945米，为全国最高峰。西部沿海为平原。河流有科伦泰河、卡巴河、罗克尔河等。属热带季风气候，高温多雨。年平均气温为25℃。年降水量2000～3800毫米。矿藏资源丰富，主要有金刚石、金、铝矾土、金红石、铁等。**经济** 以农业和采矿业为主。国内生产总值约合42亿美元。农产品有稻谷、木薯、棕榈、咖啡等。工业除采矿业，还有粮油加工、建筑、水泥、石油提炼等。金刚石产量居非洲前列。对外贸易总额约22.1亿美元。**国防** 有现役总兵力约9874人。实行志愿兵役制。

利比里亚共和国 简称利比里亚。位于非洲西部，西南濒大西洋。海岸线长537千米。面积11.14万平方千米。人口约520万，分属克佩勒、巴萨、克鲁等28个部族。居民多信奉基督教，少数信奉伊斯兰教和拜物教。官方语言为英语。首都蒙罗维亚。公元9～10世纪中、西非地区的部分居民移居到此。15世纪下半叶起葡、荷、英、法、德等殖民者相继侵入。1847年7月26日宣告独立，建立利比里亚共和国。1977年2月17日同中国建交。**环境** 地势东北高西南低。全境多丘陵、高原。内陆高原平均海拔700米。沿海有狭窄平原。河流众多，主要有卡瓦拉河、塞斯托斯河、圣保罗河等。属热带季风气候。年平均气温约25℃。年平均降水量从内陆向沿海由2000毫米增至5000毫米。主要矿藏有铁矿砂、金刚石、金、铝矾土、铜、铅、锰、锌、钶、钽、重金石、蓝晶石等。森林覆盖率为59%，是非洲一大林区，盛产红木等名贵木材。**经济** 以农业、采矿业为主，国内生产总值约合47亿美元。铁矿、橡胶产量和出口量均居非洲首位。对外贸易总额22.36亿美元。

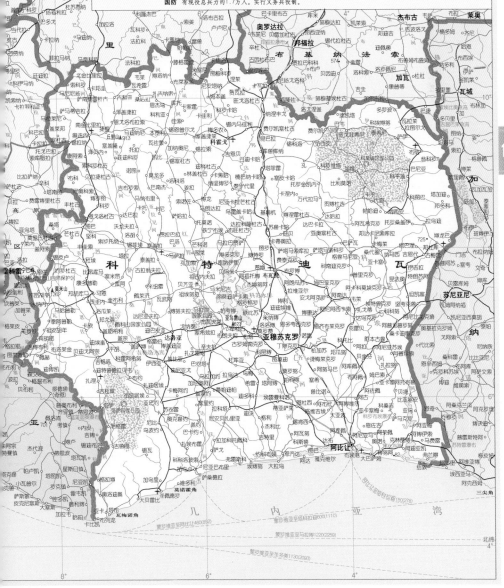

科特迪瓦共和国 简称科特迪瓦。位于非洲西部，南濒大西洋几内亚湾。海岸线长550千米。旧称象牙海岸共和国。面积32.25万平方千米。人口2938万，分属阿肯、曼迪、克鲁、沃尔特四大族系。居民多信奉伊斯兰教和基督教，其余信奉原始宗教。官方语言为法语，通用迪乌拉语（无文字）。政治首都亚穆苏克罗，经济首都阿比让。公元13～15世纪为西非马里帝国的一部分。15世纪后半叶西方殖民者相继侵入。1893年沦为法国自治殖民地。1960年8月7日独立。1983年3月2日同中国建交。**环境** 地势西北高，东南低。西和西北部为山地，海拔500～1000米，宁巴峰海拔1752米，为全国最高峰。南部为沿海平原。内陆大部为高平原。河流主要有邦达马河、科莫埃河等。属热带雨林和热带草原气候。年平均气温25～28℃。主要矿藏有金刚石、金、锰、镍、铀、铁和石油。**经济** 以农业为主。国内生产总值约合726.9亿美元。可可豆、咖啡豆、天然橡胶、皮棉产量均居非洲前列，粮食以木薯、玉米为主，基本自给。工业有电力、炼油、化工、纺织和木材加工等。交通发达，98%以上的进出口贸易通过海运。对外贸易总额271亿美元。**国防** 有现役总兵力约1.7万人。实行义务兵役制。

加纳 多哥 贝宁

GHANA　TOGO　BENIN

比例尺　1:6 600 000

0　66　132　198　264

贝宁共和国　简称贝宁。位于非洲西部，南濒大西洋几内亚湾。海岸线长125千米。旧称达荷美。面积11.26万平方千米。人口约1180万，分属丰族、阿贾、巴利巴等46个部族。居民多信奉拜物教。官方语言为法语。首都波多诺伏。16世纪前后贝宁出现许多小王国和酋长国。18世纪阿波美王国统一了南部和中部。1913年沦为法国殖民地。1958年成为法兰西共同体内自治共和国。1960年8月1日独立，成立达荷美共和国。1975年11月30日改为贝宁人民共和国。1990年3月1日改为现名。1964年11月12日同中国建交。**环境**　地势北高南低。北、中部为高原，一般海拔200～400米。西北部的阿塔科拉山海拔641米，为全国最高峰。南部为平原，沿海多湖。韦梅河是最大的河流。境内中北部属热带草原气候，南部为热带雨林气候，终年高温。年降水量900～1400毫米。矿藏有石油、天然气、磷酸盐、黄金、铁等。　**经济**　农业和转口贸易是国民经济两大支柱。国内生产总值约合168亿美元。农作物有油棕、棉花、木薯、玉米等。有“油棕之国”之称。对外贸易总额54.8亿美元。**国防**　有现役总兵力约1.1万人。实行义务兵役制。

加纳共和国　简称加纳。位于非洲西部，南濒大西洋几内亚湾。海岸线长562千米。面积23.85万平方千米。人口3283万，多为苏丹语系尼格罗人。居民信奉基督教和原始宗教。官方语言为英语。首都阿克拉。公元11世纪为古加纳王国的一部分。15世纪后被葡、英、荷等国殖民者侵占。1897年沦为英国殖民地。1957年3月6日独立。1960年7月5日同中国建交。**环境**　地势低平，大部在海拔600米以下。中部是沃尔特盆地，周围环以山地、高原。沃尔特河由北向南纵贯全境。属热带雨林和热带草原气候。年平均气温26～29℃。南部比北部降雨多，年平均降水量达1200毫米。矿藏丰富，有金、金刚石、锰、铁等。**经济** 以农业和采矿业为主。可可、木材、矿产品为三大经济支柱。国内生产总值约784亿美元。农产品有玉米、小米、油棕、橡胶等。可可、金刚石产量位居世界前列。黄金、锰矿开采量居非洲前列。渔业资源丰富。对外贸易总额279.6亿美元。**国防**　有现役总兵力约1.55万人。实行志愿兵役制。

多哥共和国　简称多哥。位于非洲西部，南濒大西洋的几内亚湾。面积5.67万平方千米。人口850万，分属埃维、卡布雷、阿克波索等41个部族。居民多信奉拜物教。官方语言为法语。首都洛美。15世纪葡萄牙殖民者侵入。1884年滨海地区沦为德国殖民地。第二次世界大战后由法、英两国“托管”。1960年4月27日独立。1972年9月19日同中国建交。**环境**　地形中部为高原，南、北为平原。境内有奥蒂河、莫诺河等。南部属热带雨林气候，北部属热带草原气候。年平均气温分别为27℃和30℃。年平均降水量1000～1600毫米。矿藏以磷酸盐为主，其次有铁、锰、石灰石、大理石等。**经济**　以农业为主，财政收入主要依靠种植经济作物。国内生产总值约合84亿美元。粮食以薯类为主，经济作物有棉花、可可、咖啡等。工业以磷酸盐开采为主，另有炼油、水泥、纺织和农产品加工等。对外贸易总额35亿美元。**国防**　有现役总兵力约0.93万人。实行义务兵和志愿兵相结合的兵役制。

比例尺 1:10 700 000

0 107 214 321 428千米

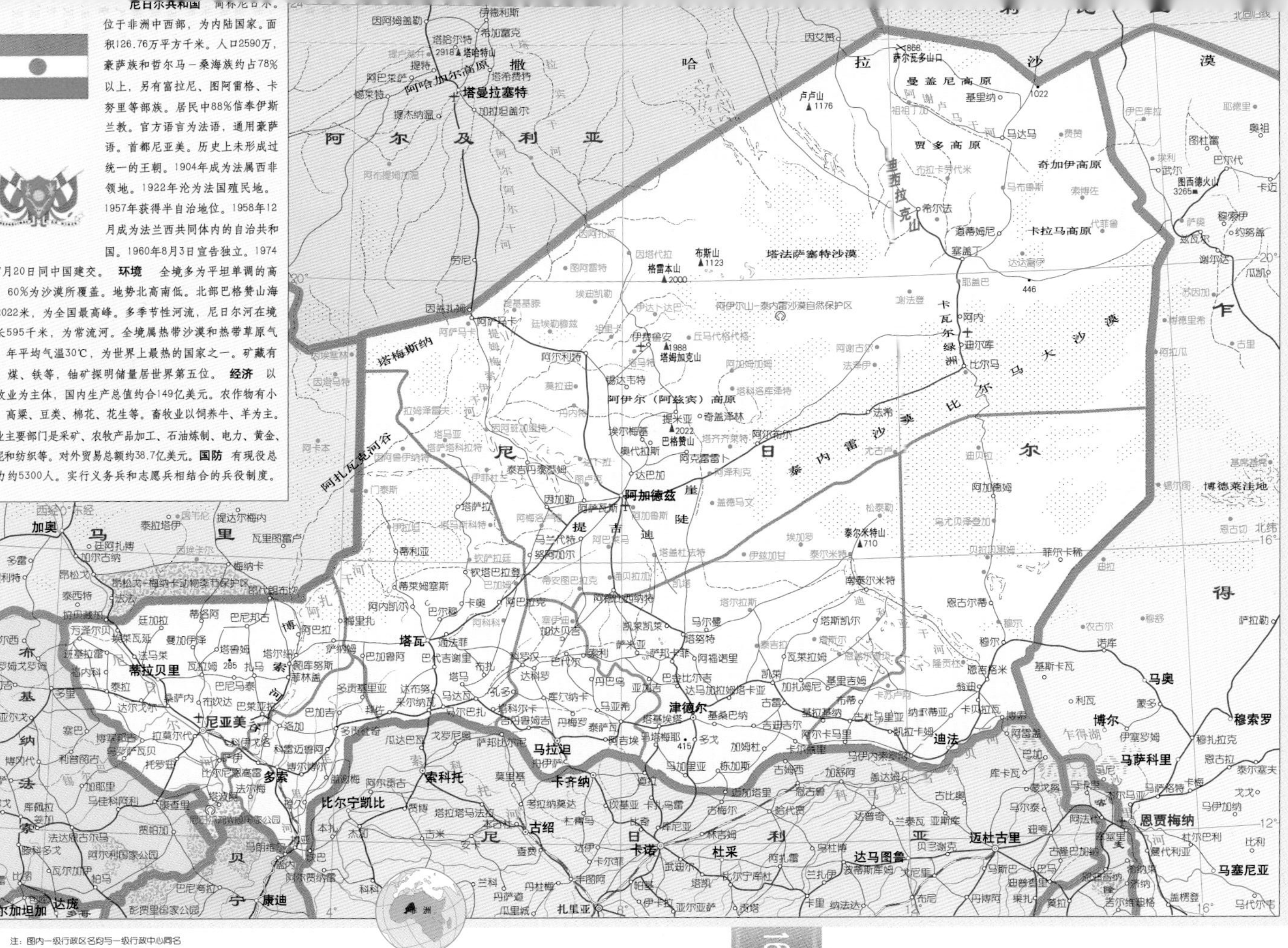

尼日尔共和国 简称尼日尔。位于非洲中西部，为内陆国家。面积126.76万平方千米。人口2590万，豪萨族和哲尔马－桑海族约占78%以上，另有富拉尼、图阿雷格、卡努里等部族。居民中88%信奉伊斯兰教。官方语言为法语，通用豪萨语。首都尼亚美。历史上未形成过统一的王朝。1904年成为法属西非领地。1922年沦为法国殖民地。1957年获得半自治地位。1958年12月成为法兰西共同体内的自治共和国。1960年8月3日宣告独立。1974年7月20日同中国建交。 **环境** 全境多为平坦单调的高原，60%为沙漠所覆盖。地势北高南低。北部巴格赞山海拔2022米，为全国最高峰。多季节性河流，尼日尔河在境内长595千米，为常流河。全境属热带沙漠和热带草原气候。年平均气温30℃，为世界上最热的国家之一。矿藏有铀、煤、铁等，铀矿探明储量居世界第五位。 **经济** 以农牧业为主体，国内生产总值约合149亿美元。农作物有小米、高粱、豆类、棉花、花生等。畜牧业以饲养牛、羊为主。工业主要部门是采矿、农牧产品加工、石油炼制、电力、黄金、水泥和纺织等。对外贸易总额约38.7亿美元。 **国防** 有现役总兵力约5300人。实行义务兵和志愿兵相结合的兵役制度。

注：图内一级行政区名均与一级行政中心同名

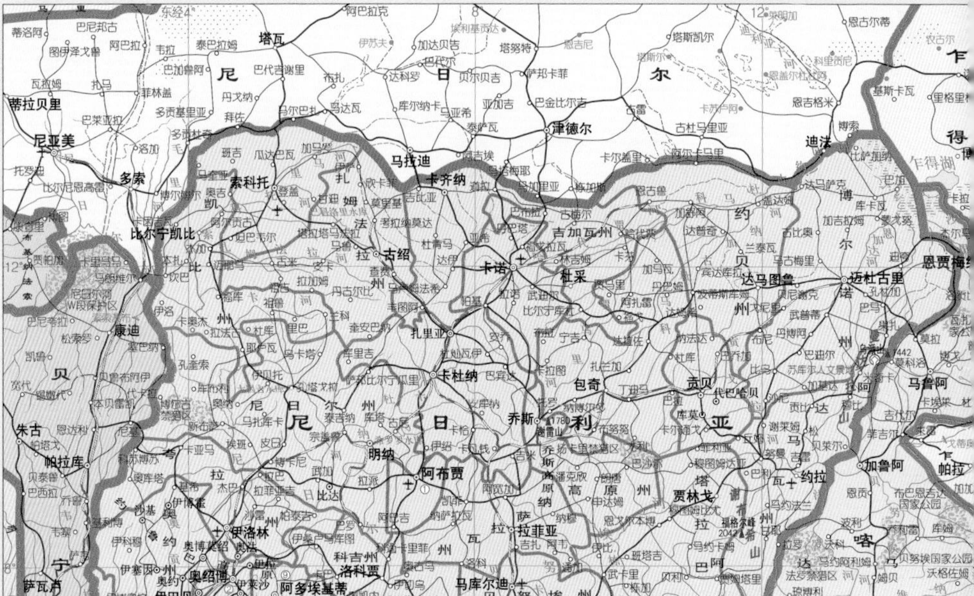

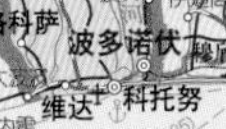

比例尺 1:10 700 000

0 107 214 321 42

注：① 联邦首都区 ② 奥孙州 ③ 拉各斯州 ④ 阿比亚州 ⑤ 伊莫州 ⑥ 埃邦伊州 ⑦ 阿夸伊博姆州 ⑧ 阿南布拉州 ⑨ 埃基蒂州 图内未标注一级行政区名的均与一级行政中心同名

拉各斯

尼日利亚联邦共和国 简称尼日利亚。位于西非的东南部，南濒大西洋几内亚湾。海岸线长800千米。面积92.38万平方千米。人口2.16亿，居非洲之首。居民分属250多个部族，较大的有北部的豪萨—富拉尼，西部的约鲁巴和东部的伊博族。居民多信奉伊斯兰教和基督教。官方语言为英语。首都阿布贾。尼日利亚是非洲的文明古国之一。1472年葡萄牙人侵入。16世纪中叶英国入侵。1914年沦为英国殖民地。1960年10月1日独立，成为英联邦成员。1971年2月10日同中国建交。 **环境** 全境地形多样，地势北高南低。北部为高地。南部为低山丘陵。沿海是带状平原。东部边境的福格尔峰海拔2042米，为全国最高点。尼日尔河和乍得湖是境内最大的河、湖。属热带气候，全年分旱季和雨季。年平均气温为26～27℃。年降水量500～3200毫米。主要矿藏有石油、天然气、煤、锡、石灰石等。 **经济** 以采矿业和农业为主，石油和天然气工业是国民经济的支柱。国内生产总值约4401亿美元，居非洲前列。工业除开采石油、天然气外，还有化工、纺织、电力和水泥等。农产品有高粱、玉米、小米、水稻、可可、油棕、花生等。天然橡胶产量居非洲前列。旅游资源丰富。运输以公路为主，总长19.4万千米。对外贸易总额992.9亿美元。 **国防** 有现役总兵力约19.3万人。实行志愿兵役制。

赤道几内亚 加蓬 圣多美和普林西比

EQUATORIAL GUINEA GABON SAO TOME AND PRINCIPE

比例尺 1:6 600 000

0 66 132 198 264千米

赤道几内亚共和国 简称赤道几内亚。位于非洲中西部，西濒大西洋几内亚湾。海岸线长482千米。陆地面积2.81万平方千米。人口140万，芳族占总人数的75%，余为布比族、杜阿拉族等。居民多信奉天主教。西班牙语为官方语言。首都马拉博。1471年起葡、西殖民者相继入侵。1845年沦为西班牙殖民地。1968年10月12日独立。1970年10月15日同中国建交。**环境** 沿海为平原，内陆为高原和山地。沿海各岛均为火山岛。属热带雨林气候。年平均气温24~26℃。年均降水量为3000毫米左右，比奥科岛南部逾10000毫米，是世界上降水最多地区之一。矿藏有石油、天然气、磷酸盐、金、铝矾土等。森林和渔业资源较丰富。**经济** 以农、林业为基础，以石油开发为重点。农业以种植可可、咖啡等经济作物为主，粮食不能自给。工业基础薄弱，主要有石油、电力和农产品加工等。国内生产总值约合122亿美元。对外贸易总额51亿美元。**国防** 有现役总兵力5000余人。实行志愿兵役制及军官终身制。

加蓬共和国 简称加蓬。位于非洲中西部，赤道横穿中北部，西濒大西洋。海岸线长800多千米。面积26.77万平方千米。人口222万，分属芳、巴普努等40多个部族。居民多信奉天主教和基督教新教。官方语言为法语。首都利伯维尔。1891年全境沦为法国殖民地。1957年取得半自治共和国的地位。1960年8月17日独立。1974年4月20日同中国建交。**环境** 沿海为狭长平原，海拔不到200米。内陆为高原和山地，大部海拔500~1000米。中南部伊本吉山海拔1575米，为全国最高峰。奥果韦河横贯全境，水量大，支流多。属赤道雨林气候，终年高温多雨。矿藏有石油、铀、锰、铁、铌等，其中锰矿储量居世界前列，铀矿储量居非洲前列。森林覆盖率为75%，木材蓄积量居非洲前列。**经济** 以采矿业为主，石油、锰矿、铀矿和木材是四大经济支柱。国内生产总值约182.7亿美元。农产品有木薯、芭蕉、芋头、玉米、可可、咖啡等。奥库梅木和黑檀木产量居世界首位。对外贸易总额107.3亿美元。**国防** 有现役总兵力约1.2万人。实行志愿兵役制。

圣多美和普林西比民主共和国 简称圣多美和普林西比。位于非洲中西部，为大西洋几内亚湾内的岛国。距非洲大陆201千米，由圣多美、普林西比两个主岛和罗拉什、卡罗索等14个小岛和岩礁组成。陆地面积1001平方千米。人口21.9万，90%为班图人。居民多信奉天主教。官方语言为葡萄牙语。首都圣多美。1522年沦为葡萄牙殖民地。17~18世纪为荷、法占领。1878年复为葡萄牙统治，1951年成为葡的海外省。1975年7月12日独立，同日与中国建交，1997年7月终止。2016年12月26日恢复外交关系。**环境** 主岛均为火山岛，中部为山地，沿海为平原低地。岸线曲折，总长220千米。圣多美岛上的圣多美峰海拔2024米，为全国最高点。多短小溪河。属热带雨林气候，终年湿热。年平均气温27℃。年降水量900毫米。**经济** 属世界上最不发达国家之一。以种植经济作物为主，盛产可可、椰子、油棕、咖啡和香蕉等。工业仅有小型企业，以加工业为主。国内生产总值约合6.83亿美元。出口以可可、椰干为主，进口以粮食、日用品为主。旅游资源丰富。对外贸易总额1.3亿美元。

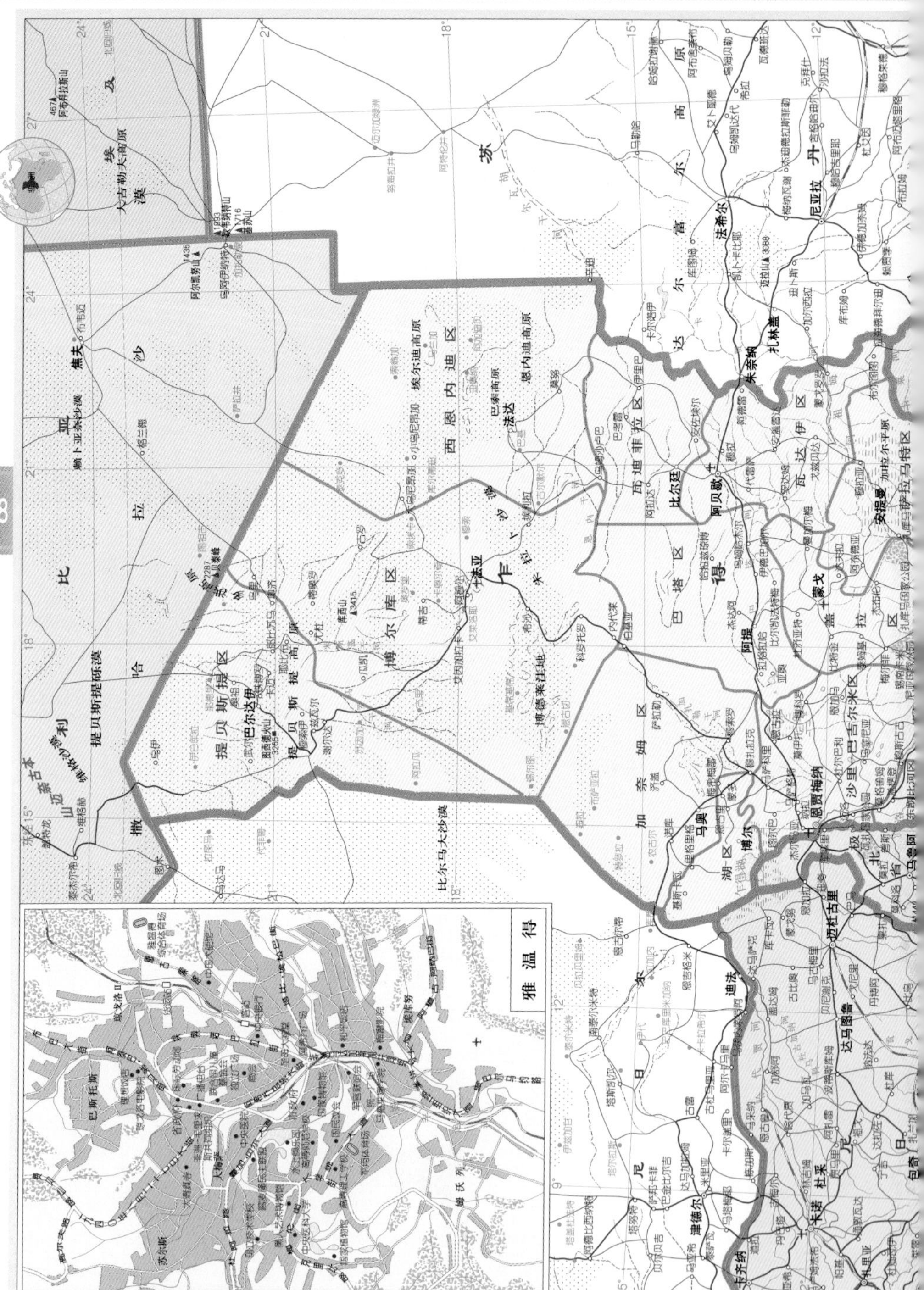
雅温得
比尔马大沙漠
博德莱洼地
提贝斯提高原
恩内迪高原
埃尔迪高原
提贝斯提区
博尔库区
恩内迪区
瓦迪菲拉区
巴塔区
加奈姆区
湖区
阿贝歇
阿提
法达
比尔廷
蒙戈
恩贾梅纳
马奥
博尔
迪法
津德尔
马拉迪
尼亚拉
朱奈纳
法希尔
扎林盖
安提曼
迈杜古里
达马图鲁
包奇
卡诺
卡齐纳
萨赫勒
利比亚沙漠
大吉勒夫高原
焦夫
撒哈拉
比
拉
埃
及
苏
乍
得
尼
日
尔
达
富
高
原
沙
漠

比例尺　1:11 400 000

0　114　228　342　456千米

乍得共和国　简称乍得。位于非洲中北部，为内陆国家。面积128.4万平方千米。人口1643万，有大小民族和部族共256个，主要有萨拉族、柏柏尔族、瓦达伊族、图布族等。居民多信奉伊斯兰教，部分信奉基督教新教和原始宗教。官方语言为法语和阿拉伯语。首都恩贾梅纳。9～17世纪先后建立加涅姆、瓦达伊、巴吉米尔等穆斯林苏丹王国。1902年沦为法国殖民地。1946年成为法国海外领地。1960年8月11日独立。1972年11月28日同中国建交，1997年8月12日中止外交关系。2006年8月6日恢复外交关系。**环境**　地处乍得盆地东半部，北、东和东南三面为高原、山地环绕。中、西部为海拔250米左右的平原。北部为大片沙漠所覆盖。库西山海拔3415米，为全国最高峰。乍得湖为中非最大的内陆淡水湖，约一半在其境内。全境南、北分属热带沙漠和热带草原气候，全年炎热干燥。大部地区年平均气温在27℃以上。年降水量由南部的1000毫米递减到北部的100毫米以下。矿藏较丰富，主要有天然碱、石灰石、白陶土和钨、锡、铜、镍、铬、石油等。**经济**　以农牧业为主。国内生产总值约合125亿美元。棉花为主要经济作物和出口商品。粮食作物以高粱和小米为主，基本自给。畜牧业地位重要，主要饲养牛、羊，活畜和畜产品出口值仅次于棉花。工业以食品、农牧产品加工为主。对外贸易总额46.5亿美元。**国防**　有现役总兵力约4.5万人。实行义务兵役制。

喀麦隆共和国　简称喀麦隆。位于非洲中西部，西南濒大西洋几内亚湾。海岸线长360千米。面积47.54万平方千米。人口2861万，分属200多个部族，主要有富尔贝族、赤道班图族、巴米累克族、芳族、杜阿拉族等。40%居民信奉传统宗教，其余信奉伊斯兰教、40%天主教和基督教新教。官方语言为法语和英语。首都雅温得。公元5世纪起，境内先后形成一些部落王国和部落盟国。15世纪下半叶起，西方殖民者相继侵入。1884年喀西部沦为德国的保护国。第一次世界大战后，东、西部分别被英、法军队占领。第二次世界大战后均改为托管地。1960年1月1日法托管地独立，成立喀麦隆共和国。1971年3月26日同中国建交。**环境**　境内大部是高原和山地。地处海滨的喀麦隆火山海拔4070米，为西非最高峰。西南部是沿海平原。主要河流有萨纳加河、尼永河、洛贡河等，多急流瀑布。沿海和南部属赤道雨林气候，往北逐步过渡到热带草原气候。年平均气温为24～28℃。年降水量600～2000毫米。喀麦隆火山西麓可达10000毫米，是世界降水最多的地区之一。矿藏主要有铝矾土、铀、金、金刚石、铜、锌、铅、石油和天然气。森林覆盖率约40%。**经济**　以农业为主，工业发展较快，特别是炼油和水力发电居黑非洲前列。国内生产总值约合442亿美元。农产品有薯类、玉米、高粱、可可、咖啡、橡胶等。可可产量居世界前列。工业除采矿业和电力外，还有炼铝、纺织、木材加工等。对外贸易总额114亿美元。**国防**　有现役总兵力约2.31万人。实行志愿兵役制。

中非共和国　简称中非。位于非洲大陆中部，系内陆国家。面积62.3万平方千米。人口512万，主要为班图语系黑人，有班达、巴雅、萨拉、桑戈等60多个大小部族。50%信奉基督教和天主教，15%信奉伊斯兰教，其余信奉原始宗教。官方语言为法语、桑戈语。首都班吉。公元9～16世纪先后建立班加苏、腊法伊和赛米奥3个部落王国。1891年沦为法国殖民地。1960年8月13日独立。1964年9月29日同中国建交。**环境**　中部高原横贯，平均海拔600～900米。东北边境的恩加亚山海拔1388米，为全国最高点。北、南部为盆地。河流众多，水网稠密，且多急流和瀑布。主要河流有乌班吉河和奥克河。北、南分别为热带草原气候和热带雨林气候。年平均气温26℃。年降水量自北而南由800毫米递增至1800毫米。矿藏主要有金刚石，此外还有铀、铁、金、铜、镍、锰、铬、锡、汞、石灰石等。**经济**　为联合国公布的世界最不发达国家之一。经济以农业为主，工业基础薄弱，钻石、咖啡、棉花和木材是四大经济支柱。农产品有木薯、玉米、高粱、棉花、咖啡等。工业以采矿、电力、纺织、木材加工为主。交通以公路为主，总长约2.5万千米。国内生产总值约25.3亿美元。对外贸易总额7.1亿美元。**国防**　有现役总兵力约5000人。实行义务兵役制。

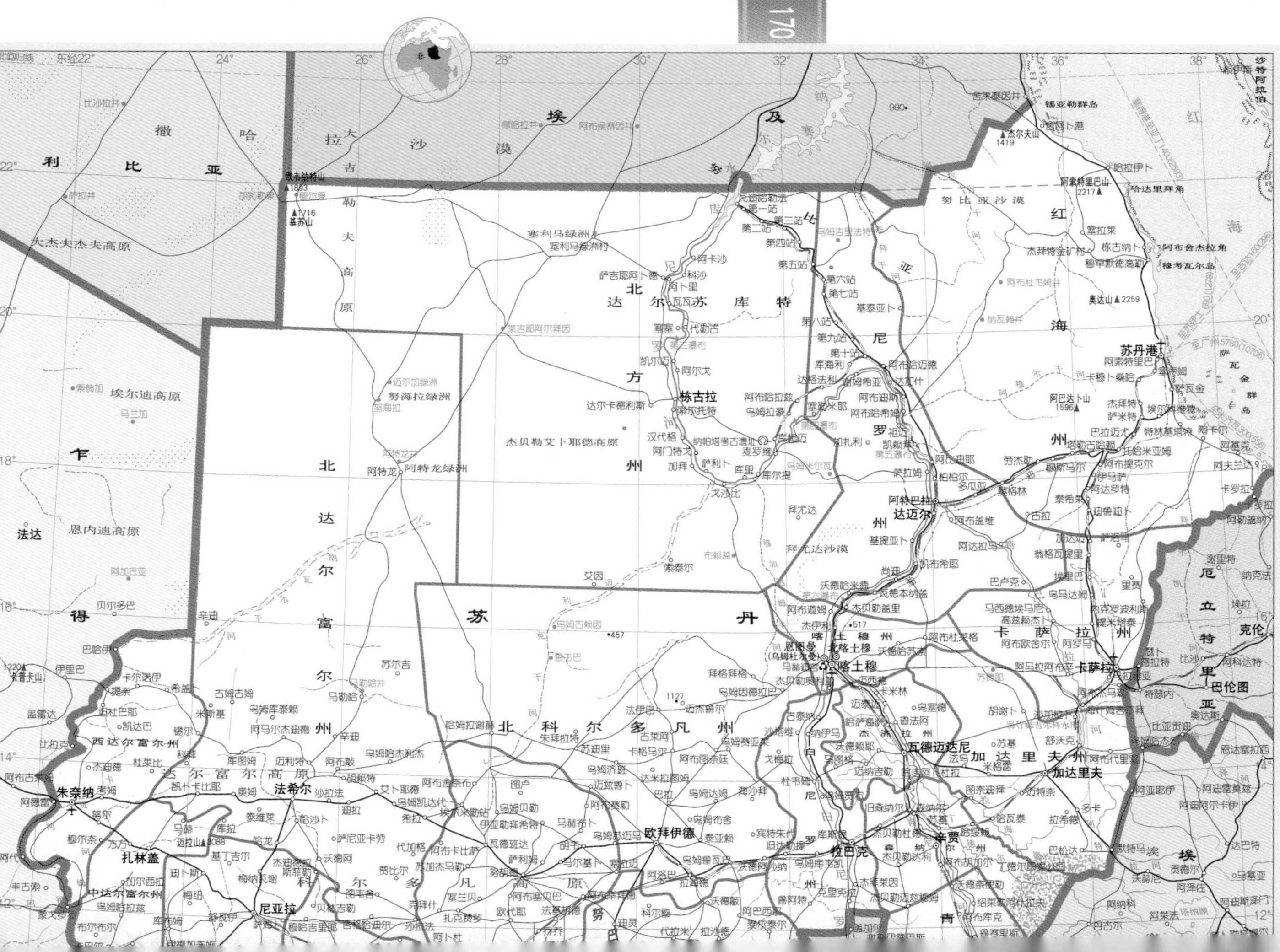

埃及
利比亚
乍得
沙特阿拉伯
厄立特里亚
埃塞俄比亚
苏丹
红海
大沙漠
努比亚沙漠
拜尤达沙漠
大杰夫杰夫高原
吉勒夫高原
埃尔迪高原
恩内迪高原
杰贝勒艾卜耶德高原
达尔富尔高原
北方州
北达尔富尔州
北科尔多凡州
西达尔富尔州
中达尔富尔州
红海州
尼罗河州
喀土穆州
卡萨拉州
加达里夫州
白尼罗州
苏丹港
喀土穆
恩图曼
北喀土穆
栋古拉
阿特巴拉
达迈尔
卡萨拉
加达里夫
瓦德迈达尼
辛贾
欧拜伊德
法希尔
朱奈纳
尼亚拉
扎林盖
阿斯马拉
巴伦图
奥达山 2259
迈拉山 3088

比例尺 1:9 700 000

0 97 194 291 388千米

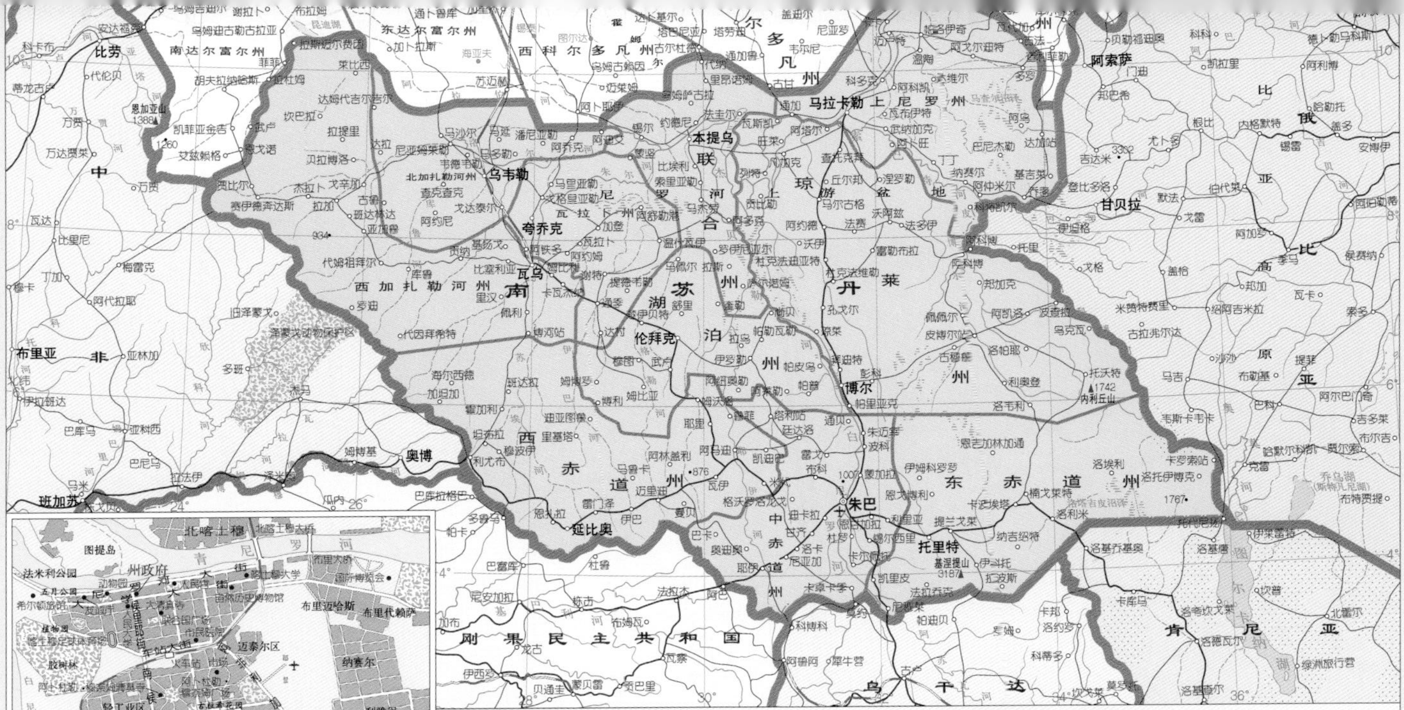

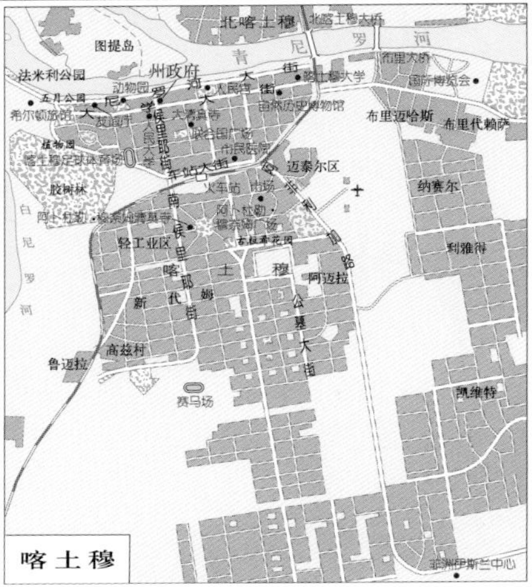

喀土穆

苏丹共和国 简称苏丹。位于非洲东北部，东北临红海。面积为188万平方千米。人口约4668万，分属597个民族和部族，黑种人占总人口52%，阿拉伯人占领40%。官方语言为阿拉伯语。居民中70%信奉伊斯兰教。首都喀土穆。1956年1月1日摆脱英国殖民统治，建立苏丹共和国。1959年2月4日同中国建交。**环境** 东、西是高原和山地，北部为沙漠台地。属热带大陆性气候，终年炎热少雨，年平均气温26～30℃。年平均降水量不足100毫米。矿藏主要有铁、铬、铜、锰、金、石油、天然气等。**经济** 以农业为主。盛产阿拉伯树胶，产量居世界首位。长绒棉产量占世界30%。国内生产总值428亿美元，外贸总额12亿美元。**国防** 现役总兵力20万人。义务兵役制。

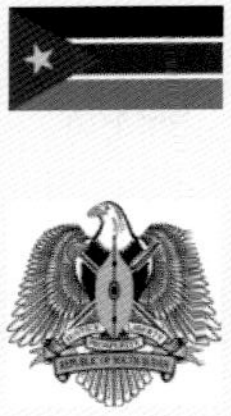

南苏丹共和国 简称南苏丹，位于非洲中部。面积约62万平方千米。人口约1459万，有丁卡族、努维尔族等多民族。通用语言为阿拉伯语，官方语言为英语。信仰原始宗教、伊斯兰教和基督教。首都朱巴。南苏丹是原苏丹的一部分，2011年7月9日独立建国，同日与中国建交。**环境** 西部、南部高，北部、东部低，南部边境的基涅提山海拔3187米，为全国最高峰。白尼罗河纵贯国家中部。气候干燥炎热。矿藏有石油、铁、铜、铬、铅、钨和金银等。水利资源丰富。森林覆盖率达36%。**经济** 以农业为主，石油出口是经济的主要支柱，国内生产总值147亿美元。**国防** 总兵力约8万。

注：南苏丹2017年调整为32个州，因资料暂缺未作修改。

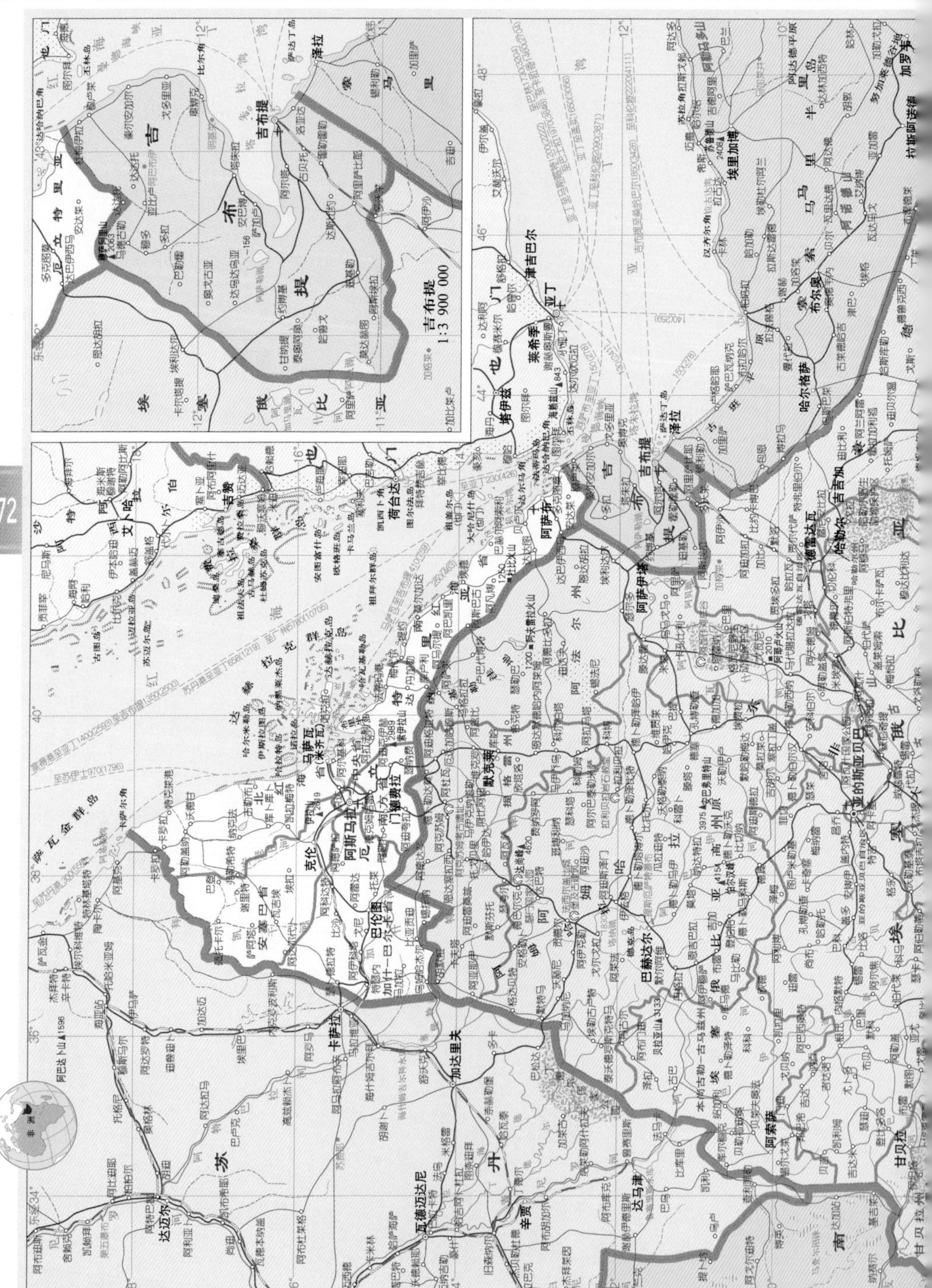

比例尺　1:9 300 000

0　93　186　279　372千米

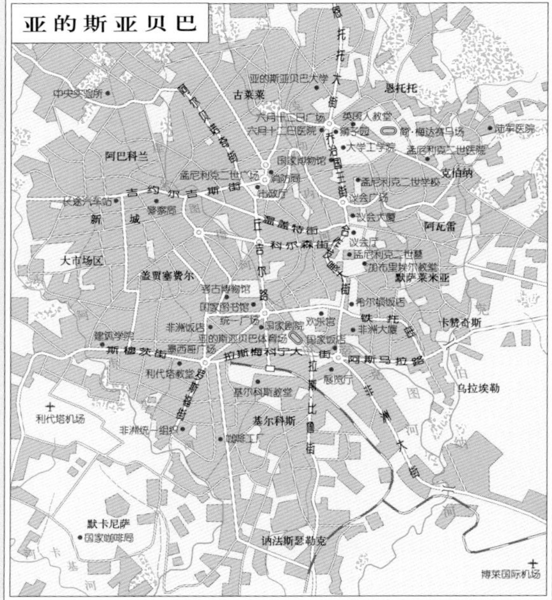

亚的斯亚贝巴

注：奥罗米亚州行政中心在亚的斯亚贝巴

埃塞俄比亚联邦民主共和国

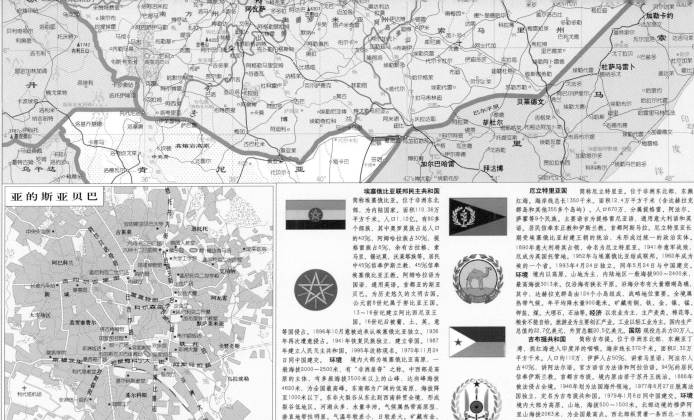

简称埃塞俄比亚。位于非洲东北部，为内陆国家。面积110.36万平方千米。人口1.12亿。有80多个部族，其中奥罗莫族占总人口的40%，阿姆哈拉族占30%，提格雷族占8%，余有古拉格、索马里、锡达莫、沃莱塔族等。居民中45%信奉伊斯兰教，45%信奉埃塞俄比亚正教。阿姆哈拉语为国语，通用英语。首都亚的斯亚贝巴。为历史悠久的文明古国。公元前8世纪属于努比亚王国。13～16世纪建立阿比西尼亚王国。16世纪后被葡、土、英、意等国侵占。1896年10月意被迫承认埃塞俄比亚独立。1936年再次遭意侵占。1941年恢复民族独立，建立帝国。1987年建立人民民主共和国。1995年改称现名。1970年11月24日同中国建交。**环境**　境内大部为埃塞俄比亚高原，一般海拔2000～2500米，有"非洲屋脊"之称。中西部是高原的主体，有多座海拔3500米以上的山峰，达尚峰海拔4620米，为全国最高峰。东南部为广阔的低高原，海拔降至1000米以下。东非大裂谷从东北到西南斜贯全境，形成裂谷低地区。河湖众多，水量丰沛。气候属热带高原型，垂直地带性明显。气温年较差小，日较差大。矿藏有金、铂、镍、铜、铁、煤、磷酸盐、大理石、石油、天然气等。**经济**　以农牧业为主，国内生产总值约993亿美元。主要农产品有苔麸、麦类、玉米、高粱和咖啡等。畜牧业资源居非洲之首。工业有机械制造、皮革、纺织、食品加工、采矿等。外贸总额为182.7亿美元。**国防**　有现役总兵力约18万人。实行征兵制。

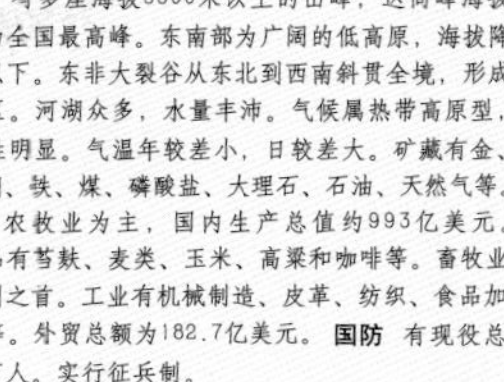

厄立特里亚国

简称厄立特里亚。位于非洲东北部，东濒红海。海岸线总长1350千米。面积12.4万平方千米（含达赫拉克群岛和其他355多个岛屿）。人口670万，分属提格雷、阿法尔、萨霍等9个民族。主要语言为提格雷尼亚语，通用意大利语和英语。居民信奉东正教和伊斯兰教。首都阿斯马拉。厄立特里亚长期受埃塞俄比亚封建王朝的统治，未形成过统一的政治实体。1890年意大利将其占领，命名为厄立特里亚。1941年意军战败，厄成为英国托管地。1952年与埃塞俄比亚结成联邦。1962年成为埃的一个省。1993年4月24日独立。同年5月24日与中国建交。**环境**　境内以高原、山地为主，内陆地区一般海拔900～2400米，最高海拔3013米。仅沿海有狭长平原。沿海分布有大量珊瑚岛礁，其中，达赫拉克群岛由124个小岛组成，战略地位重要。全境属热带气候。年平均降水量900毫米。矿藏有铜、铁、金、镍、锰、钾盐、煤、大理石、石油等。**经济**　以农业为主，主产麦类、棉花等。粮食不能自给。旅游业为主要创汇产业。工业以轻工业为主。国内生产总值约22.7亿美元，外贸总额20.5亿美元。**国防**　现役总兵力20万人。

吉布提共和国

简称吉布提。位于非洲东北部，东濒亚丁湾，扼红海进入印度洋的咽喉。海岸线长372千米。面积2.32万平方千米。人口约110万，伊萨人占50%，讲索马里语；阿法尔人占40%，讲阿法尔语。官方语言为法语和阿拉伯语。94%的居民信奉伊斯兰教。首都吉布提。境内原由若干苏丹王统治。1888年被法侵占全境。1946年划为法国海外领地。1977年6月27日脱离法国独立，定名为吉布提共和国。1979年1月8日同中国建交。**环境**　境内大部为高原、山地，海拔500～1500米。北部边境的穆萨阿里山海拔2063米，为全国最高点。西北部纵贯着一条西北－东南向的大凹地，其中部的阿萨勒湖湖面低于海平面－156米，为非洲大陆最低点。全境属热带沙漠和热带草原气候，终年炎热少雨。热季平均气温逾35℃，凉季平均气温逾25℃。年平均降水量多在150毫米以下，内地山区可达500毫米。矿藏贫乏，海盐和地热资源较丰富。**经济**　以畜牧业为主。交通运输、货物过境税和港口服务业收入是财政收入的主要来源。国内生产总值约合33.71亿美元。进出口贸易61.5亿美元。**国防**　有现役总兵力约0.55万人。实行志愿兵役制。同法国有军事协定，吉布提港为法国印度洋舰队的母港。

索马里

SOMALIA

比例尺 1:9 300 000

0 93 186 279

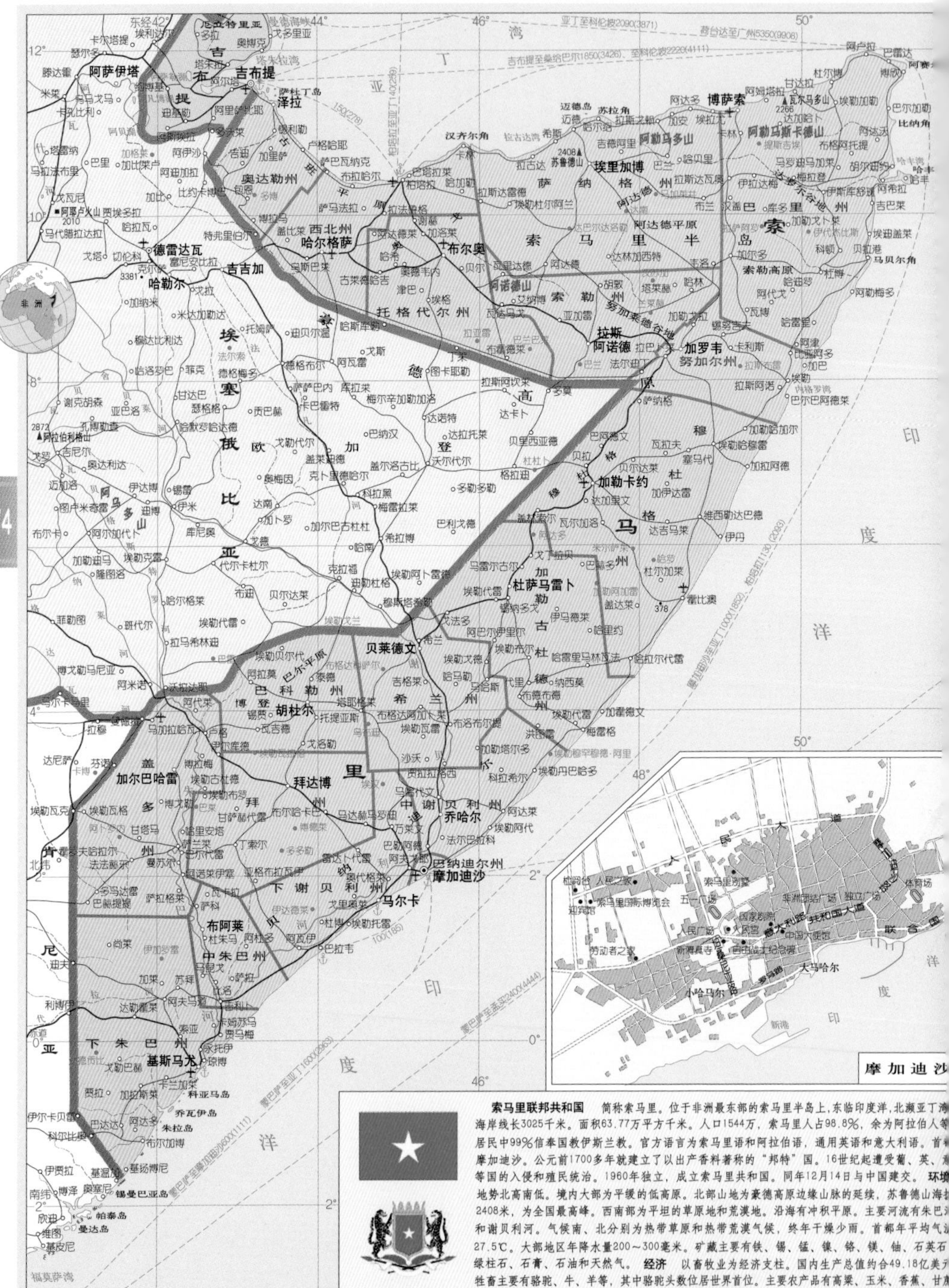

索马里联邦共和国 简称索马里。位于非洲最东部的索马里半岛上，东临印度洋，北濒亚丁湾海岸线长3025千米。面积63.77万平方千米。人口1544万，索马里人占98.8%，余为阿拉伯人等居民中99%信奉国教伊斯兰教。官方语言为索马里语和阿拉伯语，通用英语和意大利语。首都摩加迪沙。公元前1700多年就建立了以出产香料著称的“邦特”国。16世纪起遭受葡、英、意等国的入侵和殖民统治。1960年独立，成立索马里共和国。同年12月14日与中国建交。**环境** 地势北高南低。境内大部为平缓的低高原。北部山地为豪德高原边缘山脉的延续，苏鲁德山海拔2408米，为全国最高峰。西南部为平坦的草原地和荒漠地。沿海有冲积平原。主要河流有朱巴河和谢贝利河。气候南、北分别为热带草原和热带荒漠气候，终年干燥少雨。首都年平均气温27.5℃。大部地区年降水量200～300毫米。矿藏主要有铁、锡、锰、镍、铬、镁、铀、石英石、绿柱石、石膏、石油和天然气。**经济** 以畜牧业为经济支柱。国内生产总值约合49.18亿美元。牲畜主要有骆驼、牛、羊等，其中骆驼头数位居世界首位。主要农产品有高粱、玉米、香蕉、甘蔗等，粮食不能自给。特产乳香和没药，产量各占世界的1/2。工业以农畜产品加工为主。对外贸易总额约61.5亿美元。**国防** 有现役兵力6.45万人。

塞舌尔共和国 简称塞舌尔。位于非洲东面印度洋中，为群岛国家。由115个大小岛屿组成，陆地面积455平方千米。人口约10万，主要是班图人和克里奥尔人，余为印巴人、华裔和法裔。居民中90%信奉罗马天主教。克里奥尔语为国语，通用英语和法语。首都维多利亚。16世纪葡萄牙人到达此地。1609年遭英国入侵。1756年被法国占领。以后英法多次易手，轮流占领，直至1814年沦为英国殖民地。1976年6月29日独立。同年6月30日与中国建交。环境 群岛由花岗岩岛和珊瑚岛组成，前者多山地、丘陵，后者地势低平。属热带海洋性气候。年平均气温24～30℃。年降水量2000～4000毫米。经济 以旅游、渔业和少量手工业为主，种植椰子、肉桂、香草、薄荷等。工业有小型加工、建筑和食品等部门。旅游业是经济支柱，占国内生产总值的20%。沿海渔业资源丰富，主要通过与外合作捕捞，征收许可证费。国内生产总值约合13亿美元。对外贸易总额13.45亿美元。国防 1977年6月创建军队。有现役总兵力约800人。实行志愿兵役制。
塞舌尔
1:9 300 000
马埃岛
1:660 000
曼德海峡
1:5 400 000
曼德海峡 阿拉伯半岛西南端和非洲大陆之间的水道，沟通红海、亚丁湾和印度洋，为连结欧、亚、非三大洲的“水上走廊”。呈西北－东南走向，峡长18千米，宽25～32千米。峡内多礁石和小火山岛。其中最大的是丕林岛，面积13平方千米，它把曼德海峡分为东、西两航道：亚洲一侧为东航道，宽3.2千米，水深30米，称为小峡；非洲一侧为西航道，宽28.8千米，水深323米，称为大峡，为通过海峡的主要水道。丕林岛为扼控海峡的战略要地，1883年为过往船只的重要燃料补给站，1936年后成为海底电缆的中继站。岛上建有机场和海军基地。曼德海峡是世界上最繁忙的航道之一，年过往海峡的舰船约2万艘。

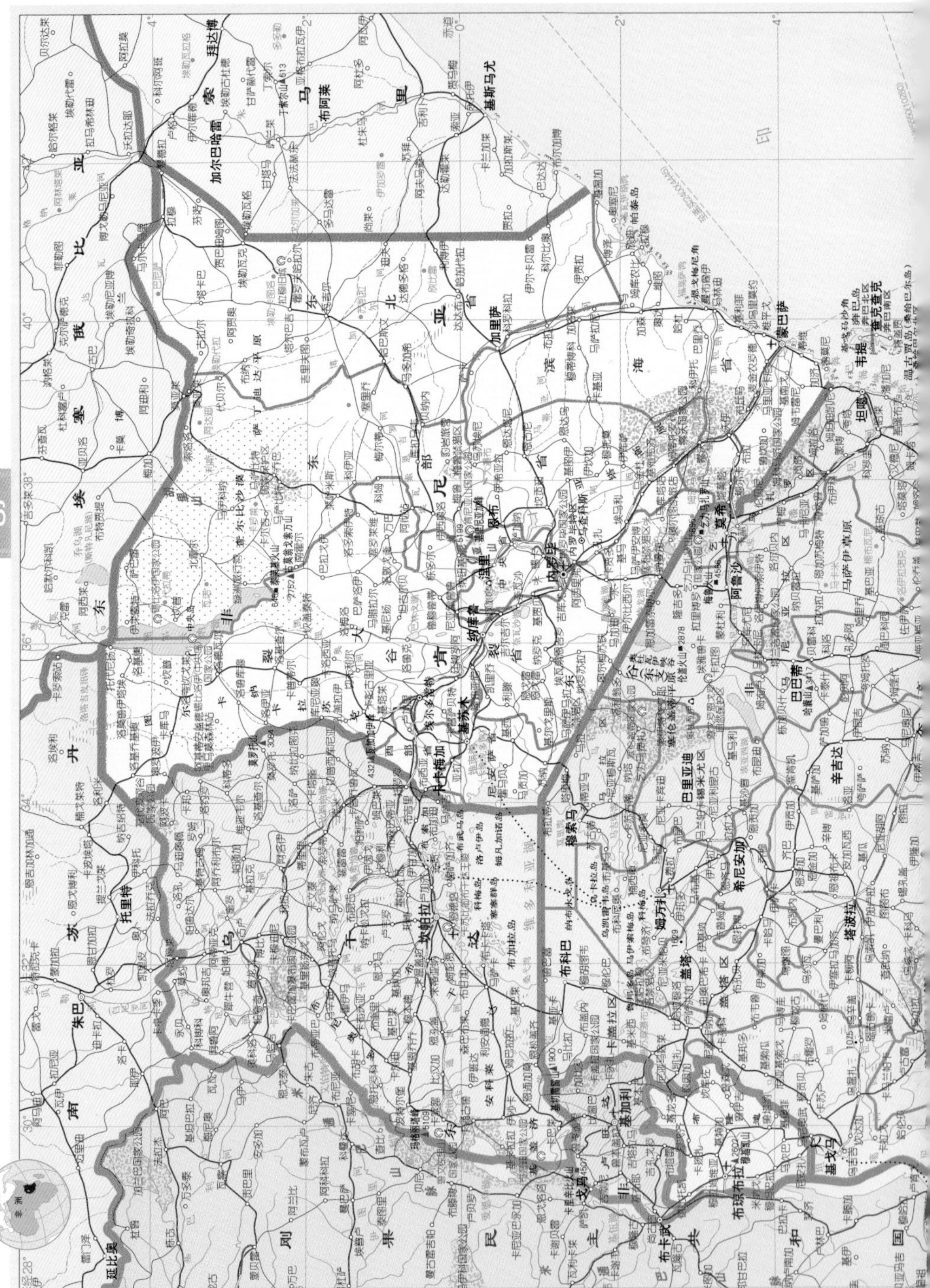

内罗毕
坎帕拉
基加利
布琼布拉
蒙巴萨
基苏木
纳库鲁
阿鲁沙
莫希
姆万扎
基戈马
塔波拉
希尼安加
穆索马
布科巴
加里萨

比例尺　1:9 300 000

0　93　186　279　372千米

乌干达共和国 简称乌干达。位于非洲东部，地跨赤道，为内陆国家。面积24.1万平方千米。人口4430万，分属巴干达、巴索加、阿乔利等65多个部族。多信奉天主教和基督教新教。英语为官方语言，通用斯瓦希里语和卢干达语。首都坎帕拉。公元10世纪建立王国。19世纪下半叶西方殖民者侵入。1962年10月9日独立。1967年废除各封建王国，建立共和国。1962年10月18日同中国建交。**环境** 全境大部在东非大裂谷东、西支之间，为多湖的高原，平均海拔1000～1200米。西南部的鲁文佐里山的玛格丽塔峰海拔5109米，是全国最高峰。东非大裂谷的西支纵贯西部边境，谷底多断层湖。境内河湖众多，沼泽广布。居非洲第一、世界第二的维多利亚淡水湖的北部位于境内。大部地区属热带草原气候。年平均气温一般在22℃左右。年平均降水量约1000毫米。矿藏主要有铜、锡、钨、铁、金等。水力和渔业资源丰富。**经济** 以农牧业为主，国内生产总值约404亿美元。农作物有玉米、小米、薯类、大蕉、高粱、咖啡和棉花等。咖啡和淡水鱼产量居非洲前列。工业有农产品加工、纺织、制糖等。对外贸易总额97.4亿美元。**国防** 有现役总兵力约3.72万人。实行义务兵役制。

肯尼亚共和国 简称肯尼亚。位于非洲东部，东南濒印度洋。海岸线长536千米。面积58.26万平方千米。人口4756万，分属基库尤、卢希亚、卢奥等44个部族。信奉基督教和天主教的居民约占78%，余信原始宗教、伊斯兰教和印度教。斯瓦希里语为国语，和英语同为官方语言。首都内罗毕。肯尼亚是人类发源地之一，公元7世纪沿海已形成商业城，阿拉伯人到此经商定居。16世纪起西方殖民者相继入侵。1920年沦为英国殖民地。1963年12月12日独立。翌年12月12日成立共和国，仍为英联邦成员。1963年12月14日同中国建交。**环境** 全境多为海拔900～1200米的高原。东非大裂谷东支从中西部纵切高原南北，谷宽50～130千米，多湖泊。位于赤道附近的基里尼亚加峰海拔5199米，为全国最高峰，非洲第二高峰。沿海有宽50～200千米的平原。境内河、湖众多，主要有塔纳河、萨巴基河和图尔卡纳湖等。大部属热带高地气候。年气温为10～26℃。年降水量因地而异，从250至1500毫米不等。矿藏主要有纯碱、盐、萤石、石灰石、重晶石、金、银、铜等。**经济** 以农牧业为主。农产品有玉米、小麦、稻谷、薯类、咖啡、棉花、剑麻等。牲畜以牛、羊为主。工业多为中小型企业，门类较齐全，主要部门有炼油、轮胎、汽车装配、采矿、水泥、电力、食品加工等。旅游业为支柱产业。国内生产总值约合1104亿美元。对外贸易总额227.3亿美元。**国防** 有现役总兵力约3.32万人。实行志愿兵役制。

卢旺达共和国 简称卢旺达。位于非洲中东部，为内陆国家。面积2.63万平方千米。人口1325万，胡图族约占85%，图西族约占14%，特瓦族约占1%。居民信奉天主教的占56.5%，信奉基督教新教的占26%，余信原始宗教、伊斯兰教。官方语言为卢旺达语和法语。首都基加利。公元16世纪始建立封建王国。1890年沦为德国保护地。1922年归比利时统治。1962年7月1日独立。1971年11月12日同中国建交。**环境** 全境多山地、高原，有“千丘之国”之称。大部属热带高原和热带草原气候。年平均气温18℃。年降水量1000～1400毫米。矿藏较贫乏。**经济** 以农牧业为主。工业以农畜产品加工为主。国内生产总值约合121亿美元。对外贸易总额44.7亿美元。

布隆迪共和国 简称布隆迪。位于非洲中东部，为内陆国家。面积2.78万平方千米。人口1260万，胡图族占84%，图西族占15%，特瓦族占1%。居民多信奉天主教。官方语言为基隆迪语和法语。首都布琼布拉。17世纪以前，放牧为生的图西人在此建立了封建王国。1890年沦为德国殖民地。1946年由比利时托管。1962年7月1日独立，成立布隆迪王国。1966年11月

起，历经三次共和制政权。1963年12月21日同中国建交。**环境** 全境大部为高原和山地，有“山国”之称，平均海拔1600米，最高海拔2760米。境内河网稠密，较大河流有鲁济济河和马拉加拉西河。属热带草原和热带山地气候。年平均气温20～24℃。年平均降水量1200毫米。**经济** 以农牧业为主，工业基础薄弱。国内生产总值约36亿美元。对外贸易总额约11.45亿美元。**国防** 有现役总兵力4.3万人。

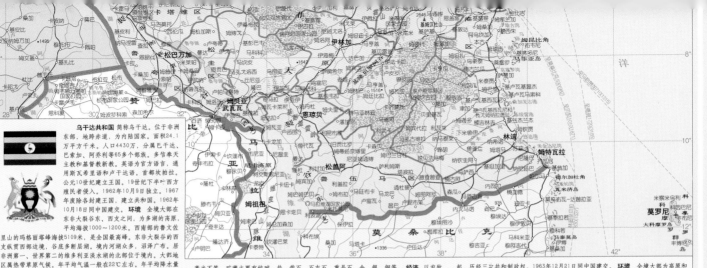

坦桑尼亚联合共和国 简称坦桑尼亚。位于非洲东部，东濒印度洋。海岸线长840千米。面积94.5万平方千米。人口5910万，班图语系的非洲人占98.5%，分属苏库马、尼亚姆维奇、马康迪等126个部族。居民多信奉天主教和伊斯兰教。斯瓦希里语为国语，和英语同为官方语言。首都多多马。公元10世纪末始建王国。19世纪下半叶欧洲殖民者侵入。1961年、1963年坦噶尼喀和桑给巴尔先后独立，1964年10月29日组成联合共和国。1964年4月26日同中国建交。**环境** 地势西北高东南低。内陆为平均海拔1200米的高原，沿海为宽15～60千米的低地。东非大裂谷纵贯西部边境。东北部的乞力马扎罗山海拔5895米，为非洲最高峰。主要河、湖有马拉加拉西河和界湖维多利亚湖、坦噶尼喀湖。大部属热带草原气候。年平均气温21～25℃，年降水量500～2300毫米。矿藏资源丰富，有8个绿岩带。主要有金刚石、金、煤、铁、磷酸盐、天然气等。**经济** 农牧业比较发达，剑麻、腰果、丁香产量居世界前列。棉花和咖啡为主要出口货物。粮食作物有玉米、小麦、稻谷、木薯等。工业以农产品加工和轻工业为主。旅游资源丰富，服务业发展迅速。国内生产总值约703.2亿美元。对外贸易总额137.3亿美元。**国防** 有现役总兵力约2.8万人。实行征兵制。

注：图内未标注一级行政区名的均与一级行政中心同名滨海区行政中心在达累斯萨拉姆
2013年肯尼亚撤销省级建制，划分为47个郡，暂缺资料未改。

刚果共和国 简称刚果、刚果（布）。位于非洲中西部，西南濒大西洋。海岸线长156千米。面积34.2万平方千米。人口566万，分属170多个部族，其中刚果族占45%、太凯族占20%、姆博奇族占16%。居民中一半以上信奉原始宗教，余信天主教、基督教新教、伊斯兰教。官方语言为法语。首都布拉柴维尔。公元13～14世纪初，为刚果王国的一部分。15世纪起西方殖民者先后侵入。1885年沦为法国殖民地。1960年8月15日独立，定名刚果共和国。1964年2月22日同中国建交。 **环境** 地形复杂多样。中南部为巴泰凯高原，海拔500～700米，刚、加（蓬）边境的莱凯蒂山海拔1040米，为全国最高峰。东北部为刚果盆地的一部分。西北部是盆地的边缘山地。南部是低山丘陵谷地区。西南沿海为低地。主要河流有刚果河及其支流乌班吉河、桑加河、利夸拉河等。赤道横贯中北部，中、北部属热带雨林气候，南部属热带草原气候。年平均气温24～28℃。年平均降水量约1600毫米。矿藏有石油、天然气、钾盐、磷酸盐、铅、锌、铜、铁等。森林资源丰富，面积22万平方千米，有黑檀木、乌木、红木、桃花心木等名贵树种。 **经济** 石油工业和木材加工业为主要经济支柱，其他有食品加工、纺织、皮革、化工、水泥等。农产品有木薯、玉米、稻谷、可可、咖啡、油棕等。服务业发展迅速。交通运输水陆并重，铁路总长886千米，公路总长2万千米，水运内河航线总长约5000千米。国内生产总值约合102亿美元。对外贸易总额91.2亿美元。 **国防** 有现役总兵力约2.2万人。实行义务兵役制。

178

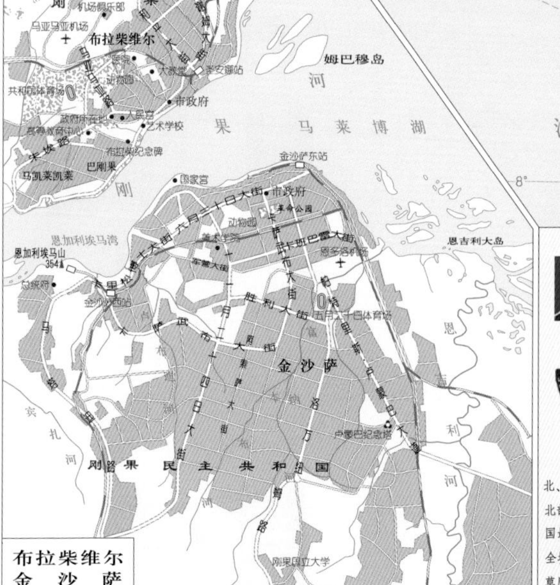

布拉柴维尔
金沙萨

刚果民主共和国 简称刚果（金）。前称扎伊尔。位于中部，西部有狭长走廊通大西洋。面积234.49万平方千米。人9995万，分属班图、苏丹、俾格米三个人种，其中班图人种占全国的84%。主要分布在南、中、东部，包括刚果、卢巴、蒙戈等254族。居民50%信奉天主教，20%奉信基督教新教、10%奉信伊斯其余信原始宗教等。官方语言为法语，主要民族语言有林加拉语和希里语等。首都金沙萨。13～14世纪是刚果王国的一部分。15世纪方殖民者先后侵入。1908年沦为比利时殖民地，称比属刚果。196月30日独立，定名为刚果共和国。后政权几经更迭，国名数度1997年始改为现名。1961年2月20日同中国建交。 **环境** 地势西面北、东、南三面高。西部为刚果盆地的一部分，约占国土面积的1/3，平均海拔40北部为阿赞德高原。东部为米通巴山脉。与乌干达的界峰玛格丽塔峰海拔5109米，国最高点。南部属加丹加高原。境内河网稠密，湖泊众多。非洲第二大河刚果河全境。东部边境的坦噶尼喀湖为世界第二深水湖。北部属热带雨林气候，南部属草原气候。年平均气温27℃。年降水量1500～2000毫米。矿藏、森林、水力资源丰

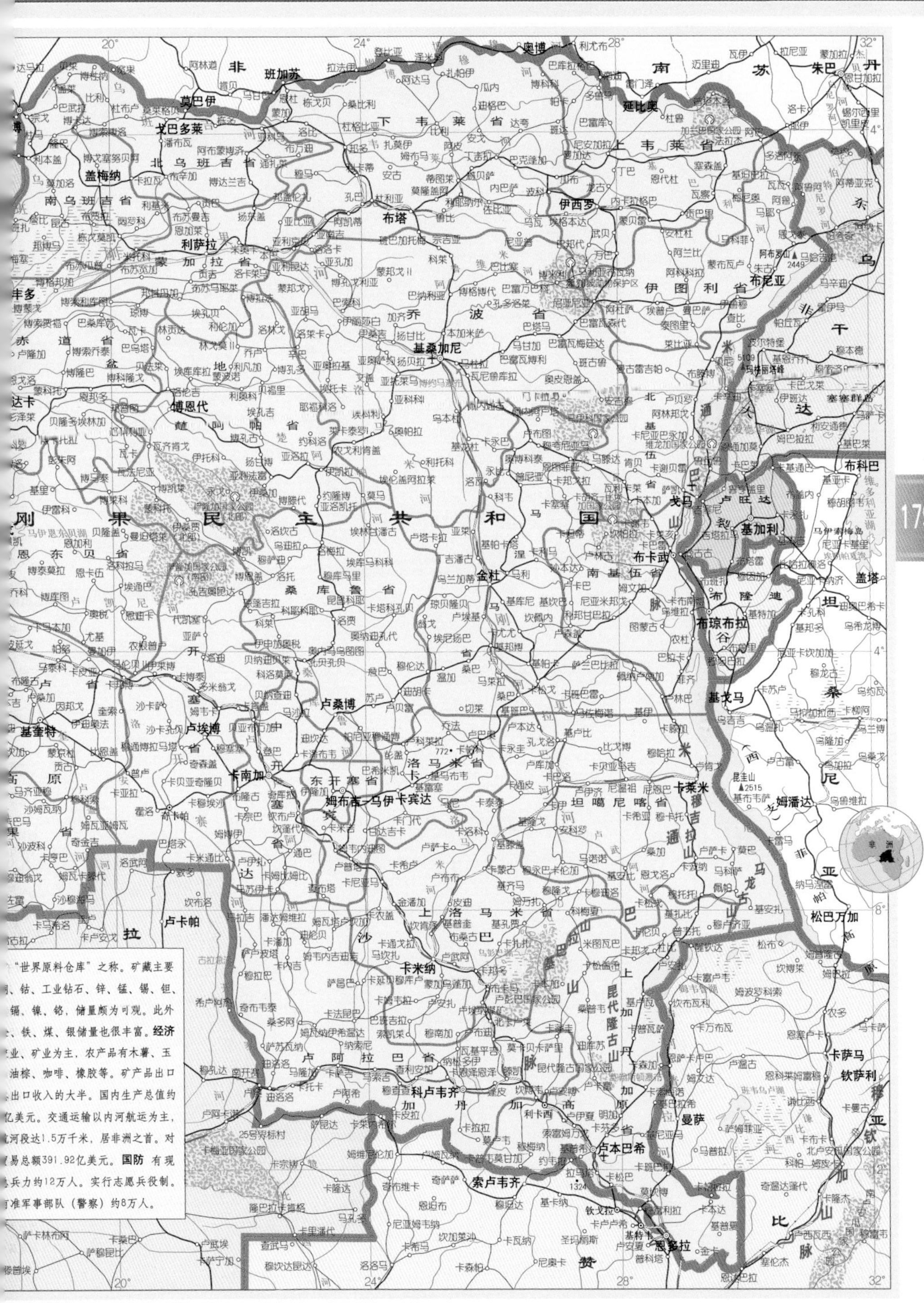
刚果民主共和国
下韦莱省
上韦莱省
北乌班吉省
南乌班吉省
赤道省
乔波省
伊图利省
北基伍省
南基伍省
马涅马省
桑库鲁省
开赛省
东开赛省
洛马米省
上洛马米省
卢阿拉巴省
上加丹加省
坦噶尼喀省
基桑加尼
布塔
伊西罗
布尼亚
戈马
布卡武
卢旺达
基加利
布隆迪
布琼布拉
基戈马
金杜
卡南加
姆布吉-马伊卡宾达
卢本巴希
科卢韦齐
卡米纳
卡莱米
利萨拉
姆班达卡
博恩代
卢桑博
卢埃博
基奎特
坦桑尼亚
赞比亚
安哥拉
南苏丹
乌干达
中非共和国
松巴万加
卡萨马
“世界原料仓库”之称。矿藏主要
铜、钴、工业钻石、锌、锰、锡、钽、
、锗、镍、铬，储量颇为可观。此外
、铁、煤、银储量也很丰富。经济
业、矿业为主，农产品有木薯、玉
油棕、咖啡、橡胶等。矿产品出口
出口收入的大半。国内生产总值约
亿美元。交通运输以内河航运为主，
河段达1.5万千米，居非洲之首。对
易总额391.92亿美元。国防 有现
兵力约12万人。实行志愿兵役制。
有准军事部队（警察）约8万人。

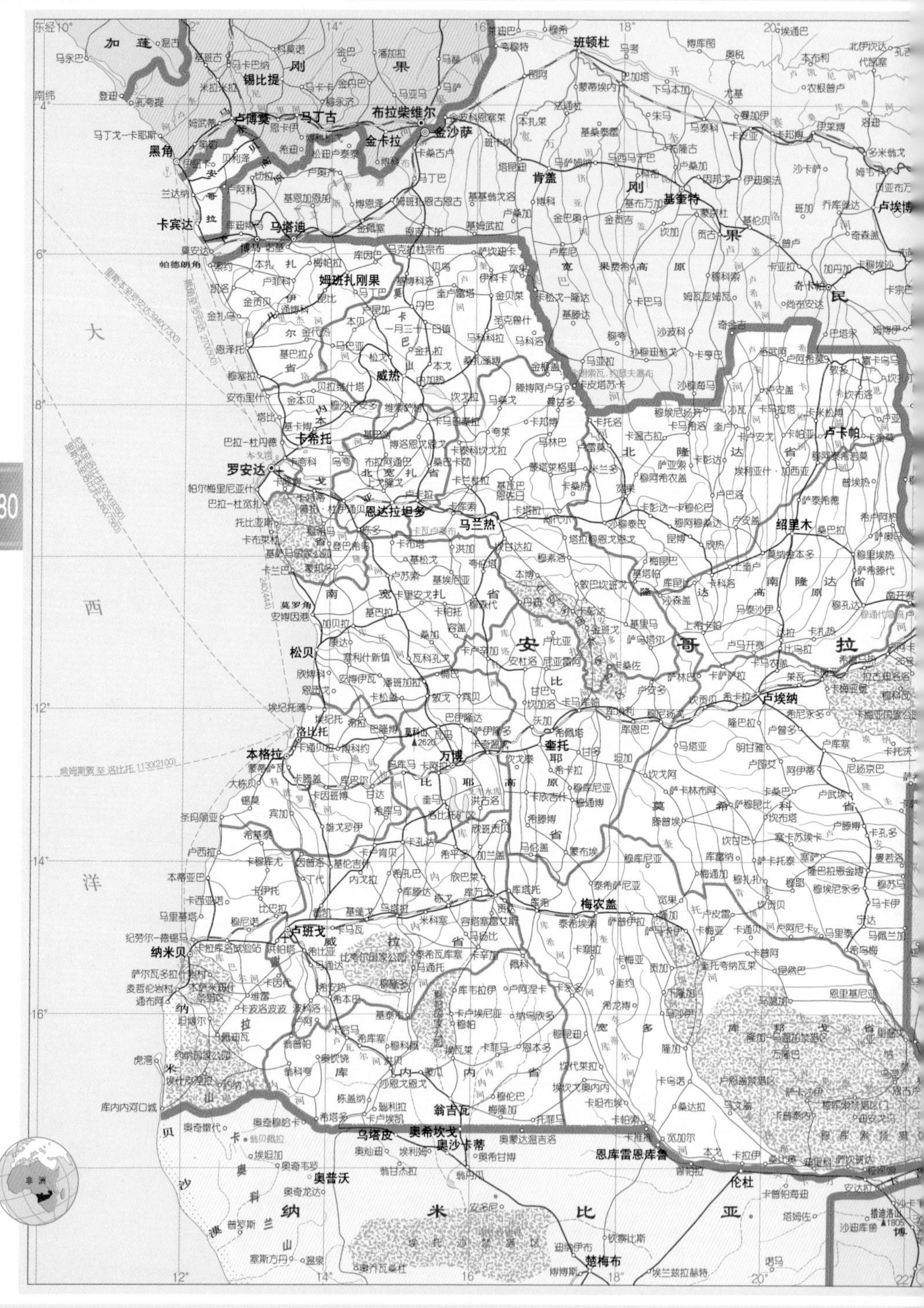
加蓬
刚果
果
刚
果
民
大
西
洋
安
哥
拉
纳
米
比
亚
东经10°
12°
14°
16°
18°
20°
南纬4°
6°
8°
10°
12°
14°
16°
黑角
卡宾达
卢博莫
马丁古
锡比提
布拉柴维尔
金沙萨
金卡拉
马塔迪
班顿杜
肯盖
基奎特
卢埃博
卢卡帕
绍里木
卢埃纳
姆班扎刚果
威热
卡希托
罗安达
恩达拉坦多
马兰热
松贝
洛比托
本格拉
万博
奎托
梅农盖
卢班戈
纳米贝
翁吉瓦
奥希坎戈
奥沙卡蒂
乌塔皮
恩库雷恩库鲁
奥普沃
伦杜
楚梅布
虎湾
库内内河口城
非洲

安哥拉共和国 简称安哥拉。位于非洲西南部，西濒大西洋。海岸线长1650千米。面积124.67万平方千米。人口3450万，奥文本杜族占37%，姆本杜族占25%，余为巴刚果、隆达等共32个部族。居民多信奉原始宗教，余信天主教和基督教新教。官方语言为葡萄牙语。首都罗安达。分属刚果，恩东戈、巴塔姆巴和隆达4个王国。1482年葡萄牙殖民者开始入侵。1885年沦为葡殖民地。1975年11月11日独立。1983年1月12日同中国建交。 **环境** 全境大部为海拔1000米以上的高原。中、西部的比耶高原，海拔达2000米，有"安哥拉屋脊"之称，全国最高峰莫科山，海拔2620米。西北部为马兰热高原，东北部为隆达高原，南部为威拉高原。东部为内陆湖盆地。大西洋沿岸有狭长平原。境内有较大河流30多条，主要有开赛河、宽果河、宽多河、宽扎河等。大部分地区属热带草原气候。年平均气温22℃。年降水量从东北高原的1500毫米向西南递减为100毫米。

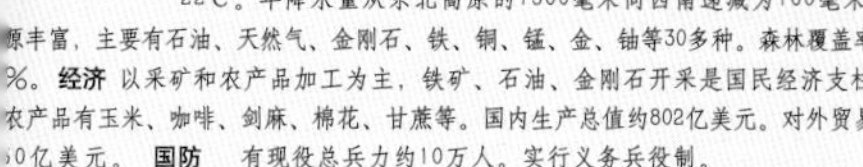

原丰富，主要有石油、天然气、金刚石、铁、铜、锰、金、铀等30多种。森林覆盖率%。 **经济** 以采矿和农产品加工为主，铁矿、石油、金刚石开采是国民经济支柱农产品有玉米、咖啡、剑麻、棉花、甘蔗等。国内生产总值约802亿美元。对外贸易0亿美元。 **国防** 有现役总兵力约10万人。实行义务兵役制。

赞比亚共和国 简称赞比亚。位于非洲中南部，系内陆国家。旧称北罗得西亚。面积75.26万平方千米。人口1890万，分属奔巴、通加、洛兹、恩戈尼、隆达等73个部族。居民多信奉天主教和基督教。官方语言为英语。首都卢萨卡。公元9世纪先后建立过多个部族王国。18世纪末起葡、英殖民者相继入侵。1924年沦为英国殖民地。1964年10月24日独立。同年10月29日与中国建交。 **环境** 全境多为海拔1000～1500米的高原，地势大致从东北向西南倾斜。北部为加丹加高原区。东部和东北边境为东非大裂谷区。西南部、中部为盆地区。东南部为高原谷地区。东北部为刚果河上游盆地，系境内平均海拔最高的地区，边境的马芬加山海拔2164米，是全国最高峰。境内河、湖众多，主要有赞比西河、卢阿普拉河、卡富埃河、卢安瓜河和坦噶尼喀湖、姆韦鲁湖等。赞比西河上有世界著名的莫西奥图尼亚大瀑布。全境属热带草原气候。年平均气温为21℃。年降水量从南向北由600毫米递增到1500毫米。矿藏有铜、钴、铅、锌、锰、锡、金、银、铀等。铜蕴藏量居世界第四位，有"铜矿国"之称。森林覆盖率约50%。水力资源丰富。 **经济** 采矿业为经济的重要支柱，其产值一般占国内生产总值的20%以上。铜和钴的产量均居世界前列。其他工业有炼油、化肥、纺织、水泥等。农产品有玉米、木薯、棉花、花生、油棕、咖啡、可可和甘蔗等。国内生产总值约266亿美元。对外贸易总额182亿美元。 **国防** 有现役总兵力约3.5万。实行志愿兵役制。

注：图内未标注二级行政区的为二级行政中心所在

比例尺 1:1 070 000

0 107 214 321 428

莫桑比克共和国 简称莫桑比克。位于非洲东南部，东濒印度洋。海岸线长2630千米。面积79.94万平方千米。人口3120万。分属班图语系的60多个部族，主要有马库阿－洛姆埃族(40%)、绍纳－卡兰加族、尚加纳族等。居民多信奉原始宗教和天主教。官方语言为葡萄牙语。首都马普托。13世纪始建王国。1505年葡萄牙入侵，后沦为其殖民地。1975年6月25日独立，同日与中国建交。**环境** 全境60%为高原、山地和台地。地势西北高东南低。东南沿海为平原，海拔100米，是非洲最大的平原之一。西北部是高原和山地，海拔500～1000米。宾加山海拔2436米，为全国最高峰。境内较大河流有赞比西河、林波波河等。属热带草原气候。年平均气温20℃。年降水量从西北部山区的1420毫米递减到东南部的400毫米。矿藏主要有煤、铁、铜、金、钽、钛、铋、铅等。其中钽矿品位居世界首位。**经济** 以农业为主，农产品有稻谷、木薯、玉米、棉花、腰果、甘蔗等，腰果产量居世界前列。工业以农产品加工为主，另有纺织、炼油和水泥等。国内生产总值约合154亿美元。对外贸易总额约134亿美元。**国防** 有现役总兵力约1.3万人。实行义务兵制。

注：图内未标注一级行政区名的均与一级行政中心同名
马普托省行政中心在马普托

马拉维共和国 简称马拉维。位于非洲东南部，为内陆国家。旧称尼亚萨兰。面积11.85万平方千米，人口1960万，分属尧族、隆韦族和奇契瓦等部族。居民中82%信奉基督教新教和天主教，14%信奉伊斯兰教。奇契瓦语和英语同为官方语言。首都利隆圭。1891年为英属中非保护地。1964年7月6日独立。2007年12月28日同中国建交。**环境** 境内3/4土地为海拔760～1370米的高原、山地。东非大裂谷纵贯南北，裂谷内有非洲第三大湖马拉维湖和希雷河谷地。东南边境的萨皮图瓦山海拔3000米，为全国最高峰。属热带草原气候。年平均气温20℃。年均降水量1000～1500毫米。矿藏主要有煤、铝矾土、独居石、云母、石棉、石墨、铀等。**经济** 以农业为主。农产品有玉米、木薯、稻谷、豆类。经济作物有烟草、茶叶、甘蔗等。烟草、茶叶、桐油产量居非洲前列。工业有制茶、卷烟、制糖、纺织、木材加工等。国内生产总值约合85亿美元。对外贸易总额37.3亿美元。**国防** 有现役总兵力约9000人。实行义务兵役制。

科摩罗 马达加斯加
1：12 000 000

留尼汪岛(法)
1：2 000 000

毛里求斯岛
1：2 000 000

科摩罗联盟 简称科摩罗。位于非洲大陆东面印度洋中，莫桑比克海峡北端，为岛国。领土由大科摩罗、昂儒昂、莫埃利、马约特4个大岛和一些小岛组成。面积2236平方千米。人口87万，主要由阿拉伯人后裔、卡夫族、马高尼族等组成。居民多信奉伊斯兰教。官方语言为法语和阿拉伯语。通用科摩罗语。首都莫罗尼。公元16世纪前，长期受阿拉伯苏丹统治。1912年沦为法国殖民地。1975年7月6日独立，马约特岛仍由法国统治。同年11月13日同中国建交。**环境** 群岛属火山岛，大部为山地，沿海有平原。属热带海洋性气候。年平均气温约23～28℃。年降水量1000～3000毫米。**经济** 以农业为主，主产鹰爪兰、香草和丁香等经济作物，产量居世界前列。有"香料岛"之称。国内生产总值约合13亿美元。对外贸易总额2.6亿美元。

马达加斯加共和国 简称马达加斯加。位于非洲大陆东南面印度洋中，为岛国。面积59.2万平方千米。人口2800万，其中马达加斯加人占总人口的98%。居民多信奉原始宗教和基督教。官方语言为法语。首都塔那那利佛。15世纪初建立统一的马达加斯加王国。1896年沦为法国殖民地。1960年6月26日独立。1972年11月6日同中国建交。**环境** 主岛中部为海拔800～1500米的中央高原，东部为沿海平原，西部为低高原和丘陵地。河流主要有曼戈基河、贝齐布卡河等。属热带草原和热带雨林气候。年平均气温17～27℃。年降水量1000～3500毫米。矿藏有石墨、云母、铀、铅、宝石、石英、金、银、铜、镍、铬、铝矾土等，其中石墨储量居非洲首位。**经济** 以农业为主，农产品有水稻、玉米、薯类、咖啡、甘蔗、胡椒、丁香、可可等。特产华尼拉果（香草）生产和出口量居世界首位。工业有采矿、农产品加工、炼油、水泥等。旅游资源丰富。国内生产总值约合148亿美元。对外贸易总额65.8亿美元。**国防** 有现役总兵力约2.16万人。实行义务兵制。

留尼汪（法） 主岛留尼汪岛。位于非洲东南西印度洋中，为马斯克林群岛中的火山岛。面积2512平方千米。人口85.1万，主要为法国人。居民多信奉天主教。官方语言为法语。首府圣但尼。17世纪60年代，法国在此建立航海站。1981年9月成为拥有全权的法国海外领地，统辖临近的新胡安岛、欧罗巴岛、印度礁、格洛里厄斯群岛和特罗姆兰岛。前面四个岛屿主权归属与马达加斯加有争议，特罗姆兰岛的归属与毛里求斯有争议。全境2/3面积为山地。沿海有狭窄平原。矿藏主要有钴、铜、锰等。属热带雨林性气候。年平均气温20～28℃。经济以农业、旅游和酒店业为支柱产业。种植甘蔗、天竺葵、香根草、香草等。工业以制糖为主。岛内生产总值约合271亿美元。有法国驻军约3400人。

毛里求斯共和国 简称毛里求斯。位于非洲东南面印度洋中，为岛国。由主岛毛里求斯岛、罗德里格斯岛、阿加莱加群岛、卡加多斯－卡拉若斯群岛(圣布兰登群岛)等组成。面积2040平方千米。人口123.5万，68.4%是印度和巴基斯坦人后裔，27%是克里奥尔人，余为华裔和欧洲人后裔。居民多信奉印度教。官方语言为英语。首都路易港。1598年开始为荷兰人统治。1715年被法国占领。1814年沦为英国殖民地。1968年3月12日独立。1972年4月15日同中国建交。**环境** 群岛上多火山，沿海有平原。属亚热带海洋性气候。年平均气温约23℃。年均降水量1270～5000毫米。**经济** 以甘蔗、茶叶、烟草及其加工业为主。旅游业发达。国内生产总值约134.1亿美元。对外贸易总额约61.6亿美元。**国防** 有准军事部队约1万人。

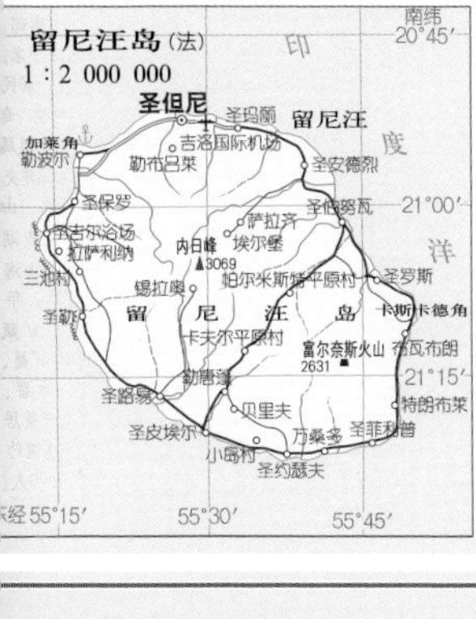

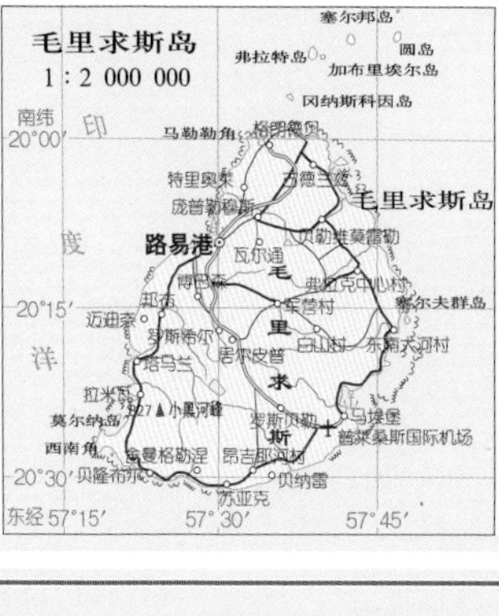

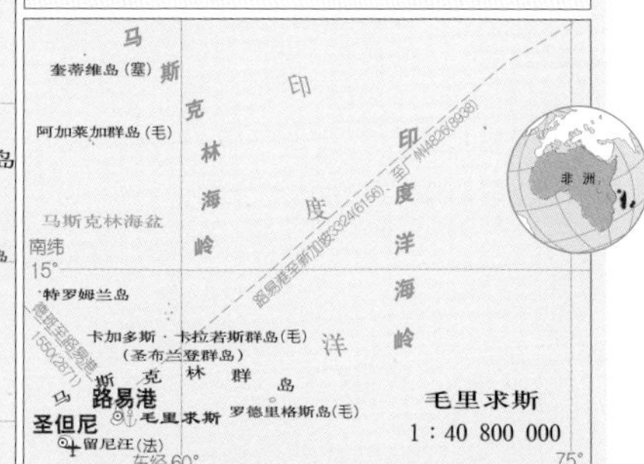

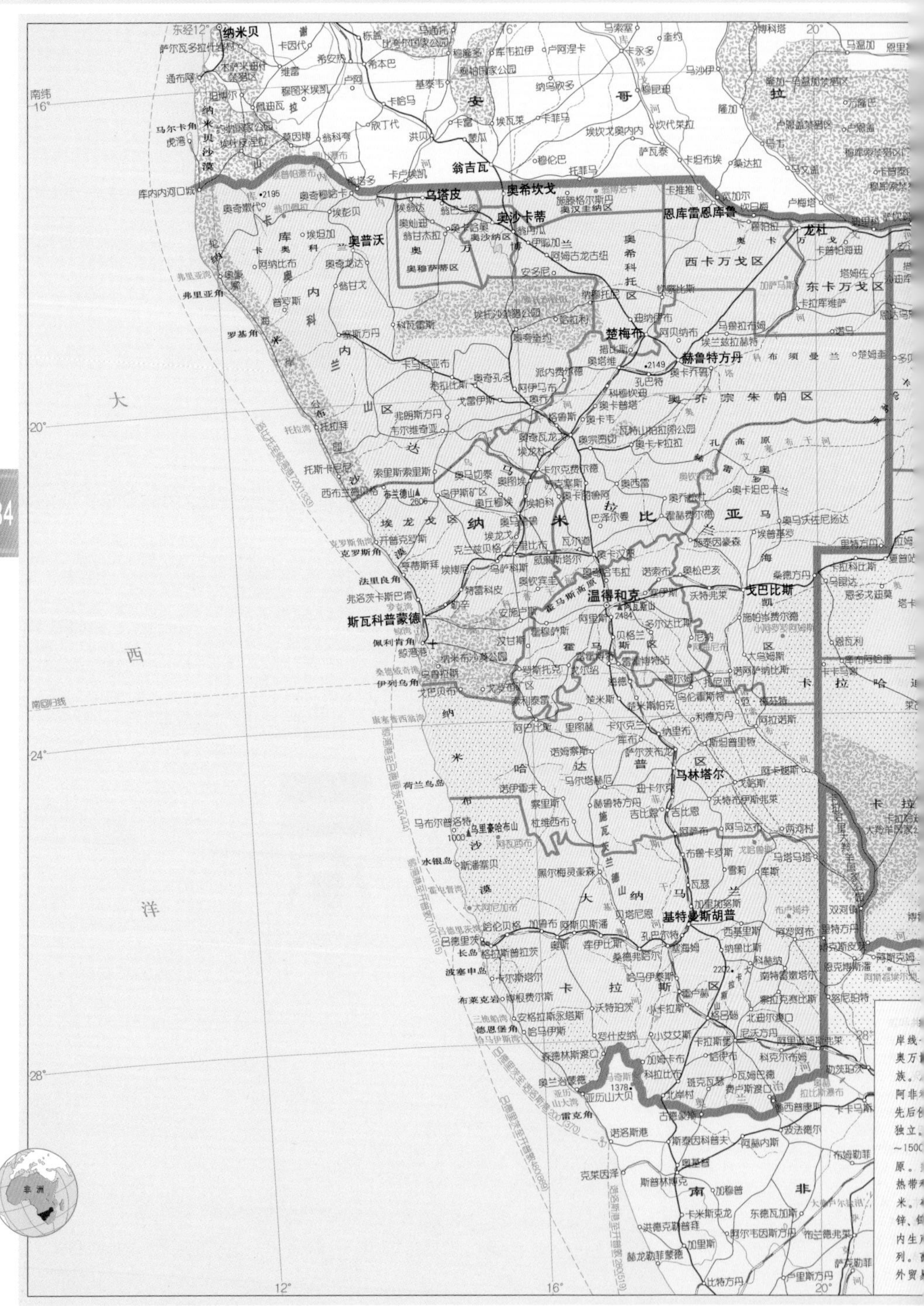

东经12°
16°
20°
南纬
16°
20°
24°
28°
12°
16°
20°
南回归线
大
西
洋
纳米贝
安
哥
拉
翁吉瓦
乌塔皮
奥希坎戈
奥沙卡蒂
恩库雷恩库鲁
龙杜
奥普沃
西卡万戈区
东卡万戈区
库内内河口瀑
库内内区
奥希科托区
楚梅布
赫鲁特方丹
奥乔宗朱帕区
埃龙戈区
斯瓦科普蒙德
温得和克
戈巴比斯
奥马海克区
霍马斯区
哈达普区
马林塔尔
卡拉斯区
基特曼斯胡普
卡拉哈迪
南非
纳米布沙漠
纳米比亚
吕德里茨
奥兰治蒙德
鲸湾港
卡拉
2195
2149
2606
2484
1000
2202
1378
非洲

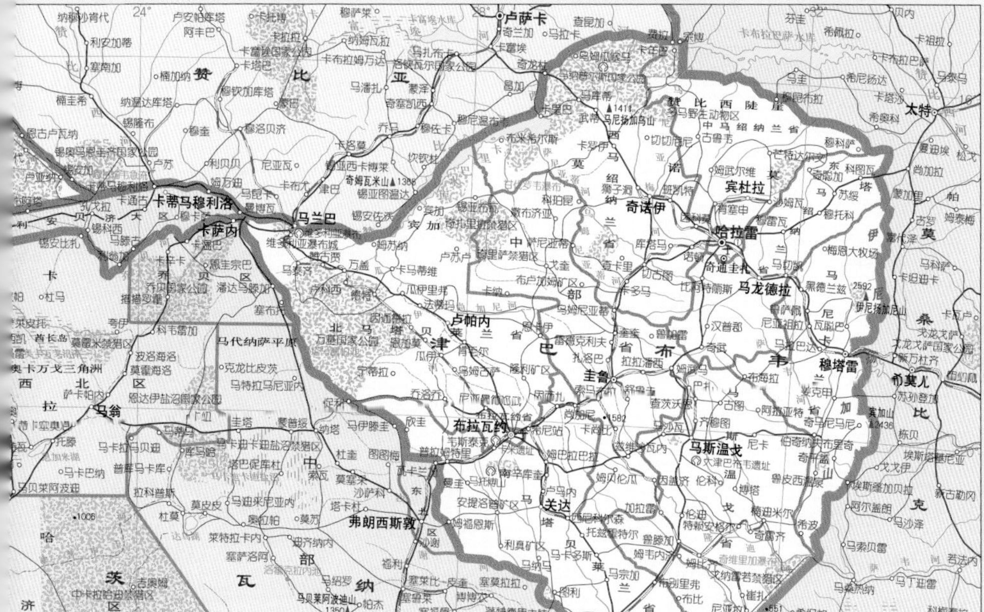

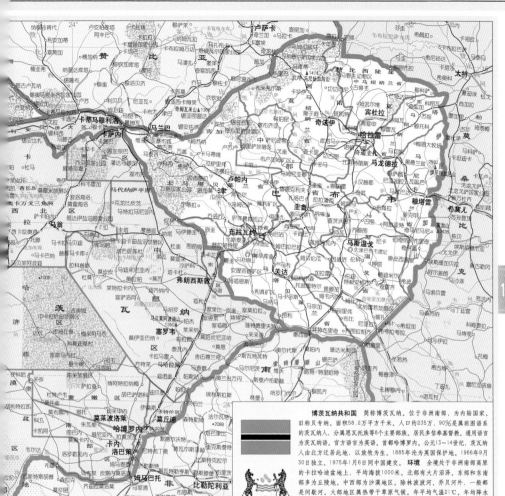

博茨瓦纳共和国 简称博茨瓦纳。位于非洲南部，为内陆国家。旧称贝专纳。面积58.2万平方千米。人口约235万，90%是属班图语系的茨瓦纳人，分属恩瓦托族等8个主要部族。居民多信奉基督教。通用语言为茨瓦纳语。官方语言为英语。首都哈博罗内。公元13～14世纪，茨瓦纳人由北方迁居此地，以放牧为生。1885年沦为英国保护地。1966年9月30日独立。1975年1月6日同中国建交。**环境** 全境处于非洲南部高原的卡拉哈迪盆地上，平均海拔1000米。北部有大片沼泽。东部和东南部多为丘陵地。中西部为沙漠地区。除林波波河、乔贝河外，一般都是间歇河。大部地区属热带干草原气候。年平均气温21℃。年均降水量400毫米。矿藏主要有金刚石、铜、镍、煤、铂、金、锰等。**经济** 钻石业、畜牧业是其经济支柱。以畜牧业和采矿业为主。畜牧业产值约占农业总产值的70%。人均养牛头数居非洲前列。农作物有玉米、高粱、小米等，粮食不能自给。工业最主要的部门是采矿业，其次是畜产品加工业。国内生产总值约合190.38亿美元。对外贸易总额约149.6亿美元。**国防** 有现役总兵力约9000人。实行志愿兵役制。

共和国 简称纳米比亚。位于非洲西南部，西濒大西洋。海米。旧称西南非洲。面积82.43万平方千米。人口约254万，人口的50%，主要还有卡万戈、达马拉、赫雷罗、纳马等部%以上信奉基督教，余信原始宗教。官方语言为英语，通用首都温得和克。15～18世纪，葡萄牙、荷兰、英国等殖民者年沦为德国殖民地。1915年7月被南非占领。1990年3月21日22日与中国建交。**环境** 全境大部地区为高原，海拔900中央海拔1800～2400米，由中央高地向四周缓倾。沿海有狭长平，常年河，奥兰治河和库内内河均为界河。大部地区属干旱、半干旱气候。年平均气温18～22℃。年平均降水量270毫丰富，素有"战略金属储备库"之称。主要有金刚石、铀、铜、铅、富鱼类资源。**经济** 采矿业、畜牧业和渔业是经济支柱。国129亿美元。金刚石、锌、铅和氧化铀的产量均居非洲前养牛、羊为主，紫羔羊皮驰名世界。沿海成盛产鲱、沙丁鱼、鲭鱼、海虾等。对90.1亿美元。**国防** 有现役总兵力约1.9万人。

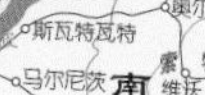

津巴布韦共和国 简称津巴布韦。位于非洲东南部，系内陆国家。旧称南罗得西亚。面积39.06万平方千米。人口1690万，绍纳族人占84.5%，恩德贝勒族人占14.9%，余为欧洲人、亚洲人。居民多信奉基督教和原始宗教。官方语言为英语。首都哈拉雷。公元11世纪开始形成中央集权国家。1890年沦为英国南非公司殖民地。1923年英给于"自治领地"地位，称南罗得西亚。1980年4月18日正式独立，定国名为津巴布韦。同日与中国建交。**环境** 全境绝大部分为低、中、高三级高原，仅东部边境延伸着南北向崎岖山地。伊尼扬加尼山海拔2592米，为全国最高峰。主要河流有林波波河、赞比西河。属热带草原气候。气温随高度而异。年平均气温：低高原23～27℃，高高原18～19℃，东部山地16℃。年均降水量400～800毫米。矿藏丰富，有煤、铁、铂金、铬、石棉、金、银、铀、铜、钴石等。**经济** 以农牧业和采矿业为主，制造业比较发达。国内生产总值约214亿美元。工业有纺织、皮革、冶金、炼油、水泥、食品加工、饮料和卷烟等。农牧业以种植烟草、棉花、玉米和饲养肉牛为主，是非洲主要的烟叶生产国。对外贸易总额约130.9亿美元。**国防** 有现役总兵力约4万人。实行自愿兵役制。

注：① 哈拉雷省

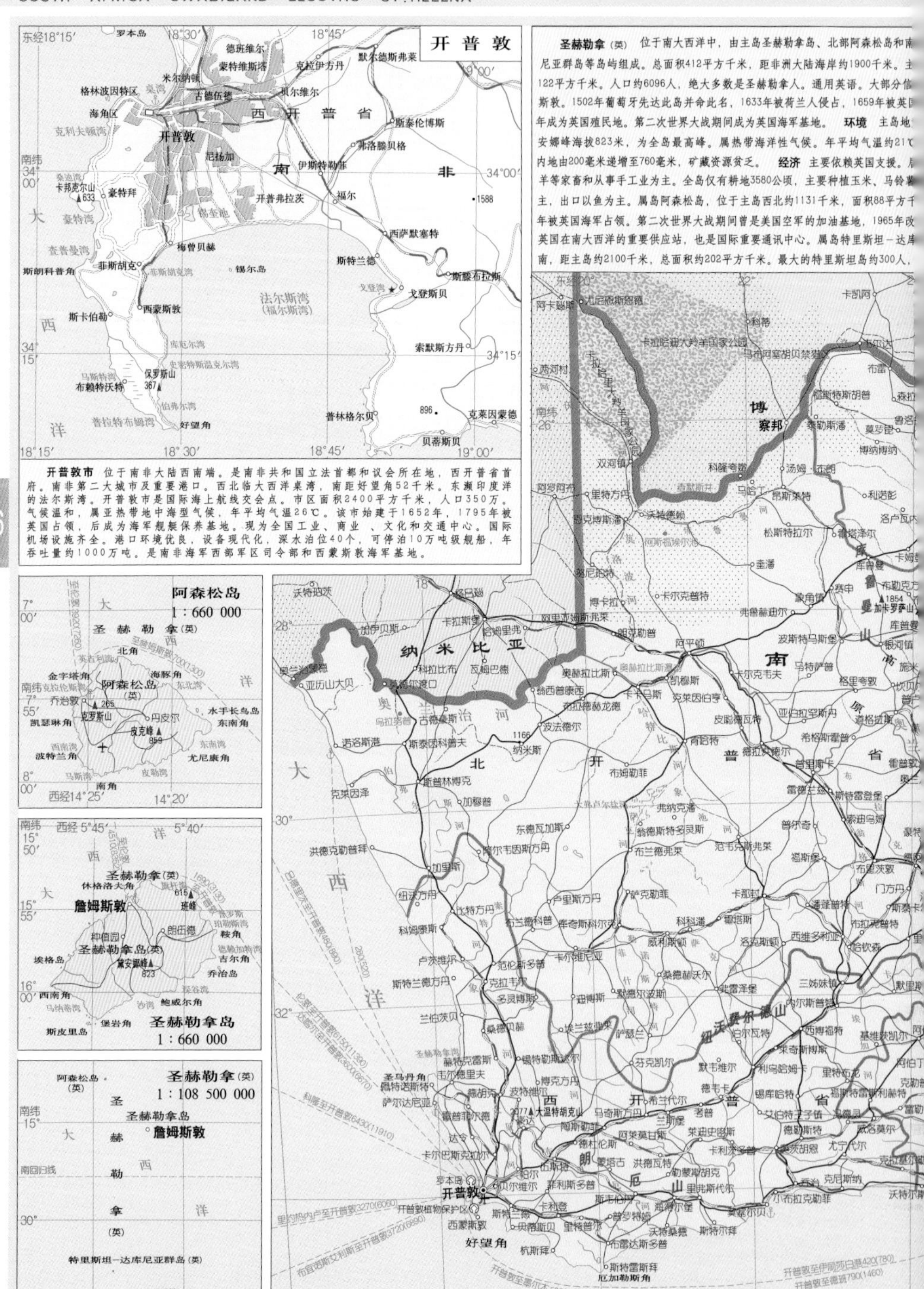

开普敦
圣赫勒拿（英） 位于南大西洋中，由主岛圣赫勒拿岛、北部阿森松岛和南
尼亚群岛等岛屿组成。总面积412平方千米，距非洲大陆海岸约1900千米。主
122平方千米。人口约6096人，绝大多数是圣赫勒拿人。通用英语。大部分信
斯敦。1502年葡萄牙先达此岛并命此名，1633年被荷兰人侵占，1659年被英国
年成为英国殖民地。第二次世界大战期间成为英国海军基地。 环境 主岛地
安娜峰海拔823米，为全岛最高峰。属热带海洋性气候。年平均气温约21℃
内地由200毫米递增至760毫米，矿藏资源贫乏。 经济 主要依赖英国支援。
羊等家畜和从事手工业为主。全岛仅有耕地3580公顷，主要种植玉米、马铃薯
主，出口以鱼为主。属岛阿森松岛，位于主岛西北约1131千米，面积88平方千
年被英国海军占领。第二次世界大战期间曾是美国空军的加油基地，1965年改
英国在南大西洋的重要供应站，也是国际重要通讯中心。属岛特里斯坦－达库
南，距主岛约2100千米，总面积约202平方千米。最大的特里斯坦岛约300人，
开普敦市 位于南非大陆西南端。是南非共和国立法首都和议会所在地，西开普省首府。南非第二大城市及重要港口。西北临大西洋桌湾，南距好望角52千米。东濒印度洋的法尔斯湾。开普敦市是国际海上航线交会点。市区面积2400平方千米，人口350万。气候温和，属亚热带地中海型气候，年平均气温26℃。该市始建于1652年，1795年被英国占领，后成为海军舰艇保养基地。现为全国工业、商业 、文化和交通中心。国际机场设施齐全。港口环境优良，设备现代化，深水泊位40个，可停泊10万吨级舰船，年吞吐量约1000万吨。是南非海军西部军区司令部和西蒙斯敦海军基地。
阿森松岛
1：660 000
圣赫勒拿岛
1：660 000
圣赫勒拿（英）
1：108 500 000
纳米比亚
博茨瓦纳
南非
西开普省
北开普省
大西洋
好望角

比例尺 1:8 000 000

0 80 160 240 320千米

爱德华王子群岛 1:1 300 000

南非共和国 简称南非。

位于非洲大陆最南端，西濒大西洋，东、南临印度洋。海岸线长约3000千米，面积122万平方千米。人口约5962万，80.7%是黑种人，另有白种人、有色人和亚洲人。居民中60%信奉基督教新教和天主教。有11种官方语言，英语和阿非利卡语为通用语言。行政首都比勒陀利亚，立法首都开普敦，司法首都布隆方丹。公元17世纪中叶后，荷兰和英国殖民者先后入侵。1961年5月31日成立南非共和国。1998年1月1日同中国建交。 **环境** 全境大部地区为高原，海拔多在600～1000米，地势由东南向西、西北递降。与莱索托交界处的香槟堡山，海拔3375米，为全国最高点。沿海有狭窄平原。奥兰治河流贯全境。属热带草原气候，夏季平均气温21～24℃，冬季平均气温4.4～10℃。年平均降水量450毫米。矿藏丰富，金、铂族金属、锰、钒、铬、硅铝酸盐的储量均居世界首位，金刚石、黄金、锆储量居世界第二位，钛居第四位，锑、铀、铅、磷酸盐储量居世界第五位。**经济** 为非洲经济最发达的国家，国内生产总值约合4056亿美元。采矿业、制造业、建筑业和能源工业是工业的四大主要部门。农产品有玉米、小麦、高粱、棉花等。畜牧业较发达。对外贸易总额2315亿美元。**国防** 有现役总兵力约7.9万人。实行志愿兵役制。

斯威士兰王国 简称斯威士兰。

位于非洲东南部，为内陆国家。面积1.74万平方千米。人口115万，90%为班图语系的斯威士族人。居民信奉基督教和原始宗教。官方语言为英语和斯瓦蒂语。首都姆巴巴内。公元15～16世纪建立王国。1907年沦为英国“保护地”。1968年9月6日独立。**环境** 全境从西至东，由高、中、低三级高原和山地组成。地势从东向西由海拔100米升至1800米。属亚热带气候。年平均气温：东部为22℃，西部为16℃。年降水量为700～1000毫米。矿藏主要有石棉、铁、煤、锡、金和金刚石等。水力、森林资源丰富。**经济** 以农、牧业为主，农作物有稻谷、玉米、花生、棉花等。工业有采矿、榨糖、木材加工和棉纺等。国内生产总值约合49亿美元。对外贸易总额36亿美元。**国防** 总兵力4500人。

莱索托王国 简称莱索托。

位于非洲东南部，全境完全被南非环抱。旧称巴苏陀兰。面积3.03万平方千米。人口214万，99%属班图语系的巴苏陀人和祖鲁人。居民中90%信奉基督教新教和天主教。官方语言为英语和塞苏陀语。首都马塞卢。公元19世纪初建立王国。1868年沦为英国保护地。1871年沦为英国殖民地。1966年10月4日独立。1983年4月30日同中国建交。 **环境** 全境以山地和高原为主，海拔多在1500米以上。东部边境的塔巴纳恩特莱尼亚纳山海拔3482米，为全国最高峰。属亚热带大陆性气候。最高气温33℃，最低气温－7℃。年平均降水量700～800毫米。矿藏仅有金刚石、金、石棉等。**经济** 以农、牧业和服装加工出口为主。国民生产总值约合25亿美元。主要农产品有小麦、玉米、豆类等。是非洲著名的羊毛生产国。工业以制造业和食品加工为主。矿业以金刚石和黄金开采为主。对外贸易总额28亿美元。

首尔
东京
九州岛
四国岛
上海
杭州
成都
长沙
台北
台湾岛
广州
香港
南宁
海南岛
吕宋岛
马尼拉
宿务
三宝颜
塞班
阿加尼亚
关岛(美)
帕劳
梅莱凯奥克
帕利基尔
马朱罗
塔拉瓦
亚伦
密克罗尼西亚联邦
巴布亚新几内亚
莫尔兹比港
霍尼亚拉
所罗门群岛
帝力
达尔文
凯恩斯
汤斯维尔
罗克汉普顿
布里斯班
悉尼
堪培拉
墨尔本
阿德莱德
珀斯
弗里曼特尔
奥尔巴尼
卡那封
艾丽斯斯普林斯
澳大利亚
塔斯马尼亚岛
霍巴特
新喀里多尼亚(法)
努美阿
维拉港
瓦努阿图
诺福克岛(澳)
奥克兰
惠灵顿
新西兰
北岛
南岛
克赖斯特彻奇
因弗卡吉尔
太平洋
印度洋
大洋洲

比例尺 1:56 200 000

0 562 1124 1686 2248千米

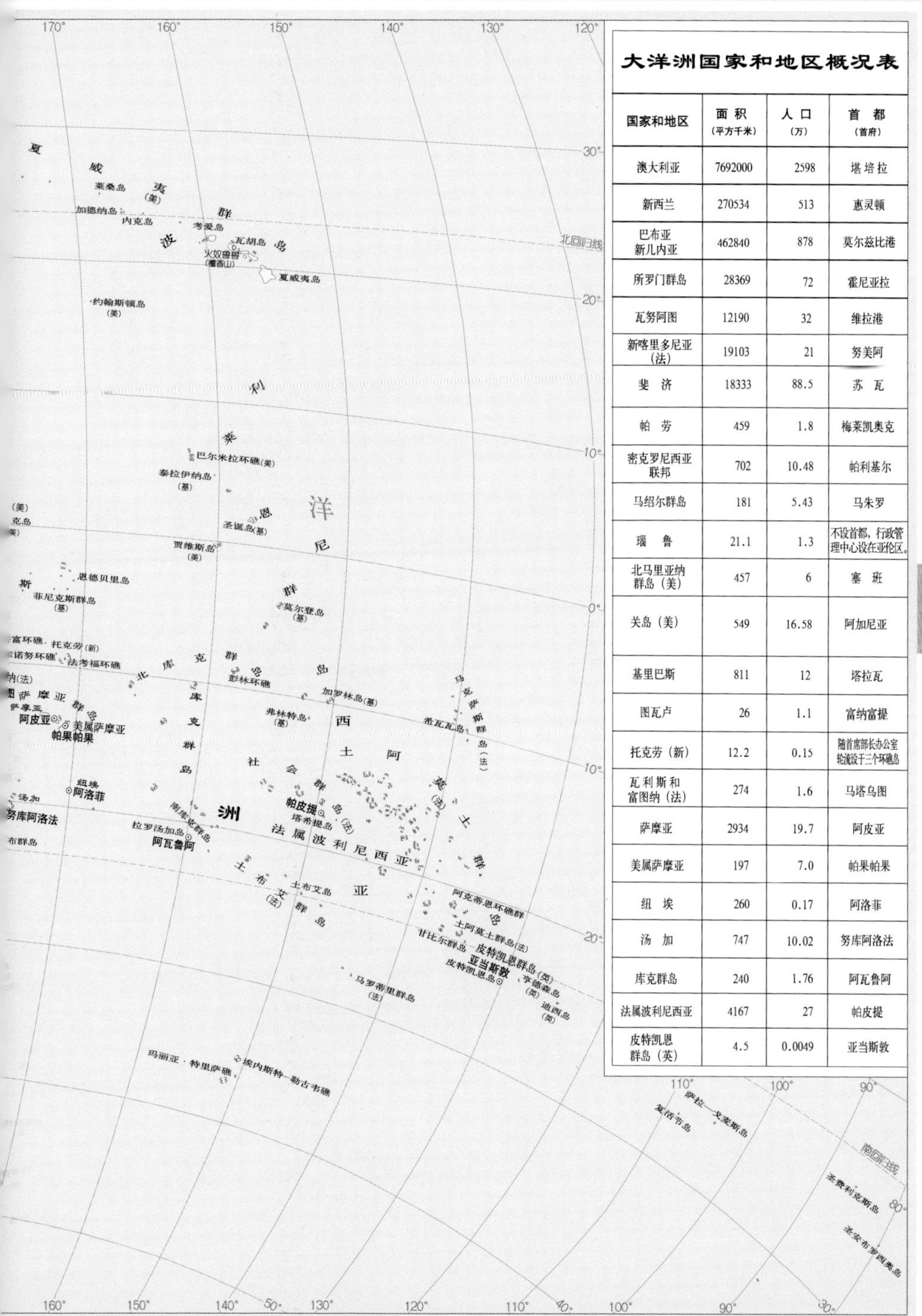

大洋洲国家和地区概况表

国家和地区	面积（平方千米）	人口（万）	首都（首府）
澳大利亚	7692000	2598	堪培拉
新西兰	270534	513	惠灵顿
巴布亚新几内亚	462840	878	莫尔兹比港
所罗门群岛	28369	72	霍尼亚拉
瓦努阿图	12190	32	维拉港
新喀里多尼亚(法)	19103	21	努美阿
斐济	18333	88.5	苏瓦
帕劳	459	1.8	梅莱凯奥克
密克罗尼西亚联邦	702	10.48	帕利基尔
马绍尔群岛	181	5.43	马朱罗
瑙鲁	21.1	1.3	不设首都，行政管理中心设在亚伦区。
北马里亚纳群岛（美）	457	6	塞班
关岛（美）	549	16.58	阿加尼亚
基里巴斯	811	12	塔拉瓦
图瓦卢	26	1.1	富纳富提
托克劳（新）	12.2	0.15	随首席部长办公室轮流设于三个环礁岛
瓦利斯和富图纳（法）	274	1.6	马塔乌图
萨摩亚	2934	19.7	阿皮亚
美属萨摩亚	197	7.0	帕果帕果
纽埃	260	0.17	阿洛菲
汤加	747	10.02	努库阿洛法
库克群岛	240	1.76	阿瓦鲁阿
法属波利尼西亚	4167	27	帕皮提
皮特凯恩群岛（美）	4.5	0.0049	亚当斯敦

黄土高原
首尔
朝鲜半岛
富士山
3776
东京
本州
四国岛
九州岛
日本群岛
武汉
黄山 1873
小笠原诸岛
西北太平洋海盆
冲绳岛
琉球群岛
火山列岛
南鸟岛
台北
台湾岛
玉山 3997
香港
东沙群岛
毛格群岛
威克岛
海南岛
马里亚纳群岛
塞班
西沙群岛
中沙群岛
吕宋岛
马尼拉
阿加尼亚
关岛
东马里亚纳海盆
比基尼环礁
埃尼威托克环礁
夸贾林环礁
雅浦群岛
加费鲁特岛
巴拉望岛
特鲁克群岛
帕利基尔
波纳佩岛
马朱罗
帕劳群岛
梅莱凯奥克
欧里皮克环礁
南沙群岛
阿波火山
2954
莫特洛克群岛
科斯雷岛
米利环礁
基纳巴卢山
4101
松索罗尔群岛
托比岛
卡平阿马朗伊环礁
塔拉瓦
塔拉瓦环礁
亚伦
瑙鲁岛
巴纳巴岛
曾母暗沙
马鲁古群岛
阿德默勒尔蒂群岛
新爱尔兰岛
古晋
加里曼丹岛
索龙
查亚普拉
俾斯麦群岛
努库马努群岛
新几内亚岛
查亚峰
5030
伊里安岛
新不列颠岛
纳诺梅阿环礁
苏拉威西岛
阿鲁群岛
所罗门群岛
霍尼亚拉
大巽他群岛
塔宁巴尔群岛
莫尔兹比港
瓜达尔卡纳尔岛
圣克鲁斯群岛
阿拉弗拉海
约克角
帝力
路易西亚德群岛
雅加达
帝汶岛
梅尔维尔岛
韦塞尔群岛
萨默塞特
新赫布里底群岛
达尔文
阿纳姆角
约克角半岛
圣埃斯皮里图岛
爪哇岛
努沙登加拉群岛
格鲁特岛
阿纳姆地
卡奔塔利亚湾
维拉港
埃法特岛
巴特尔·弗里尔山
1611
金伯利高原
936
汤斯维尔
新喀里多尼亚岛
努美阿
洛亚蒂群岛
大沙沙漠
弗雷泽岛
麦克唐奈山脉
1510
齐尔山
布里斯班
西北角
吉布森沙漠
巴伦丁山
1439
澳大利亚大盆地
(大自流盆地)
诺福克岛
马斯格雷夫岭
卡那封
豪勋爵岛
德克哈托格岛
维多利亚大沙漠
北角
悉尼
纳拉伯平原
堪培拉
科西阿斯科山
2228
豪特曼群礁
大澳大利亚湾
鲁阿佩胡火山
珀斯
坎加鲁岛
墨尔本
南角
北岛
惠灵顿
弗林德斯岛
金岛
鲁因角
库克峰
3764
克赖斯特彻奇
南澳大利亚海盆
塔斯马尼亚岛
东南角
西南角
南岛
斯图尔特岛
塔斯曼海盆
安蒂波迪斯
奥克兰群岛
坎贝尔岛
麦夸里岛
大洋洲
东经180°西经

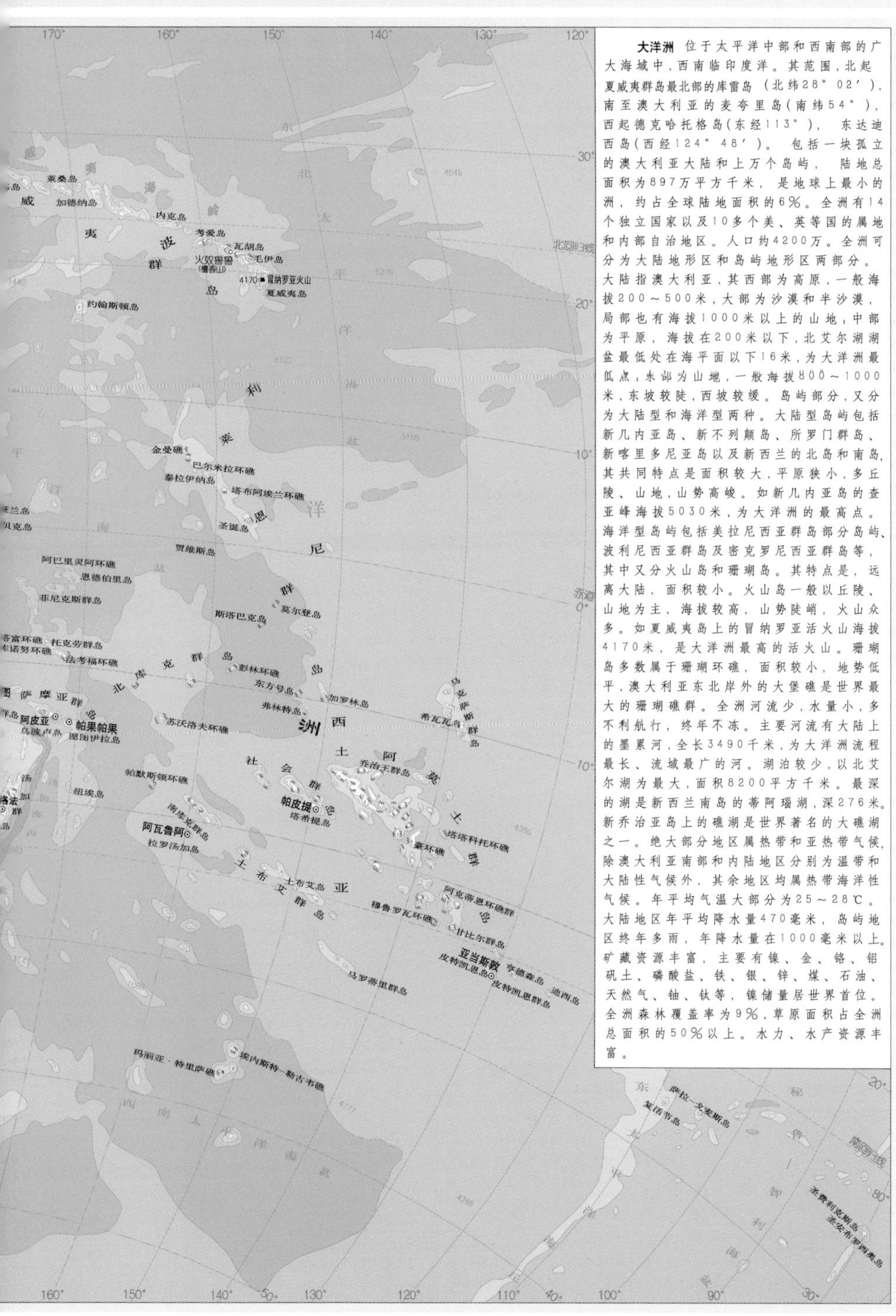

大洋洲 位于太平洋中部和西南部的广大海域中，西南临印度洋。其范围，北起夏威夷群岛最北部的库雷岛（北纬28°02′），南至澳大利亚的麦夸里岛（南纬54°），西起德克哈托格岛（东经113°），东达迪西岛（西经124°48′）。包括一块孤立的澳大利亚大陆和上万个岛屿，陆地总面积为897万平方千米，是地球上最小的洲，约占全球陆地面积的6%。全洲有14个独立国家以及10多个美、英等国的属地和内部自治地区。人口约4200万。全洲可分为大陆地形区和岛屿地形区两部分。

大陆指澳大利亚，其西部为高原，一般海拔200～500米，大部为沙漠和半沙漠，局部也有海拔1000米以上的山地；中部为平原，海拔在200米以下，北艾尔湖湖盆最低处在海平面以下16米，为大洋洲最低点；东部为山地，一般海拔800～1000米，东坡较陡，西坡较缓。岛屿部分，又分为大陆型和海洋型两种。大陆型岛屿包括新几内亚岛、新不列颠岛、所罗门群岛、新喀里多尼亚岛以及新西兰的北岛和南岛，其共同特点是面积较大，平原狭小，多丘陵、山地，山势高峻。如新几内亚岛的查亚峰海拔5030米，为大洋洲的最高点。海洋型岛屿包括美拉尼西亚群岛部分岛屿、波利尼西亚群岛及密克罗尼西亚群岛等，其中又分火山岛和珊瑚岛。其特点是，远离大陆，面积较小。火山岛一般以丘陵、山地为主，海拔较高，山势陡峭，火山众多。如夏威夷岛上的冒纳罗亚活火山海拔4170米，是大洋洲最高的活火山。珊瑚岛多数属于珊瑚环礁，面积较小，地势低平，澳大利亚东北岸外的大堡礁是世界最大的珊瑚礁群。全洲河流少，水量小，多不利航行，终年不冻。主要河流有大陆上的墨累河，全长3490千米，为大洋洲流程最长、流域最广的河。湖泊较少，以北艾尔湖为最大，面积8200平方千米。最深的湖是新西兰南岛的蒂阿瑙湖，深276米。新乔治亚岛上的礁湖是世界著名的大礁湖之一。绝大部分地区属热带和亚热带气候，除澳大利亚南部和内陆地区分别为温带和大陆性气候外，其余地区均属热带海洋性气候。年平均气温大部分为25～28℃。大陆地区年平均降水量470毫米，岛屿地区终年多雨，年降水量在1000毫米以上。矿藏资源丰富，主要有镍、金、铬、铝矾土、磷酸盐、铁、银、锌、煤、石油、天然气、铀、钛等，镍储量居世界首位。全洲森林覆盖率为9%，草原面积占全洲总面积的50%以上。水力、水产资源丰富。

堪培拉
贝尔康嫩
威因格拉
布鲁斯
麦夸里
库克
卡林
沃森
北堪培拉
奥康纳
特纳
安斯利
843
安斯利山
黑山
812
坎贝尔
首都山
议会大厦
金斯顿
堪培拉车站
迪金
格里菲斯
雷德希尔
纳拉班达
柯廷
科特斯洛
霍尔德
韦斯顿
韦斯顿克里克
斯特林
休斯
莱昂斯
奥马利
马加马加山
813
哈曼
昆比恩
查普曼
沃拉曼加
皮尔斯
坎巴
法勒
艾萨克斯
杰勒邦贝拉山
783
斯克里夫纳坝
伯利格里芬湖
莫朗格洛河
东经120°
印 度 尼 西 亚
勒蒂群岛
塔宁巴尔群岛
帝力
东帝汶
帝汶岛
古邦
萨武海
帝汶海
阿拉弗拉海
努沙登加拉群岛
(小巽他群岛)
罗地岛
阿什莫尔礁
(澳)
卡捷岛
(澳)
斯科特礁
梅尔维尔岛
巴瑟斯特岛
达尔文
拉姆辛格尔
卡卡杜国家公园
约瑟夫·波拿巴湾
凯瑟琳
伦敦德里角
卡伦布鲁
基茨湾
温德姆
廷伯克里克
巴克尼尔群岛
勒韦克角
伦巴第纳半
德比
布鲁姆
吉布里弗
金伯利高原
库努纳拉
霍尔斯克里克
菲茨罗伊克罗辛
克里斯默斯克里克
罗巴克湾
罗利沙洲
比利卢纳
安娜普莱恩斯
黑德兰港
丹皮尔
豪特贝洛群岛
巴罗岛
西北角
埃克斯茅斯
卡纳冯
沙克湾
德克哈托格岛
大 沙 沙 漠
吉 布 森 沙 漠
维 多 利 亚 大 沙 漠
纳 拉 伯 平 原
西 澳 大 利 亚 州
北 部
南 澳
麦克唐奈尔山脉
澳大利亚湾
大 澳 大 利 亚 湾
印 度 洋
卡尔古利
埃斯佩兰斯
珀斯
弗里曼特尔
班伯里
奥尔巴尼
杰拉尔顿
豪特曼群岛
勒谢什群岛
东部群岛
110°
120°
130°
南回归线
科科斯群岛
(基灵群岛)
1 : 1 200 000
基灵岛
印 度 洋
南纬
12°00′
霍斯堡岛
迪雷克申岛
科科斯群岛(澳)
西岛
南岛
东经96°50′
圣诞岛
1 : 1 200 000
东经105°30′
东北角
飞鱼湾
西北角
默里山
357
圣诞岛(澳)
南纬
10°30′
琼斯角
磷酸盐厂
梅德温角
斯塔宾斯角
印
度
洋
南纬
54°30′
汉兹派克角
麦夸里岛站
埃利奥特礁
北角
兰登角
371
埃尔德山
麦夸里岛(澳)
422
怀特山
维多利亚角
哈米尔顿山
433
太
平
洋
54°45′
西南角
赫德角
东南礁
麦夸里岛
1 : 1 200 000
东经158°45′
159°00′
豪勋爵岛
1 : 1 200 000
南纬
31°30′
北岛
阿德默勒尔蒂群岛
菲利普角
豪勋爵群岛
马顿伯德岛
875
东角
高尔山
豪勋爵岛(澳)
金角
太 平 洋
31°45′
博尔斯
皮拉米德岛
(澳)
东南岩
东经159°00′
159°15′
诺福克岛
1 : 1 200 000
文森特角
诺福克岛
南纬
29°00′
本特派恩
罗基角
金斯顿
诺福克岛(澳)
尼平岛
菲利普岛
太
平
洋
东经168°00′

192

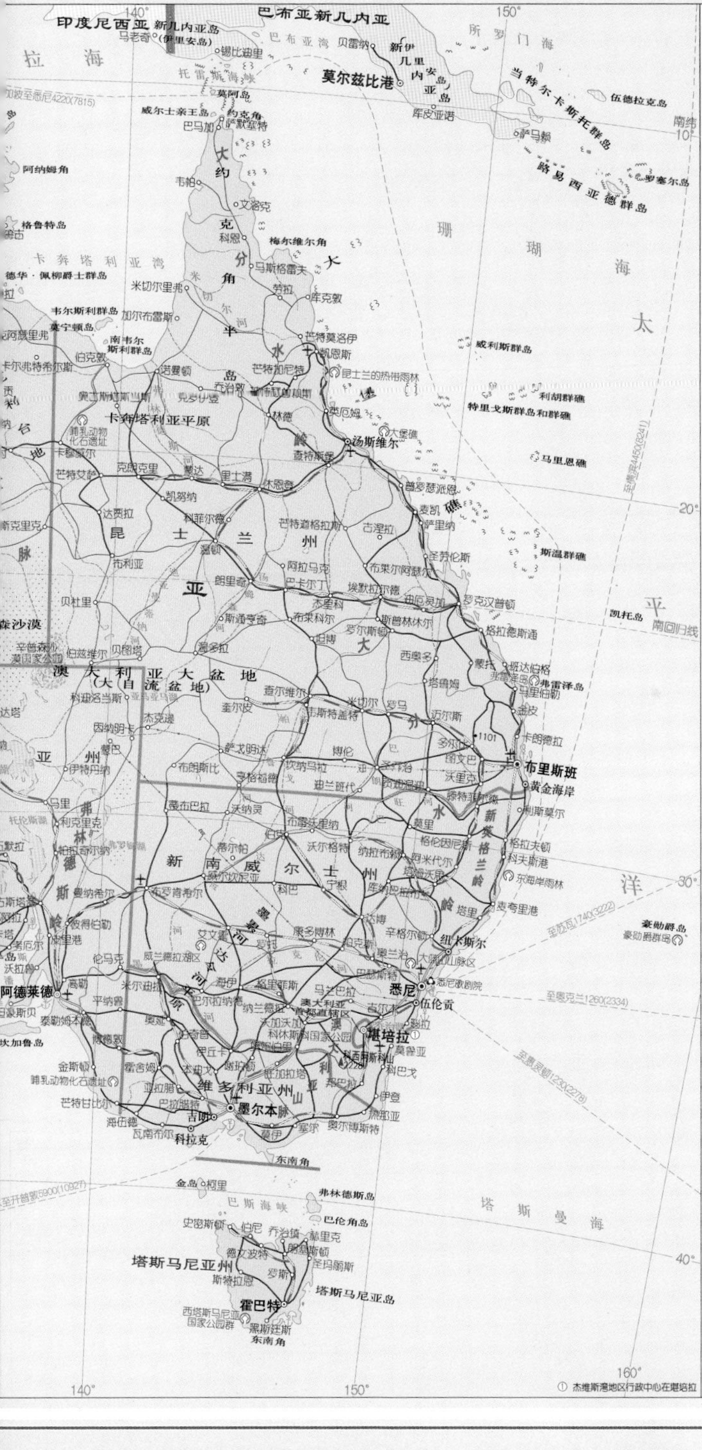

澳大利亚联邦 简称澳大利亚。位于大洋洲的西南部，东北临太平洋，西、南濒印度洋。由澳大利亚大陆和塔斯马尼亚等岛屿组成。海岸线总长36735千米。面积769.2万平方千米，是大洋洲最大的国家。人口2598万，其中74.2%是英国及爱尔兰后裔，亚裔占5%，还有少数土著人2.7%。居民中有63.9%信奉基督教，其他宗教占5.0%，少数人信奉犹太教、伊斯兰教和佛教。通用英语。首都堪培拉。原为土著人居住地。1770年英国航海家詹姆斯·库克抵澳，宣布澳为英殖民地。1788年英开始向澳移民。19世纪末，英先后建立6个殖民区。1901年1月1日将殖民区改为州，组成联邦，成为英国自治领。1931年成为英联邦中的独立国家。1972年12月21日同中国建交。**环境** 内陆地势大部低平，平均海拔300米。东部为山脉地区，一般海拔800～1000米，科西阿斯科山海拔2228米，为全国最高峰。中部为平原盆地区，海拔多在200米以下，北艾尔湖水面为－16米，为全国最低点。西部为高原区，海拔在200～500米之间，也有些1000米以上的山岭。全境35%的面积为沙漠和半沙漠覆盖。境内最大河流为墨累河及其支流达令河，其余多为间歇性的内流河。大部属热带和亚热带气候。年平均气温：北部27℃，南部14℃。大陆年平均降水量470毫米，沿海稍多，东南部和塔斯马尼亚岛年降水量可达700～1500毫米。地下水和渔业资源丰富。矿产资源丰富，至少有70余种。矿藏中，铝矾土、银、铀、煤、金、镍、锌、锰的储量和产量均居世界前列，澳是世界上最大的锂、锆生产国。**经济** 属经济发达的国家。国内生产总值约合1.47万亿美元。主要工业部门有采矿、冶金、机械制造、纺织、化工、食品等。农、牧业及其产品加工业发达，羊和羊毛产量居世界前列，被称为“骑在羊背上的国家”。也是世界上最大的牛肉出口国。主要农产品有麦类、棉花、甘蔗、水果等。外贸在国民经济中占重要地位。对外贸易总额7277.9亿美元，主要出口小麦、羊毛和矿产品等。交通运输发达。国内以铁路公路为主，铁路总长3.3万千米，公路总长88万千米；对外依靠海运、空运，全国有贸易港口100个，注册机场250个，其中国际机场12个。**国防** 有现役总兵力8.48万人。实行志愿兵役制。

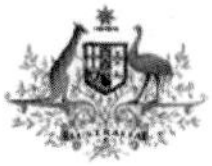

① 杰维斯湾地区行政中心在堪培拉

悉尼

悉尼 是澳大利亚最大城市和海港，新南威尔士州首府，海军基地。位于东南岸，濒塔斯曼海。 面积1735平方千米，大都市区面积1.24万平方千米。人口近503万。为全国经济、文化、旅游、和交通中心。始建于公元1788年，是英国在澳的第一个殖民点。 1842年正式设市。城市的中心位于悉尼港口大桥的南北两岸，南部为商业区，海滨地带为住宅区。港桥全长1149米，是悉尼的标志性建筑之一。城市南部植物湾北岸建有新港和大型的悉尼国际机场，使悉尼跻身世界大都市之列。工业发达，以炼油、重型机械、化工、纺织为主，还有飞机、汽车和船舶制造业。悉尼港及植物湾新港均属天然良港，航道水深分别逾13.7米和19.8米，潮差小于2米。商港和军港码头总长20.6千米。新港能接纳20万吨级巨轮，年吞吐量约3000万吨。旅游业发达。城市属亚热带气候，全年温和湿润 [illegible] 澳大利亚博物馆、悉尼歌剧院等人文景观交相辉映，是著名的游览胜地。

墨尔本

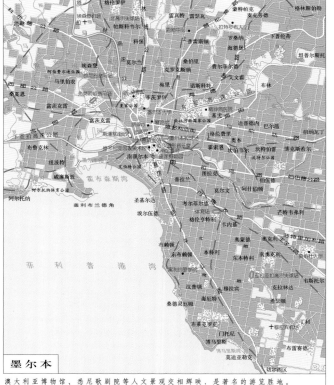

墨尔本 澳大利亚仅次于悉尼的第二大城市，维多利亚州首府。 全国工商、金融中心和交通枢纽。 位于东南部亚拉河河口，南临菲利普港湾。市区面积847平方千米。人口逾500万。 公元1835年始建。 19世纪50年代由于附近地区发现金矿后日趋繁荣。1901～1927年曾是澳联邦首府。市区沿海湾而建，大部分海拔不到120米。亚拉河上建有公路桥，将东、南部和西部联结起来。气候夏季炎热干燥，冬季温和多雨。平均气温1月19.8℃，7月9.4℃。极端气温分别为45.6℃和−2.8℃。年降水量为659毫米。工业有重型机械、汽车、飞机、炼油、橡胶、化工、纺织等部门。交通发达，是重要的国际贸易港口，内有约20公里长的泊位区，其中有全国最大的集装箱码头。主要输出羊毛、石油制品、肉类、水果、面粉和乳品，输入机械、钢铁和化工产品，市区西北建有国际机场。铁路、公路通往全国各地。市内有1853年创办的墨尔本大学以及著名的皇家植物园和维多利亚艺术馆

比例尺　1∶13 400 000
0　134　268　402　536千米

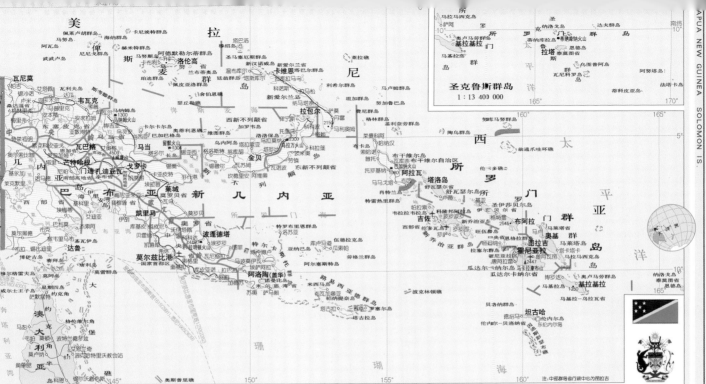

圣克鲁斯群岛
1∶13 400 000

注：中部群岛省行政中心为图拉吉

巴布亚新几内亚独立国　简称巴布亚新几内亚。位于太平洋西南部，为群岛国家。海岸线总长8300千米。领土由新几内亚岛东半部的“主陆”和新不列颠岛、新爱尔兰岛、布干维尔岛等600余岛屿组成，面积为46.28万平方千米，居大洋洲国家第二位。人口878万，95%为美拉尼西亚人，余为密克罗尼西亚人、波利尼西亚人和华人等。居民多数信奉基督教。英语为官方语言。首都莫尔兹比港。自16世纪起，屡遭东、西方殖民者的侵占。1974年结束澳托管。1975年9月16日独立。1976年10月12日同中国建交。**环境**　主陆多山，西南部和沿海有平原和沼泽低地。东部山地多在海拔4000米以上，最高峰威廉山海拔4509米。火山、地震活动频繁。其他岛屿多数地形崎岖，仅沿海有小片平原。主要河流有弗莱河和塞皮克河。大部地区属热带雨林气候。年平均气温：沿海21～32℃，山地比沿海低5～6℃。年平均降水量2500毫米。金、铜产量分别列世界第11位和第10位。近海有石油和天然气。森林覆盖率达86%。**经济**　以农、矿业为主。主要农产品有椰子、油棕、橡胶、咖啡、可可等。工业以采矿业和椰油、椰干加工业为主。国内生产总值约合265.9亿美元。对外贸易总额154.7亿美元。**国防**　有现役总兵力约2000人。实行志愿兵役制。巴新与澳大利亚签有防务合作协议。

所罗门群岛　位于太平洋西南部，为群岛国家。由舒瓦瑟尔、新乔治亚、圣伊莎贝尔、瓜达尔卡纳尔、马莱塔、马基拉6个大岛和周围900多个小岛或环礁组成，属于美拉尼西亚岛群的一部分。陆地面积2.84万平方千米。人口72万，美拉尼西亚人占94.5%，余为波利尼西亚人等。95%以上的居民信奉基督教新教和天主教。官方语言为英语。首都霍尼亚拉，位二最大的岛屿瓜达尔卡纳尔岛北部沿海，是全国最大的城市和海港。1568年被西班牙人发现并命名。1893年沦为英国的保护地。1978年7月7日正式独立。2019年9月21日同中国建交。**环境**　群岛的6个大岛均为火山岛，地表崎岖　高山耸立。瓜达尔卡纳尔岛上的马卡拉康布山，海拔2447米，为群岛最高峰。沿海有狭小平原。多数边远小岛为珊瑚岛，大岛富水力资源。属热带雨林气候，终年炎热多雨。年降水量3000～3500毫米。森林广布。矿藏主要有铝矾土、镍、铜、金和磷酸盐等。**经济**　以农业为主。国内生产总值约16.1亿美元。主要农作物有椰子、可可、稻谷、棕榈油、甘薯等。工业以食品和木材加工为主。椰干、木材、海产品和黄金为主要出口产品。对外贸易额8亿美元。**国防**　无军队，只有1500多名警察。

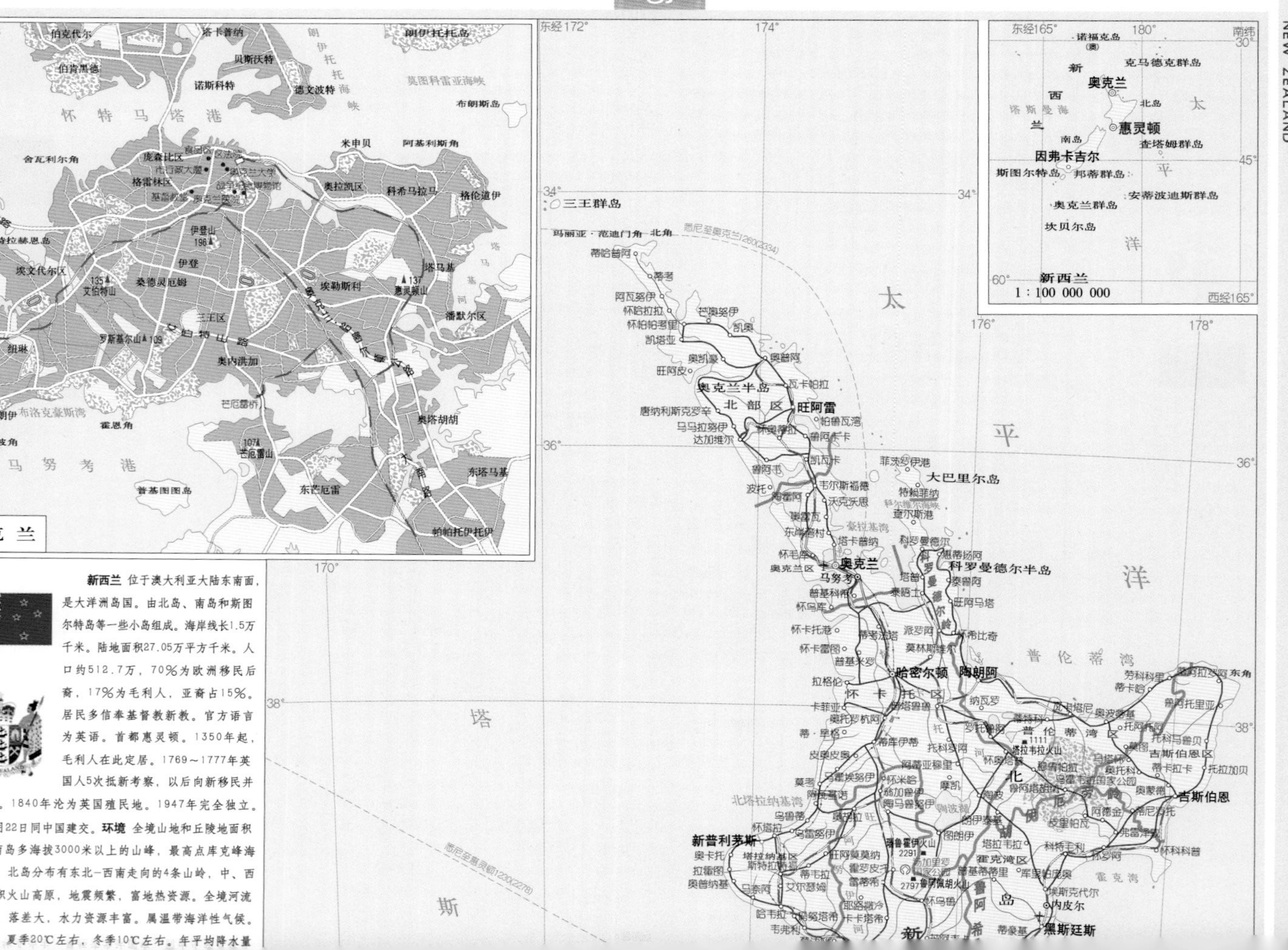

新西兰 位于澳大利亚大陆东南面，是大洋洲岛国。由北岛、南岛和斯图尔特岛等一些小岛组成。海岸线长1.5万千米。陆地面积27.05万平方千米。人口约512.7万，70%为欧洲移民后裔，17%为毛利人，亚裔占15%。居民多信奉基督教新教。官方语言为英语。首都惠灵顿。1350年起，毛利人在此定居。1769～1777年英国人5次抵新考察，以后向新移民并宣布占领。1840年沦为英国殖民地。1947年完全独立。1972年12月22日同中国建交。**环境** 全境山地和丘陵地面积占3/4。南岛多海拔3000米以上的山峰，最高点库克峰海拔3754米。北岛分布有东北-西南走向的4条山岭，中、西部有大面积火山高原，地震频繁，富地热资源。全境河流短小湍急，落差大，水力资源丰富。属温带海洋性气候。平均气温：夏季20℃左右，冬季10℃左右。年平均降水量

经济 以农牧业为主，属经济发达国家。国内生产总值约2427亿美元。主要牲畜为牛、羊，畜产品出口收入占全国出口总值的50%以上。羊肉和奶制品出口量占世界第一位，羊毛出口量占世界第二位。工业以农、林、牧产品加工为主，另有钢铁、炼油、炼铝等。海运和空运发达。海运有国际航线6条，主要港口13个，空运有各类机场156个。对外贸易总额841.3亿美元。**国防** 有现役总兵力约1.5万人。实行志愿兵役制。年军费约39亿美元。

惠灵顿

比例尺 1:6 100 000

0 61 122 183 244千米

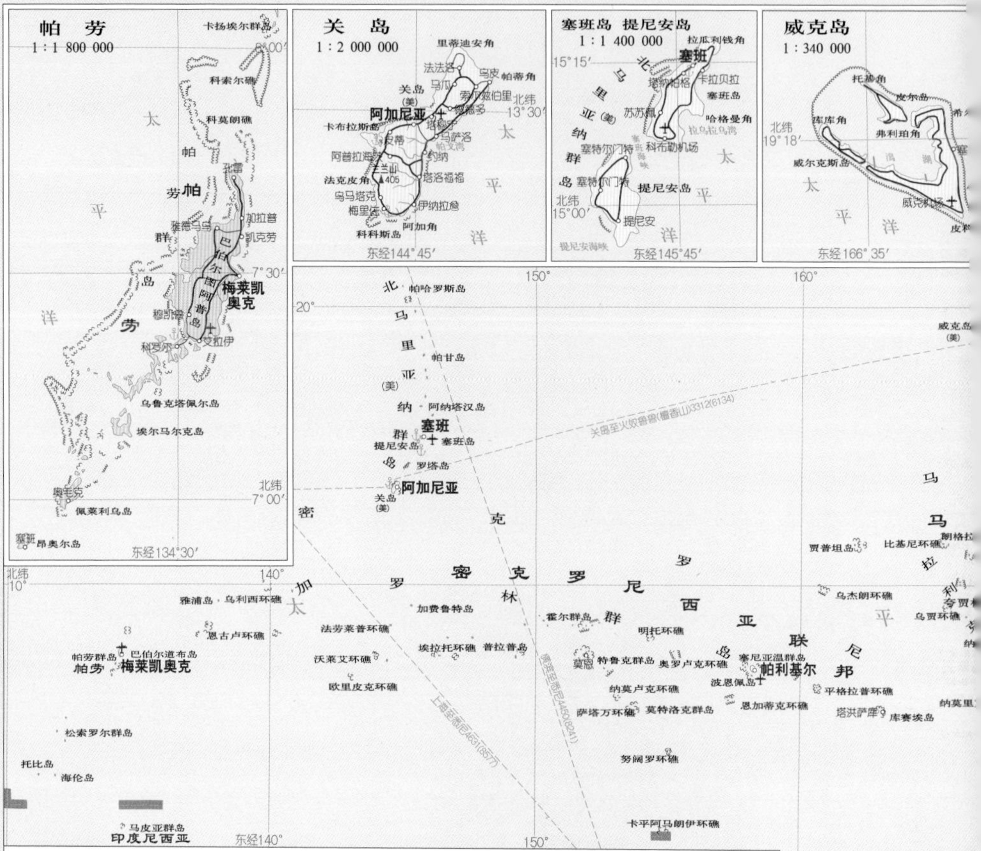

帕劳 1:1 800 000

关岛 1:2 000 000

塞班岛 提尼安岛 1:1 400 000

威克岛 1:340 000

瑙鲁 1:340 000

密克罗尼西亚联邦 位于北太平洋，属加罗林群岛。由雅浦群岛、波恩佩岛等607个岛屿组成。陆地面积702平方千米。人口约10.48万，有9个密克罗尼西亚和波利尼西亚民族。多信奉基督教新教和天主教。英语为官方语言。首都帕利基尔。16世纪被西方航海家发现。19世纪中期英、美、德先后在此设立贸易点。1885年被西班牙占领。1899年由西班牙转让给德国。1914年被日本占领。二次大战被美国占领。1947年由联合国交美国托管。1979年成立密克罗尼西亚联邦。1989年9月11日同中国建交。**环境** 岛屿分属火山型和珊瑚型两种。火山岛地势较高，珊瑚岛地势低平。主岛多有潟湖，形成天然良港。属热带海洋性气候。年平均气温27℃。年降水量逾3500毫米。渔业资源丰富。**经济** 以农业为主。农产品有椰子、胡椒、木薯、面包果等，盛产金枪鱼。旅游业较发达。国内生产总值2.45亿美元。**国防** 密国防由美国负责。

基里巴斯共和国 简称基里巴斯。位于太平洋中西部，是世界上唯一地跨赤道、横越国际日期变更线的国家。由巴纳巴岛和分属吉尔伯特群岛、菲尼克斯群岛和莱恩群岛的32个岛屿组成。陆地面积812平方千米。人口12万，90%属密克罗尼西亚人种基里巴斯族。主要信奉罗马天主教和基里巴斯新教。官方语言为英语。首都塔拉瓦。3000年前就有马来-波利尼西亚人定居。公元14世纪斐济、汤加人进入，与当地人通婚形成基里巴斯民族。1892年沦为英国保护地。1916年被划入吉尔伯特和埃利斯群岛殖民地。二次大战中，曾被日本占领。1977年1月1日实行内部自治。1979年7月12日独立。1980年6月25日同中国建交。2003年终止，2019年9月27日复交。**环境** 全境除巴纳巴岛为上升环礁外，其余均为低平环礁。莱恩群岛的圣诞岛周长160千米，是世界上少有的特大型环礁。属热带海洋性气候。年平均气温32℃。年平均降水量1600毫米。**经济** 居民以种植椰子、香蕉、面包果和捕鱼为主。采珠业和旅游业较发达。国内生产总值约2.03亿美元。

马绍尔群岛共和国 简称马绍尔群岛。位于太平洋，密克罗尼西亚群岛的东部。由东列的拉塔克群岛和西列的拉利克群岛中共1225个大小礁岛组成。面积181.3平方千米。人口5.96万，多属密克罗尼西亚人种的马绍尔人。居民多信奉基督教新教。马绍尔语为官方语言，通用英语。首都马朱罗。1788年因英国航海家马绍尔到此考察，故名。1886年成为德国保护领地。一次大战中被日本占领，二次大战是日本在太平洋的作战基地。1947年联合国交美国托管。1979年成立立宪政府。1986年10月21日成立马绍尔群岛共和国。1990年11月16日同中国建交，1998年12月11日终止。**环境** 马绍尔群岛是典型的"微型群岛"，主要岛屿马朱罗环礁和贾卢伊特环礁的陆地面积均仅有10平方千米。西部的夸贾林环礁围绕的礁湖面积达1696平方千米，为世界大礁湖之一。属热带海洋性气候。年平均气温27℃。年平均降水量3350毫米。有少量磷酸盐矿，渔业资源丰富。**经济** 以种植业和捕鱼业为主。农产品有椰子、薯类、香蕉等。椰干是主要出口产品。国内生产总值2.5亿美元。

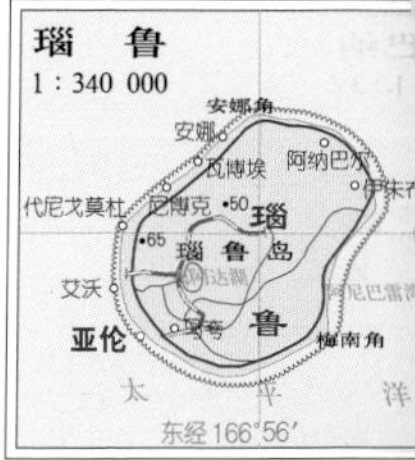

帕劳共和国 简称帕劳。位于西太平洋加罗林群岛的西端。由帕劳群岛组成，包括巴伯尔道布岛、科罗尔岛等243个火山岛和珊瑚礁。其中只有9个岛有常住居民。陆地面积459平方千米。人口约1.8万。居民信奉基督教。官方语言为帕劳语，通用英语。首都梅莱凯奥克。1710年被西班牙人发现，并于1885年占领。1898年被西班牙卖给德国。一次大战中被日本占领。二次大战期间被美国攻占。1947年联合国交美托管。1981年1月1日成立帕劳共和国。1994年10月1日独立。**环境** 群岛最南端的昂奥尔岛为火山岛，余为珊瑚岛。最大的巴伯尔道布岛大多是荒地，土壤肥沃，丛林密布。主要岛屿科罗尔岛，地势较高，人口密集。属热带海洋性气候。年平均气温27℃，年降水量3000毫米以上。主要矿藏有铜、铁、铝矾土。**经济** 经济落后，主要依靠外国援助。以农业、渔业、旅游业为主。国内生产总值2.2亿美元。**国防** 1994–2044年，帕劳国防由美国负责。

岛 为美国“无建制领土”。位于北太平洋西部，马里亚纳群岛的最南端。陆地面积549平方千米，里亚纳群岛中最大的岛屿。人口17.8万。居民多信奉天主教。通用英语。首府阿加尼亚。关岛世居人。1565年起被西班牙占据。1898年被美国占领。1941年被日本占领。1944年7月被美军夺回，逐美国海、空军基地。1950年成为美国“未合并的领土”，归内政部管辖。**环境** 关岛呈长条形，周珊瑚礁环绕。南部是山地，中部为丘陵地，北部为台地。属季风气候。年平均气温26℃。年平均降水量2000毫米。森林茂盛。西南沿海平原土壤肥沃。**经济** 主要靠美军防务开支和旅游业。工业有炼油、建筑、纺织等。交通便利，海运发达。关岛战略地位重要，各种军事设施占全岛面积的1/3。主要有阿加尼亚海航站和安德森战略空军基地。

威克岛 为美国“无建制领土”。位于太平洋中西部。西南距关岛2060千米。由3个小礁岛组成，陆地面积约8平方千米。马绍尔群岛共和国声明对该岛拥有主权。无常住人口，暂住人口主要是美国军事人员。威克岛的食品和工业品完全依靠进口。因地处关岛和夏威夷之间，战略地位重要，被称为“太平洋的踏脚石”。1962年美在岛上建成了现代化机场。1964年完成了新的海底电缆的铺设。1972年该岛由美国国防部管辖。1974年用作导弹试验基地。70年代中期至今，成为美空军紧急降落基地，也是美民航和军用飞机从檀香山到东京和关岛的加油站。

豪兰岛和贝克岛 为美国“无建制领土”。位于太平洋中部靠近赤道处。由2个珊瑚礁岛组成。豪兰岛长2.4千米，宽0.9千米，陆地面积约1.6平方千米；贝克岛长1.6千米，宽1.1千米，陆地面积1.5平方千米。无常住居民。1935年美国人在豪兰岛和贝克岛分别建立居民点和灯塔，翌年将两岛划归美国内政部管辖。1943年美在贝克岛建立空军基地。1990年将两岛置于美国夏威夷州管辖。

托克劳 位于中太平洋东南部，萨摩亚与基里巴斯的菲尼克斯群岛之间，由阿塔富、努库诺努和法考福三个珊瑚环礁组成。陆地面积约12.2平方千米，人口约1446。主要是波利尼西亚人。讲托克劳语和英语。首府随首席部长办公室轮流设于三个环礁岛。1877年成为英国保护地。1948年将主权移交新西兰并划归新西兰版图。1976年改称托克劳，行政长官由新西兰任命。

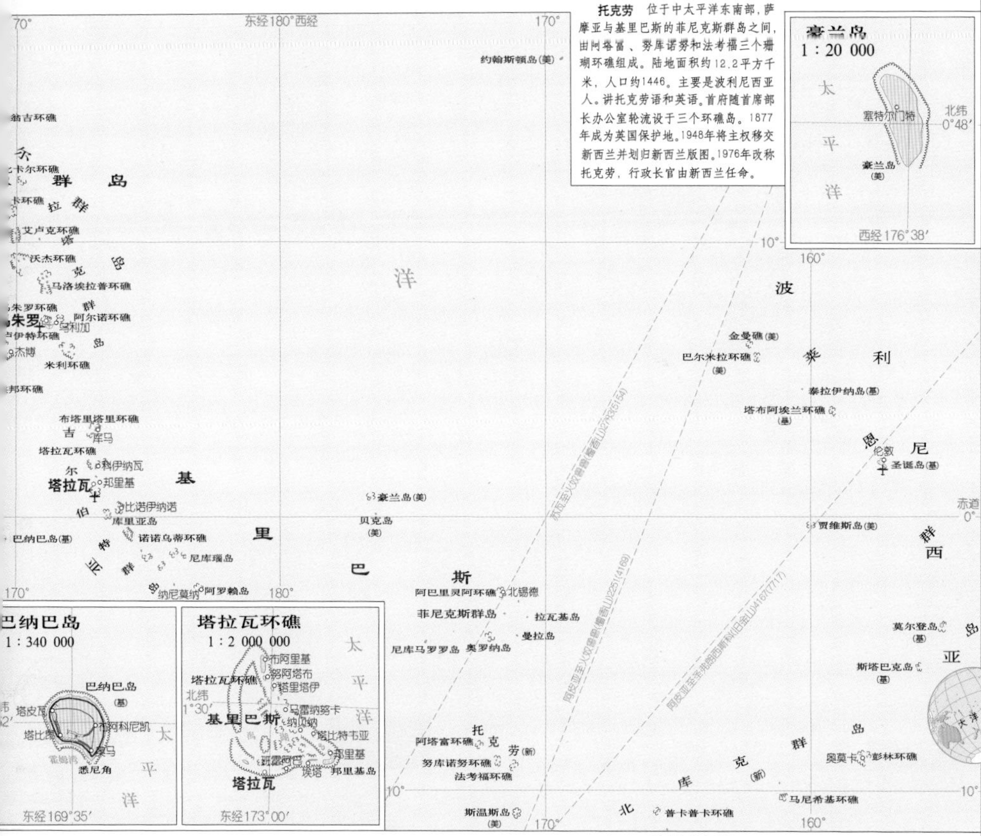

瑙鲁共和国 简称瑙鲁。位于太平洋中西部，是大洋洲唯一的只有一个岛屿的国家。陆地面积21.1平方千米，是世界上最小的岛国。人口约1.3万，以瑙鲁人为主，还有大洋洲其他岛国人、欧洲人和华人。居民多信奉基督教新教。官方语言为英语，通用瑙鲁语。未设首都，行政管理中心在亚伦。1798年为英国人发现。1888年被并入德国马绍尔群岛保护地。20世纪初英国获准在此开采磷酸盐。1920年被国际联盟划归英国、澳大利亚和新西兰共管，由澳代表3国行使职权。1942～1945年被日军占领。1947年成为联合国托管地，但仍由英、澳、新共管。1968年1月31日独立。2002年7月21日同中国建交。**环境** 瑙鲁岛为珊瑚岛，最高点海拔61米。沿岸无天然港口和锚地。属热带雨林气候。全年气温24～38℃。年平均降水量1500毫米。有环状沿海沃土带。60%的土地有磷酸盐矿，开采已尽。**经济** 渔业资源较丰富，多金枪鱼。农业仅限于种植热带水果、椰子、香蕉、菠萝、蔬菜和饲养家畜。国内生产总值约合1.3亿美元。**国防** 防务由澳大利亚负责。

北马里亚纳群岛自由联邦 简称北马里亚纳群岛。位于北太平洋。由14个岛屿组成，其中住人岛屿6个，最大和最主要的岛屿是塞班岛。陆地总面积457平方千米。人口5.8万，多为密克罗尼西亚人。居民多信天主教。官方语言为英语。首府塞班。1521年为葡萄牙航海家麦哲伦首先发现，1565年成为西班牙殖民地。一次世界大战爆发后被日本占领。第二次世界大战中被美军攻占。1947年起联合国交美托管。1986年11月成为美国一个自由联邦。**环境** 群岛多为火山岛。属热带海洋性气候。年平均气温27℃。年平均降水量2000毫米左右。**经济** 主要依靠美国援助。旅游、服务业是其主要产业，游客75%来自日本。2019年国内生产总值11.8亿美元。

瓦努阿图共和国 简称瓦努阿图。位于太平洋西南部。由80多个岛屿组成，陆地面积1.22万平方千米。人口32万，98%为瓦努阿图人。84%的居民信奉基督教。官方语言为英语、法语和比斯拉马语。首都维拉港。1606年西班牙人首先发现该岛，1768年法国人到此，1906年为英、法共管的殖民地，1980年7月30日独立。1982年3月26日同中国建交。**环境** 多火山岛，地形以山地为主。属热带海洋性气候。年平均气温25℃左右。森林茂密，矿藏资源有锰、铜、铝等。**经济** 以农业、旅游业为主，国内生产总值9.99亿美元。多种植椰子、可可、咖啡、香蕉等。有小型食品加工业。旅游业是瓦支柱产业之一。对外贸易总额3.47亿美元。

图瓦卢 位于太平洋中南部，国际日期变更线西侧。由9个环形小珊瑚岛组成，其中8个为住人岛。陆地面积共26平方千米。人口约1.1万人，居民为波利尼西亚人种的图瓦卢人。官方语言为英语，通用图瓦卢语。居民信奉基督教。首都富纳富提。图瓦卢人世居岛上。1892年后沦为英国保护地，1916年沦为英国殖民地，1978年10月1日独立。尚未同中国建立外交关系。**环境** 全境自西北向东南分布在13万平方千米的洋面上。主岛富纳富提岛。海拔不超过5米。属热带海洋性气候，年平均气温29℃，年平均降水量2500～3500毫米。渔业资源丰富，其他资源匮乏，土地贫瘠。**经济** 几乎无工业，农业也很落后，家族是生产的最基本单位，主要从事渔业和种植椰树、芋头、香蕉等。被联合国列为最不发达国家之一。国民收入主要靠外援和出口邮票、椰干。国内生产总值约6000万美元。

瓦利斯和富图纳 位于萨摩亚、斐济群岛和图瓦卢之间的太平洋中部。包括瓦利斯群岛和富图纳群岛，陆地面积274平方千米，人口1.8万人。首府马塔乌图。两群岛于1887年和1888年分别被法国占领，1961年成为法国海外领地。经济以农业为主。

纽埃 位于汤加与库克群岛之间，南太平洋中。陆地面积约260平方千米。人口1527。波利尼西亚人种。通用纽埃语和英语。首府阿洛菲。1774年被英国人发现。1900年成为英国保护地，1901年划归新西兰。新西兰独立后，成为新西兰属地。1974年实行内部自治。经济主要为旅游业和渔业。国内生产总值3000万美元。

160° 170° 东经180°西经 170°
努库马努群岛
翁通爪哇环礁
所罗门群岛
圣伊莎贝尔岛
布阿拉 奥基
马莱塔岛
霍尼亚拉
瓜达尔卡纳尔岛
马基拉岛
基拉基拉
德纳乌 伦内尔岛
因迪斯彭瑟布礁
达夫群岛 恩德岛
圣克鲁斯群岛
阿努塔岛(所) 蒂科皮亚岛(所)
托雷斯群岛
瓦努阿图
圣埃斯皮里图岛
马勒库拉岛 拉马普
维拉港
埃法特岛
埃罗芒阿岛
伊波塔
塔纳岛 亚速阿火山 ▲1084
阿内蒂乌姆岛
当特尔卡斯托礁脉(法)
库克大暗礁
贝莱普群岛
弗伦奇暗礁
新喀里多尼亚(法)
洛亚蒂群岛
利富岛 马雷岛
新喀里多尼亚岛
努美阿
库尼耶岛
瓦尔波勒岛
马太火山 ▲142 亨特尔岛(法)
南回归线
诺福克岛(澳)
纳尼莫纳 阿罗赖岛
图瓦卢群岛
纳诺梅阿环礁 纽陶岛
努伊环礁 瓦伊图普岛
富纳富提
努库莱莱环礁
纽拉基塔岛
罗图马岛(斐)
瓦利斯和富图纳(法)
马塔乌图
斐济群岛
瓦努阿岛 塔韦乌尼岛
维提岛 苏瓦 坎达武岛
劳群岛 瓦努阿姆巴拉武岛
图瓦纳伊拉岛(斐)
康威礁
密涅瓦群礁
萨摩亚群岛 萨瓦伊岛 乌波卢岛
阿皮亚 法莱奥洛国际机场
美属萨摩亚 帕果帕果 塔乌岛
斯温斯岛(美)
苏沃洛夫
纽阿福欧岛(汤)
纽阿托普塔普岛
汤加群岛
瓦瓦乌群岛 哈派群岛
托富阿岛 ▲托富阿火山 506
努库阿洛法 汤加塔布岛 东南机场 埃瓦岛
阿塔岛
纽埃 阿洛菲
贝弗里奇礁(新)
劳尔岛
斐济海
太平洋

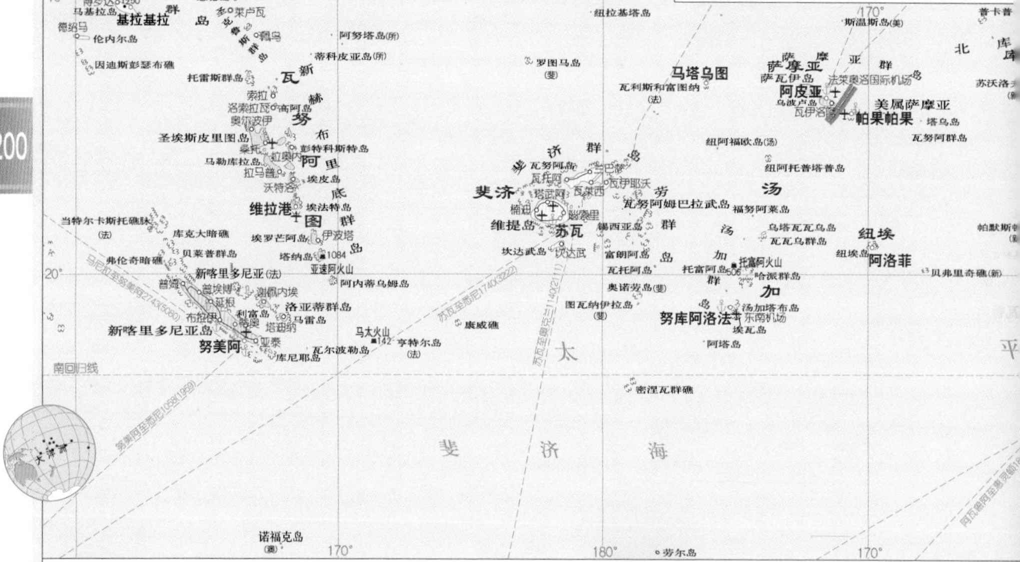

斐济共和国 简称斐济。位于太平洋西南部，为岛国。由维提岛、瓦努阿岛等332个岛屿组成。陆地面积1.83万平方千米。人口88.5万，50.8%为斐济人，43.7%为印度人，分别信奉基督教和印度教。官方语言为英语。首都苏瓦，位居太平洋南航线的中间，战略地位重要。1874年沦为英国殖民地。1970年10月10日独立。1975年11月5日同中国建交。**环境** 大岛多为火山岛，小岛多为珊瑚岛。属热带海洋性气候。常有飓风。年平均气温22～30℃，年均降水量约1800毫米。**经济** 以种植甘蔗和制糖为主，有太平洋"甜岛之称"。工业还有采金以及木材和农产品加工等。旅游业发达，是外汇创收主要来源。国内生产总值约46.6亿美元。**国防** 有现役总兵力3100人。实行志愿兵役制。

新喀里多尼亚 为法国海外领地。位于南太平洋美拉尼西亚群岛南端。由主岛新喀里多尼亚岛和洛亚蒂群岛等组成。陆地面积1.91万平方千米。人口21.4万，以美拉尼西亚人和欧洲人为主。居民多信奉天主教和基督教新教。官方语言为法语。首府努美阿。1853年沦为法国殖民地。1946年成为法国海外领地。**环境** 主岛新喀里多尼亚为火山岛，周围为珊瑚礁环绕。其他各岛多为珊瑚岛。属热带海洋性气候。年平均气温23℃。耕地少，矿藏资源丰富，镍矿的储量和产量均位居世界前列。**经济** 以采矿和冶炼为主，旅游业居第二位。农产品有玉米、椰子、薯类和咖啡等。地区生产总值约合32亿美元。有法国驻军3100人。

萨摩亚独立国 简称萨摩亚。位于太平洋南部，萨摩亚群岛西部。由萨瓦伊岛、乌波卢岛两个大岛和附近7个小岛组成，陆地面积2934平方千米。人口19.7万，绝大多数为萨摩亚族人，其余为混血种人、欧洲人和华人。居民多信奉基督教。官方语言为萨摩亚语，通用英语。首都阿皮亚。1250年成为独立王国。19世纪中叶英、美、德殖民者相继侵入，1899年沦为德国殖民地。第二次世界大战后，联合国将萨交新西兰托管。1962年1月1日独立。1975年11月6日同中国建交。**环境** 大岛系火山岛，地势中部高四周低。属热带海洋性气候。年平均气温28℃。年降水量2000～3500毫米。**经济** 以农业为主。出产椰子、可可、香蕉、面包果等。工业有轻工业和农产品加工业。国内生产总值约合8.3亿美元。

库克群岛 位于南太平洋，属波利尼西亚群岛。由南北两组共15个小岛组成。面积240平方千米。人口约1.76万，库克群岛毛利人占92%，另有侨居新西兰等地的库克群岛人6.2万余人。通用库克群岛毛利语和英语。居民中69%信奉基督教新教。首府阿瓦鲁阿，是群岛主要港口。毛利人世居岛上。18世纪英国航海家库克探险到达此地，故名。1901年成为新西兰领土。

4日实行完全内部自治。1997年7月25日同中国正式建交。**环境** 主岛拉罗汤加中部多山地。属热林气候。年平均气温24℃。年降水量约2000毫米。**经济** 以生产水果、捕鱼、珍珠养殖和旅游业为主，业在国民经济中占主要地位。国内生产总值约合2.52亿美元。**国防** 防务由新西兰协助。

法属波利尼西亚 为法国海外领地。位于太平洋西南部。主要由社会群岛、土阿莫土群岛、甘比尔群岛、艾群岛和马克萨斯群岛组成。位于社会群岛的塔希提岛最大。陆地总面积4167平方千米。人口约28.25万，为波利尼西亚人。通用塔希提语，官方语言为法语。居民中38%信奉基督教新教，38%信奉罗马教。首府帕皮提。1880年塔希提岛沦为法国殖民地，至19世纪末其他岛屿亦被法国占领。1957年成为海外领地。1977年7月实行地区自治。**环境** 土阿莫土群岛为珊瑚岛，其他群岛都有火山岛。塔希提岛上高耸，最高峰奥罗黑纳峰海拔2241米。属热带雨林气候。年平均气温27℃。**经济** 以农业为主。地区总值约合59.4亿美元，工业基础薄弱，旅游业是主要经济支柱之一。主要农产品有椰子、香草、咖啡菜。对外贸易总额约30.7亿美元。穆鲁罗瓦岛和方加陶法环礁，建有法国太平洋核试验中心。

皮特凯恩群岛 为英国海外领地。位于太平洋中南部，属波利尼西亚群岛。由皮特凯恩岛及附近3个环成。面积47平方千米。人口55人，均为皮特凯恩人。官方语言为英语。居民信奉基督教。首府亚当。1767年英国探险家菲利普·卡特莱发现此岛。1887年正式成为英国殖民地。**环境** 主岛为火山岛，陡峭，最高点海拔335米。无河流。属亚热带气候。年平均气温21℃。年平均降水量2000毫米。**经济** 肥沃，主要种植水果、蔬菜和薯类，此外家庭捕鱼和饲养家禽较为普遍。财政主要来自邮票、钱币的和给外国渔船发放捕鱼许可证的收入。

汤加王国 简称汤加。位于太平洋西南部，为岛国。由汤加塔布、哈派、瓦瓦乌等3个群岛共172个岛屿组成。陆地面积747平方千米。人口10.02万，98%为汤加族人，多信奉基督教。通用汤加语和英语。首都努库阿洛法。17～18世纪，荷兰、英国、西班牙等先后入侵。1900年沦为英国保护国。1970年6月4日独立。1998年11月2日与中国建交。**环境** 东列岛屿多珊瑚岛，地势低平，西列岛屿多火山岛，地势较高。属热带雨林气候。年平均气温：南部23℃，北部27℃。年均降水量1793毫米。**经济** 以农业、渔业为主。主产椰子和香蕉，特产树皮布。旅游业在国民经济中占重要地位。国内生产总值约合4.8亿美元。

美属萨摩亚 又称东萨摩亚。为美国属地。位于太平洋南部国际日期变更线东侧。陆地面积197平方千米。人口约7万，多属波利尼西亚人的萨摩亚族。讲萨摩亚语，通用英语。居民信奉基督教。首府帕果帕果。1722年荷兰人发现该群岛，后法、英、德、美相继到此。1899年根据美、英、德三国协定，东萨摩亚从萨摩亚群岛中划出，成为美国殖民地。1922年成为美国非建制领土。**环境** 大部为火山岛，少数是珊瑚礁岛。土地贫瘠。沿岸有狭窄平原。**经济** 以金枪鱼加工和旅游业为主。农产品有椰子、香蕉、芋头等，粮食不能自给。

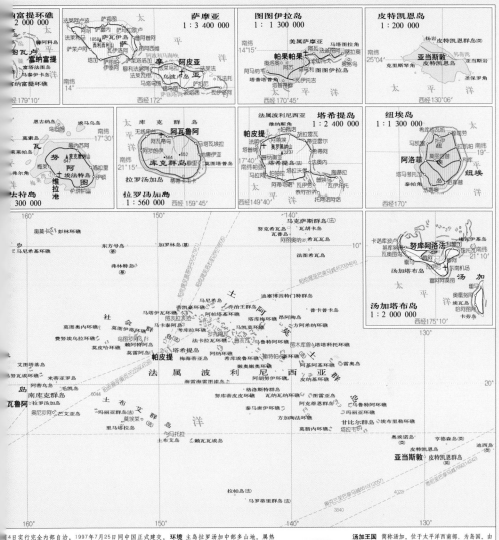

北冰洋
北极点
北磁极 (2020年)
亚洲
欧洲
格陵兰(丹)
加拿大
美国
太平洋
大西洋
白令海
楚科奇海
波弗特海
巴芬湾
哈得孙湾
阿拉斯加湾
挪威海
格陵兰海
帕拉纳
阿纳德尔
弗兰格尔岛
普罗维杰尼亚
圣马修岛(美)
圣劳伦斯岛(美)
努尼瓦克岛
阿留申群岛
荷兰港
贝瑟尔
诺姆
巴罗
乌米阿特
育空堡
费尔班克斯
安克雷奇
苏厄德
科迪亚克
科迪亚克岛
道森
怀特霍斯
斯卡圭
朱诺
亚历山大群岛
夏洛特王后群岛
鲁珀特王子港
温哥华岛
温哥华
维多利亚
塔科马
西雅图
斯波坎
波特兰
塞勒姆
克拉马斯福尔斯
尤里卡
圣弗朗西斯科(旧金山)
萨克拉门托
奥克兰
阿克拉维克
诺曼韦尔斯
辛普森堡
海里弗
耶洛奈夫
大熊湖
大奴湖
埃科贝
韦哲贝
切斯特菲尔德因莱特
丘吉尔港
纳尔逊港
麦克默里堡
埃德蒙顿
卡尔加里
梅迪辛哈特
里贾纳
温尼伯
温尼伯湖
维多利亚岛
班克斯岛
帕特里克王子岛
梅尔维尔岛
帕里群岛
伊丽莎白女王群岛
埃尔斯米尔岛
阿克塞尔·海伯格岛
德文岛
北极湾城
威尔士王子岛
南安普敦岛
巴芬岛
阿勒特
伊塔
图勒
丹麦港
戈德港
努克(戈特霍布)
尤利安娜霍布
法韦尔角
昂马沙利克
冰岛
雷克雅未克
法罗群岛
设得兰群岛
奥斯陆
卑尔根
大不列颠岛
扬马延岛
库朱瓦克
谢弗维尔
古斯贝
乔治堡
穆索尼
纳基纳
科克伦莱克
桑德贝
纽芬兰岛
圣约翰斯
钱纳尔-巴斯克港
圣皮埃尔和密克隆(法)
悉尼
哈利法克斯
塞布尔岛(加)
圣约翰
魁北克
蒙特利尔
渥太华
多伦多
奥古斯塔
波士顿
布法罗
奥尔巴尼
纽约
费城
巴尔的摩
华盛顿
里士满
底特律
克利夫兰
辛辛那提
苏圣玛丽
德卢斯
密尔沃基
芝加哥
圣保罗
明尼阿波利斯
法戈
俾斯麦
皮尔
得梅因
林肯
堪萨斯城
丹佛
夏延
普韦布洛
海伦娜
博伊西
奥格登
盐湖城
大盐湖

北美洲国家和地区概况表

国家和地区	面积(平方千米)	人口(万)	首都(首府)	国家和地区	面积(平方千米)	人口(万)	首都(首府)	国家和地区	面积(平方千米)	人口(万)	首都(首府)
加拿大	9970610	3741	渥太华	古巴	110860	1122	哈瓦那	蒙特塞拉特(英)	102	1.3	普利茅斯
格陵兰(丹)	2166314	5.67	努克(戈特霍布)	巴哈马	13939	37.7	拿骚	瓜德罗普(法)	1702	40	巴斯特尔
圣皮埃尔和密克隆(法)	242	0.63	圣皮埃尔	特克斯和凯科斯群岛(英)	430	5.1	科伯恩城	多米尼克	751	7.4	罗索
美国	9372614	33000	华盛顿	海地	27797	1200	太子港	马提尼克(法)	1100	38.6	法兰西堡
百慕大(英)	71.7	6.5	哈密尔顿	多米尼加共和国	48734	1084	圣多明各	圣卢西亚	616	17.6	卡斯特里
墨西哥	1967183	12300	墨西哥城	牙买加	10991	273	金斯敦	圣文森特和格林纳丁斯	389	11	金斯敦
危地马拉	108889	1726	危地马拉	开曼群岛(英)	259	5.9	乔治敦	巴巴多斯	431	28.2	布里奇敦
伯利兹	22963	38.7	贝尔莫潘	波多黎各(美)	9104	366	圣胡安	格林纳达	344	10.8	圣乔治
萨尔瓦多	20720	642	圣萨尔瓦多	维尔京群岛(美)	351	10.5	夏洛特阿马利亚	特立尼达和多巴哥	5128	137.5	西班牙港
洪都拉斯	112492	959	特古西加尔巴	维尔京群岛(英)	153	3.2	罗德城	库拉索(荷)	444	15.24	威廉斯塔德
尼加拉瓜	121428	633.5	马那瓜	安圭拉(英)	96	1.5	瓦利	阿鲁巴(荷)	193	10.65	奥拉涅斯塔德
哥斯达黎加	51100	495	圣何塞	圣基茨和尼维斯	267	5.7	巴斯特尔				
巴拿马	77082	421.2	巴拿马城	安提瓜和巴布达	442	10.4	圣约翰				

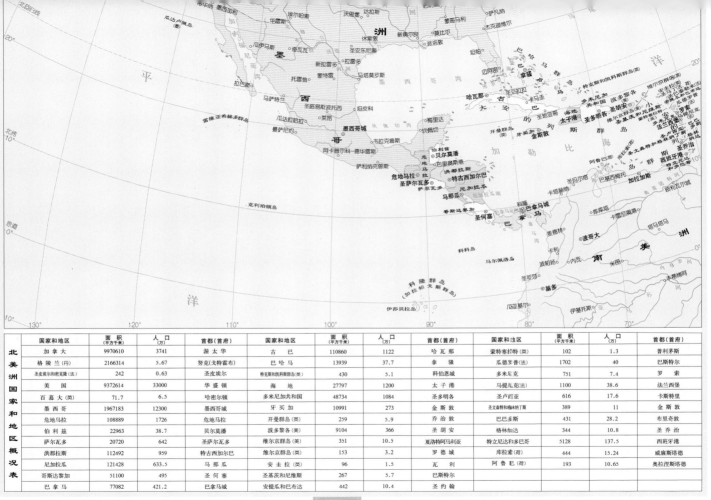

北冰洋
亚洲
欧洲
北美洲
格陵兰岛
大西洋
北太平洋
新西伯利亚群岛
北极
北磁极
(2020年)
斯瓦尔巴群岛
东北地岛
斯堪的纳维亚半岛
奥斯陆
冰岛
雷克雅未克
法罗群岛
大不列颠岛
设得兰群岛
扬马延岛
丹麦港
皮里地
莫里斯·杰塞普角
哥伦比亚角
阿勒特
埃尔斯米尔岛
伊利莎白女王群岛
阿克塞尔·海伯格岛
埃勒夫·灵内斯岛
博登岛
马更些王岛
帕特里克王子岛
帕里群岛
梅尔维尔岛
班克斯岛
维多利亚岛
威尔士王子岛
德文岛
巴芬岛
萨默塞特岛
布西亚半岛
威廉王岛
查尔斯王子岛
南安普敦岛
努克
(戈特霍布)
法韦尔角
哈得孙湾
丘吉尔港
贝尔彻群岛
昂加瓦半岛
拉布拉多半岛
拉布拉多高原
圣查尔斯角
纽芬兰岛
圣约翰斯
安蒂科斯蒂岛
爱德华王子岛
布雷顿角岛
塞布尔岛
魁北克
蒙特利尔
渥太华
波士顿
纽约
长岛
费城
华盛顿
芝加哥
底特律
德卢斯
温尼伯
埃德蒙顿
海里弗
埃科贝
阿克拉维克
道森
伊努维克
弗兰格尔岛
楚科奇半岛
楚科奇海
阿纳德尔
阿纳德尔湾
白令海峡
威尔士亲王角
苏厄德半岛
诺姆
圣劳伦斯岛
圣马修岛
努尼瓦克岛
阿拉斯加半岛
阿留申群岛
阿图岛
布鲁克斯岭
阿拉斯加山脉
育空
马更些山脉
落基山脉
海岸山脉
亚历山大群岛
夏洛特王后群岛
温哥华岛
西雅图
弗拉特里角
门多西诺角
圣弗朗西斯科
(旧金山)
盐湖城
丹佛
科迪亚克岛
基奈半岛
堪察加半岛
科里亚克山脉
中部山脉
克留切夫火山
奥柳托尔斯基角
纳瓦林角
阿留申海盆
鲁珀特王子港
罗布森山
北美大平原
密苏里高原
哈得孙湾沿岸平原
拉布拉多海
戴维斯海峡
巴芬湾
格陵兰海
挪威海
北海
丹麦海峡
大熊湖
大奴湖
温尼伯湖
苏必利尔湖
休伦湖
密歇根湖
伊利湖
安大略湖
4750
2562
1843
2616
1006
3954
3747
3618
3200
4392
3424
4317
1676
1310
1128
1916
1628
823
452
679
698
444
454
2119

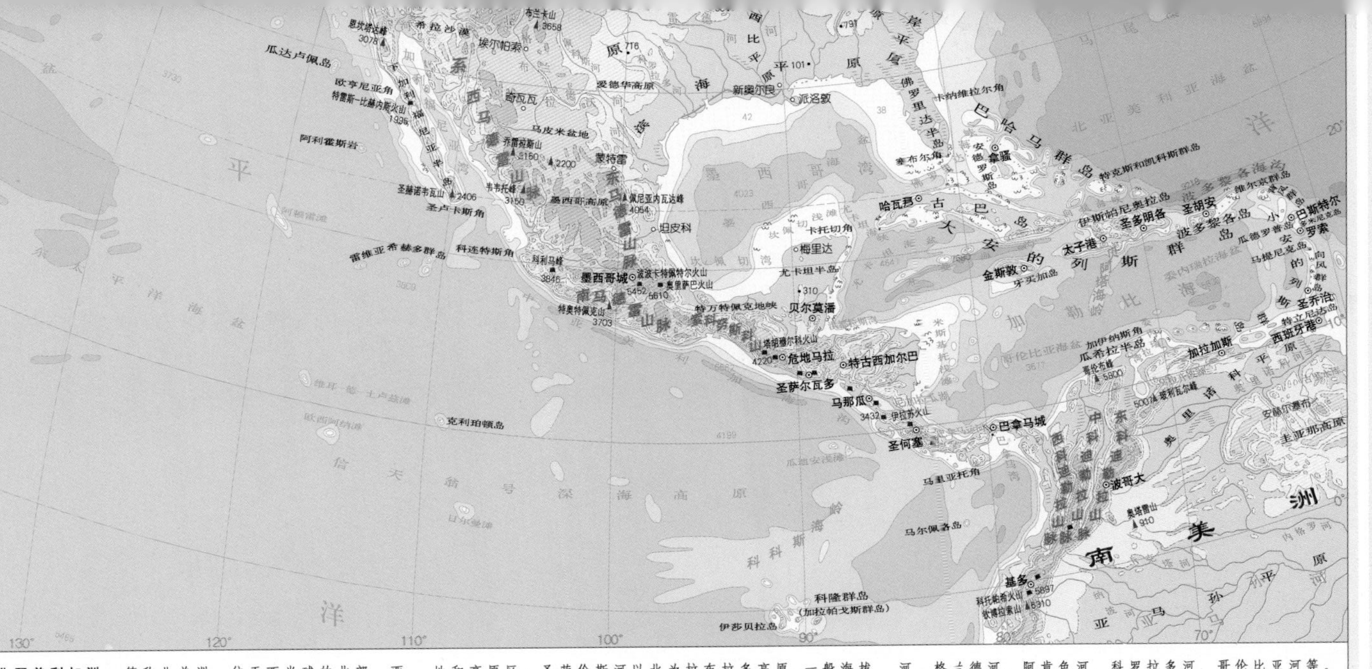

北亚美利加洲　简称北美洲。位于西半球的北部，西濒太平洋，东濒大西洋，北临北冰洋，南以巴拿马地峡与南美洲相连，并以巴拿马运河与南美洲为界。大陆东至加拿大的圣查尔斯角（西经55°40′，北纬52°13′），西至美国阿拉斯加州的威尔士亲王角（西经168°05′，北纬65°37′），南至巴拿马的马里亚托角（西经81°05′，北纬7°12′），北至加拿大的布西亚半岛的默奇森角（西经94°26′，北纬71°59′）。除此，北美洲还包括加勒比海中的西印度群岛。大陆和岛屿总面积2422.8万平方千米，在各洲中仅次于亚洲和非洲，居世界第三位。全洲共有37个国家和地区，人口约5.38亿。大陆海岸线长6万余千米。北部、东部和西部的北段岸线较曲折，多海湾和岛屿、半岛。南半部岸线较平直。最大的海湾是墨西哥湾，最大的岛屿为格陵兰岛，最大的半岛是加拿大东部的拉布拉多半岛。全洲以高原、山地为主，平均海拔700米。地形的总体特征是大平原分布于中部，南北走向的山脉延伸于东西两侧并与海岸平行。大体可分为3个地形区：①东部山地和高原区。圣劳伦斯河以北为拉布拉多高原，一般海拔500～600米，以南为阿巴拉契亚山脉，长2600千米，宽约200～300千米，一般海拔300～1500米。②中部低高原和平原区。纵贯大陆中部，由劳伦琴低高原、哈得孙湾沿岸平原、西部大平原、密西西比平原和滨海平原组成。平原的北部多湖沼，有美、加共有的五大湖。其中苏必利尔湖为世界最大的淡水湖。③西部山地和高原区。从阿拉斯加延伸至巴拿马地峡，属科迪勒拉山系北段。主要由落基山脉、海岸山脉、阿拉斯加山脉、内华达山脉、喀斯喀特岭以及山间高原和盆地等组成，一般海拔1500～3000米。　多火山，是太平洋东岸火山带的一部分。阿拉斯加的麦金利山海拔6193米，为北美洲最高点。山脉之间，有高原和内陆盆地或谷地，加利福尼亚　的死谷，海拔-85米，为西半球大陆的最低点。北美洲河流发达，其特点是外流河多，流域面积为全洲面积的88%。主要以落基山脉为分水岭，以东注入大西洋、北冰洋，以西注入太平洋。主要河流有密西西比河、马更些河、育空河、圣劳伦斯河、格兰德河、阿肯色河、科罗拉多河、哥伦比亚河等。其中密西西比河长6262千米，是本洲第一大河。北美洲气候类型复杂多样。　全洲跨北纬约70°，拥有从热带到寒带各带气候类型。大陆北部沿海地带属极地气候，拉布拉多半岛至阿拉斯加的大陆北部属亚寒带大陆性气候，北纬45°～50°，西经100°以东属温带大陆性气候，美国东南沿海属亚热带气候，西南部则属地中海型气候，美国西部山间盆地和墨西哥北部属干旱气候，加勒比海地区属热带气候。降水因地而异，分布不均。西北太平洋沿岸山地和加拿大北部，年降水量逾3000毫米，而落基山脉以东的大平原不足500毫米，美国大盆地西南部、格陵兰岛北部甚至不足100毫米。　北美洲矿藏资源丰富，主要有石油、天然气、煤、铁、铜、镍、铀、铅、锌、钼、银、铼、硒、铂、硫磺、石棉、钾盐和磷灰石等。银矿、钾盐和钼矿分别占世界已探明储量的51%、68%和61%。森林资源丰富，约占全洲面积的30%和世界总面积的18%。

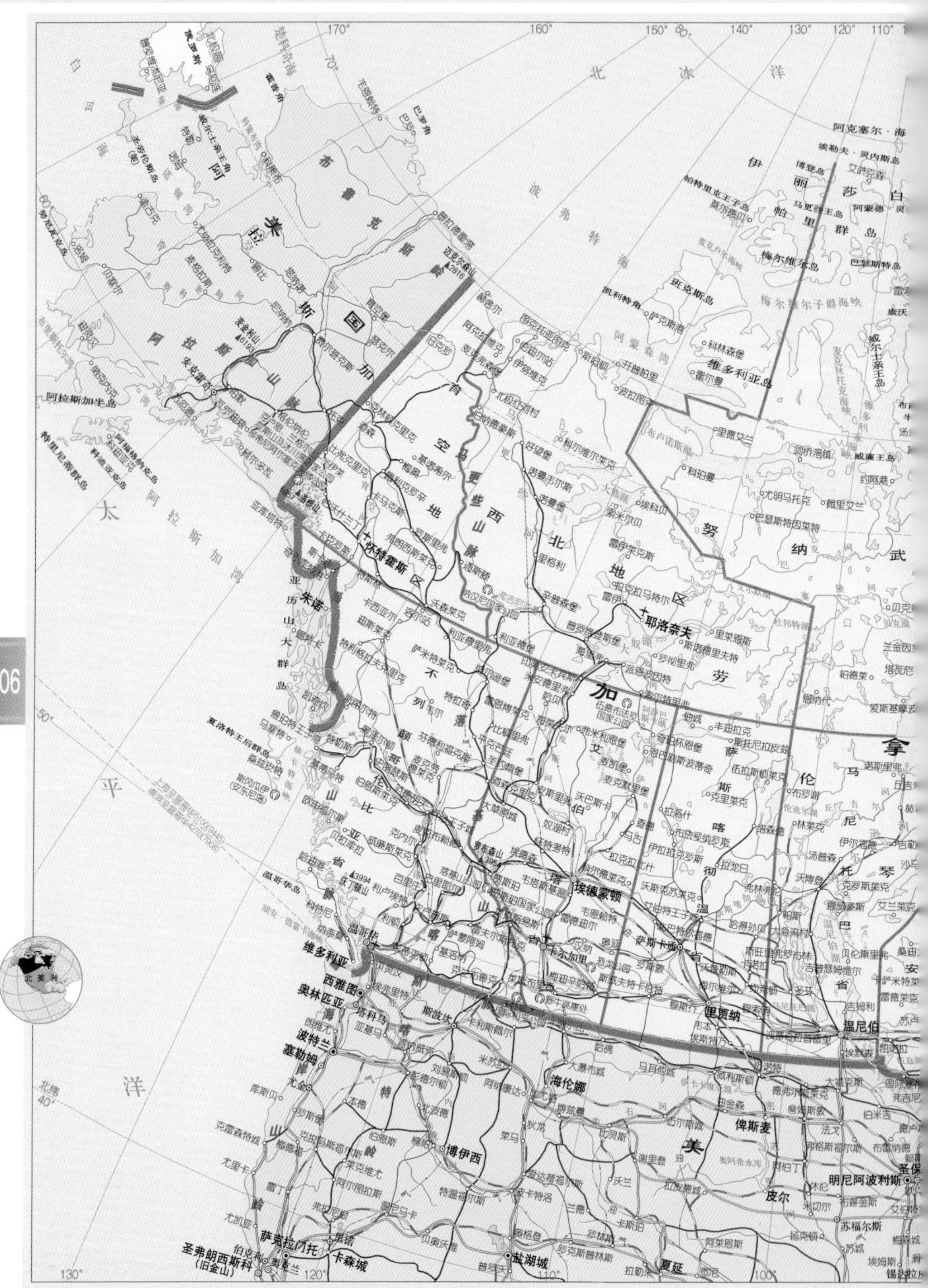

北冰洋
波弗特海
楚科奇海
白令海
阿拉斯加湾
太平洋
美国
阿拉斯加
加拿大
育空地区
西北地区
努纳武特
不列颠哥伦比亚省
艾伯塔省
萨斯喀彻温省
马尼托巴省
安大略省
阿拉斯加半岛
阿留申群岛
伊丽莎白女王群岛
维多利亚岛
班克斯岛
梅尔维尔岛
怀特霍斯
耶洛奈夫
埃德蒙顿
卡尔加里
萨斯卡通
里贾纳
温尼伯
维多利亚
温哥华
西雅图
奥林匹亚
波特兰
塞勒姆
斯波坎
海伦娜
博伊西
盐湖城
萨克拉门托
圣弗朗西斯科
(旧金山)
卡森城
俾斯麦
皮尔
夏延
明尼阿波利斯
苏福尔斯
安克雷奇
朱诺
麦金利山
▲6194
北美洲
170°
160°
150°
140°
130°
120°
110°
100°
70°
60°
50°
北纬40°

加拿大 位于北美洲北部，东濒大西洋，西临太平洋，北临北冰洋。海岸线长24万多千米。面积997.06万平方千米，为世界第二大国。人口3892万，其中英裔居民约占42%、法裔居民约占27%、土著人约占3%，余为意大利、德国、乌克兰等欧洲人和华人的后裔。居民中45%信奉天主教，36%信奉基督教新教。英语和法语同为官方语言。首都渥太华。原为印第安人与因纽特人居住地。16世纪起，遭法、英殖民者入侵。17世纪后沦为英、法殖民地，后又被法割让给英国。1867年部分地区成为英自治领土。1926年获得外交上的独立权。1931年成为独立国家，属英联邦成员国。1970年10月13日同中国建交。**环境** 地形主要分为三大区：东和东南部为拉布拉多高原及山地与丘陵区，平均海拔500～600米，最高处约1800米。中部和中西部为劳伦琴低地，约占全国面积的一半，环绕哈得孙湾分布，河湖密布。西部是科迪勒拉山系，包括落基山脉、海岸山脉、喀斯喀特岭及山间高原，是加拿大最高的地区，许多山峰在海拔4000米以上，洛根山海拔5951米，为全国最高峰。境内水系发达。主要河、湖有马更些河、圣劳伦斯河、纳尔逊河以及与美国共有的五大淡水湖群等。地处高纬度，气候严寒。北部极地区域属寒带苔原气候，1月平均气温低于-10℃，7月平均气温不高于10℃，年降水量250毫米，并以雪为主。苔原区以南属大陆性温带针叶林气候，1月平均气温-7℃，7月平均气温约18℃，年降水量300～750毫米。太平洋沿岸为温带海洋性气候，1月平均气温0℃以上，7月平均气温不超过16℃，年降水量2000～3000毫米。森林、能源、淡水、矿藏资源丰富。有矿藏60余种，其中石棉、锌矿、铂矿、镍矿等居世界首位，铀矿、金矿、镉矿、铋矿、石膏居世界第二位。产材林占国土面积的44%。**经济** 为经济高度发达的国家，国内生产总值约合1.55万亿美元。工业有采矿、电力、机器制造、冶金、化学、木材加工和军工等。其中制造业，如飞机、汽车、机车等的产值约占国内生产总值的9%。全国约有20座核电站。水电装机容量居世界第二。农业机械化程度高，人均谷物产量居世界第一位。主要农产品有小麦、豆类、油菜籽等。鱼产量位居世界前列。对外贸易总额9211亿美元。**国防** 有现役总兵力约6.8万人。实行志愿兵役制。年军费约247亿美元。

圣皮埃尔和密克隆 位于加拿大纽芬兰岛以南20多千米的北大西洋中。由圣皮埃尔、密克隆和朗格拉德等8个小岛组成，陆地面积242平方千米。人口约0.63万。多为法国移民后裔，官方语言为法语。首府圣皮埃尔。1520年被葡萄牙人发现，后为法、英交替占领。1914年归法国。1946年成为法国海外领地。1976年改为法国海外省，享受有特殊地位的地方行政单位。经济以渔业为主。

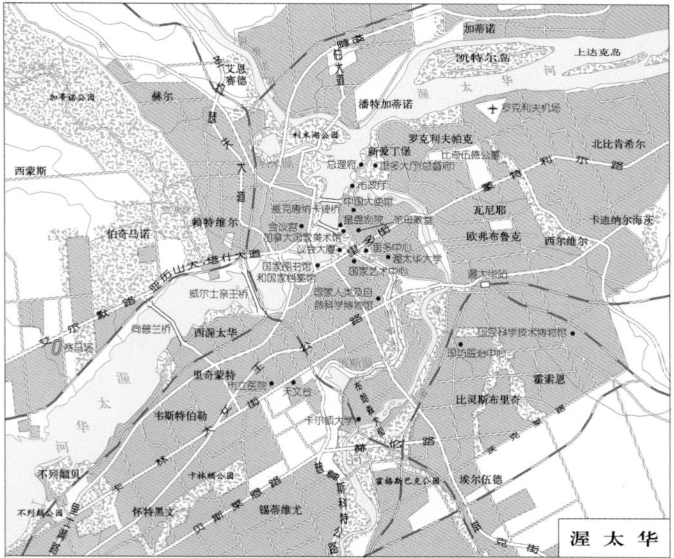

渥太华

渥太华 为加拿大首都，全国政治、文化中心和交通枢纽。位于安大略省东南部，渥太华河下游南岸。市区面积110平方千米，大渥太华面积4715平方千米（包括渥太华、赫尔市和其他卫星城），人口132.4万。1854年建市1867年定为首府。市区坐落于许多小山丘和河谷平原上。渥太华河从市区西南流向东北，贯穿市中心的里多运河将城市分为上城（西区）和下城（东区）。气候冬寒夏暖，年降水量800多毫米。工业发达，以木材加工、纸浆 造纸、印刷为主，还有食品加工、电讯器材、机械、服装等 。交通便利，有稠密的公路网，南北两处机场和温哥华港与国内外各地联系。全市绿地遍布，花团锦簇，被誉为"加拿大最美丽的城市"市内建有国家博物馆 、国家艺术中心、圣母教堂等著名建筑和渥太华大学等著名学府。

温哥华

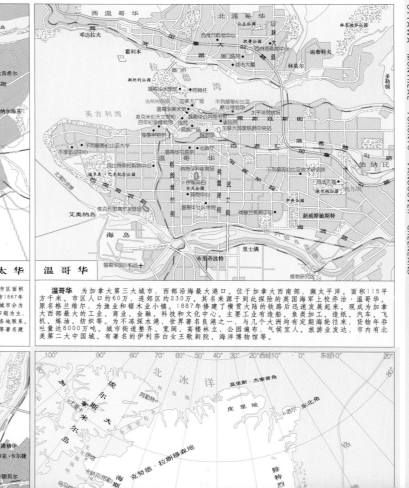

温哥华 为加拿大第三大城市，西部沿海最大港口。位于加拿大西南部，濒太平洋。面积115平方千米。市区人口约60万，连郊区约230万。其名来源于到此探险的英国海军上校乔治·温哥华。原名格兰维尔，为渔业和锯木业小镇。1887年修建了横贯大陆的铁路后迅速发展起来。现成为加拿大西部最大的工业、商业、金融、科技和文化中心。主要工业有造船、鱼类加工、造纸、汽车、飞机、炼油、纺织等。为不冻深水港，世界著名良港之一，与几个大洲均有定期海轮往来，货物年吞吐量达8000万吨。城市街道整齐、宽阔，高楼林立，公园遍布，气候宜人。旅游业发达，市内有北美第二大中国城、有著名的伊利莎白女王歌剧院、海洋博物馆等。

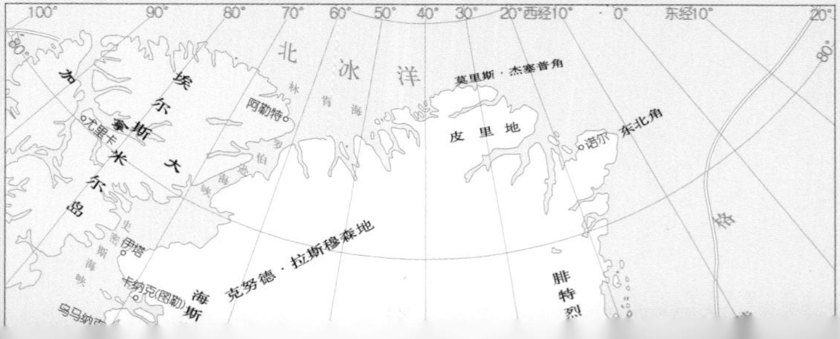

蒙特利尔

蒙特利尔 是加拿大第二大城市，全国最大的河港。位于加拿大的东南端，圣·劳伦斯河和渥太华河汇合处的蒙特利尔岛上。人口410万。居民中80%以上为法国人后裔，为世界上最大的法语城市之一，素有“小巴黎”之誉。城市建在皇家山和西山上面，登上山顶可鸟瞰全城。1604年被法国占领，成为向内地开拓的基地。1760年被英占有。1844～1849年曾作为加拿大联合省首府。现为全国工业、商业、金融和文化中心。工业产值居全国首位。主要有机械制造、化学、纺织、服装、酿酒、制鞋、造船、电器、飞机制造石油加工等。设有银行、铁路、保险公司、国际民航组织等机构的总部。为全国最大铁路枢纽和世界著名的小麦出口港。市内有规模宏大的奥林匹克体育中心、蒙特利尔大学和6个地下城。

多伦多

多伦多 为加拿大最大的城市和安大略省省会，经济、金融、航运和旅游中心。位于安大略湖西北岸。人口273万。1838年设市。1861年定为省会。二次大战后，随着制造业的发展，城市规模和人口不断扩大。1959年圣劳伦斯深水航道的开辟，使其港口功能扩大，逐步成为全国金融、商业、工业、文化中心。工业产值仅次于蒙特利尔，主要工业有机械制造、化学、服装、肉类加工等，并拥有全国最大的钢铁厂、汽车厂、核电站。加拿大全国产业展览会每年定期在此举行。市北休伦湖东岸的格雷文赫斯特，是伟大的国际主义战士白求恩的故乡。多伦多是著名风景城市，全市精粹建筑多集中于横贯东西的湖滨大道。主要观光游乐场所有安大略游艺场、奇趣乐园、水上博物馆、奥基夫艺术中心等。还有著名的高达553米，具有世界最高旋转餐厅的多伦多电视塔和高285米、72层的第一银行塔楼。

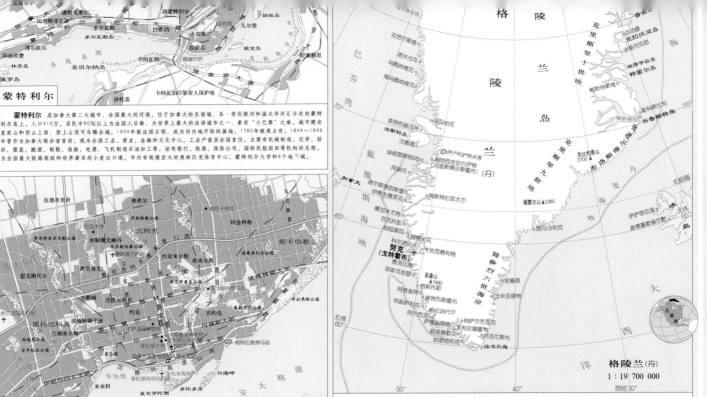

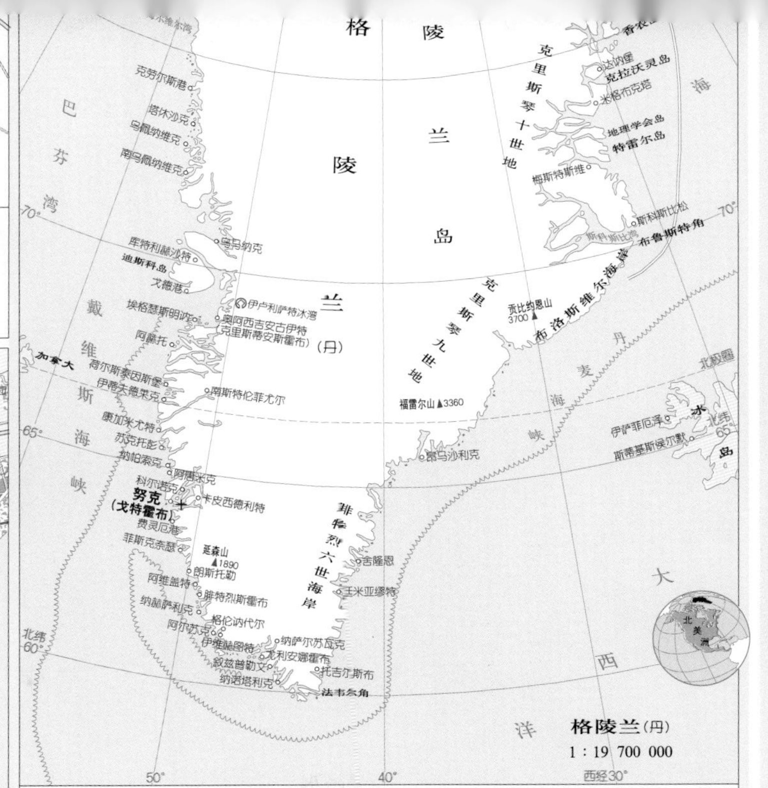

格陵兰(丹)

格陵兰 属丹麦。位于北美洲东北部，北冰洋和大西洋之间。为世界第一大岛。海岸线曲折，长约3.5万千米。由主岛格陵兰岛及附近岛屿组成。面积241.51万平方千米 其中主岛面积216.6万平方千米。人口5.66万，86%为格陵兰人，14%为丹麦人。居民中98%信奉基督教。官方语言为格陵兰语和丹麦语。首府努克（戈特霍布）。公元982年挪威人登岛探险，并取现名。1261年沦为挪威殖民地。1380年转由丹麦管辖。1979年5月1日起正式实行内部自治。**环境** 全境为海拔约900米的高原，地势周边高中间低，中部最低点低于海平面366米。东部沿海的贡比约恩山海拔3700米，为全岛最高峰。全岛82%的土地为冰层覆盖，冰原平均厚度1500米，中部最厚达3410米。海岸受冰川侵蚀，多深邃峡湾。终年气候酷寒。有极昼、极夜和极光现象。年平均气温0℃以下，最低可达－70℃。矿藏有铅、锌、冰晶石、铬、煤、钨、钼、铁、镍、铀和石油等。**经济** 以捕鱼和鱼产品加工为主，余为狩猎、牧业和采矿业，生产总值约合30.8亿美元。

西雅图
奥林匹亚
华盛顿州
波特兰
塞勒姆
俄勒冈州
博伊西
爱达荷州
蒙大拿州
海伦娜
比林斯
怀俄明州
夏延
北达科他州
俾斯麦
南达科他州
皮尔
内布拉斯加州
林肯
堪萨斯州
托皮卡
俄克拉何马州
俄克拉何马城
得克萨斯州
奥斯汀
达拉斯
休斯敦
圣安东尼奥
科罗拉多州
丹佛
新墨西哥州
圣菲
阿尔伯克基
亚利桑那州
菲尼克斯
犹他州
盐湖城
内华达州
卡森城
拉斯维加斯
加利福尼亚州
萨克拉门托
圣弗朗西斯科
(旧金山)
洛杉矶
圣迭戈
落基山脉
内华达山脉
加拿大
墨西哥
太平洋
温哥华
维多利亚
下加利福尼亚半岛
阿拉斯加
1：41 400 000
阿拉斯加州
朱诺
安克雷奇
阿留申群岛
白令海
楚科奇海
波弗特海
阿拉斯加湾
夏威夷群岛
1：52 100 000
火奴鲁鲁
(檀香山)
夏威夷火山国家公园
太平洋

比例尺 1:18 700 000

0 187 374 561 748千米

美利坚合众国 简称美国。领土包括本土和阿拉斯加、夏威夷两个海外州。本土位于北美洲中部，东濒大西洋，西临太平洋，东南靠墨西哥湾。海岸线总长2.27万千米。总面积937.26万平方千米。人口3.3亿，57.8%为白种人，13%为黑种人，华人占5.9%。居民多信奉基督教和天主教。通用英语。首都华盛顿。原为印第安人居住地。15世纪末，西、荷、法、英等西方殖民者相继入侵，到1733年英国在北美洲中部已建立13个殖民地。1775年爆发独立战争。到1776年发表“独立宣言”，建立美利坚合众国。19世纪初开始向外扩张领土，逐步将领土扩大到现在范围。1979年1月1日同中国建交。**环境** 本土地势两侧高，中部低。东部为阿巴拉契亚山脉和大西洋沿岸平原。西部是科迪勒拉山系构成的高原和山地，包括落基山脉、海岸山脉、内华达山脉、喀斯喀特岭以及山间内陆高原和盆地。内华达山脉主峰惠特尼山海拔4418米，为本土最高峰。位于阿拉斯加州的麦金利山海拔6194米，为全国最高峰。中部为平原，一般海拔在500米以下。河流属太平洋水系的有科罗拉多河、哥伦比亚河等，属大西洋水系的有密西西比河、圣劳伦斯河及其支流。东北边境的苏必利尔湖、密歇根湖、休伦湖、伊利湖、安大略湖等五大湖为世界最大的淡水湖群。大部地区属温带和亚热带气候。中北部平原温差很大，芝加哥1月平均气温－3℃，7月24℃，墨西哥湾沿岸1月平均气温11℃，7月28℃。全国年降水量250～4000毫米。矿产、森林和水力资源丰富。煤、石油、天然气、铁、钾盐、磷酸盐、硫磺等矿藏储量均居世界前列，其他有铜、铅、钼、铀、铝矾土、金、汞、镍、碳酸钾、银、钨、锌、铝、铋等。但战略矿物资源钛、锰、钴、铬等主要依靠进口。**经济** 属高度发达国家。国内生产总值25.5万亿美元，居世界首位。工业门类齐全，科技先进，燃料、动力、钢铁、机械、航空、化学、电子等工业居世界前列。能源、军工产量、农业总产值、粮食出口量均占世界第一位。航天工业居世界领先水平。对外贸易总额6.97万亿美元。交通高度发达，拥有完整而便捷的交通运输网络和多种多样的工具和手段。**国防** 有现役总兵力约135.1万人。实行志愿兵役制。年军费约8010亿美元。与世界50多个国家和地区签有双边或多边军事协议。

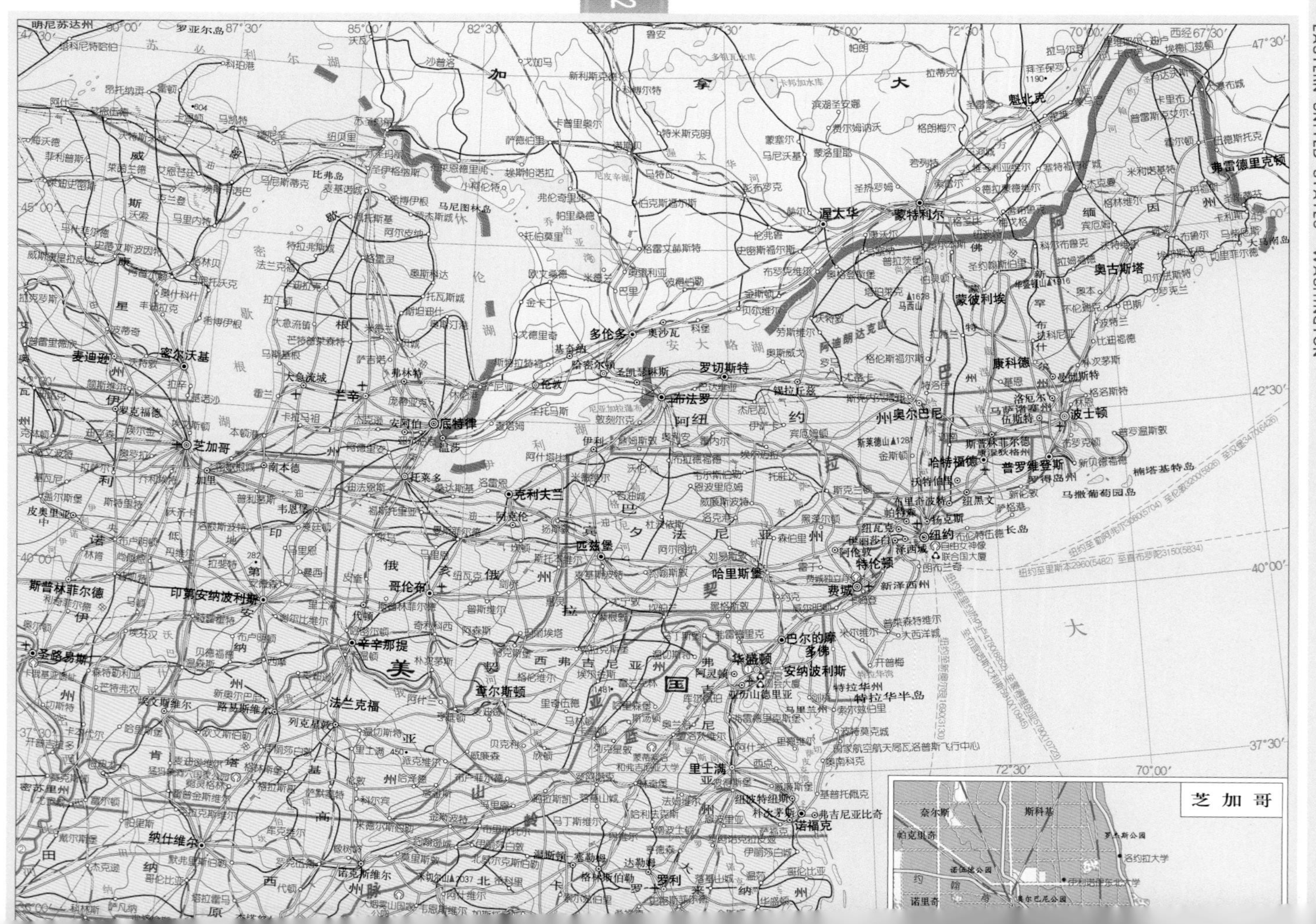
芝加哥
华盛顿
纽约
波士顿
费城
巴尔的摩
匹兹堡
底特律
芝加哥
多伦多
蒙特利尔
渥太华
魁北克
克利夫兰
哥伦布
辛辛那提
印第安纳波利斯
纳什维尔
路易斯维尔
法兰克福
圣路易斯
斯普林菲尔德
查尔斯顿
里士满
诺福克
罗利
奥古斯塔
弗雷德里克顿
哈特福德
普罗维登斯
康科德
蒙彼利埃
密尔沃基
麦迪逊
兰辛
布法罗
罗切斯特
哈里斯堡
特伦顿
多佛
安纳波利斯
奥尔巴尼
大
西
洋

比例尺 1:10 700 000

0 107 214 321 428千米

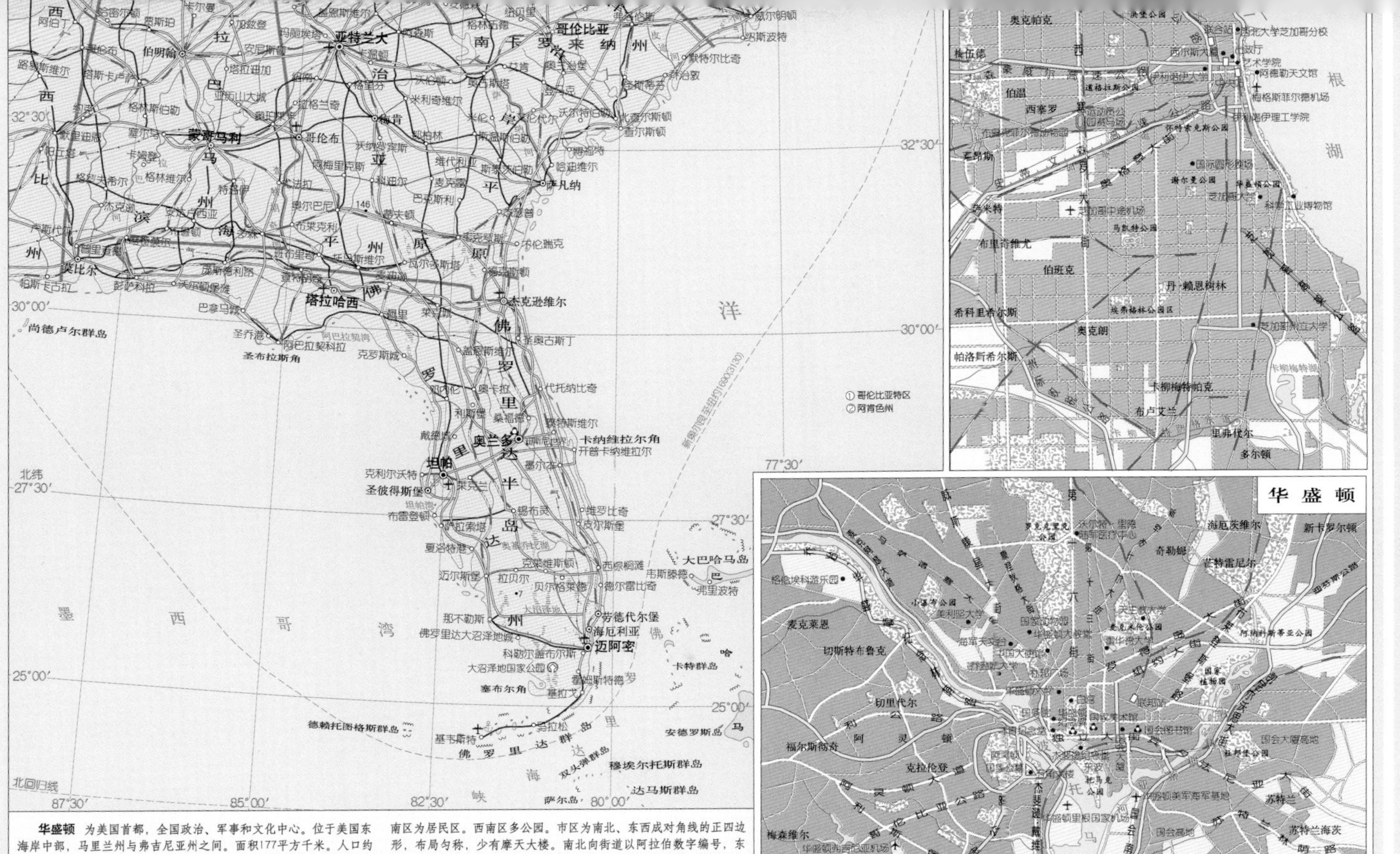

华盛顿 为美国首都，全国政治、军事和文化中心。位于美国东海岸中部，马里兰州与弗吉尼亚州之间。面积177平方千米。人口约69万。标准都市统计区包括马里兰州的2个县、弗吉尼亚州的4个县和费尔法克斯、福尔斯彻奇、亚历山德里亚3个城镇，面积7275平方千米，人口约595万。始建于1790年，得名于首任总统华盛顿。1800年美国首都从费城迁此。城市布局以国会大厦为轴心，划分为4个区。西北区是总统府（白宫）、联邦政府各部门、最高法院等国家机关及国会图书馆、国家博物馆等文化设施集中地。东北区和东南区为居民区。西南区多公园。市区为南北、东西成对角线的正四边形，布局匀称，少有摩天大楼。南北向街道以阿拉伯数字编号，东西向街道以英文字母命名，街道交会处形成圆形小广场、花园，内置历史人物铜像和喷泉。交通便利，有5条铁路交会于此。市内地铁长158千米。市郊有环城高速公路。市郊有里根机场、杜勒斯国际机场、巴尔的摩友谊国际机场及博林空军基地、麦克奈尔陆军基地、戈达德太空飞行中心。市内工业仅有印刷和食品。东南区设有海军修造船厂。有乔治华盛顿大学等11所高等院校和国家科学院等众多科研机构。

圣弗朗西斯科 华旧金山或三藩市。为美国沿海第二大港市,金融、贸商业和文化教育中心。世合国诞生地。位于加利福州西北部，濒太平洋。人88万。地处丘陵地带，市多处冈峦。气候冬温夏凉均降水量约500毫米。1776西班牙人所建，1821年归哥1848年后属美国。19世叶在淘金热中迅速发展。年遭大地震破坏，后重建于商业鼎盛、银行和保险集中，又紧邻世界闻名的工业中心—硅谷，故吸引来越多的大公司、大银行设立总部。工业主要有飞金属加工、造船、仪表、食品、石油加工、化学、等部门。港口设施优良，条件优越。公路网稠密。建有国际机场。该市也是的旅游城市，有中国城、大桥、海湾大桥、水上世园、海滩等旅游景点。

圣弗朗西斯科附近

洛杉矶 为美国第二大城市，西部沿海最大港口，重要海军基地。位于加利福尼亚州南部，濒太平洋。人口约409万。城市三面环山，一面临海。市区广阔，布局分散。气候宜人，多晴朗天气。年降水量357毫米。公元1781年由西班牙人始建。1821年归属墨西哥。1846年美、墨战争后，割让美国。19世纪后期随着加利福尼亚发现金矿，修筑铁路，开发油田，好莱坞影业的兴旺和巴拿马运河通航而迅速发展，成为多功能的综合性城市，制造业、金融、贸易均居全国第三位。飞机制造、宇航、电子、炼油和军事工业相当发达。郊区盛产柑橘、柠檬等，素有“橘都”之称。大市区内有机场9处。横贯美国大陆东西海岸的3条铁路均以此为终点。港口有深水泊位上百个，年货物吞吐量逾亿吨。该市也是重要旅游城市，好莱坞、迪斯尼乐园等都是世界闻名的娱乐中心。市内建有洛杉矶大学等高等学府多所以及自然历史博物馆、美术博物馆、音乐中心等文化设施。

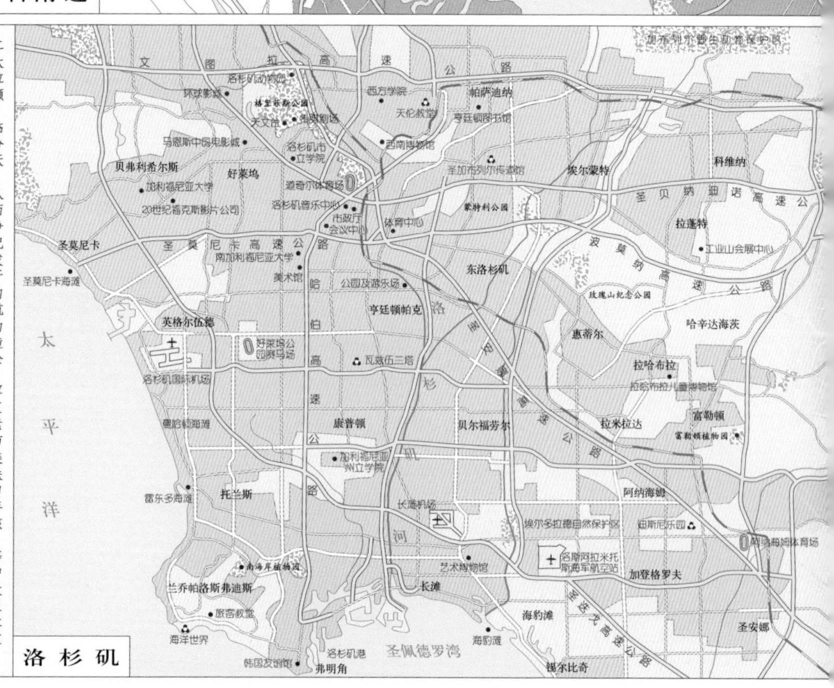

洛杉矶

纽约 为美国第一大城市和最大海港，是一座国际大都市。位于美国东北部沿海，哈得孙河流入大西洋的河口处。市区由曼哈顿岛、长岛、斯塔滕岛以及邻近的大陆组成，面积1214平方千米，人口约839.8万。大纽约市还包括纽约州的东南部，新泽西州的东北部和康涅狄格州的西南部等含有60多个卫星城镇的地区，总人口约1937.8万。市区被多条河流分割，其间由60多座桥梁及6条水下隧道连接。曼哈顿为中心区，作为世界唯一的一块“国际领土”的联合国大厦就建在该区东河西岸。市区平均海拔40米。属大陆性温带气候。年平均气温11℃。年降水量1076毫米。1626年荷兰人从印第安人手中购得曼哈顿岛，取名新阿姆斯特丹。1664年被英国侵占，改名为纽约。1686年设市。1789～1790年为美国首都。现为全国交通枢纽和工商业、金融业中心。对外贸易额占全国的40%，是全国最大的对外贸易中心。曼哈顿区是纽约的象征，华尔街和百老汇大街分别是美国的金融、保险机构和文化娱乐场所的集中地。服装、印刷、化妆品等行业居全国之首。纽约港水深、隐蔽、不冻，为美国出入大西洋的重要门户。市区地铁长1056千米。市郊设有肯尼迪、拉瓜迪亚和纽瓦克等现代化机场和斯塔滕岛海军基地。

墨西哥合众国 简称墨西哥。位于北美洲南部，东濒墨西哥湾和加勒比海，西、南临太平洋。海岸线长1.15万千米。面积196.4万平方千米。人口1.28亿，90%以上为印欧混血种人。居民中92.6%信奉天主教。官方语言为西班牙语。首都墨西哥城。历史上为美洲印第安人古文化中心，是玛雅文明、阿兹台克文明的发源地。公元1521年沦为西班牙殖民地。1821年独立。1824年10月建立联邦共和政体。1846年遭美国入侵，被迫割地230万平方千米。1917年定今国名。1972年2月14日同中国建交。 **环境** 地形以高原和山地为主。东、西、南三面被3列马德雷山脉环绕，北部海拔800～1000米，其间分布有沉积盆地；南部又称中央高原，海拔2000～2500米。东、西沿海为带状平原。中央高原南部为横断火山带，有火山300余座。奥里萨巴火山海拔5610米，为全国最高峰。主要河流是北布拉沃河。查帕拉湖为墨西哥第一大湖。北部属亚热带气候，南部属热带气候。整个高原年平均气温在20℃左右。年降水量：东南沿海2000～4000毫米，内地700～1000毫米，北部不足500毫米。矿藏资源丰富，主要有石油、天然气、金、银、铅、锌、铜、铀、钼、锑、石墨等。其中石墨储量居世界第一位。 **经济** 实行工业、农业并重的方针。国内生产总值约1.2亿美元。石油工业是国民经济的支柱。主要工业部门有采矿、石化、钢铁、电力、汽车制造、食品、水泥等。农产品有玉米、小麦、豆类、稻谷、棉花、甘蔗、烟草、剑麻等。公路、铁路运输发达。对外贸易总额9974亿美元。 **国防** 有现役总兵力约25万人。实行义务兵役制。

比例尺　1:11 800 000

0　118　236　354　472千米

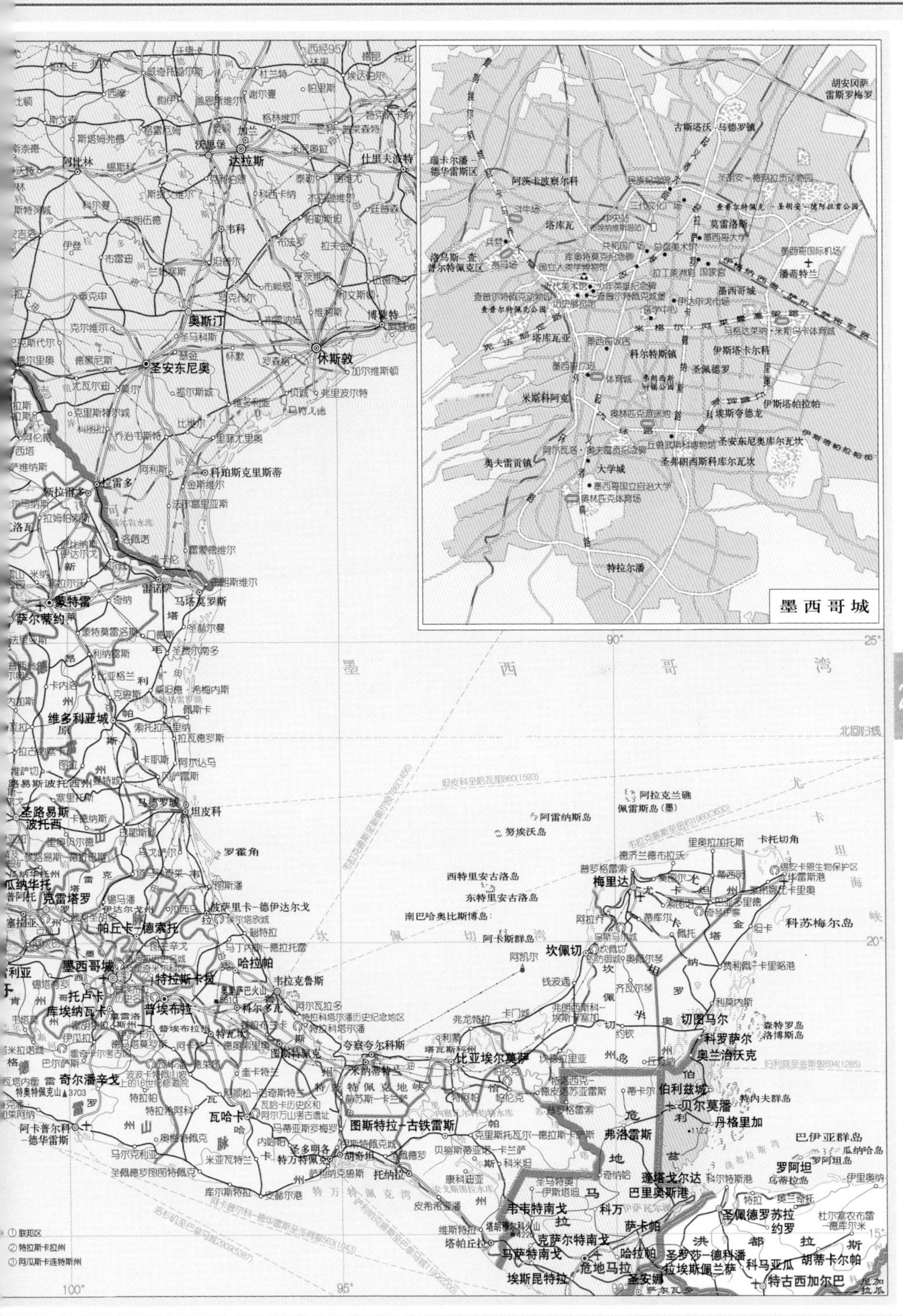

比例尺 1:4 600 000

0 46 92 138

危地马拉共和国 简称危地马拉。位于中美洲地区西北部，南临太平洋，东临加勒比海的洪都拉斯湾。海岸线长约500千米。面积10.89万平方千米。人口1860万，多为印欧混血种人和印第安人。居民多信奉基督教新教和天主教。官方语言为西班牙语。首都危地马拉。公元3～9世纪为玛雅文明繁荣之地。1524年沦为西班牙殖民地。1821年9月15日独立。**环境** 境内中部和南部为山地高原，库丘曼塔内斯山脉和米纳斯山横贯东西。有火山30多座，地震频繁。其中塔胡穆尔科火山海拔4220米，为全国最高峰。多山间谷地。北部为岩溶低地，约占全国面积的1/3，海拔低于210米，多森林、湖泊和沼泽。沿海有狭长平原。山地为热带森林气候，年平均气温15～20℃，平原低地为热带雨林气候，年平均气温25～30℃。年均降水量500～3000毫米。矿藏有石油、铅、锌、锑、金、银、水银、镍等。**经济** 以农业为主。国内生产总值约合860亿美元。主产棉花、咖啡、甘蔗、香蕉等。糖胶、树胶等林产品产量居世界前列。工业有采矿、制造、建筑、石化等。对外贸易478亿美元。**国防** 有现役总兵力约4.4万多人。实行义务兵役制。

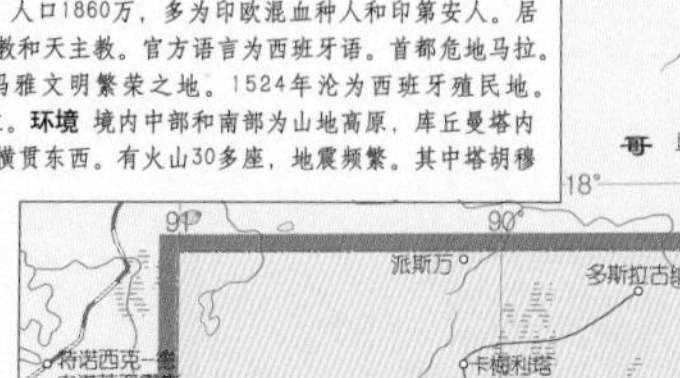

注：①萨卡特佩克斯省 ②库斯卡特兰省 ③拉利伯塔德省 ④拉巴斯省

图内未标注一级行政区名的均与一级行政中心同名

伯利兹 位于中美洲地区东北部，东临加勒比海。海岸线长322千米。面积约2.3万平方千米。人口43万，多为黑白混血种人和克里奥尔人，还有印第安人、印度人等。居民多信奉天主教和基督教新教。英语为官方语言。首都贝尔莫潘。原为玛雅人居住地。16世纪初沦为西班牙殖民地。1638年英国殖民者入侵。1862年沦为英国殖民地。1981年9月21日独立。1987年2月6日同中国建交，1989年10月23日中止。**环境** 境内南半部多山地和高原，以玛雅山脉为主体，海拔600～900米。维多利亚峰海拔1122米，为全国最高峰。北半部和沿海为低地平原，多沼泽和热带丛林，平均海拔不到61米。近海有世界第二大堡礁，连绵约225千米。主要河流有伯利兹河、纽河、翁多河。属热带海洋性气候。年平均气温25～27℃。年降水量：南部4575毫米，北部1350毫米。矿藏有石油、重晶石、锡、金等。森林覆盖率为70%，盛产红木。**经济** 以农业为主。国内生产总值约合26.76亿美元。农产品有甘蔗、柑橘、香蕉等。工业以制糖为主。沿海渔业资源丰富，盛产大龙虾、旗鱼、海龟等。对外贸易总额11.7亿美元。

萨尔瓦多共和国 简称萨尔瓦多。位于中美洲地区北部，南和西南濒太平洋。海岸线长256千米。面积2.1万平方千米。人口649万，86%为印欧混血种人，1%为印第安人，余为白种人。居民中75%信奉天主教。官方语言为西班牙语。首都圣萨尔瓦多。原为印第安人居住地。1524年沦为西班牙殖民地。1821年9月15日独立。1841年2月18日成立共和国。2018年8月21日与中国建交。**环境** 境内除沿海有狭长平原外，70%为岩溶高原和山地。地处中美洲火山带中心，有“火山之国”之称。中部山地平均海拔610米，中南部海岸山脉平均海拔约1200米。圣安娜火山海拔2381米，为全国最高峰。伦帕河是唯一的部分通航河流，境内长约260千米。属热带雨林和亚热带森林气候。沿海和低地湿热，山地凉爽。年平均气温17～25℃。年降水量1100～2400毫米。矿藏有金、银、铜、铁、石油、煤、锌、铅、汞、硫磺等。地热资源丰富。**经济** 以农业为主。国内生产总值约合287亿美元。主产咖啡、棉花、甘蔗、玉米、高粱等。工业有食品加工、纺织、卷烟、制糖、水泥、炼油等。畜牧业和渔业较发达。对外贸易总额192亿美元。**国防** 有现役总兵力约3.3万人。实行志愿兵役制。

洪都拉斯共和国

简称洪都拉斯。位于中美洲地区北部，北濒加勒比海，南临太平洋的丰塞卡湾。海岸线总长1033千米。面积11.25万平方千米。人口1022.1万，90%为印欧混血种人，7%为印第安人，余为黑种人、白种人等。居民中95.8%信奉天主教。官方语言为西班牙语。首都特古西加尔巴。原为印第安人的居住地。16世纪初沦为西班牙殖民地。1821年9月15日独立。1823年参加中美洲联邦。1838年联邦解体后成立共和国。2023年3月26日同中国建交。**环境** 境内大部为山地和高原，一般海拔900～1500米。拉斯米纳斯山海拔2849米，为全国最高点。沿海为平原和低地。属热带雨林和亚热带森林气候。年平均气温沿海31℃，中部山区23℃。年降水量1000～3000毫米。主要矿藏有金、银、铜、铅、锌、煤、锑、铁等。**经济** 以农业为主。国内生产总值约296.6亿美元。主要种植香蕉、咖啡、甘蔗等，有“香蕉国”之称。森林覆盖率约50%，盛产红木。工业以木材加工、食品、采银为主。对外贸易总额197亿美元。**国防** 有现役总兵力约1.2万人。实行志愿兵役制。

尼加拉瓜共和国

简称尼加拉瓜。位于中美洲地区中部，东濒加勒比海，西临太平洋。海岸线总长820千米。面积13.04万平方千米。人口662.4万，印欧混血种人占69%、白种人占17%、黑种人占9%、印第安人占5%。居民多信奉天主教。国语为西班牙语。首都马那瓜。原为印第安人居住地。公元1502年哥伦布航行到此。1524年沦为西班牙殖民地。1821年9月15日独立。1823年加入中美洲联邦。1839年联邦解体后建立共和国。1985年12月7日同中国建交，后于1990年11月9日中止。2021年12月10日复交。**环境** 地势中部高，东、西部低。中、北部为高原和山地，一般海拔900～1500米。北部恩特雷里奥斯山脉的莫戈顿峰海拔2107米，为全国最高点。沿海为低地。多活火山、湖泊和丛林沼泽。尼加拉瓜湖为中美洲最大的湖泊。大部属热带雨林气候。年平均气温25.5℃。年降水量1000～3800毫米。主要矿藏有金、银、锑、锌、铜和石油等。森林、地热资源丰富。**经济** 以农牧业为主。国内生产总值约140亿美元。主要出口棉花、香蕉、甘蔗、咖啡等。畜牧业较发达，是中美洲最大的养牛国。工业有采金和食品加工、纺织、炼油、化工等，是拉美主要产金国之一。对外贸易总额101.2亿美元。 **国防** 有现役总兵力约1.4万人。实行志愿兵役制。

哥斯达黎加 巴拿马

COSTA RICA PANAMA

比例尺 1:5 400 000

0 54 108 162

注：图内未标注一级行政区名的均与一级行政中心同名

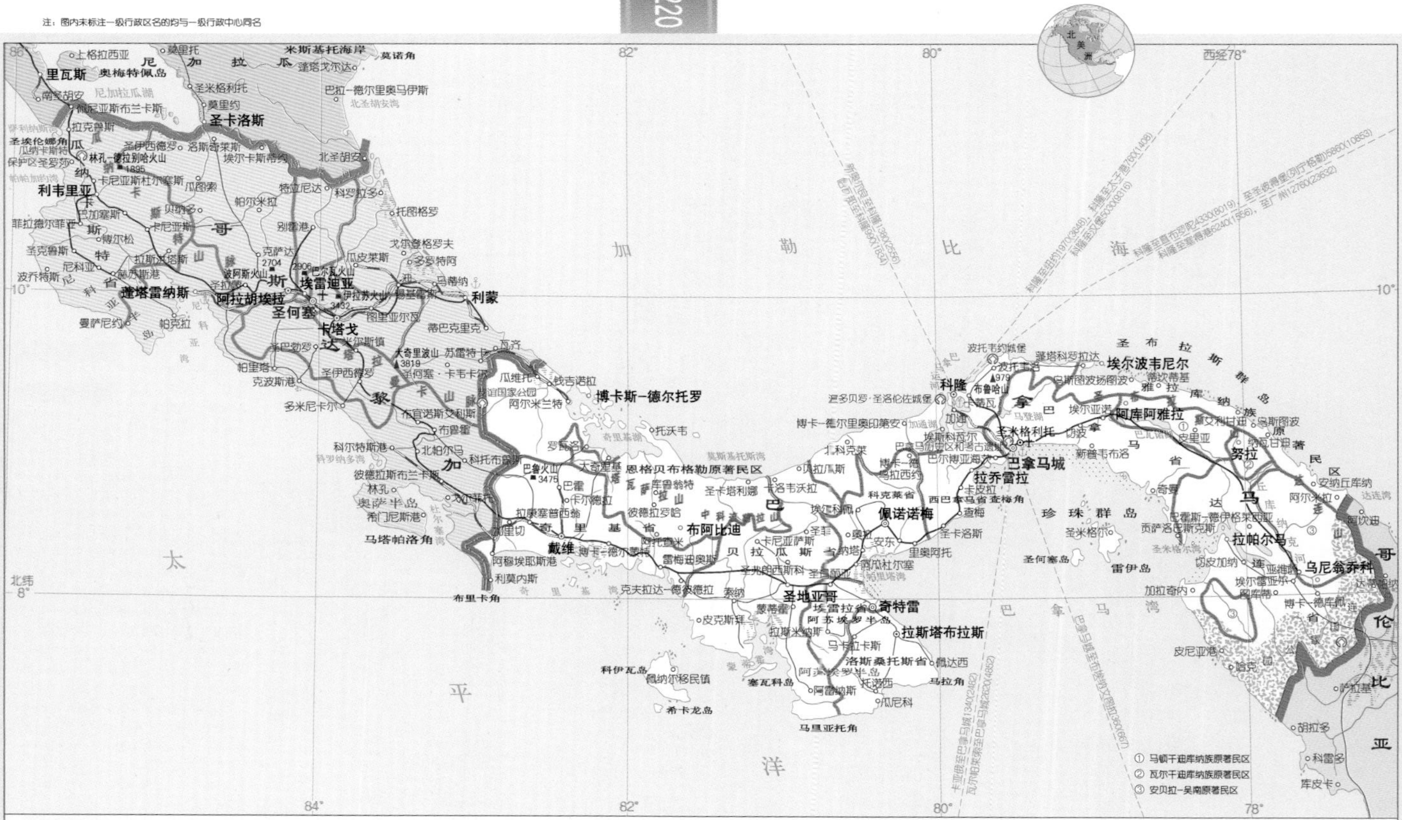

① 马顿干纽库纳族原著民区
② 瓦尔干纽库纳族原著民区
③ 安贝拉-吴南原著民区

哥斯达黎加共和国 简称哥斯达黎加。位于中美洲地区南部，西濒太平洋，东临加勒比海。海岸线长1200千米。面积5.11万平方千米。人口521万，白种人和印欧混血种人共占95%，余为黑种人、印第安人、华人等。居民中95%信奉天主教。官方语言为西班牙语。首都圣何塞。原为印第安人居住地。公元1564年沦为西班牙殖民地。1823年加入中美洲联邦。联邦解体后，1821年9月15日宣布独立。2007年6月1日同中国建交。**环境** 境内以崎岖山地和高原为主。内陆有瓜纳卡斯特山脉、中央高原和塔拉曼卡山脉，多火山。最高峰大奇里波山，海拔3819米。波阿斯活火山，有目前世界最大的火山口，直径1600米。北部和沿海为平原、低地。属热带气候。年平均气温：高原地区16～19℃，沿海地区23～25℃。年平均降水量3300毫米。矿藏有铝矾土、金、银、铁、锰、硫磺等。森林覆盖率32%。**经济** 以外贸、旅游和服务业为主，经济增长率居中美洲国家前列。国内生产总值约合643亿美元。农产品有水稻、咖啡、香蕉、甘蔗、可可、玉米等。养牛业发达。工业以食品、纺织、化工、炼油等为主。外贸在国民经济中占重要地位。

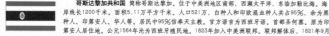

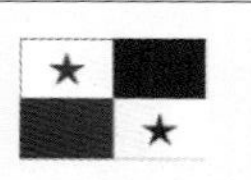

巴拿马共和国 简称巴拿马。位于中美洲地区东南部。地跨北美、南美两洲，沟通大西洋和太平洋的巴拿马运河贯穿其中部，战略地位极为重要。面积7.55万平方千米。人口438万，印欧混血种人占65%，余为非、欧、华裔人、印第安人等。居民中85%信奉天主教。官方语言为西班牙语。首都巴拿马城。公元1501年沦为西班牙殖民地。1821年独立，成为大哥伦比亚共和国的一部分。1903年成立巴拿马共和国。2017年6月13日同中国建交。**环境** 境内主要为山地、高原和丘陵，大部海拔不足700米。主要山脉有塔瓦萨拉山、圣布拉斯山、达连山和萨波山等。巴鲁火山海拔3475米，是全国最高点。沿海为狭长平原。最大河流是图伊拉河，最大湖泊为加通湖。属热带海洋性气候。年平均气温27℃。年降水量1500～3700毫米。矿藏有金、银、铁、铜、钼、铝矾土、盐、汞、硫磺和煤等。森林覆盖率达70%以上。**经济** 属中美洲地区经济较发达国家。运河区收入、金融服务业、旅游业和自由贸易区收入为经济四支柱。国内生产总值约合636亿美元。工业有石油加工、食品加工、造纸、皮革、纺织等。农产品有香蕉、稻谷、甘蔗等。渔业和海运业发达

比例尺　1∶540 000
0　5.4　10.8　16.2　21.6千米

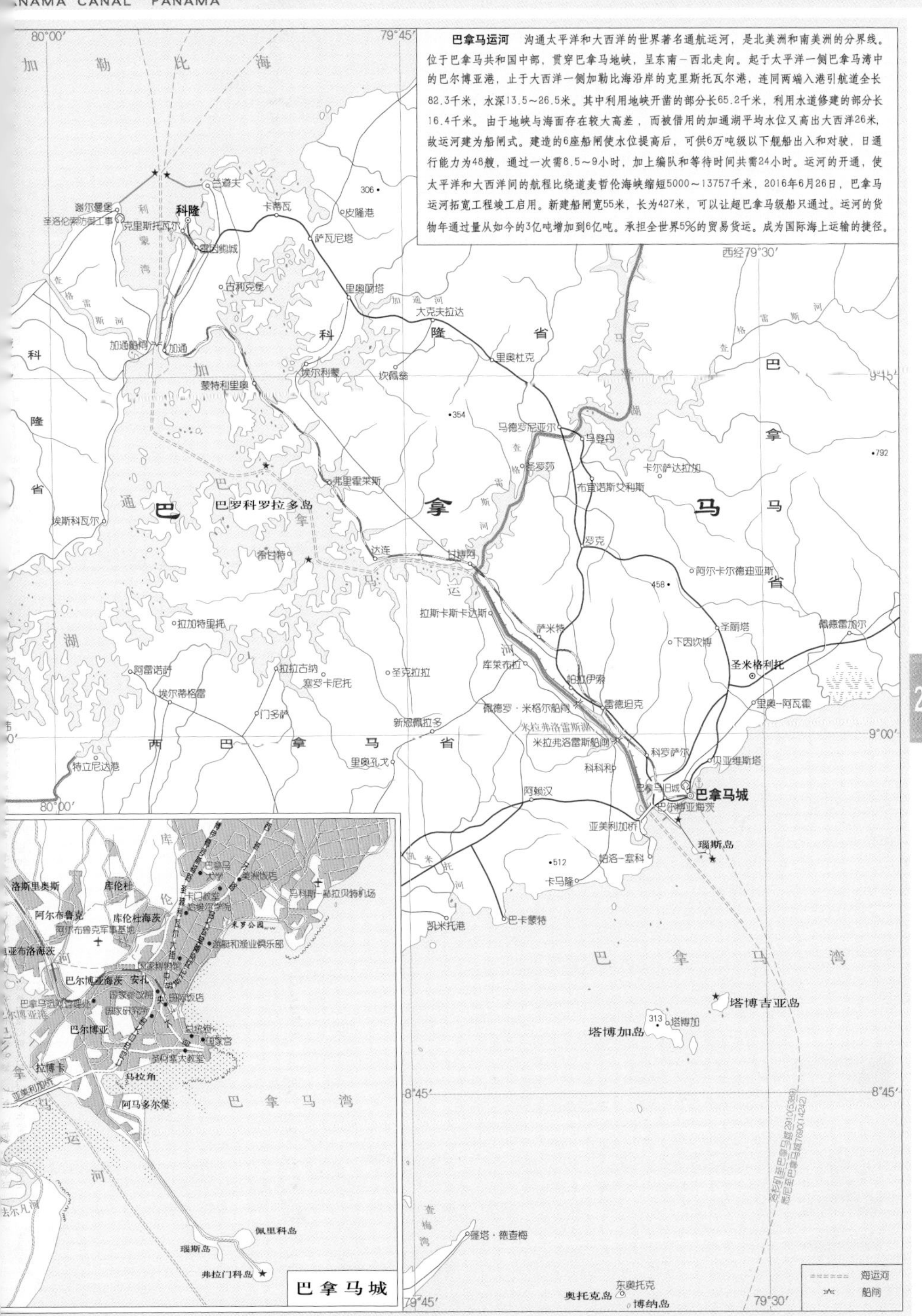

巴拿马运河　沟通太平洋和大西洋的世界著名通航运河，是北美洲和南美洲的分界线。位于巴拿马共和国中部，贯穿巴拿马地峡，呈东南－西北走向。起于太平洋一侧巴拿马湾中的巴尔博亚港，止于大西洋一侧加勒比海沿岸的克里斯托瓦尔港，连同两端入港引航道全长82.3千米，水深13.5～26.5米。其中利用地峡开凿的部分长65.2千米，利用水道修建的部分长16.4千米。由于地峡与海面存在较大高差，而被借用的加通湖平均水位又高出大西洋26米，故运河建为船闸式。建造的6座船闸使水位提高后，可供6万吨级以下舰船出入和对驶，日通行能力为48艘，通过一次需8.5～9小时，加上编队和等待时间共需24小时。运河的开通，使太平洋和大西洋间的航程比绕道麦哲伦海峡缩短5000～13757千米，2016年6月26日，巴拿马运河拓宽工程竣工启用。新建船闸宽55米，长为427米，可以让超巴拿马级船只通过。运河的货物年通过量从如今的3亿吨增加到6亿吨。承担全世界5%的贸易货运。成为国际海上运输的捷径。

巴哈马国 简称巴哈马。位于西印度群岛最北部，扼南、北美洲海上交通要冲，是出入加勒比海的门户之一。由巴哈马群岛700多个岛屿和2000多个岩礁组成，陆地面积约1.39万平方千米。人口39.4万，黑种人占90.6%，余为英国、加拿大、美国人后裔和少数海地人、牙买加人和华人。居民多信奉基督教。官方语言为英语。首都拿骚。1492年哥伦布到达群岛中的圣萨尔瓦多岛（华特林岛）。1647年欧洲开始向此地移民。1649年英国占据群岛。1717年英宣布为其殖民地。1782年被西班牙殖民者侵占。1783年正式沦为英国殖民地。1964年实行内部自治。1973年7月10日独立。1997年5月23日同中国建交。**环境** 群岛由西北向东南延伸，长1220千米，宽96千米。多数岛屿地势低平，海拔在10米左右。沿海多海水沼泽和潟湖，并有珊瑚礁环绕。最高点在卡特岛，海拔63米。群岛无淡水河。属亚热带气候，夏季多雷暴雨和飓风。年平均气温23.5℃。年均降水量1200毫米。矿藏有海底文石、石油、天然气、盐等。**经济** 以旅游业和金融业为支柱。海底文石矿储量居世界之首，海域盛产海盐、马林鱼和龙虾。国内生产总值约合127亿美元。旅游业是国民经济第一大支柱产业，收入约占国内生产总值的70%。工业有炼油、水泥、制药、食品加工等。农产品有玉米、豆类、甘蔗等。对外贸易总额37.66亿美元。**国防** 准军事海岸警卫队是巴哈马唯一的安全部队。有现役总兵力1000人。

古巴共和国 简称古巴。位于加勒比海西北部，扼墨西哥湾通往大西洋的航道。海岸线长约6000千米。由古巴岛等1600多个大小岛屿组成，陆地面积11.09万平方千米。人口1118.2万，白种人占64.1%、黑种人占9.3%、混血种人占26.6%。多数居民信奉天主教。西班牙语为官方语言。首都哈瓦那。公元1492年哥伦布航海抵此，1511年沦为西班牙殖民地。历经1868年和1895年开始的两次独立战争，于1902年5月20日成立古巴共和国。1959年人民起义军革命成功，成立现政府。1960年9月28日同中国建交。**环境** 古巴岛是西印度群岛最大的岛屿，岛上3/4为平原和盆地。西部有奥尔加诺斯山和罗萨里奥山。东部有马埃斯特腊山，其主峰图尔基诺峰海拔1974米，为全国最高峰。最大河流为考托河。境内大部分为热带草原气候。年平均气温25℃。1月为最冷月，平均气温21℃，5月～10月为雨季，常遇飓风侵袭。年降水量1380毫米。矿藏主要有铁、镍和铬，另有锰、铜、钴、石油等。森林覆盖率为21%，盛产名贵硬木。**经济** 旅游、甘蔗生产、制糖和镍出口是古巴经济的支柱，具有“世界糖罐”之誉。工业部门还有采矿、电力、纺织和水泥等。主要农作物是甘蔗、水稻、烟草、柑橘、咖啡等。外贸以出口蔗糖为主，此外还有雪茄烟、矿产品、水果等，主要进口粮食、石油、机械等。国内生产总值约114亿美元。对外贸易总额203亿美元。**国防** 有现役总兵力4.6万人。实行义务兵役制。

特克斯和凯科斯群岛 位于巴哈马群岛东南端。东部频临大西洋。包括特克斯群岛和凯科斯群岛等30多个岛屿。陆地面积约430平方千米。人口约2.4万。黑人为主。官方语言为英语。首府科伯恩城。1512年被西班牙人发现。1766年成为英国殖民地。经济以渔业为主，还有旅游和金融服务业。

百慕大 位于北大西洋西部的马尾藻海中。西距美国大陆约900千米。由7个主岛及150多个岛礁组成。陆地面积约71.7平方千米。人口6.5万。多数为有色人种。官方语言为英语。首府哈密尔顿。1503年西班牙人发现，1684年沦为英国殖民地。1968年实行内部自治。经济主要依赖旅游、国际金融业和保险业。人均地区生产总值居世界前列。(图见第276页百慕大群岛)

注：图内未标注一级行政区名的均与一级行政中心同名

开曼群岛
1：4 600 000

开曼群岛 为英国属地。位于加勒比海西北部。主要由大开曼岛、小开曼岛、开曼布拉克岛3个大岛和附近小岛组成。陆地面积264平方千米。人口6万，混血种人占40%、黑种人占20%、白种人占20%。居民多信奉基督教。英语为通用语言。首府乔治敦。公元1503年哥伦布发现该群岛。1670年沦为英国殖民地。**环境** 群岛地势低平，平均海拔200米。大开曼岛为最大，面积220平方千米。环岛有珊瑚岩礁。属热带气候。年平均气温24～30℃。年降水量1200毫米。**经济** 主要经济部门为海龟养殖、金融服务和旅游业。地区生产总值约59亿美元。农产品有椰子、香蕉、芒果、柑橘等。主要出口海龟肉、贝壳、皮革等，进口粮食、纺织品和建筑材料等。对外贸易总额约11.37亿美元。

海地 多米尼加
1：4 600 000

牙买加 位于加勒比海西北部，为岛国。扼经牙买加海峡到巴拿马运河的航线。陆地面积1.1万平方千米，是加勒比海中第三大岛。人口299万，黑种人和黑白混血种人共占90%，余为印度人、白种人和华人。居民多信奉基督教。官方语言为英语。首都金斯敦。公元1494年哥伦布航行到此。1509年沦为西班牙殖民地。1655年被英国占领。1962年8月6日独立。1972年11月21日同中国建交。**环境** 国土大部为山地、高原。蓝山峰海拔2256米，为全国最高峰。中、西部为石灰岩高原、丘陵。沿海为平原。主要矿藏资源为铝矾土，是世界第三大铝矾土产地。属热带雨林气候。年平均气温27℃。年平均降水量2000毫米。**经济** 铝矾土采炼业、蔗糖、旅游业和信息服务业为国民经济支柱。铝矾土储量、产量居世界前列。国内生产总值约合161亿美元。对外贸易总额71.4亿美元。

牙买加
1：4 600 000

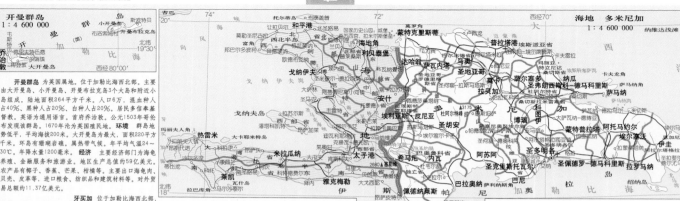

海地共和国 简称海地。位于加勒比海大安的列斯群岛中的伊斯帕尼奥拉岛的西半部，东与多米尼加接壤，北濒大西洋，南临加勒比海。海岸线长1080千米。陆地面积2.78万平方千米。人口约1191万，黑种人占95%，余为黑白混血种人。居民中80%信奉天主教。官方语言为法语和克里奥尔语。首都太子港。公元1492年哥伦布发现此岛，1502年沦为西班牙殖民地。1697年西班牙将该岛西部割让给法国。1790年爆发反法独立斗争。1804年1月1日独立。**环境** 国土由两个半岛和附近岛屿组成，半岛之间为戈纳伊夫湾。全境3/4为山地和丘陵地。沿海和沿河有狭窄平原。北部半岛上的北部山脉是多米尼加中科迪勒拉山脉西延部分。南部蒂比龙半岛上的塞勒峰海拔2680米，为全国最高峰。北、南分别属热带雨林气候和热带草原气候。年平均气温24～26℃。年平均降水量1000～2500毫米。矿藏有铝矾土、金、银、铜、铁等。**经济** 以农业为主，国内生产总值约合202亿美元。农产品有咖啡、可可、香精油、棉花、甘蔗、剑麻、玉米、稻谷等。工业有制糖、卷烟、食品、纺织、水泥等。旅游业发达，是外汇的主要来源。

多米尼加共和国 简称多米尼加。位于加勒比海大安的列斯群岛中的伊斯帕尼奥拉岛东半部，西与海地接壤，北临大西洋，南濒加勒比海。陆地面积4.87万平方千米。人口约1123万，主要为黑白混血种人和印欧混血种人占73%，余为白种人和黑种人。95%的居民信奉天主教。官方语言为西班牙语。首都圣多明各。公元1492年哥伦布到达此岛。1496年沦为西班牙殖民地。1795年归属法国。1809年复归西班牙。1844年2月27日独立。2018年5月1日与中国建交。**环境** 全境60%为山地。西半部山脉分3列从西北向东南绵亘，中部的杜阿尔特峰海拔3175米，为西印度群岛的最高峰。东半部的山脉呈东西走向，山势平缓。山脉间多为长条谷地。全国最大的恩里基约湖低于海平面44米，为该地区陆地最低点。全境为热带气候。年平均气温25～30℃。东、西部年平均降水量分别为2000毫米和1000毫米。主要矿藏有金、银、镍、铁合金、铝矾土等。**经济** 以农业为主，辅以采矿业、旅游业。国内生产总值约合1140亿美元。农产品有甘蔗、咖啡、可可、烟草、稻谷、玉米等。工业有采矿、农产品加工、水泥、纺织等。对外贸易总额365亿美元。**国防** 有现役总兵力约4.4万人。实行义务兵役制。

波多黎各 为美国属地。位于加勒比海大安的列斯群岛东部。北临大西洋。由主岛波多黎各岛和别克斯、莫纳等小岛组成，最高峰为主岛上的蓬塔山，海拔1338米。陆地面积9104平方千米。人口约366万。绝大多数为拉美后裔人。官方语言为西班牙语，通用英语。首府圣胡安。1509年沦为西班牙殖民地。1897年实现内部自治。1898年沦为美国殖民地。1952年为美国一个"自由联邦"实行内部自治。

美属维尔京群岛 美国海外属地。位于加勒比海小安的列斯群岛北端的维尔京群岛西部。由50多个岛礁组成。陆地面积347平方千米。人口约10.5万。主要是黑人。英语为官方语言。首府夏洛特阿马利亚。16世纪受西班牙、荷兰、英国、法国和马耳他控制。1733年成为丹麦殖民地。1917年美国从丹麦购得。1927年起该岛居民成为美国公民。经济十分倚赖美国。未探明自然资源。

英属维尔京群岛 位于加勒比海小安的列斯群岛北端的维尔京群岛东部。陆地面积153平方千米。人口约3.1万。主要是黑人。通用英语。首府罗德城。1627年被英国兼并。1872年成为英国殖民地。经济以农业和旅游业为主。

波多黎各岛 维尔京群岛
1：4 600 000

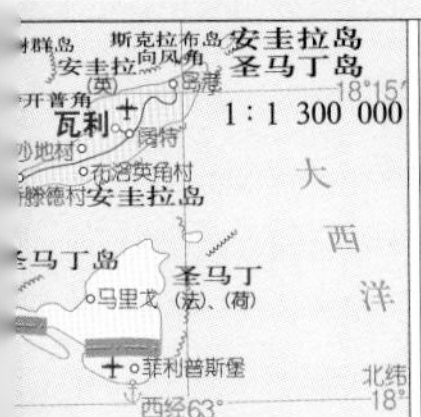

安提瓜和巴布达　位于小安的列斯群岛中背风群岛东南部，为岛国。由3个岛屿组成。陆地面积443平方千米。人口10.1万，绝大多数为非洲黑种人后裔。居民多信奉基督教。官方语言为英语。首都圣约翰。公元1493年哥伦布到达安提瓜岛。1520～1629年先后遭西班牙和法国殖民者入侵。1632年被英国占领，1667年成为英国殖民地。1981年11月1日独立。1983年1月1日同中国建交。**环境**　主岛安提瓜岛地形以浅丘和低地为主。最高点博吉峰海拔402米。巴布达岛为珊瑚岛，低平，多林木。属热带海洋性气候。年平均气温27℃。年平均降水量1020毫米。**经济**　以农业和旅游业为主。国内生产总值约合16.9亿美元。出产甘蔗、棉花、葛薯等。工业有制糖、炼油等。对外贸易额6.15亿美元。

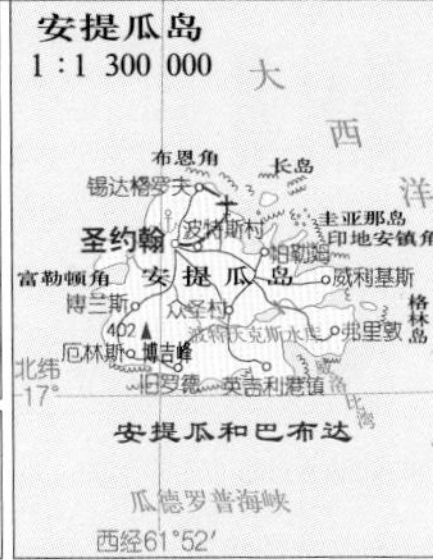

安圭拉　位于加勒比海背风群岛北端。陆地面积……方千米。人口约1.3万。主要是黑人。通用英语。……瓦利。1650年沦为英国殖民地。1980年正式成为……自治领。经济以旅游业为主。

圣马丁（法）　面积53平方千米，人口3.2万，官方语言为法语，由圣马丁岛北部及附近一些小岛组成。

圣马丁（荷）　位于圣马丁岛南部。面积34平方千米。人口3.1万。官方语言为荷兰语和英语。居民主要信奉天主教，其次为基督教新教。2010年脱离荷属安的列斯，成为荷兰王国的自治属地。

圣基茨和尼维斯联邦　简称圣基茨和尼维斯。位于小安的列斯群岛中的背风群岛中部，为岛国。由圣基茨(圣克里斯托弗)和尼维斯等岛屿组成。陆地面积272平方千米。人口5.8万，94%为黑种人，另有白人和混血种人。大多数人信奉英国圣公会。英语为官方语言。首都巴斯特尔。公元1493年哥伦布到达圣基茨岛。1623年被英国占领。此后法国一度占领该岛两端。1783年又正式归属英国。1983年9月19日独立。**环境**　圣基茨岛主要由3座火山构成。其中米瑟里火山海拔1156米，为全国最高峰。尼维斯岛全部为山地。另有松布雷罗岛，系石灰岩小岛。属热带海洋性气候。年平均气温26℃。年降水量逾1000毫米。**经济**　以糖业、旅游业为主。农产品有甘蔗、椰子、棉花、花生、水果等。国内生产总值约合11.2亿美元。**国防**　有现役兵力300人。

蒙特塞拉特　位于小安的列斯群岛的背风群岛中部，面积102平方千米。人口约1.3万人，主要是黑人。通用英语。首府普利茅斯（毁于1997年火山爆发，临时政府所在地为布莱兹）。1632年沦为英国殖民地。经济以旅游业、服务业和农业为主。

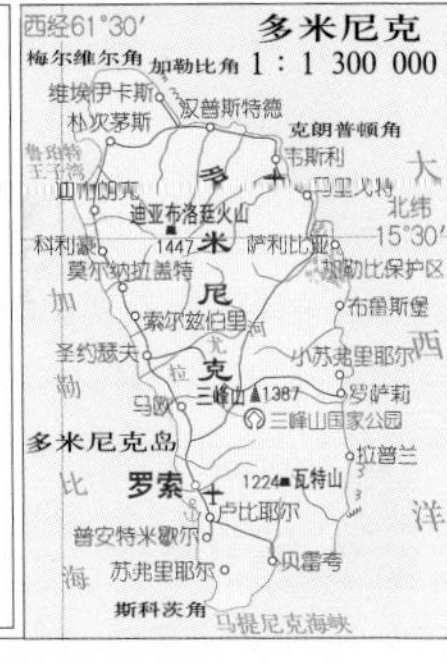

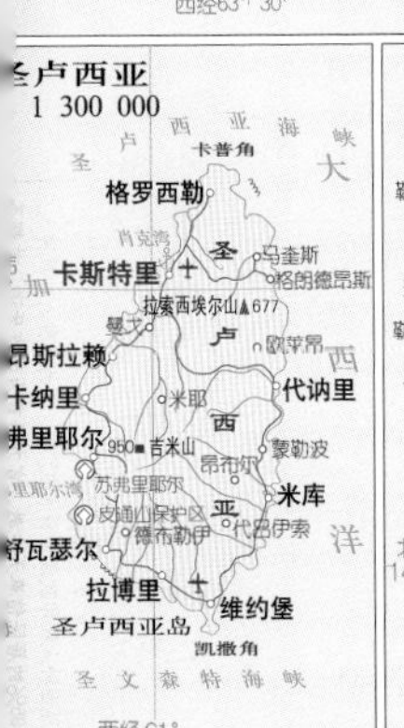

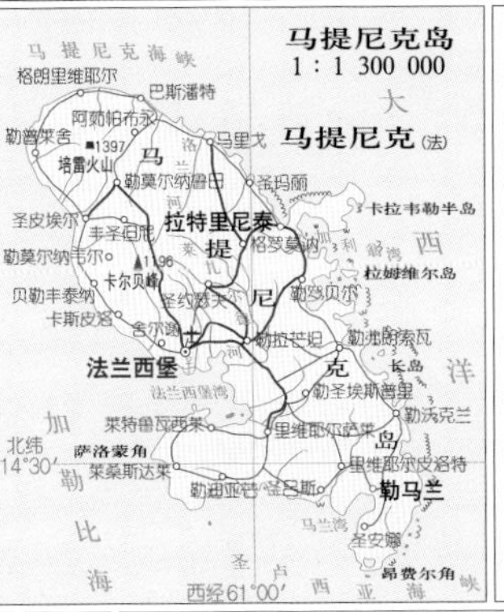

马提尼克　为法国海外省。位于加勒比海小安的列斯群岛中部。面积1100平方千米。人口约37.5万，主要是黑白混血种人。法语为官方语言，通用克里奥尔语。大多数居民信奉天主教。首府法兰西堡。公元1502年被哥伦布发现。1635年被法国殖民者占领。1977年取得法国的大区地位。**环境**　属火山岛，北部的培雷火山为最高峰，海拔1397米。中部和沿海有平原。属热带海洋性气候。年平均气温26℃。年降水量：背风坡1000毫米，迎风坡5000毫米。**经济**　以农业为主。基础薄弱，主要依靠法国援助。地区生产总值约合61亿美元。工业多为加工业，主要有食品加工、制糖、酿酒、炼油、水泥等。主要农作物有甘蔗、香蕉、菠萝等。旅游业是外汇收入的主要来源之一。

多米尼克国　简称多米尼克。前译多米尼加联邦。位于小安的列斯群岛中向风群岛北端，为岛国。陆地面积751平方千米。人口7.7万，主要为黑种人和黑白混血种人。居民多信奉天主教。英语为官方语言。首都罗索。1493年哥伦布到达此岛，1763年沦为英国殖民地。1978年11月3日独立。2004年3月23日同中国建交。**环境**　多米尼克岛为火山岛，多热泉。迪亚布洛廷火山最高，海拔1447米。中部有小片平原。属热带海洋性气候。年平均气温27℃。年平均降水量2000毫米以上。**经济**　以农业为主，农产品有香蕉、椰子、咖啡、可可、柑橘。工业有农产品加工等。国内生产总值约5.5亿美元。**环境**　无军队。警察约400人。

圣卢西亚　位于小安的列斯群岛中向风群岛中部，为岛国。陆地面积616平方千米。人口18.2万，85%以上为黑种人。居民多信奉天主教。首都卡斯特里。早为印第安人的居住地。公元17世纪起先后为英、法等殖民者占领。1814年正式沦为英国殖民地。1979年2月22日独立。1997年与中国建交。2007年中止。**环境**　该岛为火山岛，有山脉纵贯南北，多溶岩丘和矿泉。莫基米山海拔950米，为全国最高峰。沿海为平原。属热带海洋性气候。年平均气温26℃。年均降水量：沿海低地400毫米，内陆山区3500毫米。地热、森林资源丰富，南部有硫磺矿。**经济**　旅游业和农业为国民生产支柱。国内生产总值约19.72亿美元。农产品有香蕉、椰子和可可等。工业有地热发电、肥皂、椰油、电子装配等。对外贸易总额18.47亿美元。

瓜德罗普　为法国的海外省。位于小安的列斯群岛中背风群岛最南端，是背风群岛中最大岛屿。由主岛瓜德罗普岛(分东部的格朗特尔岛和西部的巴斯特尔岛)以及玛丽－加朗特岛、拉代西拉德岛、桑德群岛、圣巴泰勒米岛和圣马丁岛的北半部等组成。陆地面积1702平方千米。人口40万，77%是黑白混血种人，10%为黑种人，余为欧洲人、美洲人和印第安人混血种人。居民多信奉天主教。首府巴斯特尔。公元1493年哥伦布发现该岛。1635年被法国占领。后几度被英国占领。1816年重被法国占领。1977年划为法国一个大区。**环境**　巴斯特尔岛为火山岛，苏弗里耶尔火山海拔1467米，为小安的列斯群岛的最高峰。格朗特尔岛由石灰岩构成，地势低平。属热带雨林气候。年平均气温26℃。年均降水量约2000毫米。**经济**　以农业和旅游业为主。地区生产总值约合37亿美元。多种植甘蔗、香蕉等。工业有制糖、食品、加工业和酿酒业等。对外贸易总额25亿美元。

圣文森特和格林纳丁斯 位于小安的列斯群岛中向风群岛南部，为岛国。陆地面积389平方千米。人口11万，66%是黑种人，19%是黑白混血种人，其他为白种人、印度人等。居民多信奉基督教新教。通用英语。首都金斯敦。原为加勒比印第安人居住地，1627年英国占领该岛。1783年沦为英国殖民地，1969年实行内部自治。1979年10月27日独立。**环境** 主岛圣文森特岛为火山岛，北部苏弗里耶尔活火山海拔1234米，为全国最高峰。格林纳丁斯群岛北部的岛屿为珊瑚岛，地势低平。属热带海洋性气候。年平均气温26℃。年平均降水量约2000毫米。**经济** 以旅游和农业为主。农业主要种植香蕉和葛薯，是世界上最大的葛粉生产国。国内生产总值约9.48亿美元。中圣贸易总额约2162万美元。

圣文森特岛
1:1 300 000

巴巴多斯 位于小安的列斯群岛最东端，为岛国。面积431平方千米。人口28.9万，90%为非洲黑种人后裔，余为黑白混血种人。居民多信奉基督教。通用英语。首都布里奇敦。公元16世纪前为印第安人阿拉瓦克族和加勒比族居住地。1518年后，西、葡入侵。1624年沦为英国殖民地。1966年11月30日独立。1977年5月30日同中国建交。**环境** 该岛由石灰岩构成。中部为台地，东北部地面崎岖，沿海为沙滩。属热带海洋气候。全年气温在22～30℃之间。年降水量：中部台地2200毫米，沿海1000毫米。资源有石油、天然气、石灰石等。**经济** 旅游业、制造业和农业为巴经济三大支柱。遍植甘蔗，蔗糖出口是外汇收入的重要来源之一。国内生产总值约合57.9亿美元。对外贸易总额20.22亿美元。

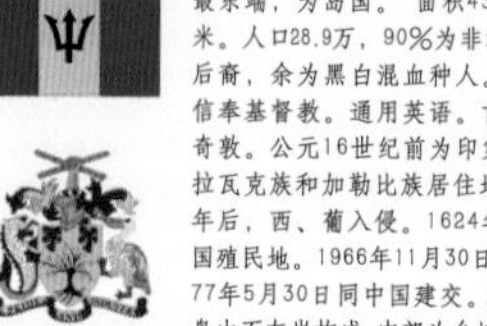

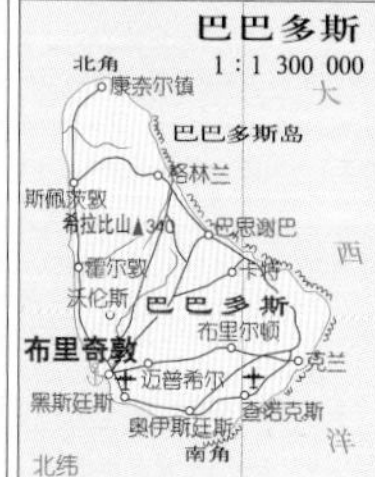

格林纳达 位于小安的列斯群岛中向风群岛最南端，为岛国。陆地面积344平方千米。人口11.4万，82…黑种人。居民多信奉天主教。英…官方语言和通用语。首都圣乔治…为印第安人居住地。1498年被哥…发现。1650年起被法、英交替占…1783年沦为英国殖民地。1974年…日独立。1985年10月1日同中国建…1989年中止。2005年1月20日恢复…交关系。**环境** 属火山…中部为山地，沿海为…多火口湖、温泉。属…海洋性气候。年平均…26℃。年平均降水量…毫米。**经济** 以农业和…业为主，出产肉豆蔻…蕉等。肉豆蔻的产量…于印尼，居世界第二…国内生产总值约11.9…元。对外贸易总额约…亿美元。

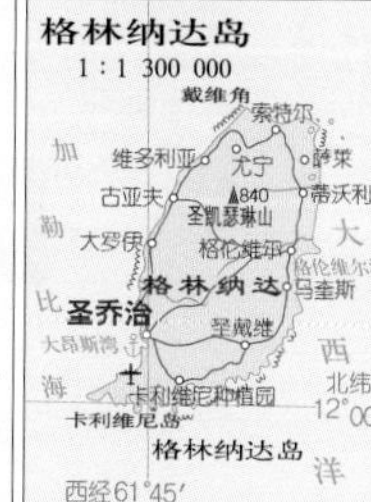

特立尼达和多巴哥共和国 简称特立尼达和多巴哥。位于小安的列斯群岛东南端，为岛国。由特立尼达岛、多巴哥岛及沿岸一些小岛组成。面积5128平方千米。人口142.1万，34.2%为黑种人，35.4%为印度人，余为黑白混血种人、欧洲人、华人等。居民多信奉天主教、基督教新教。英语为官方语言和通用语言。首都西班牙港。原为印第安人阿拉瓦克族和加勒比族居住地。1781年被法国占领。1802年划归英国。1814年沦为英国殖民地。1962年8月31日独立。1974年6月20日同中国建交。**环境** 特立尼达岛属大陆岛，有3列东西向平行山脉横贯全岛，山脉之间为平原、谷地，沿海多沼泽。最高峰为阿里波山，海拔940米多巴哥岛由火山岩组成。东北部地势较高，西南部为低高原，沿海有零星狭小平原。属热带海洋性气候。年平均气温24～27℃。年平均降水量约2000毫米。矿藏有石油、天然气、沥青等。**经济** 属工、农业国家，国内生产总值约293.4亿美元。工业以石油、沥青开采和冶炼为主，另有钢铁、化肥等。特立尼达岛西南部有世界最大的沥青湖。农产品有椰子、木薯、咖啡、可可等。对外贸易总额75.6亿美元。**国防** 有现役总兵力2000人。

多巴哥岛
1:1 300 000

阿鲁巴（荷） 位于加勒比海小安的列斯群岛的最西端。面积193平方千米。人口10.5万，主要为印第安人与欧洲白人的混血后裔。官方语言为荷兰语。居民80%以上信奉天主教，少数信奉基督教新教。首府奥拉涅斯塔德。原为印第安人居住地。公元1499年被西班牙所占领。1643年易手荷兰。1807年被英夺取。1814年重归荷兰，成为荷属安的列斯的一部分。1986年脱离荷属安的列斯，成为荷兰一个单独政治实体。**环境** 全岛地势低平。属热带草原气候。年平均气温27℃。年降水量约440毫米。**经济** 主要是依靠石油提炼和旅游业。农业以种植西沙尔麻、芦荟和水果为主。年生产总值约合31.3亿美元。对外贸易额约35.6亿美元。

阿鲁巴岛
1:1 300 000

库拉索（荷） 是一座位于加勒比海南部，靠近委内瑞拉海岸的岛。面积444平方千米，2016年人口为15.9万人，多数为黑白混血种人。85%的居民信奉天主教。官方语言为荷兰语。首府威廉斯塔德。1499年西班牙人达到此岛。1634年被荷兰人占领，为荷属安的列斯群岛的一部分。2008年改为荷兰王国的自治国。历史上曾是国际奴隶贸易中心。奴隶贸易使库拉索岛变得富裕，岛上建有许多殖民者的建筑物，这些建筑物使库拉索岛名列世界遗产名录。**环境** 库拉索岛最高点海拔375米。为半干旱草原气候，年平均气温28℃，年降水量500～1500毫米。缺乏淡水。**经济** 以炼油业和旅游业为主。地区生产总值约合27亿美元。工业有大型炼油厂。除炼油外，旅游业、石油转口和修船业也是群岛经济收入的重要来源。农产品有高粱、豆类和柑橘等。粮食和工业品主要靠进口。对外贸易额10.8亿美元。

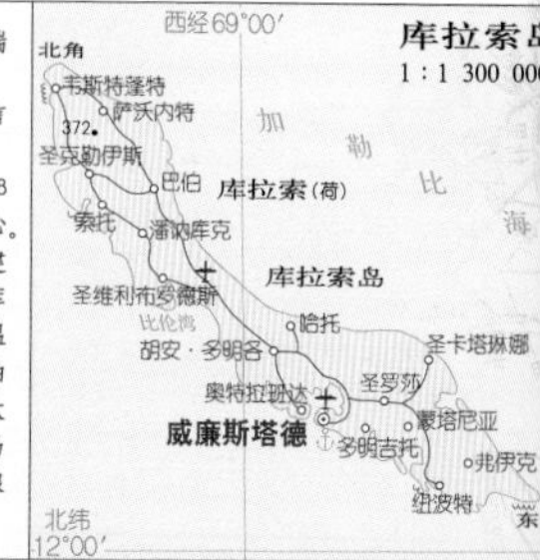

比例尺 1:22 700 000

0 227 454 681 908千米

小安的列斯群岛和南美洲大陆之间。是两大洋和北、南美洲之间许多国际海上航线的必经之地，有“美洲地中海”之称。加勒比海东西最长约2800千米，南北最宽约1287千米，总面积275.4万平方千米，容积686万立方千米。平均深度2491米，开曼海沟最深处7680米，为加勒比海已知最深处。大部海区表层水温25℃至28℃。盐度34.9‰～36.0‰。夏秋之间常受飓风袭击。海洋生物丰富，盛产沙丁鱼、金枪鱼、海龟、鲨鱼、龙虾，是拉美地区重要渔场之一。南部大陆架富石油和天然气。水域四周多群岛、海湾和海峡。加勒比海沿岸有30多个国家和地区，陆地总面积约474万平方千米。人口约2亿多，混血种人占47%，白种人占20%左右，余为印第安人、黑种人和印度人。大多数国家经济以农业为主，多为大种植园经营。主产甘蔗、咖啡、烟草、热带水果、棉花、可可、剑麻等。采矿业和旅游业发达。区内港口众多，海上交通较发达，巴拿马运河是本区航运要道。19世纪末以来，美国及沿岸国家在海域周围建有许多海、空军基地。

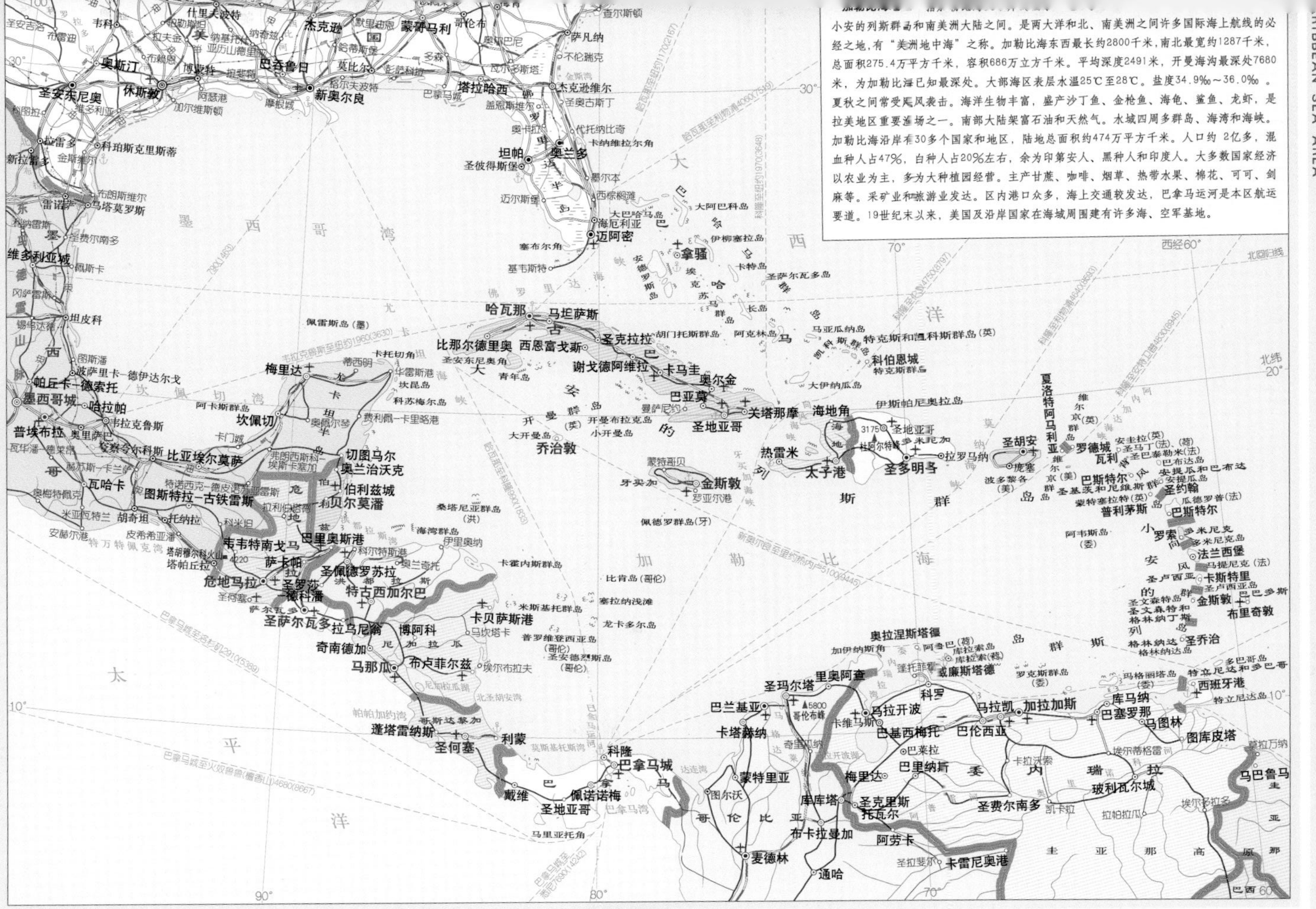

大西洋
加勒比海
太平洋
北美洲
南美洲
墨西哥湾
坎佩切湾
巴拿马湾
巴拿马运河
巴哈马群岛
大安的列斯群岛
小安的列斯群岛
蒙特雷
墨西哥城
贝尔莫潘
危地马拉
圣萨尔瓦多
特古西加尔巴
马那瓜
圣何塞
巴拿马城
哈瓦那
拿骚
伊斯帕尼奥拉岛
金斯敦
牙买加岛
太子港
圣多明各
加拉加斯
西班牙港
多巴哥岛
特立尼达岛
委内瑞拉
哥伦比亚
波哥大
卡利
圭亚那
乔治敦
苏里南
帕拉马里博
法属圭亚那
卡宴
博阿维斯塔
马拉卡岛
科科岛
(哥斯)
马尔佩洛岛
(哥伦)
科隆群岛
(加拉帕戈斯群岛)(厄)
伊莎贝拉岛
基多
厄瓜多尔
伊基托斯
秘鲁
特鲁希略
利马
库斯科
阿雷基帕
阿里卡
玻利维亚
拉巴斯
圣克鲁斯
苏克雷
安托法加斯塔
巴拉圭
巴西
马卡帕
亚马孙河口
奥比杜斯
马瑙斯
贝伦
圣马科斯湾
圣路易斯
福塔莱萨
罗卡斯岛
费尔南多-迪诺罗尼亚岛
累西腓
萨尔瓦多
韦柳港
库亚巴
巴西利亚
维多利亚
里约热内卢
特林达迪岛
(巴西)
内格罗河
亚马孙河
马代拉河
欣古河
托坎廷斯河
圣弗朗西斯科河
奥里诺科河
马格达莱纳河
乌卡亚利河
北回归线
北纬10°
赤道 0°
南纬10°
南回归线
西经30°

南美洲国家和地区概况表

国家和地区	面积(平方千米)	人口(万)	首都(首府)	国家和地区	面积(平方千米)	人口(万)	首都(首府)
哥伦比亚	1141748	5216	波哥大	玻利维亚	109858	1183.2	苏克雷
委内瑞拉	916400	3222	加拉加斯	巴西	8510300	21500	巴西利亚
圭亚那	214969	77.6	乔治敦	智利	756715	1949	圣地亚哥
苏里南	163820	61.7	帕拉马里博	阿根廷	2780000	4604	布宜诺斯艾利斯
法属圭亚那	83534	29	卡宴	巴拉圭	406752	745.4	亚松森
厄瓜多尔	256370	1800	基多	乌拉圭	176200	353.1	蒙得维的亚
秘鲁	1285216	3339.7	利马	马尔维纳斯群岛(英称福克兰群岛)	12200	0.2967	阿根廷港(斯坦利)

比例尺 1:45 500 000
0 455 910 1365 1820千米

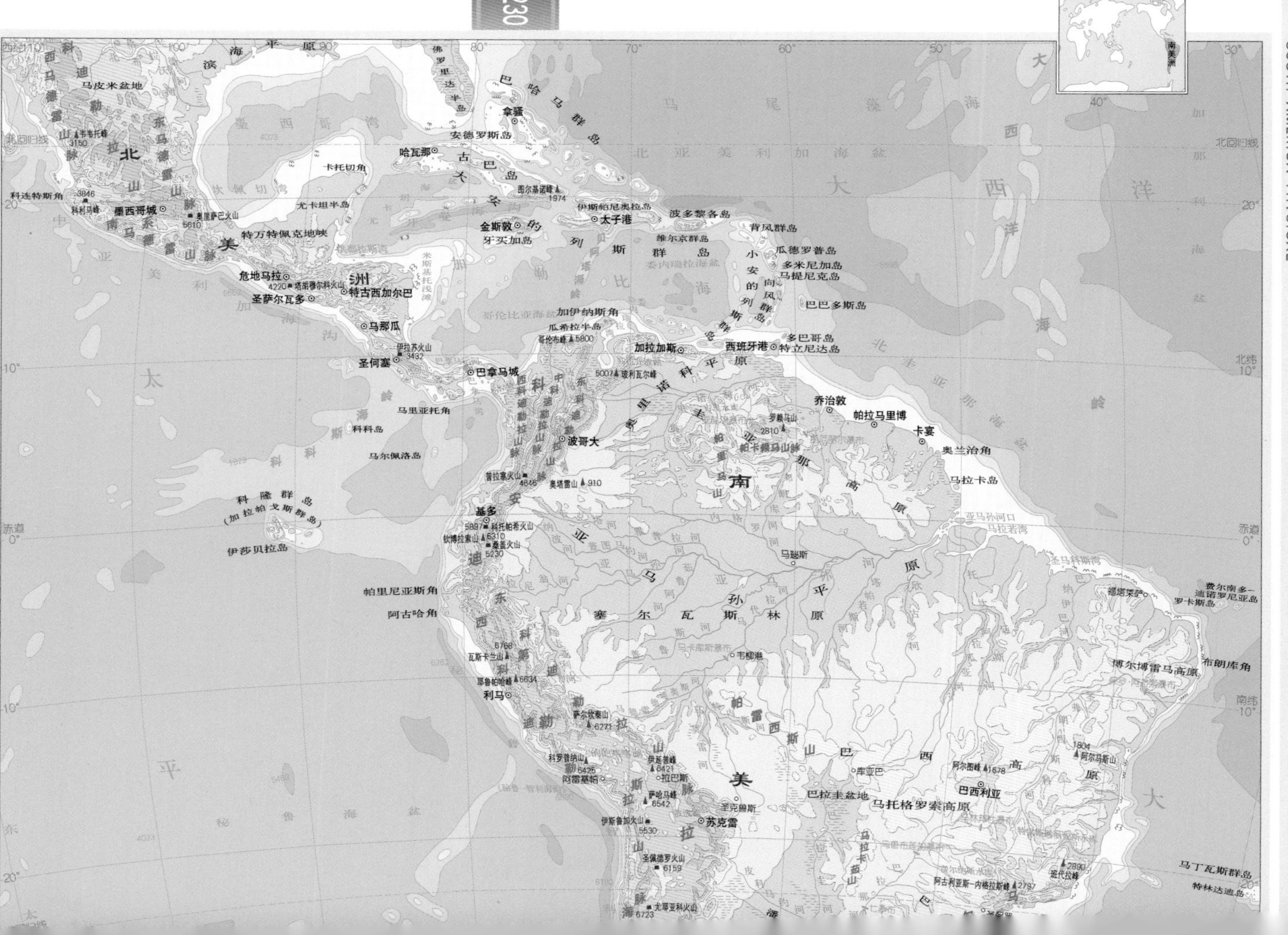

大西洋
加勒比海
太平洋
墨西哥湾
北美洲
南美洲
巴哈马群岛
大安的列斯群岛
小安的列斯群岛
古巴岛
牙买加岛
向风群岛
背风群岛
波多黎各岛
伊斯帕尼奥拉岛
巴巴多斯岛
特立尼达岛
多巴哥岛
马提尼克岛
多米尼加岛
瓜德罗普岛
佛罗里达半岛
尤卡坦半岛
瓜希拉半岛
加伊纳斯角
卡托切角
安德罗斯岛
巴拿马城
圣何塞
马那瓜
特古西加尔巴
圣萨尔瓦多
危地马拉
墨西哥城
哈瓦那
拿骚
金斯敦
太子港
加拉加斯
西班牙港
波哥大
基多
利马
乔治敦
帕拉马里博
卡宴
马瑙斯
巴西利亚
苏克雷
拉巴斯
马皮米盆地
特万特佩克地峡
亚马孙平原
奥里诺科平原
巴西高原
马托格罗索高原
博尔博雷马高原
巴拉圭盆地
帕卡赖马山脉
科隆群岛
（加拉帕戈斯群岛）
伊莎贝拉岛
马尔佩洛岛
科科岛
马里亚托角
帕里尼亚斯角
阿古哈角
奥兰治角
布朗库角
马拉卡岛
费尔南多—迪诺罗尼亚岛
罗卡斯岛
马丁瓦斯群岛
特林达迪岛
赤道
北回归线

南亚美利加洲　简称南美洲。位于西半球的南部，跨赤道南北，西濒太平洋，东临大西洋，北濒加勒比海，西北端以巴拿马运河与北美洲为界，南隔德雷克海峡与南极洲相望。大陆西至秘鲁的帕里尼亚斯角（西经81°20′，南纬4°41′），东至巴西的布朗库角（西经34°46′，南纬7°09′），北至哥伦比亚的瓜希拉半岛的加伊纳斯角（西经71°40′，北纬12°28′），南至阿根廷的不伦瑞克半岛的弗罗厄德角（西经71°18′，南纬53°54′）。大陆和岛屿总面积1797万平方千米，约占全球陆地面积的12%；其中岛屿面积约15万平方千米，不到全洲面积的1%。南美洲共有14个国家和地区，人口约7.4亿。大陆几乎四面环海，海岸线长约2.87万千米，岸线较平直，缺少大的半岛和海湾。地势西高东低。全洲平均海拔600米，其中海拔300米以下的平原约占总面积的60%。境内可分为南北纵列的3个地形区：西部为年轻而狭长的安第斯山脉，东部为古老而呈波状起伏的高原，中部为广阔低平的平原。安第斯山脉属美洲大陆科迪勒拉山系的南半段，为几条平行山脉组成的高峻的褶皱山，全长8900千米，大部海拔3000～6000米，其中阿空加瓜山海拔6960米，是南美洲和西半球的最高峰，奥霍斯－德尔萨拉多山海拔6880米，为南美洲第二高峰。北段分东、中、西3条科迪勒拉山脉，分布在哥伦比亚境内；中段分东、西两条科迪勒拉山脉，主要分布在秘鲁南部、智利北部，山势高峻，多火山，海拔5700米以上的火山有18座；往南合为一条，高度、宽度缩小，至火地岛海拔仅为1500～2000米。东部高原有巴西高原、圭亚那高原、巴塔哥尼亚高原等。其中巴西高原为世界上面积最大的高原，面积达500多万平方千米，地面起伏和缓，大部海拔在600～900米之间，向西北方向倾斜，最高处班代拉峰，海拔2890米。中部平原地带，自北而南有奥里诺科平原、亚马孙平原和拉普拉塔平原。其中亚马孙平原是世界上最大的冲积平原，面积约560万平方千米，也是世界上最低的平原，大部海拔60～80米，平原中部海拔仅44米。水系以安第斯山脉为主要分水岭，东、西分属大西洋水系和太平洋水系。亚马孙河是世界上最长、流域面积最广、流量最大的河流之一。全洲湖泊较少，最大的是马拉开波湖，面积约13380平方千米。南美洲瀑布多、落差大，300米以上落差的大瀑布有7处，其中安赫尔瀑布落差达979米，为世界上落差最大的瀑布。南美洲大部地区属热带雨林和热带草原气候。气候特点是温暖湿润，以热带为主，大陆性不明显。冬季最冷月的平均气温都在0℃以上，大部分地区夏季最热月平均气温在26～28℃之间。雨量丰沛，年平均降水量1350毫米，逾1000毫米的地区占全洲面积的70%。南美洲矿藏等资源较丰富。矿藏主要有石油、铜、铁、锰、硝石、锡、铝矾土、银、铋等，其中铜、硝石储量和产量均居世界首位，石油储量位居世界前列。水力蕴藏量约为4.67亿千瓦。森林面积占全洲面积的50%以上，占世界森林总面积的23%。渔业资源丰富，巴西、智利和秘鲁沿海为重要渔场，2022年秘鲁捕鱼量达327.85万吨，居世界第二位。

高度表 7000 5000 3000 1000 200 0 200 500 1000 2000 3000 5000米

比例尺　1:45 500 000　0 455 910 1365 1820千米

圣安德烈斯—普罗维登西亚省
1:10 000 000

注：①金迪奥省 ②里萨拉尔达省 ③波哥大首都区 ④归属未定区 ⑤昆迪纳马卡省的行政中心在波哥大

比例尺 1:10 000 000

0 100 200 300 400千米

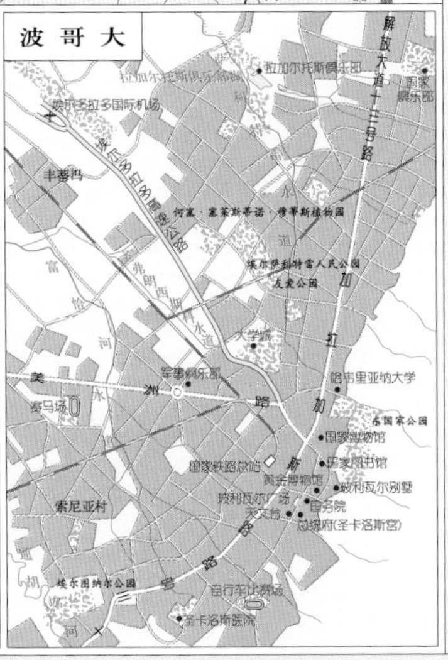

哥伦比亚共和国

哥伦比亚共和国 简称哥伦比亚。位于南美洲大陆西北部。西濒太平洋，北临加勒比海。海岸线长2900千米。面积约114.17万平方千米。人口5216万，印欧混血种人占60%，白种人占20%，黑白混血种人占18%，余为印第安人和黑种人。居民多信奉天主教。官方语言为西班牙语。首都波哥大。原为印第安人居住地。1536年沦为西班牙殖民地。1810年7月20日独立。1821年与现厄瓜多尔、委内瑞拉、巴拿马组成大哥伦比亚共和国，1829～1830年因委和厄先后退出而解体。1831年改名为新格兰纳达共和国。1861年称哥伦比亚合众国。1886年改为现名。1980年2月7日同中国建交。**环境** 全境以平原为主。东部平原区占国土面积的2/3，系由亚马孙河和奥里诺科河的支流冲积而成，地势平坦。西部安第斯山区，由东、中、西科迪勒拉山脉组成，山间多高原、盆地和谷地。北端的哥伦布峰海拔5800米，为全国最高峰。马格达莱纳河为全国第一大河。属热带气候。受地形影响，气候垂直变化明显。年降水量900～2500毫米。矿藏有煤、石油、金、铀、绿宝石等。**经济** 在南美洲处于中等发达水平。国内生产总值约合3143.2亿美元。工业以采矿、食品加工为主，绿宝石产量居世界前列，制造业发展较快。农产品以咖啡为主，产量和出口量均居世界前列。畜牧业发达。粮食不能自给。对外贸易总额586.8亿美元。陆路交通欠发达，长距离运输靠海运和空运。**国防** 有现役总兵力28.5万人。实行义务兵役制。年军费约89亿美元。

委内瑞拉玻利瓦尔共和国

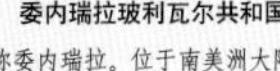

委内瑞拉玻利瓦尔共和国 简称委内瑞拉。位于南美洲大陆北部，北濒加勒比海，东北临大西洋。海岸线长2813千米。面积91.64万平方千米。人口3222万，印欧混血种人占58%，白种人占29%，余为黑种人、印第安人等。98%的居民信奉天主教。官方语言为西班牙语。首都加拉加斯。原为印第安人的居住地。1567年沦为西班牙殖民地。1811年7月5日独立。1830年建立委内瑞拉联邦共和国。1864年改名为委内瑞拉合众国。1999年改为现名。1974年6月28日同中国建交。**环境** 全境山地、高原约占国土面积的2/3。西北部和北部为安第斯山区。安第斯山脉的玻利瓦尔峰海拔5007米，为全国最高点。中部为奥里诺科河冲积平原，海拔50～200米。南部为圭亚那高原的一部分。奥里诺科河由西向东横贯全境，支流众多，是全国主要水路交通动脉。安赫尔瀑布落差979米，是世界上落差最大的瀑布。沿海的马拉开波湖面积1.35万平方千米，是南美洲最大的湖泊。属热带草原气候。年平均气温26～28℃。年均降水量从北向南为500～3000毫米。矿藏主要有石油、天然气、铁、铝矾土、煤、金、镍、金刚石等。水力资源丰富。森林覆盖率为56%。**经济** 能源资源丰富。石油探明储量为3000亿桶，居世界第一位。石油工业是国民经济支柱。原油和石油制品占总出口额的一半以上。其他工业有钢铁、制铝、电力、化学、纺织等。农产品有玉米、稻谷、高粱、甘蔗、棉花、咖啡等。国内生产总值2153亿美元。对外贸易额113.5亿美元。**国防** 有现役总兵力约13万人。实行义务兵役制。

波哥大

加拉加斯

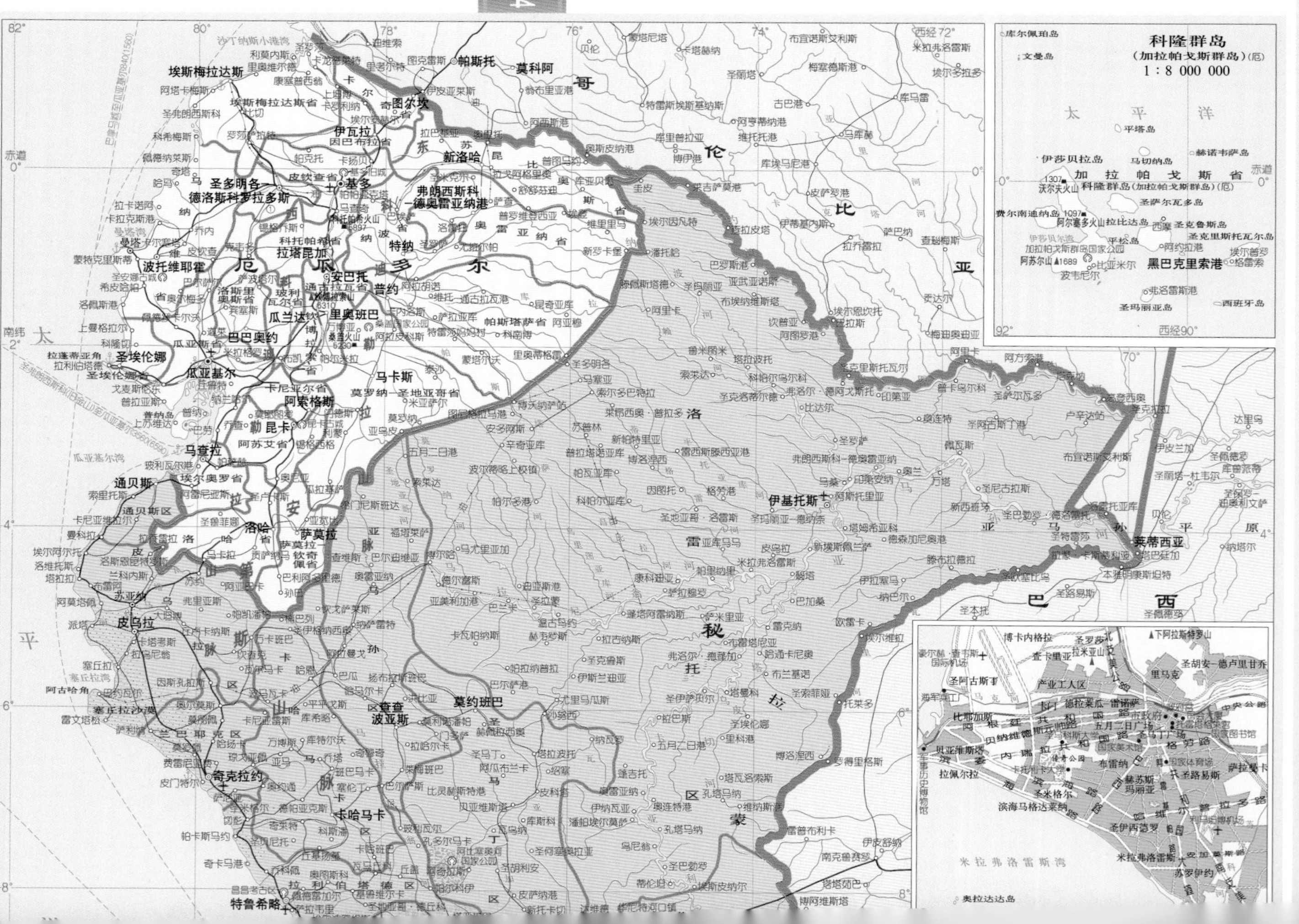
科隆群岛
(加拉帕戈斯群岛)(厄)
1:8 000 000
太 平 洋
加 拉 帕 戈 斯 省
黑巴克里索港
哥
伦
比
亚
厄
瓜
多
尔
基多
瓜亚基尔
昆卡
秘
鲁
伊基托斯
巴
西
奇克拉约
特鲁希略
莱蒂西亚

比例尺 1:8 000 000

0 80 160 240 320千米

① 圣多明各—德洛斯查奇拉斯省
② 利马区行政中心在利马

厄瓜多尔共和国 简称厄瓜多尔。位于南美洲大陆西北部，西濒太平洋。海岸线长930千米。面积为25.64万平方千米。人口1800万，77.4%为印欧混血种人，6.8%为印第安人，余为白种人、黑白混血种人和黑种人等。居民中94%信奉天主教。官方语言为西班牙语，通用克丘亚语。首都基多。原为印第安部落的住地。公元15世纪末属于印加帝国的一部分。1532年沦为西班牙殖民地。1809年8月10日独立，但仍被西班牙殖民军占领。1822年并入大哥伦比亚共和国，1830年退出后成立厄瓜多尔共和国。1980年1月2日同中国建交。**环境** 东部为平原，海拔250米以下；中部为东、西科迪勒拉山脉及山间高原、盆地，平均海拔2500～3000米，多火山，钦博拉索山海拔6310米，为全国最高点；西部沿海为丘陵地和低地，一般海拔在200米以下。较大河流有纳波河、道莱河、帕斯塔萨河等。东、西部属热带雨林气候，山区盆地属热带草原气候，山区属热带森林气候。年平均气温：东部平原23～27℃，山间高原和盆地18～24℃，西部沿海23～25℃。年平均降水量1000～3000毫米。矿藏以石油为主，还有天然气、金、银、铜、铁、锰、煤、硫磺等。水力和渔业资源丰富。森林覆盖率为42.5%。**经济** 石油是其第一大经济支柱。国内生产总值约合1089亿美元。农产品有香蕉、可可、咖啡、甘蔗、水稻、棉花等。牲畜有牛、羊、猪等。厄以"香蕉之国"闻名于世。全球最大产虾国。主要工业有石油采矿、食品、纺织、木材加工等。对外贸易总额579.6亿美元。**国防** 有现役总兵力约5.5万人。实行义务兵役制。年军费约合21.9亿美元。

秘鲁共和国 简称秘鲁。位于南美洲大陆西部，西濒太平洋。海岸线长2254千米。面积128.52万平方千米。人口3340万，印第安人占45%，印欧混血种人占37%，其余有白种人等。居民中96%信奉天主教。官方语言为西班牙语，部分的地区通用克丘亚语、阿伊马拉语等。首都利马。公元11世纪印第安人在此建立印加帝国。15～16世纪初形成美洲的古代文明之一的印加文明。1533年沦为西班牙殖民地。1821年7月28日独立。1971年11月2日同中国建交。**环境** 境内多山，安第斯山脉纵贯全境中部，平均海拔约4300米，多高原、盆地。瓦斯卡兰山海拔6768米，为全国最高点。西部沿海为狭长平原。东部为亚马孙低地。较大的河流有亚马孙河主源阿普里马克河及支流马拉尼翁河。的的喀喀湖海拔3812米，为世界上海拔最高的大淡水湖之一。西部沿海属热带沙漠、草原气候，东部属热带雨林气候。年平均气温：西部12～32℃，中部1～14℃，东部24～35℃。年平均降水量在2000毫米以上。矿藏资源丰富，银储量居世界首位，铜、银、铅、锌等储量居世界前列。森林约占全国面积的58%。**经济** 以农业、矿业为主。国内生产总值约合2247亿美元。为世界上重要的铜、银、铅、锌生产国之一。主要农产品有玉米、棉花、稻谷、甘蔗、咖啡、古柯等，捕鱼量及鱼粉产量居世界前列。对外贸易总额1074亿美元。**国防** 有现役总兵力约11.7万人。实行义务兵役制。年军费约23.75亿美元。

玻利维亚

BOLIVIA

比例尺 1:10 000 000

0 100 200 300

多民族玻利维亚国 简称玻利维亚。位于南美洲大陆中部，系内陆国家。积109.86万平方千米。人口1183.2万，印第安人占54%，印欧混血种人占3 白种人占15%。居民多信奉天主教。官方语言为西班牙语。法定首都苏 政府、议会所在地拉巴斯。公元13世纪时为印加帝国的一部分。1538年沦 班牙殖民地。1825年8月6日独立，定国名玻利瓦尔共和国，后改为现名。 年7月9日同中国建交。**环境** 地势西高东低。西部为山地高原区，由东、 迪勒拉山脉及两山间的玻利维亚高原构成，平均海拔3700米以上。萨哈 海拔6542米，为玻利维亚最高峰。中部为谷地区，北部多峡谷，南部多盆 平均海拔600～3000米。东部为平原区，约占全国面积的3/5，海拔150～ 米。主要河流有贝尼河、马莫雷河和圣米格尔河等。境内湖沼广布。矿藏 丰富，有锡、银、铅、铜、锌、镍、铁、石油等。的的喀喀湖附近的锌矿是 界大型锌矿之一。森林覆盖率为51%。属热带草原和亚热带森林气候。年平均气温：平原区25 山地高原区10℃。年平均降水量从东北到西南由2000毫米递减到100毫米。**经济** 国内生产总值 430亿美元。采矿业、电信和电力业为经济支柱，是世界著名矿物原料出口国。另有纺织、食 等工业。主要农产品有稻谷、玉米、马铃薯、大豆、咖啡和古柯等。橡胶生产仅次于巴西。盛 桃花心木。对外贸易总额255.2亿美元。**国防** 有现役总兵力约5万人。实行义务兵役制。

比例尺 1:6 600 000

陆东北部，北濒大西洋。面积16.38万平方千米。人口61.7万，克里奥尔人占31%、印度裔人占33%和印尼裔人占15%人。荷兰语为官方语言。居民多信奉基督教和印度教。首都帕拉马里博。原为印第安人居住地。公元1593年沦为西班牙属地。1815年沦为荷兰殖民地。1975年11月25日独立。1976年5月28日同中国建交。**环境** 地势北低南高。北部沿海为低地，多沼泽。中部为平原。南部为山地高原。主要河流有苏里南河、尼克里河等。属热带雨林气候。年平均气温23～27℃。年降水量2000～3000毫米。矿藏有铝矾土、石油、铁、锰、铜、镍、铂、金等。水力资源丰富。森林覆盖率达95%。**经济** 以工矿业为主。铝土工业是经济支柱。农业主要种植水稻，粮食自给有余。渔业是重要创汇来源。国内生产总值约合28.5亿美元。对外贸易总额33.2亿美元。**国防** 有现役总兵力4700人。

北部，北濒大西洋。海岸线长320千米，面积8.4万平方千米。人口29万，多为克里奥尔人后裔，余为华人、法国人、海地人、印第安人、越南人等。法语为官方语言。居民多信奉天主教。首府卡宴。公元17世纪初法国开始侵入。1676年沦为法属领地。后英、荷、法、葡相互争夺，直到1816年最后归属法国。1946年成为法国“海外省”。1977年享有法国大区地位。**环境** 地势南高北低。沿海为冲积平原，低平多沼泽。内地为圭亚那高原，多丘陵、低山。主要河流有马罗尼河、马纳河、奥亚波克河。属热带雨林气候。年平均气温为27℃。年降水量2000～3000毫米。主要矿藏有铝矾土、高岭土和金矿。森林覆盖率达80%。**经济** 以农、林业、渔业为主。财政依靠法国援助。地区生产总值约合73.7亿美元。主产甘蔗、木薯、玉米、硬木、可可等。

圭亚那共和国

简称圭亚那。位于南美洲大陆北部，北濒大西洋。海岸线长430千米，面积21.5万平方千米。人口77.6万，印度人后裔占43.5%，非洲裔占30.2%，余为混血种人等。居民信奉基督教、印度教和伊斯兰教。英语为官方语言。首都乔治敦。原为印第安人居住地。公元15世纪西班牙侵入。17～18世纪被荷兰人占领。1814年荷将其转让给英国。1831年沦为英国殖民地。1966年5月26日独立。1970年2月23日成立圭亚那合作共和国。1972年6月27日同中国建交。**环境** 地势南高北低。南部、西部和中部为高原区，北部为平原、丘陵区。境内河流纵横，最大河流为埃塞奎博河。大部属热带雨林气候。年平均气温27℃。年降水量1500～2000毫米。矿藏有铝矾土、金、钻石等。**经济** 铝土开采、制糖、稻谷生产为经济三大支柱。国内生产总值约144亿美元。

委内瑞拉
苏里南
法属圭亚那
圭亚那
哥伦比亚
秘鲁
玻利维亚
巴拉圭
阿根廷
乌拉圭
大西洋

卡雷尼奥港
阿亚库乔港
伊尼里达港
米图
圣何塞
莱蒂西亚
伊基托斯
普卡尔帕
里奥布朗库
科维哈
马尔多纳多港
阿亚库乔
阿班凯
库斯科
普诺
拉巴斯
特立尼达
万卡约
万卡韦利卡
伊卡
马迪亚
博阿维斯塔
莱瑟姆
布罗科蓬多
卡宴
马卡帕
贝伦
马瑙斯
韦柳港
帕尔马斯
巴西利亚
戈亚尼亚
库亚巴
大坎普
亚松森
东方市
康塞普西翁
佩德罗胡安-卡瓦列罗
恩卡纳西翁
皮拉尔
科连特斯
波萨达斯
阿雷格里港
福莫萨
圣胡安包蒂斯塔
圣保
桑托斯
库里蒂巴
弗洛里亚诺波利斯
萨尔托
派桑杜
梅洛
梅塞德斯
三十三人城
杜拉斯诺
塔夸伦博
里韦拉
阿蒂加斯

亚马孙州
马托格罗索州
朗多尼亚州
帕拉州
巴拉那州
南里奥格兰德州
圣卡塔琳娜州
戈亚斯州
马托格罗索高原
巴拉圭盆地
巴西高原

里约热内卢

瓜纳巴拉湾
大西洋
里约热内卢联邦大学
国家历史博物馆
国家图书馆
圣塞瓦斯蒂安大教堂
瓜纳巴拉宫
科帕卡巴纳
伊帕内马
加维亚峰
蒂茹卡峰
植物园

注：①归属未定区 ②属伯南布哥州 ③属北里奥格兰德州

巴西联邦共和国　简称巴西。位于南美洲大陆东部，东濒大西洋。海岸线长7400多千米，面积851.03万平方千米，为南美洲最大的国家。人口2.15亿，53.74%为为白种人，38.45%为黑白混血种人，余为黄种人、印第安人、黑种人等。居民中50%信奉天主教，31%信奉基督教福音教派。官方语言为葡萄牙语。首都巴西利亚。公元1500年葡萄牙人到达巴西海岸。16世纪30年代沦为葡萄牙殖民地。1822年9月7日独立，建立巴西帝国。1889年推翻帝制，建立共和国。1974年8月15日同中国建交。

环境　全境由高原和平原构成。主要高原有北部边境的圭亚那高原和中南部的巴西高原。圭亚那高原的内布利纳峰海拔3014米，为全国最高点。巴西高原占国土面积的1/2强，大部海拔600～900米，面积500多万平方千米，为世界上面积最大的高原。在两高原之间为辽阔的亚马孙平原，地势低平，大部分海拔150米以下，拥有世界上最大的热带原始森林。北部和东部沿海有狭窄平原。主要河流有亚马孙河、圣弗朗西斯科河、巴拉那河等。大部属热带草原和热带雨林气候，南端为亚热带森林气候。亚马孙平原年平均气温27～28℃，南端年平均气温16～19℃。年降水量500～2500毫米。矿藏有铁、锰、金、钍、铂、钛、铀、金刚石、石油、铝矾土等，其中铁矿储量居世界第二位。森林、水力资源居世界前列。 **经济**　属南美洲经济最发达的国家，在世界经济中居前9位之列（2018年）。国内生产总值约1.7万亿美元。工业体系完备、居南美首位，主要有钢铁、采矿、水泥、汽车、造船、食品和纺织等。农业、牧业发达、咖啡、蔗糖、可可、大豆、柑橘、玉米等产量均居世界前列。被誉为21世纪的世界粮仓。服务业、旅游业发展迅速。对外贸易总额6072亿美元。 **国防**　有现役总兵力约37.6万人。实行义务兵役制。是十大维和人员派遣国之一。

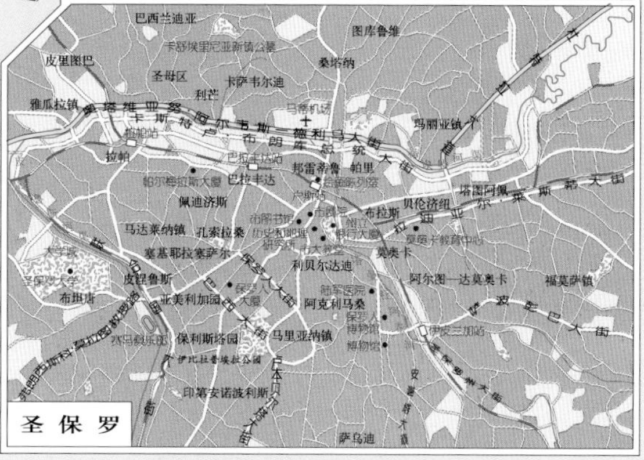

巴西利亚

圣保罗

大西洋

里奥格兰德海隆

阿根廷共和国 简称阿根廷。位于南美洲大陆南部，东濒大西洋。海岸线长4000余千米。面积278万平方千米。人口4604万，白种人、印欧混血种人占95%，多属意大利和西班牙血统，余为印第安人。居民中73.9%信奉天主教。官方语言为西班牙语。首都布宜诺斯艾利斯。公元16世纪前为印第安人居住地。1535年沦为西班牙殖民地。1816年7月9日独立。1853年建立联邦共和国。20世纪30年代后，军人文人交替执政，80年后民选政府恢复宪制。1972年2月19日同中国建交。**环境** 地势西高东低。西部安第斯山纵贯南北，最高峰阿空加瓜山海拔6960米，为全国最高点南美第一高峰。北部和东北部为查科冲积平原，地势低平，多沼泽。中部和东部为潘帕斯平原。南部为巴塔哥尼亚高原。主要河流有巴拉那河、乌拉圭河及其汇合而成的拉普拉塔河。从北至南分别属亚热带森林气候，温带草原气候和温带荒漠气候。年平均气温：北部24℃，南部5.5℃。大部地区年降水量低于500毫米，中东部沿海可达1000毫米。矿藏有石油、天然气、煤、铁、银、铜、金、铀、铅、锡、石膏和硫磺等。水力、渔业资源丰富。森林覆盖率为45%。**经济** 工业门类齐全，农牧业发达，素有"世界粮仓和肉库"之称。是拉美地区综合国力较强的国家。工业有石油、钢铁、机床、食品、纺织等。农产品有玉米、水稻、小麦、亚麻、向日葵、烟草等。牲畜以牛、羊为主。羊毛出口量居世界前列。国内生产总值4872亿美元。对外贸易总额1699.7亿美元。

平洋。海岸线总长约1万千米。领土呈带状，是世界上领土最狭长的国家。面积75.67万平方千米。人口1949万，白种人、印欧混血种人占89%，和印第安人约占11%。居民中85%信奉天主教。官方语言为西班牙语。首都圣地亚哥。原为印第安民族居住地。公元16世纪初前属印加帝国。1541年沦为西班牙殖民地。1810年9月18日，实行内部自治。1818年2月12日正式独立。1970年12月15日同中国建交。**环境** 全境多山。地形可划分为南北走向的3个纵列带：东部为高峻的安第斯山脉西坡，西部为海拔300～2000米的海岸山脉，中部为长约1100千米、宽30～50千米的陷落纵谷。位于智、阿边境的奥霍斯—德尔萨拉多峰海拔6880米，为全国最高点。由北至南分别属热带荒漠、亚热带地中海型和温带阔叶林气候。年降水量从北向南由25毫米逐步增至2000毫米。矿藏丰富，主要有铜、硝石、钼、金、银、铝、石油、天然气等。铜矿占世界探明储量的23%，居世界之首。**经济** 为南美洲较发达国家。国内生产总值约合3168亿美元。工业以采矿、制造、电力为主，铜储量、产量和出口均居世界第一。其他工业还有钢铁、纺织、食品等。农产品有小麦、稻谷、大麦、玉米等。捕鱼量居世界前列。盛产温带林木。木质优良，是拉美第一大林产品出口国。对外贸易总额1967亿美元。**国防** 有现役总兵力约5.9万多人。实行义务兵与志愿兵相结合的兵役制。

布宜诺斯艾利斯

德斯文图拉多斯群岛

1:6 600 000

胡安—费尔南德斯群岛

1:6 600 000

比例尺 1:16 100 000

0 161 322 483 644千米

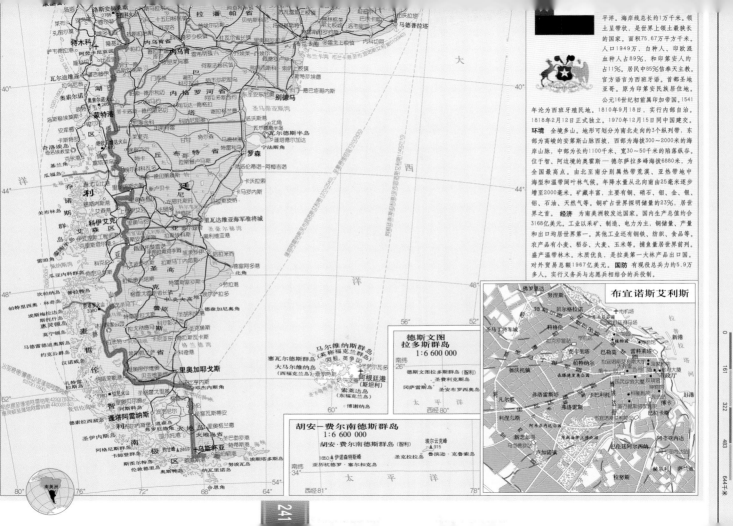

巴拉圭

1∶9 300 000

巴拉圭（右侧截断）和国 简称拉圭。位于美洲大陆中系内陆国面积40.6平方千米。口745.4 95%为印欧血种人，余印第安人白种人。居多信奉天主教。官方语言为西班语和瓜拉尼语。首都亚松森。原民瓜拉尼人。1537年沦为西班殖民地。1811年5月14日独立。**环**巴拉圭河以东为巴西高原的一部地形由高原山地逐渐向丘陵地和原过渡，巴拉圭河以西为平原，大查科平原的一部分，地势平坦，拔100～400米，多原始森林和草主要河流除巴拉圭河外，还有巴那河。北部和南部分属热带草原亚热带森林气候。年平均气温：冬为17℃，夏季为27℃。年平均降水1500毫米。矿藏以盐矿和石灰石量较大，此外有少量铁、铜、锰、油、铝矾土等。水力资源丰富。森覆盖率为51%，其中原始森林占一以上。**经济** 以农牧业和林业为主农产品主要有玉米、稻谷、小麦、花、烟草、巴拉圭茶等。牲畜以牛猪为主，牛肉和牛皮为重要出口品。工业以农、林产品加工为主。内生产总值约419.4亿美元。对外贸易总额290.7亿美元。**国防** 有现役总兵力约1.7万人。实行义务兵役制。

乌拉圭

1∶9 300 000

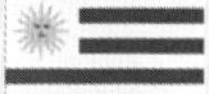

乌拉圭东岸共和国 简称乌拉圭。位于南美洲大陆东南部，东南濒大西洋。海岸线长约600千米。面积17.62万平方千米。人口353.1万，白种人占90.8%，印第安人占4.9%，余为印欧混血种人。居民多信奉天主教。官方语言为西班牙语。首都蒙得维的亚。原为印第安人居住地。1726年西班牙殖民者建立蒙得维的亚城。1777年沦为西班牙殖民地。1825年8月25日正式独立。1988年2月3日同中国建交。**环境** 境内大部地势平坦，北高南低。北部和中部有低山、丘陵分布。沿乌拉圭河和拉普拉塔河沿岸为平原。大西洋沿岸为低地，多沙丘和潟湖。主要河流有乌拉圭河和内格罗河等。后者全长800余千米，其上的内格罗河水库是南美洲最大的人工湖之一。属亚热带湿润气候。平均气温：1月23℃，7月10℃。年平均降水量950～1250毫米。矿藏有铁、锰、铅、铜、金等，盛产大理石、紫水晶石、玛瑙和乳白石。有"钻石之国"美誉。**经济** 以农牧业为主。国内生产总值约合592.88亿美元。农产品有麦类、稻谷、玉米、亚麻、向日葵等。饲养牛、羊、猪、马等牲畜，人均牲畜头数居世界前列，被称为"遍地牛羊"之乡。肉类、羊毛、皮革及其制品出口额占出口总额的23%。工业有食品、纺织等。对外贸易总额204.6亿美元。**国防** 有现役总兵力约2.1万人。实行志愿兵役制。

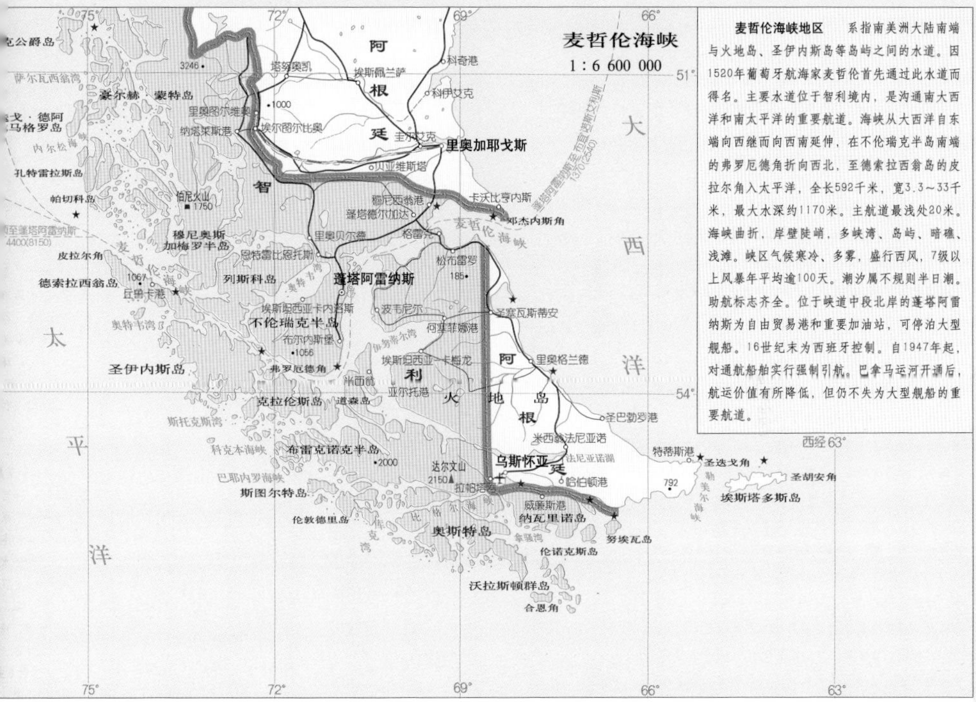

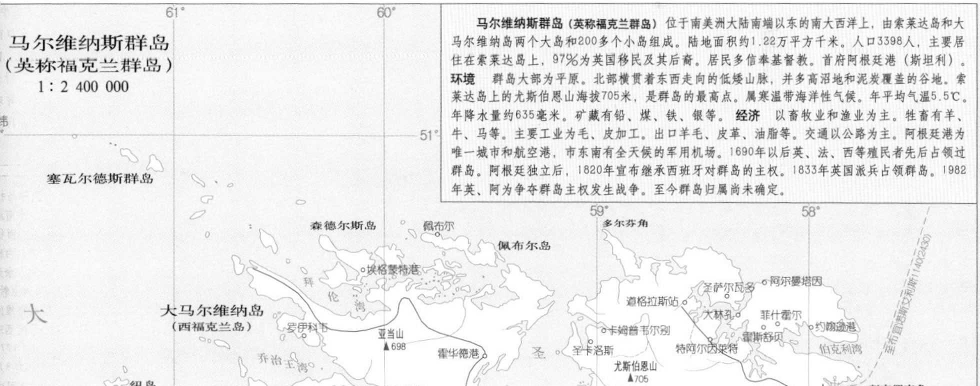

麦哲伦海峡

1：6 600 000

麦哲伦海峡地区 系指南美洲大陆南端与火地岛、圣伊内斯岛等岛屿之间的水道。因1520年葡萄牙航海家麦哲伦首先通过此水道而得名。主要水道位于智利境内，是沟通南大西洋和南太平洋的重要航道。海峡从大西洋自东端向西继而向西南延伸，在不伦瑞克半岛南端的弗罗厄德角折向西北，至德索拉西翁岛的皮拉尔角入太平洋，全长592千米，宽3.3～33千米，最大水深约1170米。主航道最浅处20米。海峡曲折，岸壁陡峭，多峡湾、岛屿、暗礁、浅滩。峡区气候寒冷、多雾，盛行西风，7级以上风暴年平均逾100天。潮汐属不规则半日潮。助航标志齐全。位于峡道中段北岸的蓬塔阿雷纳斯为自由贸易港和重要加油站，可停泊大型舰船。16世纪末为西班牙控制。自1947年起，对通航船舶实行强制引航。巴拿马运河开通后，航运价值有所降低，但仍不失为大型舰船的重要航道。

马尔维纳斯群岛（英称福克兰群岛）

1：2 400 000

马尔维纳斯群岛（英称福克兰群岛） 位于南美洲大陆南端以东的南大西洋上，由索莱达岛和大马尔维纳岛两个大岛和200多个小岛组成。陆地面积约1.22万平方千米。人口3398人，主要居住在索莱达岛上，97%为英国移民及其后裔。居民多信奉基督教。首府阿根廷港（斯坦利）。**环境** 群岛大部为平原。北部横贯东西走向的低矮山脉，并多高沼地和泥炭覆盖的谷地。索莱达岛上的尤斯伯恩山海拔705米，是群岛的最高点。属寒温带海洋性气候。年平均气温5.5℃。年降水量约635毫米。矿藏有铅、煤、铁、银等。**经济** 以畜牧业和渔业为主。牲畜有羊、牛、马等。主要工业为毛、皮加工。出口羊毛、皮革、油脂等。交通以公路为主。阿根廷港为唯一城市和航空港，市东南有全天候的军用机场。1690年以后英、法、西等殖民者先后占领过群岛。阿根廷独立后，1820年宣布继承西班牙对群岛的主权。1833年英国派兵占领群岛。1982年英、阿为争夺群岛主权发生战争。至今群岛归属尚未确定。

马尔维纳斯群岛
（英称福克兰群岛）
（阿根、英争议）

太平洋 是世界四大洋中最大、最深和岛屿最多的大洋。位于亚洲、大洋洲、北美洲、南美洲和南极洲大陆之间。南北最长约1.59万千米，东西最宽1.99万千米。西南以澳大利亚塔斯马尼亚岛东南角至南极洲大陆的东经146° 49′线与印度洋为界，东南以通过南美洲南端的合恩角至南极洲的西经67° 16′线与大西洋为界，北以白令海峡与北冰洋为界。面积约17968万平方千米，占世界海洋总面积的49.6%。平均深度4028米。约有岛屿1万多个，面积达440多万平方千米，占世界岛屿总面积的45%，主要分布在中、西部。大陆岛有萨哈林岛（库页岛）、日本群岛、加里曼丹岛、新几内亚岛等。火山岛分布较广，如阿留申群岛、千岛群岛、琉球群岛、夏威夷群岛及萨摩亚群岛等。西南部热带海域多珊瑚岛，如加罗林群岛、马绍尔群岛、土阿莫土群岛、莱恩群岛和汤加群岛等。海底地形复杂多样，海岭与海盆交互分布。东太平洋海隆绵延1.5万千米，为世界大洋中脊的一部分。中部绵亘着由皇帝海山、夏威夷海岭、莱恩海岭和土阿莫土海岭等组成的海底山系，总长约1万多千米。少数山峰露出洋面形成岛屿，如夏威夷群岛及莱恩群岛等。主要4个海盆为：北、东、中和南太平洋海盆，大部深达4000～6000米。西部岛弧外侧有20条水深7000米以上的海沟，超过1万米的有马里亚纳、汤加、日本、千岛、菲律宾及克马德克海沟。马里亚纳海沟最深处达11034米，为地球表面最低点。大陆架面积938万平方千米，宽度悬殊，主要分布在北部、西部边缘海，宽达700～800千米。环太平洋为世界地震、火山活动最频繁地区，全球约85%的活火山和约80%的地震集中在太平洋地区。太平洋表层年平均水温19.37℃。赤道附近洋面平均水温为26～29℃，随南北纬度增加而递减。表层平均盐度为35‰。海水在盛行风系的推动下，南北海域分成两大环流：北部环流顺时针方向运行，由北赤道暖流、黑潮、北太平洋暖流、加利福利亚寒流组成；南部环流反时针方向运行，由南赤道暖流、东澳大利亚暖流、西风漂流、秘鲁寒流组成。两大环流之间为赤道逆流，由西向东运行。海洋资源丰富，盛产鲱、鳕、鲽、鲑、金枪鱼及蟹等。年渔获量占世界海洋渔获量的一半以上。秘鲁、日本北海道、朝鲜、中国舟山群岛、美国及加拿大西北部沿海都是世界著名渔场。海兽捕猎（海豹、海象、海獭、鲸等）也占重要地位。矿藏资源以近海大陆架的石油、天然气储量最大。深海盆地有丰富的锰结核层（含锰、镍、钴、铜），砂锡矿、金红石、锆、钛、铁矿、海底煤矿及铂金砂储量也颇为丰富。大洋航线通过巴拿马运河与马六甲海峡分别与大西洋和印度洋相通。海上货运量仅次于大西洋，主要航线有：日本－马六甲海峡（或龙目、望加锡海峡）－波斯湾，东亚－巴拿马运河－北美、南美及欧洲，日本－澳大利亚，阿拉斯加－美国西海岸及东海岸。沿岸主要港口有：符拉迪沃斯托克（海参崴）、大连、青岛、上海、高雄、香港、新加坡、马尼拉、釜山、横滨、神户、北九州、悉尼、惠灵顿、温哥华、圣弗朗西斯科（旧金山）、洛杉矶、巴拿马城等。

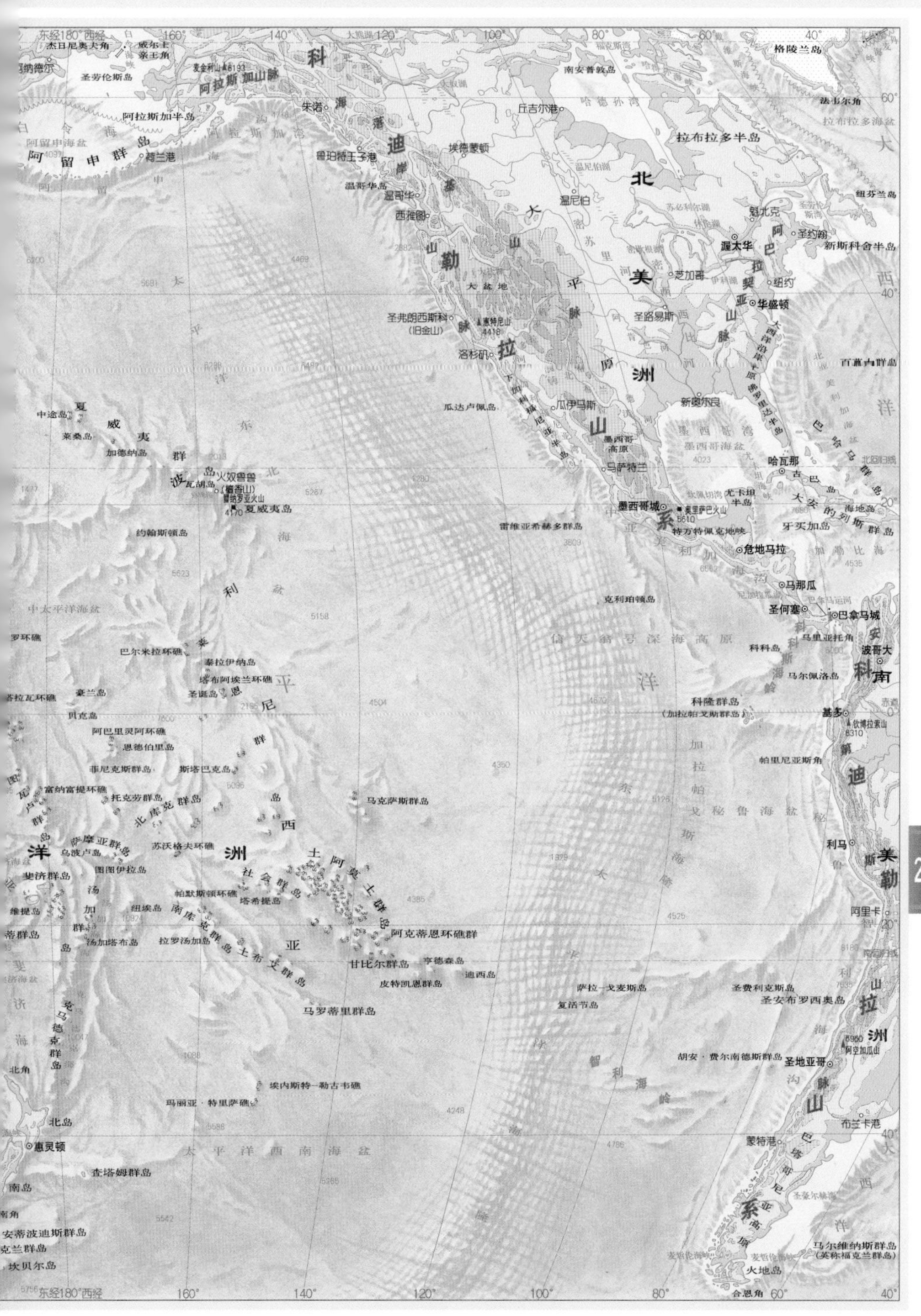

高度表
0 200 1000 2000 3000 5000米

大西洋

ATLANTIC OCEAN

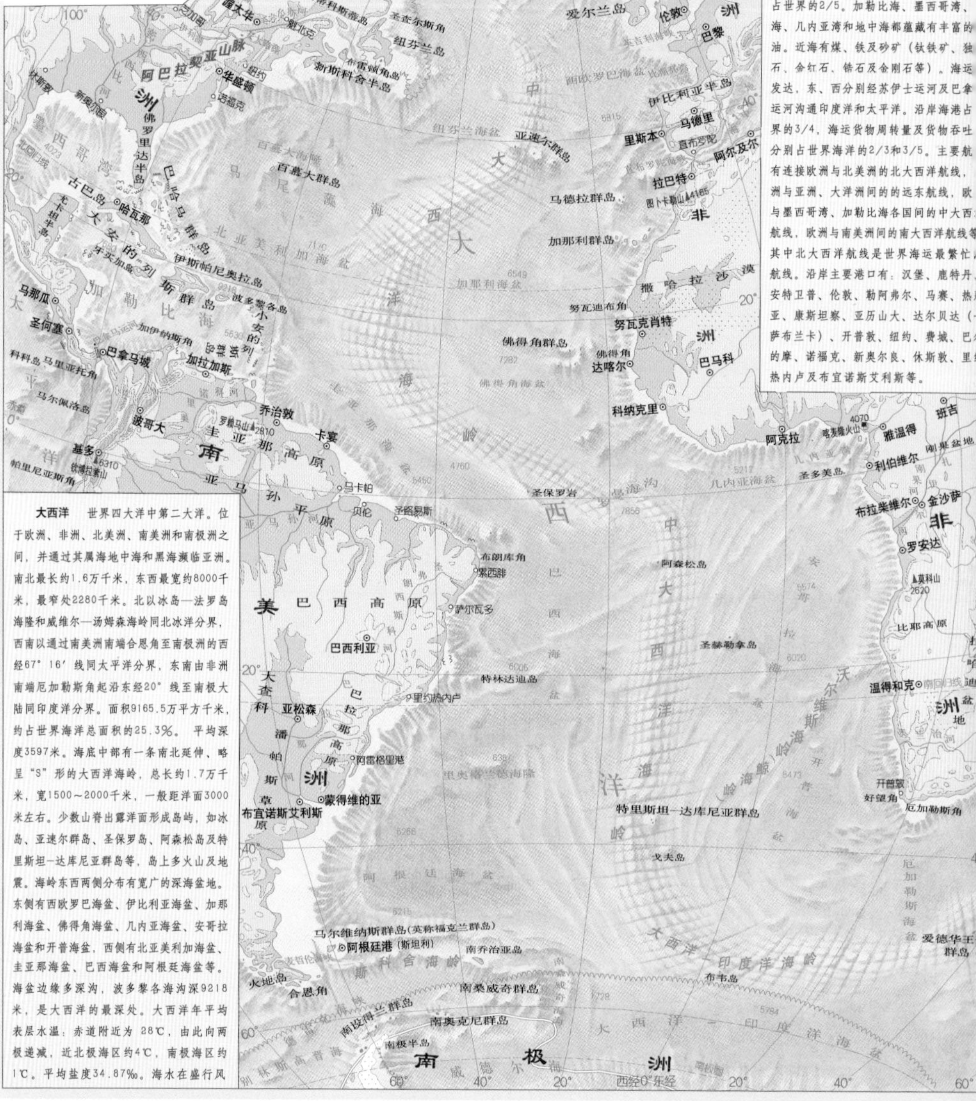

比例尺　1:93 700 000

0　937　1874　2811　374

大西洋　世界四大洋中第二大洋。位于欧洲、非洲、北美洲、南美洲和南极洲之间，并通过其属海地中海和黑海濒临亚洲。南北最长约1.6万千米，东西最宽约8000千米，最窄处2280千米。北以冰岛—法罗岛海隆和威维尔—汤姆森海岭同北冰洋分界，西南以通过南美洲南端合恩角至南极洲的西经67°16′线同太平洋分界，东南由非洲南端厄加勒斯角起沿东经20°线至南极大陆同印度洋分界。面积9165.5万平方千米，约占世界海洋总面积的25.3%。平均深度3597米。海底中部有一条南北延伸、略呈"S"形的大西洋海岭，总长约1.7万千米，宽1500～2000千米，一般距洋面3000米左右。少数山脊出露洋面形成岛屿，如冰岛、亚速尔群岛、圣保罗岛、阿森松岛及特里斯坦—达库尼亚群岛等，岛上多火山及地震。海岭东西两侧分布有宽广的深海盆地。东侧有西欧罗巴海盆、伊比利亚海盆、加那利海盆、佛得角海盆、几内亚海盆、安哥拉海盆和开普海盆，西侧有北亚美利加海盆、圭亚那海盆、巴西海盆和阿根廷海盆等。海盆边缘多深沟，波多黎各海沟深9218米，是大西洋的最深处。大西洋年平均表层水温：赤道附近为28℃，由此向两极递减，近北极海区约4℃，南极海区约1℃。平均盐度34.87‰。海水在盛行风系的推动下，南、北洋流各成一个环统，北部环流为顺时针方向运行，由道暖流、墨西哥湾暖流、北大西洋暖加那利寒流组成，南部环流为反时针运行，由南赤道暖流、巴西暖流、西流和本格拉寒流组成。在两大环流间道逆流，由西向东流入几内亚湾。岛量较少，主要集中于北大西洋。大陆冰岛、法罗群岛、设得兰群岛和大不岛等。海洋岛有亚速尔群岛、百慕大等，全为火山岛。海洋资源丰富，北纽芬兰岛沿海为世界主要渔场之一，鳕、毛鳞鱼、鲱、沙丁鱼、鳀鱼及贝类南极大陆附近捕鲸业很盛。海洋渔获占世界的2/5。加勒比海、墨西哥湾、海、几内亚湾和地中海都蕴藏有丰富的油。近海有煤、铁及砂矿（钛铁矿、独石、金红石、锆石及金刚石等）。海运发达，东、西分别经苏伊士运河及巴拿运河沟通印度洋和太平洋。沿岸海港占界的3/4，海运货物周转量及货物吞吐分别占世界海洋的2/3和3/5。主要航有连接欧洲与北美洲的北大西洋航线，洲与亚洲、大洋洲间的的远东航线，欧与墨西哥湾、加勒比海各国间的中大西航线，欧洲与南美洲间的南大西洋航线其中北大西洋航线是世界海运最繁忙航线。沿岸主要港口有：汉堡、鹿特丹、安特卫普、伦敦、勒阿弗尔、马赛、热亚、康斯坦察、亚历山大、达尔贝达（萨布兰卡）、开普敦、纽约、费城、巴的摩、诺福克、新奥尔良、休斯敦、里热内卢及布宜诺斯艾利斯等。

高度表　0　200　500　1000　2000　3000米

印度洋

DIAN OCEAN

比例尺 1:77 600 000

0 776 1552 2328 3104千米

印度洋 世界四大洋中第三大洋。位于亚洲、非洲、南极洲和澳大利亚大陆之间。西南以通过非洲南端勒斯角的东经20°线同大西洋分界，东南以通过澳大利亚塔斯马尼亚岛东南角至南极大陆的东经146°线与太平洋分界。面积7617.4万平方千米，约占世界海洋总面积的21.0%。平均深度3711米，最深处在海沟，达7729米。洋底中部有“入”字形的中央海岭，由4条彼此相连的海岭组成：北支为卡尔斯伯格（阿拉伯–印度洋海岭），中支为中印度洋海岭，西南分支为西南印度洋海岭，东南分支为东南印度洋（澳大利亚–南极海隆）。海岭一般高出洋底1000～2000米，少数山峰出露洋面形成岛屿，如迪戈加西亚阿姆斯特丹岛及圣保罗岛等。主要海盆有：中印度洋海盆、沃顿海盆、南澳大利亚海盆、索马里海盆、加斯加海盆、克罗泽海盆及大西洋–印度洋海盆等。大部深3000～5000米。印度洋岛屿较少，最大岛屿达加斯加岛，次为斯里兰卡岛。印度洋大部位于热带、亚热带，表层水温20～26℃，赤道以北5月份最29℃，往南逐渐降低，至南纬55°以南则降至–1℃以下。平均盐度34.8‰，红海达41‰，是世界盐度最海域。南部的海流较稳定，形成一大环流，由南赤道暖流、马达加斯加暖流、西风漂流、西澳大利亚寒成。北部海流因季风影响，冬季反时针方向，夏季顺时针方向运行。海洋资源以石油最丰富，波斯湾、、阿拉伯海、孟加拉湾、苏门答腊岛与澳大利亚西部沿海都蕴藏有海底石油，波斯湾素有“石油宝库”。海洋渔获量约占世界的5%，以沙丁鱼、鲭、鲱、鳀、金枪鱼、磷虾为主。海运地位重要。东西分别经甲海峡和苏伊士运河沟通太平洋和大西洋。海港货物吞吐量占世界的16%，尤以石油运输居首位，占界海上石油运量的56.5%。主要石油运输线有：波斯–好望角–西欧、北美线，波斯湾–马六甲海峡（或龙海峡，望加锡海峡）–日本线，波斯湾–苏伊士运河–中海–西欧、北美线。主要海港有：拉斯坦努拉、艾迈迪港、吉大港、加尔各答、金奈、孟买、卡拉奇、丁、苏伊士、达累斯萨拉姆、德班及弗里曼特尔等。

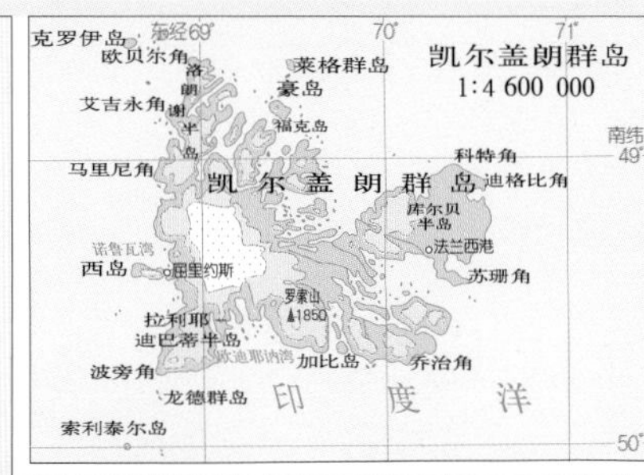

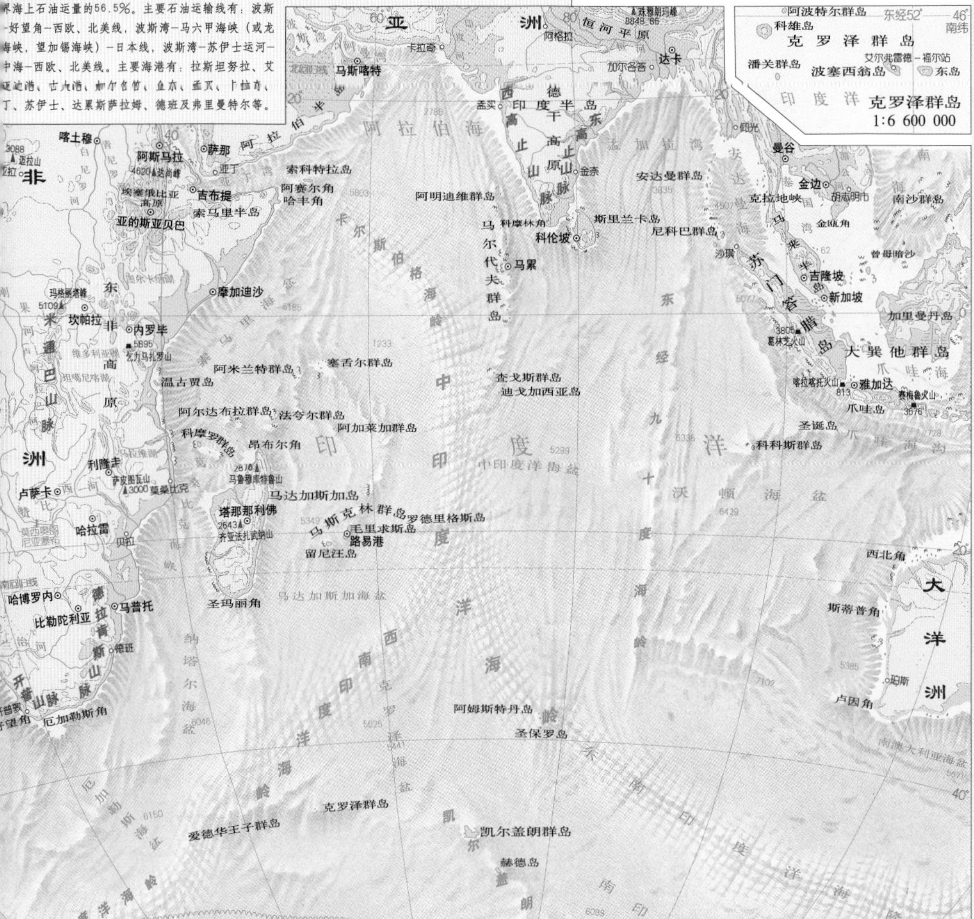

高度表 0 200 1000 2000 3000 5000米

北冰洋

ARCTIC OCEAN

比例尺 1:46 600 000

0 466 932 1398 18

北冰洋 又名"北极海"。世界四大洋中最小、最浅的大洋。大致以北极为中心，介于亚洲、欧洲和北美洲大陆北岸之间。面积1478.8万平方千米，约占世界海洋总面积的4.1%。平均深度1225米，最深处5527米（在格陵兰海的东北部）。经白令海峡通太平洋，经挪威海、格陵兰海以及罗伯逊海峡和史密斯海峡通大西洋。分为北欧海域（包括挪威海、格陵兰海、巴伦支海及白海）和北极海域（包括亚洲、北美洲大陆北岸边缘海、大小海湾和海峡以及北冰洋主体部分）。北极海域以罗蒙诺索夫海岭、门捷列夫海岭（阿尔法海岭）、南森海岭（加克尔海岭）为界，分隔成南森、欧亚（阿蒙森）、马卡罗夫和加拿大4个海盆，深度多在3000～4000米。大陆架宽广，面积达584万平方千米，约占北冰洋总面积的39.6%，尤以亚欧大陆北部一侧宽度较大。北极海域上层水温为-1～1.7℃，盐度30‰，北欧海域上层水温2～12℃，盐度约35‰。冬季大部洋面结冰。海冰最大覆盖面积（3月）为1140万平方千米，占总面积的77.3%。暖季只有近一半洋面覆盖海冰。有特有的珍贵动物，如北极熊、北极狐等。鱼类资源丰富，巴伦支海、挪威海和格陵兰海是世界著名渔场。巴伦支海、喀拉海、波弗特海和加拿大北部海域富藏石油和天然气资源。沿海岛屿有煤、铁、铜、铅、锌等矿藏。挪威海和巴伦支海西南部可全年通航，北极海域仅俄罗斯沿岸夏季有定期航线，并须破冰船领航。主要港口有俄罗斯的摩尔曼斯克和阿尔汉格尔斯克，挪威的纳尔维克、特隆赫姆和特罗姆瑟等。

高度表

0 200 500 1000 2000 3000米

比例尺 1:46 600 000
0 466 932 1398 1864千米

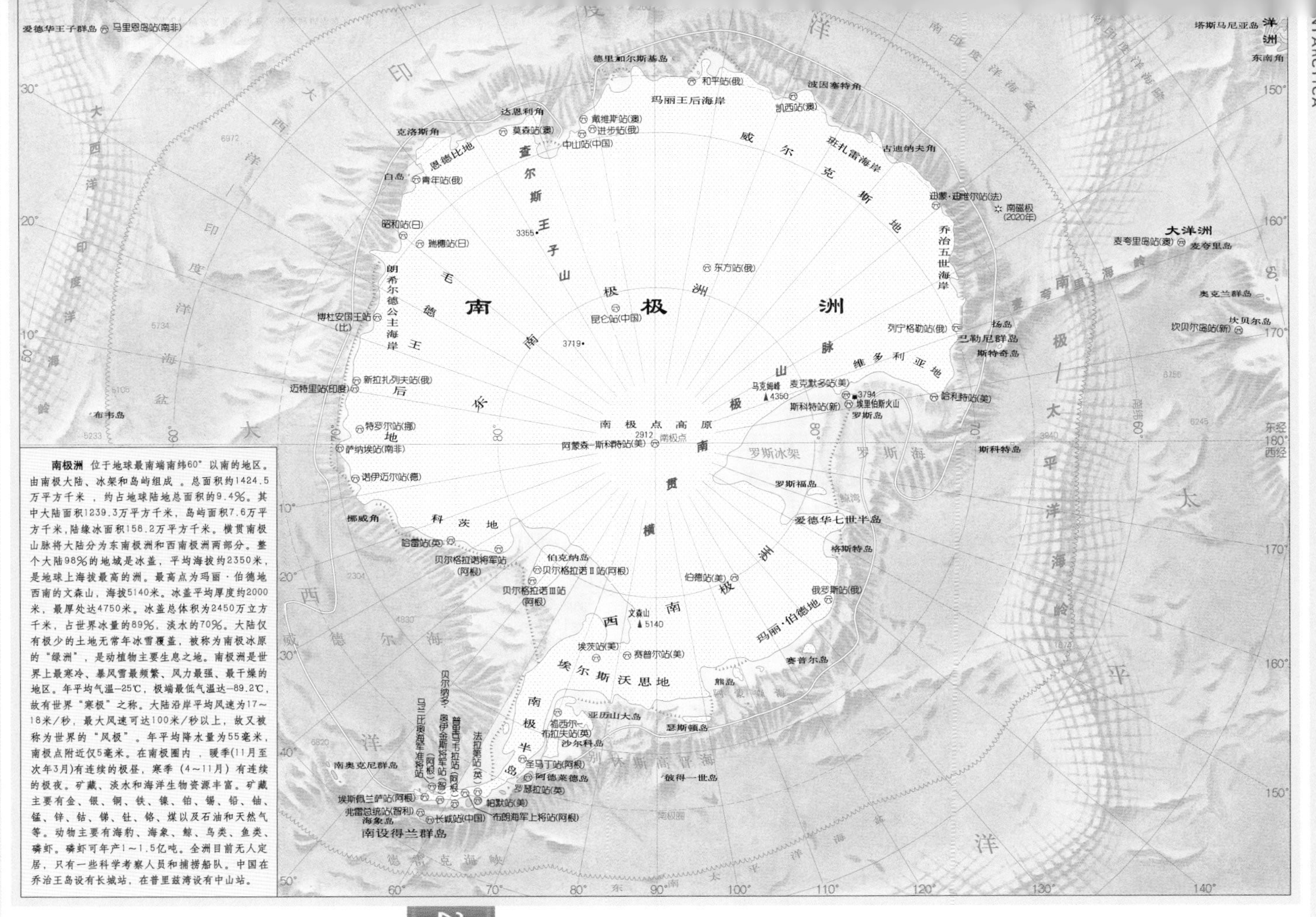

南极洲 位于地球最南端南纬60°以南的地区。由南极大陆、冰架和岛屿组成。总面积约1424.5万平方千米，约占地球陆地总面积的9.4%。其中大陆面积1239.3万平方千米，岛屿面积7.6万平方千米，陆缘冰面积158.2万平方千米。横贯南极山脉将大陆分为东南极洲和西南极洲两部分。整个大陆98%的地域是冰盖，平均海拔约2350米，是地球上海拔最高的洲。最高点为玛丽·伯德地西南的文森山，海拔5140米。冰盖平均厚度约2000米，最厚处达4750米。冰盖总体积为2450万立方千米，占世界冰量的89%，淡水的70%。大陆仅有极少的土地无常年冰雪覆盖，被称为南极冰原的"绿洲"，是动植物主要生息之地。南极洲是世界上最寒冷、暴风雪最频繁、风力最强、最干燥的地区。年平均气温-25℃，极端最低气温达-89.2℃，故有世界"寒极"之称。大陆沿岸平均风速为17~18米/秒，最大风速可达100米/秒以上，故又被称为世界的"风极"。年平均降水量为55毫米，南极点附近仅5毫米。在南极圈内，暖季(11月至次年3月)有连续的极昼，寒季(4~11月)有连续的极夜。矿藏、淡水和海洋生物资源丰富。矿藏主要有金、银、铜、铁、镍、铂、锡、铅、铀、锰、锌、钴、锑、钍、铬、煤以及石油和天然气等。动物主要有海豹、海象、鲸、鸟类、鱼类、磷虾。磷虾可年产1~1.5亿吨。全洲目前无人定居，只有一些科学考察人员和捕捞船队。中国在乔治王岛设有长城站，在普里兹湾设有中山站。

高度表 0 200 500 1000 2000 3000 5000米

世界之最	地理名称（相关数据）	所在地区
地球最厚之地	钦博拉索山（地心至顶峰6384.1千米）	南美洲（厄瓜多尔）
陆地最大洲	亚洲（总面积4400万平方千米）	
陆地最高点	喜马拉雅山脉的珠穆朗玛峰（海拔8848.86米）	亚　洲（中国、尼泊尔）
陆地最低点	死海海水面(低于地中海海平面415米)	亚　洲（约旦）
陆地最大高差	以上两地之差（约9259米）	亚　洲
最大的半岛	阿拉伯半岛（约322多万平方千米）	亚　洲
最大的群岛	马来群岛（约243万平方千米）	亚　洲
最大的岛屿	格陵兰岛（约217.56万平方千米）	北美洲
最长的山系	科迪勒拉山系（全长18000千米）	南、北美洲
最高山峰	珠穆朗玛峰（海拔高8848.86米）	亚　洲（中国、尼泊尔）
最大高原	巴西高原（500多万平方千米）	南美洲（巴西）
最高高原	青藏高原（平均海拔4500米）	亚　洲（中国）
最大平原	亚马孙平原（约560万平方千米）	南美洲
最大盆地	刚果盆地（约337万平方千米）	非　洲
最大三角洲	恒河三角洲（约8万平方千米）	亚　洲
最大的沙漠	撒哈拉沙漠（约920万平方千米）	非　洲
高峰最多的山脉	喜马拉雅山脉（7000米以上山峰50多座）	亚　洲
最高的死火山	阿空加瓜山（海拔6960米）	南美洲
最大的火山口	阿苏山（周长100多千米）	亚洲（日本）
喷发次数最多的活火山	埃特纳火山（已达210次）	欧　洲（意大利）
最大的洋	太平洋（约17968万平方千米）	
最大的海	珊瑚海（约479万平方千米）	太平洋
海洋最深深度	马里亚纳海沟（约11034米）	太平洋
最小的海	马尔马拉海（约1.1万平方千米）	欧、亚洲之间
最浅的海	亚速海（平均8米）	欧　洲
透明度最大的海	马尾藻海（目视可达72米）	大西洋
最年轻的海	红海（4000万年）	亚、非洲之间
最大的陆间海	加勒比海（约275万平方千米）	北美洲
最淡的海	波罗的海（平均盐度7‰—8‰）	欧　洲
水温最高的海	红海（年平均表层水温27℃）	亚、非洲之间
最咸的海	红海（平均盐度4.1%）	亚、非洲之间
沿岸国家最多的海	加勒比海（20多个）	南、北美洲之间
最长的海峡	莫桑比克海峡（1670千米）	非　洲
最重要的洋际海峡	马六甲海峡（全长1185千米）	太平洋、印度洋之间
最大的珊瑚礁	大堡礁（总面积21万平方千米）	大洋洲（澳大利亚）
最大的湖	里海（总面积约37万平方千米）	欧、亚洲之间
最深的湖	贝加尔湖（约1620米）	亚　洲（俄罗斯）
最大的淡水湖泊	苏必利尔湖（约8.24万平方千米）	北美洲（美国）
最大的咸水湖泊	里海（总面积约37万平方千米）	欧、亚洲之间
海拔最高的淡水湖	的的喀喀湖（海拔3812米）	南美洲
海拔最低的咸水湖	死海（低于地中海海水面415米）	亚　洲
分属国家最多的湖	里海（5个）	亚、欧洲之间
最大的湖中之湖	马尼图林湖（面积100平方千米）	北美洲（休伦湖中）
含沙量最大的河流	黄河（37.6千克／立方米）	亚　洲（中国）

世界之最	地理名称（相关数据）	所在地区
最长的河流	尼罗河（全长6671千米）	非　洲
最长的内流河	伏尔加河（全长3530千米）	欧　洲（俄罗斯）
流域面积最广的河	亚马孙河（面积705万平方千米）	南美洲
最长的运河	京杭运河（长1747千米）	亚　洲（中国）
最长的河流峡谷	雅鲁藏布大峡谷（长504.6千米）	亚　洲（中国）
流经国家最多的河流	多瑙河（10个）	欧洲
货运量最大的国际运河	苏伊士运河（年过船约18000多船次，年载货4.2亿吨以上）	亚、非洲之间
最高落差的瀑布	安赫尔瀑布（高979米）	南美洲
最宽的瀑布	伊瓜苏瀑布（洪水期宽4000米）	南美洲
最大的海湾	孟加拉湾（面积217万平方千米）	印度洋
最长的裂谷带	东非大裂谷（长6400多千米）	非　洲
最深的裂谷带	雅鲁藏布大峡谷（最深6009米）	亚　洲（中国）
最长的洞穴	猛犸洞（总长240千米）	北美洲（美国）
最大的石笋	丁马洞中（高63米，底宽134米）	北美洲（古巴）
最长的钟乳石	内尔哈溶洞中（长59米）	欧　洲（西班牙）
面积最大的国家	俄罗斯（面积1708万平方千米）	欧　洲、亚　洲
面积最小的国家	梵蒂冈（面积0.44平方千米）	欧　洲
面积最大的内陆国家	哈萨克斯坦（面积272.49万平方千米）	亚　洲、欧　洲
人口最多的国家	中国（14.1亿人 ）	亚　洲
人口最少的国家	梵蒂冈（约1000人）	欧　洲
人口密度最小的国家	蒙古（1.5人／平方千米）	亚　洲
人口密度最大的国家	摩纳哥（14700人/平方千米）	欧　洲
民族语言最多的国家	印度尼西亚（100多种）	亚　洲
海岸线最长的国家	澳大利亚（36735千米）	大洋洲
岛屿最多的国家	印度尼西亚（17508个）	亚　洲
森林覆盖率最大的国家	苏里南（占总面积的95%以上）	南美洲
邻国最多的国家	俄罗斯（16个）	欧洲、亚洲
两国边界最长的国家	美国与加拿大（全长8963千米）	北美洲
世界最热的地方	巴士拉（极温58.8℃）	亚　洲（伊拉克）
世界最寒的地方	南极洲（极寒－89.2℃）	
年温差最大的地区	上扬斯克和奥伊米亚康（年温差107.7℃）	亚　洲（俄罗斯）
年温差最小的地区	基多（年温差0.6℃）	南美洲（厄瓜多尔）
年降水最多的地区	夏威夷（12244毫米／年平均）	太平洋（美国）
年降水最少的地区	阿里卡（0.5毫米／年平均	南美洲（智利）
年降雨天数最多的地区	菲利克斯湾（325天／年）	南美洲（智利）
风力最大的地区	阿尔德（年均风速19.4米／秒）	南极洲
世界最大的风浪区	好望角（年均110天，浪高6－7米）	非　洲（南非）
世界最长的城墙	万里长城（总长6300多千米）	亚　洲（中国）
世界最长的铁路	西伯利亚大铁路（全长9332千米）	欧洲、亚洲(俄罗斯)
世界最长的公路	泛美公路（系统全长47515千米，连贯南北美洲）	南、北美洲

主　　编　马晓春　姚　杰
副 主 编　周瑞祥　翟跃欢　柳红军　高小玲
责任编辑　张晖芳
编　　辑　马桂菊　周　毅　杨　毅　李东海　宋二祥　金江山
刘爱珍　李永兴　王泽龙　任树静　寿兴禄
地图制图　西安测绘信息技术总站
廊坊一二〇六印刷厂
审　　校　陈振国　李敬华　陈洪福　陈美萍　陈　皓　张明祥
乔予民　杨建中　陈杏英　秦予安　周美玲　王雪霞
印刷工艺　程文静　滕俊国
出版审定　姚　杰　刘爱珍　牛顺明

编辑说明

《世界地图册》以国家为单元，详细表示了世界各国的一级行政区划、交通、水系、旅游资源等自然和人文的最新信息，内容丰富、形式美观、实用性强，可供国家公务员、企事业单位员工和广大读者学习世界地理知识，了解研究各大洲、各国情况时使用。

图册由序图、洲图、洋图、地区图、分国图、城市图等内容组成。序图主要对整本图集起导读作用，从宏观上反映世界政区、地势、气候、人口、时区、文化和自然遗产等专题概况。分国图是本图集的主体，它以较大比例尺、较详细地表示世界各国的一级行政区划、居民地人口等级和主要铁路、公路、航海、航空等交通要素，并配有文字说明，全面系统地介绍了各国国土面积、人口数量、历史沿革、民族种类、通用语言、宗教信仰、地理环境、自然资源，以及工农业状况、当前经济水平、国防力量等内容。

本图册采用的资料翔实，现势性强。各国界线按我国有关划界规定和传统画法表示。文字说明中的各类统计数据主要依据近年《世界知识年鉴》，国内统计数据来源于国家公布的有关资料及近年《中国统计年鉴》，部分国家的国旗、国徽参考中国民族摄影艺术出版社2004年《世界各国国旗国徽国歌总览》。

图册采用全数字制图技术制作，力求在图幅设置、结构编排、内容选取、表示方法、印刷工艺等方面，做到科学性、系统性、知识性、实用性的和谐统一。

此次再版，我们充分利用世界各国最新资料对图册进行了更新，对版式进行了较大的调整，以期体现时代特点，满足广大读者新的要求。

本图册的编纂和出版，凝聚了历版主创人员和全体编辑人员的心血和智慧。借此再版机会，我们向曾为图册的编纂和出版作出贡献的领导、专家和同志表示衷心感谢。

本图册涉及地理区域广泛，信息量大，我们虽竭尽全力，但难免存在错误和不足，敬请读者批评指正。

《世界地图册》编辑部